《中国城市通史》
推 荐 语

中国城市化率已超过百分之六十，人们对城市史的关注超过以往任何时期。《中国城市通史》视野宏阔，体大思精，既从总体史角度对中国城市发展变迁的全过程加以探讨，又对不同时期的城市空间形态、城市经济、城市人口、城市管理、城市社会生活等多层面进行细致研究，揭示了不同时期中国城市发展特点，再现了中国城市的发展轨迹。此书在手，读者可对中国城市历史有较为全面、系统、立体的认识。

《中国城市通史》的出版，必将有力推动具有中国特色的中国城市史研究学科体系、学术体系和话语体系的构建。

——熊月之（中国城市史研究会会长，上海社会科学院原副院长，研究员）

《中国城市通史》系统阐述了中国城市的发展脉络和特点，分析了不同时期城市的兴衰流变，揭示了中国城市的本质和特点，阐释了其历史地位和贡献，是对中国城市发展进行总体史研究较为系统的巨著。全书视野宏大，整体史观鲜明，富有时代气息。全球史的视野更加凸显了城市发展的中国特色；文明史和中华民族命运体的高度，展现出各个时期中国城市的绚丽多彩，勾勒出中原城市与边疆城市"一体多元"的历史进程。

——张利民（中国城市史研究会副会长，《城市史研究》主编，研究员）

《中国城市通史》从人类文明史的高度，分时间与空间两个维度全面考察中国城市文明的兴起和发展，探寻中国城市发展的规律，凸显中国城市发展的特点，展现中国城市文明的亮点，是中国城市史研究的集大成之作，具有极高的创新性与学术价值。

——倪玉平（清华大学人文学院副院长，历史系教授）

四川大学基地培育项目

中国城市通史

【 秦汉魏晋南北朝卷 】

何一民◎主编

冯 剑 何一民◎著

项目策划：熊 瑜
责任编辑：袁 捷　刘慧敏
责任校对：李 耕　张 露
封面设计：墨创文化
责任印制：王 炜

图书在版编目（CIP）数据

中国城市通史．秦汉魏晋南北朝卷 / 冯剑，何一民著．— 成都：四川大学出版社，2020.8
ISBN 978-7-5690-3638-1

Ⅰ．①中… Ⅱ．①冯… ②何… Ⅲ．①城市史－中国－秦汉时代②城市史－中国－魏晋南北朝时代 Ⅳ．① K928.5

中国版本图书馆 CIP 数据核字（2020）第 136585 号

书　名	中国城市通史·秦汉魏晋南北朝卷
	ZHONGGUO CHENGSHI TONGSHI·QIN HAN WEIJINNANBEICHAO JUAN
著　者	冯 剑　何一民
出　版	四川大学出版社
地　址	成都市一环路南一段 24 号（610065）
发　行	四川大学出版社
书　号	ISBN 978-7-5690-3638-1
印前制作	四川胜翔数码印务设计有限公司
印　刷	成都东江印务有限公司
成品尺寸	185mm×260mm
插　页	1
印　张	19.25
字　数	506 千字
版　次	2020 年 12 月第 1 版
印　次	2020 年 12 月第 1 次印刷
定　价	150.00 元

◆ 版权所有 ◆ 侵权必究

◆ 读者邮购本书，请与本社发行科联系。
电话：(028)85408408/(028)85401670/
(028)86408023　邮政编码：610065
◆ 本社图书如有印装质量问题，请寄回出版社调换。
◆ 网址：http://press.scu.edu.cn

四川大学出版社
微信公众号

《中国城市通史》编委会

编委会主任：何一民

副主任：熊月之　张利民　高中伟

编　委（以姓氏笔画为序）：

　　王立华　王明德　田　凯　付志刚　冯　兵　冯　剑　何一民

　　何永之　张利民　吴朝彦　陆雨思　范　瑛　赵淑亮　侯宣杰

　　高中伟　黄达远　黄沛骊　韩　英　鲍成志　熊月之　谯　珊

主　编：何一民

序

何一民

  城市是人类社会发展到一定阶段的产物,城市的产生是人类社会从野蛮时代演进到文明时代的重要标志之一,因而城市研究理所当然地成为社会发展与人类文明研究中的一项重要课题,成为探究历史奥秘与当代问题的一个窗口、一把钥匙。中国是世界城市发源地之一,中国古代城市之多、规模之大,世所罕见。中国古代典籍中不乏有关城市的记载,蕴藏着丰富的城市史资料,著名的如《洛阳伽蓝记》《东京梦华录》《都城纪胜》《长安志》《宋东京考》等史籍和《两都赋》《两京赋》《蜀都赋》等文学名篇,另外,浩如烟海的地方志书也保存了丰富的城市史资料,但古代中国一直未形成独立的城市史学,国人对中国城市历史的研究起步甚晚。1925—1926年,梁启超相继发表《中国都市小史》《中国之都市》等文,表明中国学者不仅注意到了城市的重要性,而且开始了对中国城市历史的初步研究。20世纪30年代,部分学者发表了一些有关中国城市史的文章,如陶希圣、全汉昇、侯仁之等对长安、北京等城市的研究。此外,上海等城市为了编纂城市志,也对相关城市史资料进行了整理,在一定程度上推动了中国城市史的研究。但从整体上看,当时有关中国城市历史的研究还未受到学界广泛的重视,相关研究成果较少。改革开放以来,城市现代化建设和历史学学科建设的需要成为中国城市史研究的重要推力,从国家"七五"规划开始,中国城市史研究受到学术界高度关注,参与研究者日益增多,研究成果日益丰硕。四川大学城市研究所作为国内高校中最早成立的城市研究机构之一,自1988年成立以来,先后承担了十余项与中国城市史相关的国家社科基金重点课题和年度课题,而我有幸成为改革开放以来最早开始从事中国城市史研究的学人之一。从单体城市研究到区域城市研究,从断代城市研究到城市通史研究,从城市发展与社会变迁研究到城市衰落研究,从内地城市研究到边疆城市研究,我始终认为中国城市史研究学术生命常青,需要不断地迎接挑战,不断地开拓创新。

  20世纪80年代中期,当我因教学和研究的需要开始涉足中国城市史研究时,深感对中国城市史的认识不能只局限于某一历史时段,特别是初涉中国城市史领域的硕士、博士研究生,要对中国城市史有整体的认识,才能更好地开展断代的或专题的城市史研究。中国城市历史悠久、内容丰富,要研究中国城市历史,就必须从整体上把握中国城市的发展脉络,这样,城市史研究才能做到宏观与微观相结合,才能从大处着眼、小处着手。因而，中国城市史研究者不能只对某一时段的城市有所了解，而必须对中国城市历史的全貌有所认识，对世界城市历史有所了解，将自己所要研究的对象置于历史的长河中加以考察，才能很好地把握自己所要研究的对象，从而得出创新性的研究成果。由于当时还没有一本关于中国城市的通史性著作，为了适应教学的需要，我冒昧地仅凭一己之力编写了一本《中国城市史纲》。该书虽然仅有三十万字，却耗费了我数年的时间，直到1993年才得以完成，1994年由四川大学出版社出版。该书为国内较早对中国城市史进行长时段研究的著作之一，在此之前，没有任何可资借鉴的资料。该书主要是对先秦至20世纪中叶数千年间中国城市发展脉络进行较为系统的梳理，对城市的发展变迁和特点加以概述和总结，在一定程度上弥补了中国城市史研究的不足，具有一定的学术价值。该书出版后，得到学术界的肯定，获得中国图书奖，并成为历史学、建筑学、规划学等相关学科的硕士、博士研究生了解中国城市历史的一本入门参考书。

但是，由于该书成于20世纪90年代初，缺少相关资料，因而详今略古，仅能以"史纲"的形式对"中国城市史"做一探究，成为中国城市通史研究的探路之作。20世纪90年代以来，关于中国城市的通史性著作相继问世，受到学术界的高度重视。这些通史性著作各有所长，以不同的方式对中国城市的历史变迁进行了研究，具有重要的学术价值，但也有若干不足，因而在讲授中国城市史课程和开展新的课题研究时，我深感有必要对《中国城市史纲》进行修订。由于多种原因，我始终未能下定决心重写。2008年，冯天瑜教授在全国范围内约请相关学科知名专家学者撰写中国专门史丛书，由何晓明教授出面约我撰写《中国城市史》。其时我虽应允，但因正在主持《清史·城市志》项目的研究工作，不能全身心地投入中国城市史的研究工作，只能选择在《中国城市史纲》的基础上进行改写，保留了《中国城市史纲》的框架，按时间顺序对先秦、秦汉、三国两晋南北朝、隋唐、宋辽金夏元、明清（中前期）、晚清（鸦片战争后）、民国等时段的城市情况分章进行概述，力图将不同时代中国城市的风貌、经济、社会、建设规划等特点展示出来，凸显中国城市的发展轨迹及特点。《中国城市史》较《中国城市史纲》增加了三十余万字，内容更加丰富，观点更加明确，条理也更加清晰。该书的一个特点在于尽量对中国漫长的城市历史进行全方位把握和科学分期，简明扼要地阐述中国城市的缘起及数千年间的发展演变，为漫长而复杂的中国城市历史梳理出一条较为清晰的脉络，同时尽可能地展现各个时期中国城市的不同特点。但是，当《中国城市史》出版后，再回头来看，深感不足之处甚多，故而希望整合国内学术界的力量，重新撰写一部大型多卷本《中国城市通史》。

2012年，国家社科规划办公室向全国征求重大招标课题的选题，我将编纂大型多卷本《中国城市通史》的设想加以梳理、论证，并经由四川大学向国家社科规划办推荐，经相关专家评议，该课题被列入重大招标课题指南。于是，我在全国范围内联络了多名中国城市史领域的著名专家学者，准备共同申报该项目。经过两个多月的准备，撰写了十万余字的申报书。当我们满怀信心地等待评审结果时，却得到了一个令人沮丧的消息，在专家评审时，有个别专家并不是对申报书有不同意见，而是认为编纂多卷本《中国城市通史》够不上重大项目，因此功亏一篑，该课题由重大项目降为重点项目立项。由于重点项目与重大项目的经费相差较大，故而难以再请国内其他著名专家参与该课题，只能依托四川大学城市研究所自身的力量进行相关研究。

虽然《中国城市通史》的编纂从重大项目降为重点项目，但我们仍然按照重大项目的相关要求进行研究，其总体框架是基于对中国城市历史基本脉络及总体特点的梳理，按历史变迁将中国城市发展历史分为七个时期，每一时期编纂一卷，分别为先秦卷、秦汉魏晋南北朝卷、隋唐五代卷、宋辽夏金卷、元明卷、清代卷、民国卷，加上总领全套书的绪论卷，凡八卷七册、450余万字。

多卷本《中国城市通史》的编纂充分吸取了学术界目前有关中国城市史研究的相关成果，通过不同学科的对话和不同研究方法的碰撞，对中国城市发展规律和重大理论进行了探讨、提炼和升华，在一定程度上进行了学术开拓和创新。多卷本《中国城市通史》从时间与空间两个维度较为系统地梳理了史前时期至中华人民共和国成立以前数千年间中国城市孕育、发展与变迁的历史过程；重点探讨了中国城市发展与演进的内在规律和阶段性特点；揭示了各个历史发展阶段中国城市的兴衰及其原因，以总体史的方法论对中国城市发展变迁的全过程加以探讨和论述，对不同朝代、不同阶段中国城市的空间形态、经济发展、人口数量、管理制度、社会生活等多个方面的内容进行细致、深入的考察，勾勒出中国城市发展的总进程与不同时期城市发展的全貌。每一卷都涵盖了不同时期中国城市发展变迁的方方面面，体现出中国城市发展的历史逻辑延续性。另外，每一卷又在不同章节根据不同时代的实际情况对中国城市的特殊性加以重点研究，如唐宋时期城市的"市坊"、元明港口城市的兴起与变迁、清代水系城市、民国时期城市的现代化转型等。

多卷本《中国城市通史》较前人著作有一个重要的创新，就是一改过去只重视中国内地城市历史的研究范式，而以中华民族命运共同体的视角对中国城市进行多维度的审视，将今天内陆边疆地区的城市发展变迁纳入中国城市史研究之中，突破了以汉族、中原政权为中心的历史书写模式。这既是本项目研究的一个突出特征，也是以往城市史研究中的薄弱环节。无论是中国城市的起源，还是不同时期中国城市的发展，都将民族地区的城市发展演变纳入整体研究之中，如秦汉魏晋南北朝卷、宋辽夏金卷、元明卷、清代卷等都设置了专篇或专章，强化对民族地区、边疆地区城市发展的研究，尤其是对辽、夏、金三个少数民族政权城市史设置专篇进行研究，着重对与宋朝并立的辽、夏、金等少数民族政权统治区域内的城市进行系统考察，其研究文本多达三十余万字，弥补了过去对辽、夏、金等城市史研究的不足。另外，本套书还专门设置章节对西藏、新疆、内蒙古等民族地区城市的发展进行深入研究。这些都是之前中国城市史相关著作较少涉及的领域，故而具有开拓性和创新性，突破了以往中国城市史研究中狭隘的地域界限，有助于增进人们对中华文明发展全貌的认识，在一定程度上，可以说是填补了学界有关中国古代农牧交接带地区城市史研究的空白。

多卷本《中国城市通史》的编纂遵循"搜采欲博，考评欲精，职任欲分，义例欲一"的基本原则，一方面充分吸收前人的研究成果，另一方面尽可能地深入发掘历史资料，大量地运用新的历史资料和统计数据，参考文献上千种，引用史料数千种。

总体上看，多卷本《中国城市通史》作为一部通史性城市史专著，具有较高的学术价值，但是由于时间跨度太大，涉及的内容繁多，研究难度极大，难免存在不足之处：首先，作为中国城市通史，尚缺少中国当代城市史的内容。多卷本《中国城市通史》之所以不包括中华人民共和国时期城市发展的历史，一是因为中华人民共和国的成立距今不远，相关研究才刚起步，很多问题都没有进行深入研究，学术准备尚不充分；二是有关此一时期城市发展的资料虽然丰富，但有不少重要资料尚未公开，因而会影响研究的学术性和客观性。有鉴于此，按现在一般通史体例，《中国城市通史》的时间下限为1949年，中华人民共和国城市史的编纂可待条件成熟后另行启动。其次，本课题组的研究者虽然运用了大量的历史文献、图表数据，但地图较少，除了元、明、清等几个时期，其他各朝代都缺乏城市地域分布图、城市空间结构图，需要在其后增补，以便对历代城市的地域分布、城市空间结构有更直观的认识。另外，中国城市发展在不同历史阶段的相关问题很多，见仁见智，挂一漏万，难以周全；加之这是一个多人合作的集体项目，研究者水平参差不齐，风格也略异，作为项目负责人，我有时也深感学识不够，力不从心，虽然尽力统稿，但仍然存在不少问题，文字叙述和分析还有若干不足。

多卷本《中国城市通史》的编纂历时六年多，远超最初的计划，相继还有一些专家学者参与相关的研讨和写作，课题组主要成员除项目负责人外，还有冯剑、黄沛骊、赵淑亮、王立华、冯兵、吴朝彦、韩英、陆雨思、何永之、念新洪、王伟、王超、黄灵、田玥、王肇磊等，他们中有的参与了部分专题研究，有的撰写了分卷文稿，主要分工如下：

全书由何一民拟定框架并对各卷进行全面修改；

绪论卷主要撰稿人何一民、何永之；

先秦卷主要撰稿人王立华、何一民；

秦汉魏晋南北朝卷主要撰稿人冯剑、何一民；

隋唐五代卷主要撰稿人冯兵、何一民；

宋辽夏金卷主要撰稿人何一民、陆雨思、王立华、韩英、黄灵、田玥；

元明卷主要撰稿人何一民、赵淑亮、吴朝彦；

清代卷主要撰稿人何一民、念新洪、何永之、王伟、王超、范瑛；

民国卷主要撰稿人黄沛骊、何一民。

此外，四川大学城市研究所还有多名研究人员参与了本课题，他们或收集资料，或撰写与之相关的论著，皆为本课题最终成果的完成做出了贡献。总之，本项目为集体成果，没有大家的努力，很难在几年内完成。

在本项目研究过程中，中国城市史研究会成立，本项目的研究得到了中国城市史研究会会长熊月之教授、副会长张利民教授、周勇教授、李长莉教授、涂文学教授、高中伟教授等人的关心和支持，在此表示诚挚的谢意。时任四川大学出版社社长熊瑜教授对本项目高度关注，并力邀完稿后在四川大学出版社出版。其后，在熊瑜社长和邱小平总编辑的大力支持和推荐下，本项目得到国家出版基金资助，新一届领导班子高度重视本项目的编辑出版工作，王军社长、邱小平总编辑、李天燕副社长多次召集工作会议布置相关工作，为此安排了精兵强将，对本项目的出版予以重点支持，在此深表谢意。

本套书的责任编辑何静、袁捷、舒星、高庆梅、刘慧敏、李施余等以高度的职业责任感投入书稿的编辑，认真地核对文献资料，校对文稿，并与主编和撰稿者反复交流磋商，使书稿的质量得以提升，并避免了一些错误。他们认真工作的态度值得学习，精益求精的精神令人感动，在此深表感谢。

中国城市历经五千多年的发展，到20世纪中叶进入了一个新的历史时期。随着中华人民共和国的成立，工业化、城市化、现代化成为不可逆转的趋势。20世纪末，全球进入城市的世纪，世界上50％的人口居住在城市中。中国也在这一时期加速了城市化进程，农村人口以每年1％以上的比例向城市转移。城市以其巨大的磁力吸引着越来越多的农村人口，大城市、超大城市成为人们向往的地方。工业时代的城市与农业时代的城市相比，有一个明显的差异，就是城市的三维空间越来越大，在部分地区，单体城市向城市群、城市带、城市巨型连绵带演变。城市的发展一方面给人类带来进步，带来福祉和发展的机遇。另一方面，城市存在的问题越来越多，环境问题、交通问题、住房问题、就业问题、安全问题等层出不穷，越来越多的人想对城市说"爱你"却不容易。如何发展城市，同时又避免城市给人们带来的烦恼，已经成为时代的新课题。在提倡新的发展理念，走新型城市化道路的同时，如何向古人学习生存的智慧，以人为本，人与自然和谐相处，也是值得思考的一个重要课题。因而中国城市史研究者需要有一种时代的责任感和使命感，不仅要研究历史，还要关注现实和未来的发展，要站在历史与未来的交汇点去探究中国城市的发展规律，寻找一条适合中国国情的城市发展道路，这样才能在中华民族伟大复兴的进程中，将中国城市建设成为可持续发展的现代化生态城市、智慧城市。

目 录

第一章 秦汉魏晋南北朝时期城市的发展变迁 …………………………（001）
  第一节 秦汉时期城市的兴衰与变迁 …………………………………（002）
  第二节 魏晋南北朝时期城市的破坏与兴建 …………………………（025）

第二章 秦汉魏晋南北朝时期城市体系的变迁 …………………………（043）
  第一节 秦汉时期的城市体系 …………………………………………（043）
  第二节 魏晋南北朝时期的城市体系 …………………………………（056）

第三章 秦汉魏晋南北朝时期城市空间分布的变迁 ……………………（067）
  第一节 秦汉时期城市空间分布的变迁与发展 ………………………（067）
  第二节 魏晋南北朝时期城市空间分布的变迁与发展 ………………（083）

第四章 秦汉魏晋南北朝时期城市人口的变化 …………………………（094）
  第一节 秦汉时期城市人口的数量与构成 ……………………………（094）
  第二节 魏晋南北朝时期的城市人口 …………………………………（109）

第五章 秦汉魏晋南北朝时期城市经济的发展 …………………………（119）
  第一节 秦汉时期城市经济的发展 ……………………………………（119）
  第二节 魏晋南北朝时期城市经济的曲折发展 ………………………（131）

第六章 秦汉魏晋南北朝时期的城市管理 ………………………………（144）
  第一节 秦汉时期的城市管理 …………………………………………（144）
  第二节 魏晋南北朝时期的城市管理 …………………………………（167）

第七章 秦汉魏晋南北朝时期的城市教育 ………………………………（185）
  第一节 秦汉时期的城市教育 …………………………………………（185）
  第二节 魏晋南北朝时期的城市教育 …………………………………（200）

结　语 ……………………………………………………………………（216）

附　录 ……………………………………………………………………（224）

参考文献 …………………………………………………………………（280）

前　言

秦汉时期是中国城市发展的一个转折期。战国后期，秦国陆续打败其他诸侯强国，于公元前221年建立了中国历史上第一个大一统的王朝，其版图空前扩大。秦朝建立了以帝制为核心、以三公九卿制为代表的中央集权制度，并废除分封，代之以郡县，从而形成了多元一体的具有中华文明特色的城市行政等级体系。汉朝建立，疆域较前有所扩大，汉承秦制，其城市行政等级体系更加完善，城市数量也有所增加。秦汉城市体系的变迁，反映了政治权力空间结构的变化，对其后两千余年中国城市的发展产生了深远的影响。汉代以后历朝历代继续推行郡县制，使区域城市体系进一步完善，城市功能不断加强，城市在区域中的地位进一步强化。

秦汉时期，城市类型以政治城市为主，另外有部分城市在政治功能的基础上衍生了一些新功能，从而出现了经济都会、军事重镇以及文化、祭祀中心等城市类型。

秦汉时期，城市化水平较高，城市人口约占该时期总人口的百分之三十。此一时期，中国人口出现了向边疆地区和主要大城市移动的趋向。

秦汉时期，随着国家的统一，北方和南方的城市都有所发展，北方城市仍居主导地位，但南方城市也得到了不同程度的发展，一些重要城市开始崛起，并产生了重要的影响。

秦汉时期，城市管理形成了较为严密的治理体系，儒法并用成为汉代城市治理的主导思想。豪强和盗贼问题是城市治安中最为重要的两个问题。

秦汉时期，城市物质生活还具有等级礼制的色彩。汉代，儒家思想居于意识形态的主体地位，儒家的礼乐教化对城市社会的民风民俗产生了重要影响。

秦汉时期，城市尤其是都城，逐步成为祭祀文化的中心。佛教与道教等日后影响中国文化发展的两大宗教在东汉城市中逐步发展起来，影响日益增大。城市教育在此时期空前发展，汉代统治者建立了从都城到地方城市的教育体系，私人教育也有了进一步的发展。

秦汉时期是我国城市发展的重要阶段，也是中华文明形成和发展的重要时期。秦汉结束了春秋战国的分裂，建立了大一统的王朝，奠定了中国两千余年政治制度的基本格局，在经济、政治和思想等方面都取得了巨大的发展，中国在当时的世界上是一个大国，在许多方面都处在世界领先地位，开启了具有"中国特色的封建社会"[①]。

魏晋南北朝是中国封建社会的大动荡、大分裂时期，也是不同民族和文明的大碰撞、大融合时期，对中国城市的分布和发展产生了重要影响。在这段长达三百多年的历史中，政权更迭频繁，内战不已，城市受到严重破坏，尤其以黄河流域的城市为甚。但南方城市却因中国经济重心南移而出现了新的发展机遇。城市的人口、空间、布局、管理、社会文化等发生了巨大的变化。

魏晋南北朝时期，中原的农耕文明与来自北方的游牧文明以及外来的文明，在城市中碰撞融合，为古老的中华文明注入了新的生机，为之后隋唐时期中华文明的辉煌奠定了基础。这个时期，城市一方面遭到严重破坏，另一方面也获得了巨大建设，大量新兴城市出现；城市体系也发生巨大的变化，主要表现为州、郡、县城市体系的建立和具有时代特色的军镇体系的出现。佛教对城市经济、政治、文化以及空间布局都产生了较大影响。魏晋南北朝时期，城市建筑围绕中轴线展开的空间布局得以完全确立。城市空间尤其是都城空间空前扩大，布局更为封闭。

魏晋南北朝时期，城市社会制度最为重要的创新就是里坊制度的出现。此时期城市的人口也处在一个频繁流动的状态，以汉族为主体的各族人民由分散、接触、冲突，逐渐走向交流、融合。

魏晋南北朝时期，南方城市的经济得到了较大发展，除成都等城市外，建康等区域中心城市的经济也得到开发。北方中原城市虽然遭到了毁灭性破坏，但是随着农耕文明与游牧文明以及南北文明的逐渐融合，城市经济逐渐繁荣起来。南北贸易和中外贸易在这一时期得到了空前的发展，城市成为南北贸易和中外贸易链条上的明珠。

城市是多元文明冲撞与融合的中心场所，是新文明的孕育之所。多元文明的碰撞与融合改变了魏晋南北朝时期的城市面貌，在衣食住行等方面，中原文明与游牧文明以及外来文明相互交织、相互影响。城市社会因为外来文明和中原文明在城市中的碰撞融合，逐渐形成了"华夷"混杂的社会风俗。魏晋南北朝时期，中国传统的祭祀文化发生变革，尤为重要的是加入了许多草原文化的因素。城市教育也日益多元化。

北方游牧民族的南下导致了政权的更迭，使原有的城市文明遭到了极大的破坏，同时导致多元政治中心的出现，改变了原有的城市空间分布。文明的碰撞与融合还促进了边疆地区城市的发展，新的城市类型相继出现。北方城市的布局和管理方式发生了改变，并对南方城市产生了重要的影响。北方政权的南迁，进一步整合了不同区域的文化，中原文化在南方重建中也发生了变迁，并与南方少数民族文化产生碰撞、融合，促进了南方城市的发展和繁荣，改变了城市的布局与重心。南北文明在碰撞中相互学习，相互交流，相互借鉴，改变了中国城市的空间、结构布

[①] 吴承明：《秦以后的中国是有中国特色的封建社会》，《史学月刊》，2008年第3期。

局，促进了城市经济的发展。文明的碰撞与融合还导致城市人口成分和结构的变化，进而导致城市文化、社会风俗的变化。

魏晋南北朝时期，中原农耕文明、北方游牧文明及外来文明在城市中碰撞融合，推动了这一时期城市物质文明、制度文明和精神文明的发展与变迁，使中华文明焕发了新的生机，推动了中华民族命运共同体的形成与发展，为中华文明和中国道路注入了新的内涵和生机，为中国重新统一奠定了社会文化心理基础。

第一章 秦汉魏晋南北朝时期城市的发展变迁

　　春秋战国的动乱孕育了新的历史因素，城市的变迁就是其中的重要部分之一。秦汉魏晋南北朝时期，中国经历了从统一到分裂的历史过程，城市的数量、规模也经历了数度兴衰起伏。政治统一、经济繁荣、文化发达，是秦汉时期城市发展的主要推动力。秦朝是中国历史上国祚较短的王朝，其存在的时间虽然很短，却具有划时代的意义。秦朝所确定的一系列政治、经济、文化政策和制度对城市产生了重要的影响，秦朝城市的发展又为汉代城市的发展奠定了基础。但是，秦朝为加强统治，施行严酷的法律，大规模征发徭役，对原六国地区实行压制政策，最终导致秦末起义，对城市造成了破坏。

　　秦朝结束了自春秋起五百余年分裂割据的局面，成为中国历史上第一个统一的、多民族的、中央集权制国家。秦朝存在的时间虽短，但统一的君主专制中央集权国家的建立对中国城市产生了深远影响，秦朝所建立的郡县制城市行政等级体系也对中国城市的发展产生了重大影响。汉承秦制，城市出现新的发展高峰，长安、洛阳为重要的政治、经济、文化中心，以五都为主的重要工商业城市也对社会经济的发展产生了重要影响。不断对外扩展的城市，成为中原文明传播的前哨。

　　汉代城市得到了发展，城市数量有所增加，都城长安、洛阳作为政治、经济、文化中心而成为国际性的大都会。但两汉之际与东汉末年的战乱对城市造成了极大破坏，长安、洛阳也一度衰败。

　　三国西晋时期，政权割据，战争频繁，社会经济遭到巨大的破坏，许多重要城市被毁灭，农业荒芜，手工业、商业萧条，人口锐减。280年，西晋统一，虽然出现过相对的和平和生产的恢复，但为时短暂，中国很快又陷入大动荡、大破坏的深渊。魏晋南北朝时期，一方面是战争的破坏造成多数城市衰落，另一方面因新政权统治的需要，部分政治中心城市得以兴起、发展。

第一节 秦汉时期城市的兴衰与变迁

秦朝结束了长期的分裂，在吸收六国文化、吸引六国人才的基础上进行改革，成为强大的王朝，一统天下，对中国城市发展产生了重要的影响。秦朝力图整合各地经济文化，将各地豪族迁至都城，在都城咸阳效仿各国王宫，大兴土木，并将郡县制推广到边疆各地，不仅使北部和西部内陆边疆城市数量有所增加，而且也推动了华南、西南城市的发展。汉代是中国君主专制中央集权统治的确立期，空前统一的中央集权国家的建立，对城市发展产生了深远的影响。随着汉王朝版图的扩大，城市也随之发生重要的变化，一是城市数量不断增多，汉王朝在新占领的地区相继建立了地方行政机构，并在此基础上建置城市，使城市的空间分布从中原向西北、西南、华南和东南地区不断扩展；二是城市的规模不断扩大，随着汉王朝中央集权国家的建立，王权在聚集资源、人口以及各种经济要素等方面的能力不断加强，特别是等级性的郡县制的推行，使政治中心城市优先发展的规律更加突出，郡县长官所在的治所形成了强大的区域聚集力，由此推动了城市的发展。在这个过程中，城市的行政级别对城市发展的促进作用较前更为突出。这首先表现在王权所在的都城得到优先发展，成为全国性首位城市；其次是行政级别高的郡级城市的发展一般也超过了县级城市；最后是国家的统一和君主专制中央集权制度的建立，使国家政权得以有效整合，增强了向心力和凝聚力，对城市制度和城市经济、文化的建设产生了重要的影响。汉代城市政治、经济、文化都获得了高度发展，城市作为中央集权政治体制的载体，形成了以都城—郡—县为核心的自上而下的行政等级体系。这个城市行政等级体系不仅是中央集权制度的基础，也是大一统国家的基础。秦以后，中国之所以"有统一之形，而无分裂之势"，一个重要的原因就在于城市行政等级体系维系了大一统的国家。由于国家的统一，经济交往与文化交流的壁垒被打破，两汉时期城市经济出现较大的发展，农业、手工业和商业都较战国时期有巨大的进步，全国性的经济网络初步形成。与经济发展相适应的是，文化也有了很大的进步，虽然秦始皇实行的焚书坑儒和汉武帝实行的"罢黜百家，独尊儒术"，均属于思想文化领域的钳制政策，但秦汉时期的城市文化仍然有较大发展。汉代，城市建筑也有重大的进步，木结构建筑的建设技术趋于成熟，砖瓦等建筑材料普遍应用于城市建设，特别是宫殿建设，使中国的城市建设和建筑技术在当时居于世界前列。

一、秦代城市的兴衰

公元前221年，秦始皇统一六国，并开拓了周边的一些少数民族地区，建立了中国历史上第一个统一的、多民族的、中央集权制国家。中华文明此时具有巨大的聚集力和辐射力，迅速向周边扩展，对游牧民族和山地民族产生了很大的影响。秦

第一章 秦汉魏晋南北朝时期城市的发展变迁

朝存在的时间虽然很短,却具有划时代的意义,秦朝所确定的一系列政治、经济、文化政策和制度对城市产生了重要的影响,秦朝城市的发展则为汉代城市的发展奠定了基础。

(一) 秦统一与城市的发展

秦朝建立之初,北击匈奴,南下百越,疆域迅速扩展,"东至海暨朝鲜,西至临洮、羌中,南至北向户,北据河为塞,并阴山至辽东"①,从而开创了一个多民族的统一国家,建立了以都城—郡—县为核心的城市行政等级体系。这不论是在中国历史还是世界历史上都具有极为巨大而深远的影响。

为了巩固新政权和中央集权制,秦始皇采取了一系列政治、经济、文化措施。政治方面,主要有议定帝号,确定皇帝至尊的地位和至高无上的权力,并制定了尊君抑臣的朝仪及文书制度;在中央设立三公九卿制,在地方则推行郡县制以取代分封制;颁行统一的封建法律法令等。经济方面,实行土地私有制,"使黔首自实田";统一货币,统一度量衡,统一车轨;修驰道,兴水利等。文化方面,统一文字,统一思想,焚书坑儒,严禁私学,官办学校,以吏为师等。通过采取这些措施,封建的政治、经济、文化制度初步确立,为封建社会政治、经济、文化的发展创造了条件,也促进了秦代城市的发展。②

城市成为推行秦中央集权制和郡县制、扩大秦朝文化影响力的中心空间,并由此得到发展。秦朝城市的发展主要体现在以下几方面。

1. 都城咸阳成为全国政治、经济、文化中心,对各地城市发展产生了重要的影响

咸阳地处渭水流域,北依九嵕山,南屏终南山,土地肥沃,农产丰富,水陆交通便利,居于南北大道要冲,地理位置十分重要。张衡《西京赋》称:"左有崤函重险、桃林之塞;缀以二华,巨灵赑屃,高掌远跖,以流河曲,厥迹犹存。右有陇坻之隘,隔阂华戎,岐梁汧雍,陈宝鸣鸡在焉。于前则终南太一,隆崛崔崒,隐轔郁律,连冈乎嶓冢,抱杜含鄠,欱沣吐镐,爰有蓝田珍玉,是之自出。于后则高陵平原,据渭踞泾,澶漫靡迤,作镇于近。其远则九嵕甘泉,涸阴沍寒,日北至而含冻,此焉清暑。尔乃广衍沃野,厥田上上,寔惟地之奥区神皋。"因而战国时期秦孝公在第一次变法改革之后,就派商鞅建筑咸阳城,城成后,即自栎阳迁都咸阳。此后百余年间,历代秦王都投入大量的人力、物力营建咸阳。到战国后期秦庄襄王年间,咸阳已具相当的规模。

秦朝统一后,秦始皇集中全国的物力对咸阳进行更大规模的建设,力图将咸阳打造为全国的政治、经济和文化中心。秦始皇以咸阳为中心,先后修建宫殿、离宫、别馆 300 余个。"咸阳之新建筑,实汇合当时营造艺术之大成也。其经营陵寝,

---

① 司马迁:《史记》卷六《秦始皇本纪》,中华书局,1982 年,第 239 页。
② 何一民:《中国城市史》,武汉大学出版社,2012 年,第 129 页。

亦承儒家理论,而借以充实中央。于物质上,造成全国共仰之新首都,于统一精神亦殊重要。"① 咸阳汇集了战国宫殿建筑之精华,其城以宫殿建筑为主体,主要宫殿建筑群有咸阳宫、六国宫室、信宫和阿房宫。

咸阳宫始建于秦孝公时期,秦始皇在统一六国的过程中,对该宫进行大规模的扩建,并仿照传说中天上的"紫宫",开设四门,形成结构严谨的宫殿建筑群。

秦在灭六国的统一战争中,"每破诸侯,写放其宫室,作之咸阳北阪上,南临渭,自雍门以东以至泾、渭,殿屋复道周阁相属。所得诸侯美人钟鼓,以充入之"②。秦每征服一国,图绘其宫殿,于都城咸阳附近仿造重建,在渭水北岸建成了各具特色的"六国宫室"。六国宫室为秦始皇的妃嫔媵嫱居住的宫馆,分布稠密,平面布局各异,将风格不同的宫殿建筑巧妙地融为一体。秦始皇生前,将从六国掠夺来的珠宝、美女深藏宫中。著名诗人李商隐感叹道:"咸阳宫阙郁嵯峨,六国楼台艳绮罗。自是当时天帝醉,不关秦地有山河。"

公元前 212 年,秦始皇嫌先王所建的咸阳宫太小,又征发几十万人在渭水南岸修建规模更大的朝宫。其建筑材料来自全国各地,如北山的石料、楚蜀的木材,都不惜成本运到咸阳渭水之畔。但秦始皇准备建设的朝宫规模庞大,不仅在他在世的时候未能完成,而且全部工程到秦朝灭亡时也都未完成,因而朝宫也未正式命名,只因前殿所在地名叫阿房,所以人们称这座宫殿为阿房宫。

秦朝宫殿建筑的特点是数量多、规模大、分布范围广、建筑技术高、极尽豪奢。据《史记》载:"关中计宫三百,关外四百余。"《庙记》云:"北至九嵕、甘泉,南至长杨、五柞,东至河,西至汧渭之交,东西八百里,离宫别馆相望属也。木衣绨绣,土被朱紫,宫人不徙。穷年忘归,犹不能遍也。"阿房宫是秦朝宫殿建筑的代表,其造型和建造技术都超过了前代。唐代诗人杜牧《阿房宫赋》颂称道:"覆压三百余里,隔离天日。骊山北构而西折,直走咸阳。二川溶溶,流入宫墙。五步一楼,十步一阁。廊腰缦回,檐牙高啄。各抱地势,钩心斗角。"虽然以上描写有夸大的地方,文学色彩较浓,但可使今人想象其巍峨壮丽。公元前 207 年,项羽率楚军进入关中,放火焚烧了阿房宫,大火三个月未熄,阿房宫变成了一片废墟。

秦始皇还力图将咸阳打造成一个兼具神圣性和神秘性的神都、圣都,不惜投入全国巨大的财力、物力和人力。巨型宫殿和陵墓体现了秦始皇将咸阳神圣化的意图,并展现了当时秦朝的精神文化特征。③ 公元前 220 年,秦始皇"更命信宫为极庙,象天极。自极庙道通郦山,作甘泉前殿。筑甬道,自咸阳属之"④。秦始皇死后,秦二世继续大修阿房宫。咸阳还成为国家的祭祀中心,秦二世下诏"增始皇寝

---

① 钱穆:《国史大纲》,商务印书馆,1994 年,第 123 页。
② 司马迁:《史记》卷六《秦始皇本纪》,中华书局,1982 年,第 239 页。
③ 段清波:《秦始皇帝陵园相关问题研究》,西北大学博士学位论文,2007 年。
④ 司马迁:《史记》卷六《秦始皇本纪》,中华书局,1982 年,第 241 页。

第一章 秦汉魏晋南北朝时期城市的发展变迁

庙牺牲及山川百祀之礼。令群臣议尊始皇庙"①。修建的巨大陵墓，并非孤立的建筑物，而是都城体系中的重要组成部分，是秦代城市文明的重要标志性建筑，秦始皇陵墓的修建对后世产生了巨大的影响，陵墓的内部空间布局，"以水银为百川江河大海，机相灌输，上具天文，下具地理。以人鱼膏为烛，度不灭者久之……树草木以象山"②，体现了秦代城市规划的理念和天下观。

秦灭六国后，迁六国贵族、豪民 12 万户居咸阳，使咸阳城的人口迅速增加，城市规模空前扩大。同时，原六国的许多手工业者、商人也聚集咸阳。据估计，咸阳城的手工业劳动者最少不下 15 万人。此外，秦始皇大修宫殿，所需民工和技工数量庞大，达数十万人。因而有人估计，秦朝咸阳的人口为 70 万～80 万人，如果加上军队的人数，城市人口可能突破百万，即使不足百万，也是当时世界上规模最大的。由于大量人口聚集咸阳，城市的布局已超越了原本城郭的范围，城墙外建立起成片的手工业作坊和住所。

咸阳不仅是当时全国的政治中心，也是全国的经济中心。为了给以秦始皇为首的庞大的统治集团服务，咸阳集中了全国各地著名的能工巧匠，手工业部门也比较齐全，成为全国冶金、机械、建筑、制陶、纺织、皮革等手工业生产的基地和中心。考古工作者在咸阳城宫殿区遗址附近发现规模较大的铸铁作坊、冶铜作坊、制玉制陶作坊遗址，这些手工业作坊分布在宫殿区附近，可能是为宫廷服务的官办作坊。据《史记》载，秦灭六国，"收天下兵，聚之咸阳，销以为钟鐻，金人十二，重各千石，置廷宫中"。如果没有大型的手工业作坊和众多的工匠及精湛的技术，秦朝是难以实施如此巨大的工程的。另外，从秦陵附属遗址出土的铜车铜马、鎏金青铜制品、近千件与真人真马大小相同的陶制兵马俑和 9000 多件青铜兵器、车马器来看，秦代咸阳的手工业不仅规模庞大，而且制作技术高超。

秦代咸阳的商业也相当繁华。咸阳城人口多达数十万，甚至有可能上百万，集中了庞大的政权机构，穷奢极欲的秦王室宗族，数量众多的官僚及其眷属、宾客，以及大量的军队等。为了满足他们在衣、食、住、行等各方面的需要，咸阳的商业迅速发展，商贾云集，货物充溢。城内设有多个市场，主要有直市、平市、奴市、军市等，并设有专门管理市场的机构咸阳市亭。但是，随着商业的畸形繁荣，出现了一些操纵市场、牟取暴利的大商人，秦王朝深感他们对君权的威胁，遂实行"上农抑末"政策，抑制私商，发展官商；颁布《金布律》《关市律》，加强对工商业的控制，并命令商人登记入市册，降低其社会地位。后又实行"谪戍"政策，使商人和商业受到沉重打击。

公元前 220 年，秦始皇开始建造以咸阳为中心、通往全国各地的驰道。著名的驰道有上郡道、临晋道、东方道、武关道、秦蜀栈道、西方道等。公元前 212 年，

---

① 司马迁：《史记》卷六《秦始皇本纪》，中华书局，1982 年，第 266 页。
② 司马迁：《史记》卷六《秦始皇本纪》，中华书局，1982 年，第 265 页。

为防御匈奴,将军蒙恬奉命建造由云阳县通至九原郡的南北向直道。① 驰道和直道的修筑,形成了以咸阳为中心的大陆交通体系。

秦朝在大规模营建咸阳的同时,还对原各诸侯国的城市进行破坏,这是巩固国家统一和建立具有等级性的三级城市体系的需要。秦始皇在发动统一战争时,对各诸侯国的都城实施大规模破坏,一是毁城郭,二是拆毁宫殿。对咸阳的大规模建设与对各诸侯国都城的毁坏,是为了增强秦朝的中央集权,达到"皇帝奋威,德并诸侯,初一泰平。堕坏城郭,决通川防,夷去险阻。地势既定,黎庶无繇,天下咸抚"的目的。②

2. 城市数量增加,规模扩大,空间分布更广

早在春秋战国时期,随着社会生产的发展、工商食官制度的瓦解、建筑技术的提高,以及伴随着礼崩乐坏而出现的政治分裂局面,郡县制度应运而生,这不仅为统治者开疆拓土和不断发动战争提供了制度上的方便,还使城市的数量、规模都有了较大幅度的增加和扩大。春秋战国时期,各类城邑的数量有七八百个,主要集中在文明较为发达的黄河中下游一带。此外,秦国所在的关中地区的城市数量,随着秦国的发展壮大,也有了明显的增长。后来为秦所控制的巴蜀地区,也形成了以成都、江州为中心的城市区域。南方随着楚、吴、越等国的发展壮大,城市数量也有较大的增长,形成了以郢都、寿春、阖闾城、山阴城为中心的城市区域。北方燕国和赵国为防御匈奴,城市建设也有所发展。春秋战国时期,各诸侯国城市的规模均有所扩大,城市面积从几平方公里到几十平方公里不等,较商周时期有了极大发展。各国的政治中心多为通都大邑。为了满足战争的需要,有的诸侯国甚至营造了连城数十的城市群。城市人口也有了很大增长,出现了一些几十万人口的大城市,如雍城、栎阳、邯郸、临淄、寿春、曲阜、安邑等。③ 随着秦国的统一,这些城市被逐步纳入秦国的版图,成为秦国所推行的郡县城市体系中的一部分。据杨守敬《秦郡县图序》估计,秦代全国有县城 800~900 个,但实际可能比这个还多。④ 其中规模较大的城市有 250 个左右,而最重要的城市大多为都城和郡治。

其时,一些非郡治城市因多种因素而发展起来,如云阳、临邛等城市成为后起之秀。但郡治城市仍然是区域优先发展的城市,如西南的中心城市成都(秦蜀郡治所),在秦代就出现了较大的发展。成都在商周时期已形成了早期城市,今成都城西的金沙至十二桥一带就发现有商周时期的大型城市遗迹。战国时期开明王在成都建立都城,城市初具规模。公元前 316 年,秦灭蜀,"移秦民万家实之",对成都、郫邑、临邛三城重新进行规划、建设,"仪与若城成都,周回十二里,高七丈;郫城周回七里,高六丈;临邛城周回六里,高五丈"⑤。成都城市规划布局"与咸阳

---

① 马啸、雷兴鹤、吴宏岐:《秦直道线路与沿线遗存》,陕西师范大学出版社,2018 年,第 37—38 页。
② 司马迁:《史记》卷六《秦始皇本纪》,中华书局,1982 年,第 252 页。
③ 王立华:《中国城市的起源与形成:先秦城市的发展变迁》,四川大学博士学位论文,2016 年。
④ 周长山:《汉代城市研究》,人民出版社,2001 年,第 6 页。
⑤ 常璩著,刘琳校注:《华阳国志新校注》卷三《蜀志》,四川大学出版社,2015 年,第 108 页。

同制"。其后，秦王朝在成都平原兴修以都江堰为中心的水利工程，"于是蜀沃野千里，号为陆海。旱则引水浸润，雨则杜塞水门，故记曰：水旱从人，不知饥馑，时无荒年，天下谓之'天府'也"，为汉代成都成为"五都"之一创造了极为重要的条件，也为2000多年来成都持续发展奠定了基础。

秦朝建立后，各级城市成为君主专制中央集权在各地方的统治中心，因而对城市的管理，尤其是对城市治安的管理，成为统治者十分重视的一个问题。在城市管理方面，秦朝采取了以下一系列措施。

（1）派驻重兵守卫城市，设置负责治安的官职。

首都咸阳是皇帝所在地，因而有重兵驻守，防卫措施特别谨严。朝廷九卿中，即有郎中令、卫尉负责皇帝安全。郎中令主要统率护卫皇帝的诸郎官，负责皇帝宫殿掖门的警卫及出巡的安全。卫尉则掌管门卫屯兵，也负责皇宫的警卫工作。此外，还专门设有负责京城巡逻、治安和警卫工作的官员。秦朝在郡、县城市也驻有数量不等的军队，郡置郡尉，县设县尉，两尉分掌郡县军事，负责郡县的治安、巡逻和对民众的弹压。

（2）设立司法机构，加强专制统治和对城市的控制。

秦朝从中央到地方都设立了专管司法的机构和官员，并在城市中设置各种类型的监狱，对于反叛者、扰乱治安者等给予严厉的镇压和制裁。此外，还建立了城市巡逻制度和城门启闭制度等，初步形成了城市治安管理体制。后世的封建统治者，多在此基础上加以完善和发展。

总之，秦代城市有较大的发展，一是对中心城市咸阳的大规模建设使咸阳成为全国的统治中心，其城市规模和城市建设都达到史无前例的水平；二是因开疆拓土而推动城市数量较大增加；三是在城市空间分布上发生了很大变化，虽然黄河流域依然为城市分布的中心区域，但在南方和西北等边疆地区也兴起了不少城市；四是秦代城市行政等级体系的建立使城市成为国家和区域的政治中心，国家力量对于城市的兴衰产生了重要的作用，区域政治中心城市优先发展的规律得以确立，城市行政地位的高低对城市的规模、发展水平和发展速度产生了重要的影响。区域城市行政等级体系的建立，对于大一统国家的建立和巩固起着十分重要的作用，秦以后中国虽然也曾多次出现过分裂动乱，但最终都重新归于统一。其原因是多方面的，其中区域城市行政等级体系的构建无疑是最主要的一大因素。

（二）秦末战争与城市的破坏、衰落

秦朝建立了统一的国家，但其暴政却导致新的社会矛盾出现，最终引发了秦末起义，城市遭到大规模破坏。

首先，六国贵族的残余力量在灭国后依然不忘复国，他们聚集在部分城市中密谋发动起义，以推翻秦朝统治，恢复原来的政权，如张良、项梁等人就一直在进行复国活动。其次，以匈奴为主的北方草原游牧民族为了生存发展，长期虎视眈眈，伺机南侵，威胁着秦朝的安全。再次，秦朝建立后，以严酷的法律治理国家，加剧了社会矛盾。另外，秦始皇大规模修建都城、陵寝、长城，强制性移民，强制性实行文化统一，导致各种矛盾日益尖锐。因此在秦始皇去世后，秦统治集团内部出现裂痕，社会矛盾加深，终于导致秦末起义的爆发。正如后人所评："始皇既殁，胡亥极愚，郦山未毕，复作阿房，以遂前策。云'凡所为贵有天下者，肆意极欲，大臣至欲罢先君所为'。"① 秦末战争实际上是一场发生于城市的权力更替战争，秦末起义的领袖和骨干主要来源于城市而非农村，其爆发的原因之一就是城市发展变迁及其带来的问题，而且起义的目标和战场也是城市，起义最终演变成一场城市平民获胜的权力转移战争。②

秦代统治的危机在其建立不久后就显现出来了。秦刚刚统一天下时，咸阳的治安就不是很好。一天晚上，秦始皇由四个武士陪同微行咸阳，结果"夜出逢盗兰池，见窘，武士击杀盗，关中大索二十日"③。同时，过度营造都城，人口和财富过度集中，导致咸阳的物价奇高，"一石（将近20公斤）粮食据说值1600钱"④。很快，秦始皇去世，二世胡亥延续之前的严刑酷法政策，最终酿成了秦末起义。秦末起义和随之而来的楚汉战争对城市造成了巨大的破坏。在大规模的秦末起义中，城市作为政治中心和经济中心，是起义者攻打的首要目标，各地城市在起义中遭受了巨大的破坏。对城市的破坏表现在对城市设施的破坏和城市人口的大量死亡等方面。

首先是对城市设施的毁坏。集中全国财富所营造的秦朝统治中心咸阳受到了战争的巨大破坏，最终走向毁灭。秦末起义者对秦暴政的痛恨导致他们对咸阳等重要城市的报复性破坏：公元前207年，项羽率楚军进入关中，放火焚烧了阿房宫，大火三个月未熄，阿房宫变成一片废墟，象征秦朝统治的都城咸阳不复存在。咸阳的毁灭标志着秦朝统治的终结。咸阳的修筑没有如秦统治者所期望的那样增加他们统治的神圣性和权威性，秦终因其残酷的剥削和严苛的法律而走向了覆灭。其他各地城市在战争中也受到了不同程度的破坏，尤其是关中以及中原地区的战略性城市，如洛阳、临淄、邯郸等，都遭受了战火的摧残。

其次，战争导致城市人口锐减。陈胜所到之处，应者如云："诸郡县皆多杀其长吏以应陈涉。"⑤ 各地响应陈胜起义的，也纷纷攻城略地。重要的城市和城市群是当时战争争夺的重要目标，如"宛，大郡之都也，连城数十，人民众，积蓄多"，刘邦得到宛城后，"引兵西，无不下者"。⑥ 武信君听从蒯通之计，"因使蒯通赐范阳令侯印。赵地闻之，不战以城下者三十余城"⑦。屠城与坑杀士兵是当时的普遍

---

① 司马迁：《史记》卷六《秦始皇本纪》，中华书局，1982年，第292页。
② 何一民、冯剑：《王迹之兴起于闾巷：城市平民的兴起与秦末战争》，《史学月刊》，2017年第2期。
③ 司马迁：《史记》卷六《秦始皇本纪》，中华书局，1982年，第251页。
④ ［英］崔瑞德、鲁惟一编，杨品泉等译：《剑桥中国秦汉史：公元前221—公元220年》，中国社会科学出版社，1992年，第107页。
⑤ 司马迁：《史记》卷八《高祖本纪》，中华书局，1982年，第349页。
⑥ 司马迁：《史记》卷八《高祖本纪》，中华书局，1982年，第359-360页。
⑦ 司马迁：《史记》卷八十九《张耳传》，中华书局，1982年，第2575页。

第一章 秦汉魏晋南北朝时期城市的发展变迁

现象,项羽尤其如此,这也是他失败的一个原因:"项梁前使项羽别攻襄城,襄城坚守不下。已拔,皆坑之。"①"章邯围田荣于东阿。沛公与项梁共救田荣,大破章邯东阿。田荣归,沛公、项羽追北,至城阳,攻屠其城。"②"楚军夜击坑秦卒二十余万人新安城南。"③"沛公归数日,羽引兵西屠咸阳,杀秦降王子婴,烧秦宫室,所过无不残灭。秦民大失望。"④"项羽遂烧夷齐城郭,所过尽屠破。齐人相聚畔之。"⑤

城市在战争中的地位和作用十分重要,城市的得失对于争夺天下至关重要,如陈留,"天下之冲,四通五达之郊也","其城又多积粟"⑥,据有陈留对刘邦最先攻入关中进而争夺天下起到了重要作用。重要城市的得失是秦亡汉兴的重要因素,刘邦"在西北拥有有牢固基础的关中根据地和中国北部的一致的支持。几次战争的进程证明了淮河流域的重要性,那里大量的谷物充实了著名的荥阳敖仓;这个粮仓本身就是一个重要的军事目标。更往北,巨鹿是一个具有同样重要价值的城市,它的失陷严重地削弱了秦的防务"⑦。因而灭秦的战争主要围绕城市而进行。随着战争的推进,城市遭受的破坏变得十分严重。秦朝覆灭之后的楚汉争霸战争,对城市也产生了巨大的破坏,毁坏了大量的城市建筑,屠杀了更多的城市人口。这可以从刘邦手下将领的军功记录中得到印证:将士们攻城略地的主要方法有强攻、水灌、火烧等,所到之处常常有屠城的记录。大规模的战争,导致城乡经济凋敝,人口大量流散、死亡,从战国至秦所建立的若干大中城市都遭到了不同程度的破坏,以致西汉王朝建立初期,三五万人口的城市就算大城市了。

秦灭亡后的一段时间,区域城市行政等级体系一度遭到破坏,部分地区一度恢复战国时期的分封制。项羽分封天下,其后刘邦在与项羽争夺天下的过程中也采取了分封策略。刘邦在建立西汉王朝之后,为了稳固刘氏家天下的统治,也在一定程度上继承并发展了分封制度,实行郡县制与分封制并存的双轨体制,从而使汉初存在两种城市体系。

二、汉代城市的发展变迁

继秦之后建立的汉朝,是中国历史上最重要的王朝之一,汉朝分为西汉、东汉两个历史时期,后世史学家亦称两汉。西汉为刘邦所建立,建都长安;东汉为光武帝刘秀所建立,建都洛阳。两汉时期是中国君主专制中央集权制度巩固和发展的时

---

① 司马迁:《史记》卷七《项羽本纪》,中华书局,1982年,第299~300页。
② 班固:《汉书》卷一《高帝纪》,中华书局,1962年,第14页。
③ 司马迁:《史记》卷七《项羽本纪》,中华书局,1982年,第310页。
④ 班固:《汉书》卷一《高帝纪》,中华书局,1962年,第27页。
⑤ 班固:《汉书》卷三十三《田儋传》,中华书局,1962年,第1849页。
⑥ 司马迁:《史记》卷九十七《郦生陆贾列传》,中华书局,1982年,第2693页。
⑦ [英]崔瑞德、鲁惟一编,杨品泉等译:《剑桥中国秦汉史:公元前221—公元220年》,中国社会科学出版社,1992年,第131页。

期。西汉王朝建立后,继承了秦王朝开创的君主专制中央集权制度,并加以改革,经过数十年的休养生息,到汉武帝时期,君主专制中央集权统治进一步巩固,疆域空前扩大,经济高度发展,以中原文化为核心、汇集各地文化而构成的汉文化也在此时期初步形成。同时,中国同周边国家的经济文化交往加强,秦以后统一的中国社会进入第一个鼎盛时期,中国成为当时东方第一强国,与西罗马并称两大帝国,城市也因之有了巨大的发展。西汉末年发生了持续的战乱,社会经济遭到严重破坏,不少城市也因战争等因素而处于衰落状态。东汉前期,社会经济经历了一段比较长的恢复期,直到汉明帝时才有所发展。但由于战乱破坏了社会经济的内在机能,故东汉的经济始终未恢复到西汉的最高水平。[①]

(一) 西汉城市的发展变迁

公元前202年,汉高祖刘邦初步统一天下,建立了西汉王朝。由于刚经过秦末起义与楚汉战争,西汉初年经济萎缩,人口锐减,许多城市,尤其是黄河流域的重要政治军事城市遭到了空前的破坏。《史记》载:"天下初定,故大城名都散亡,户口可得而数者十二三,是以大侯不过万家,小者五六百户。后数世,民咸归乡里,户益息,萧、曹、绛、灌之属或至四万,小侯自倍。"

西汉初,汉王朝为恢复社会经济,巩固政权,采取了一系列休养生息政策:复员军队,给予士卒土地和宅舍,号召逃亡人口回乡,"复故爵田宅",减轻赋税和徭役等。于是,农业经济逐渐恢复,手工业、商业也缓慢复苏,从而出现"文景之治",汉初残破不堪的城市渐露生机。因统治的需要,部分城市——主要是都城及少数区域性政治中心城市首先得以重建或扩建,政治因素成为西汉初期城市发展的重要推动力。[②] 西汉中期,稳定大一统的社会面貌使得全国再次出现城市蓬勃发展的局面,中央政治势力在各方面的渗透也是城市发展的动力。有研究者认为,西汉城市发展变化的过程反映了汉统治者在统治方面的空间认识水平和帝国对空间控制之目的,西汉城市发展的重要原因之一就是中央权力对地方空间的控制和占有,也包括区域空间发展与国家控制实践的统一。[③]

1. 栎阳

栎阳是西汉王朝最早营建的政治中心城市。公元前207年,秦王朝被推翻,次年初项羽在鸿门大封诸侯,封原秦将司马欣为塞王,都栎阳。同年八月,塞王司马欣向汉王刘邦投降,栎阳归刘邦所有。同年十一月,刘邦正式建都栎阳。栎阳在战国时期曾作为秦国都城得到较大发展,在栎阳进行的第一次商鞅变法,为秦国的富强奠定了基础。秦孝公十二年(前350),秦国将都城迁往咸阳,而在旧都置栎阳县。由于栎阳是关中的交通枢纽,为咸阳经陆路通往三晋的必经之地,东西往来的

---

① 何一民:《中国城市史》,武汉大学出版社,2012年,第141页。
② 何一民:《中国城市史》,武汉大学出版社,2012年,第142页。
③ 肖爱玲:《西汉城市体系的空间演化》,商务印书馆,2012年,第211、322页。

第一章
秦汉魏晋南北朝时期城市的发展变迁

商人多经过此城,所以工商业比较发达。另外,秦孝公迁都咸阳后,栎阳的宫殿作为秦王的行宫得以保存,故栎阳虽然失去了都城地位,仍不失当年繁华。由于栎阳在秦代已具有相当规模,并有秦朝的行宫,因而刘邦在此建都后没有对栎阳进行大规模扩建。据《史记》记载:"汉王与诸侯击楚,何守关中,侍太子,治栎阳。为法令约束,立宗庙社稷宫室县邑。"① 汉栎阳城东西约2500米,南北约1610米,有三条东西干道贯穿全城,东西城墙上各置有三座城门,有三条南北向大街,南北城墙设有两座城门,大型宫殿建筑在城的中部,手工业作坊分布在城内东北和东南部。

由于楚汉战争正在激烈地进行,刘邦并未在栎阳常住,而是令萧何辅佐太子坐镇栎阳,征集粮草兵卒,及时运往前线,以供军需。栎阳成了刘邦与项羽争夺天下的大本营。经过四年的楚汉战争,刘邦最终消灭了项羽的势力,建立了西汉王朝。公元前202年,刘邦在定陶汜水之南即皇帝位,因咸阳已被项羽烧毁,故从谋臣娄敬(因劝刘邦西都关中被赐姓刘)的建议,入都关中,以古栎阳为临时都城,直至公元前200年才将国都迁往长安。②

2. 长安

都城的选址在汉初为国之大事,刘邦在定都问题上也进行了多方考察。当时许多大臣和将领要求定都洛阳,刘邦也希望定都洛阳,与周代"比隆"。但娄敬指出,洛阳在周代作为都城是有一定条件的,但经过春秋战国时期的变化,这些有利的条件已经消失,而关中地区的有利条件远多于洛阳,因而在关中建都应是最好的选择。"及周之盛时,天下和洽,四夷乡风,慕义怀德,附离而并事天子,不屯一卒,不战一士,八夷大国之民莫不宾服,效其贡职。"但周代衰落,天下大乱,形势已变,而"秦地被山带河,四塞以为固,卒然有急,百万之众可具也。因秦之故,资甚美膏腴之地,此所谓天府者也……入关而都之,山东虽乱,秦之故地可全而有也"③。刘邦的重要谋臣张良也支持娄敬的意见,他指出:"洛阳虽有此固,其中小,不过数百里,田地薄,四面受敌,此非用武之国也。夫关中左崤函,右陇蜀,沃野千里,南有巴蜀之饶,北有胡苑之利,阻三面而守,独以一面东制诸侯。诸侯安定,河渭漕挽天下,西给京师;诸侯有变,顺流而下,足以委输。"④ 大夫田肯也持相同的看法:"秦,形胜之国,带河山之险,县隔千里,持戟百万,秦得百二焉。地势便利,其以下兵于诸侯,譬犹居高屋之上建瓴水也。"⑤ 刘邦经过全盘考虑,从大局出发,决定在关中建都。可见,西汉定都长安是出于国家战略的需要,当时天下并不安定,诸侯对中央政权的威胁并没有消除;定都长安是当时地域文明鸿沟没有弥合的产物,也是恢复分封制度导致的不得已的选择。西汉王朝延续秦代

---

① 司马迁:《史记》卷五十三《萧相国世家》,中华书局,1982年,第2014页。
② 何一民:《中国城市史》,武汉大学出版社,2012年,第143页。
③ 司马迁:《史记》卷九十九《刘敬传》,中华书局,1982年,第2716页。
④ 司马迁:《史记》卷二十五《留侯世家》,中华书局,1982年,第2043—2044页。
⑤ 司马迁:《史记》卷八《高祖本纪》,中华书局,1982年,第382页。

以关中为中枢控制天下的战略选择有其合理性,最终使一座伟大的城市在关中地区诞生。

汉初,汉王朝重点开发建设都城长安。汉长安的建设从高祖到武帝历时数十年,历经三个阶段,始得以基本完成。①

第一阶段为汉高祖刘邦时期,重点建设长乐宫和未央宫。

刘邦统一天下后,采纳娄敬和张良等人的建议,决定在关中建都。汉高祖五年(前202)九月至七年(前200)二月,丞相萧何主持营建工程,遣工匠对秦始皇的离宫兴乐宫进行修复装饰,更名为长乐宫。其遗址在今未央宫街道的阁老门、张家巷、讲武殿、唐寨,汉城街道的雷寨、罗寨等村庄一带。据考古探测,长乐宫垣东墙长2280米,西墙长2150米,南墙长3280米,北墙长3050米,周长10760米,面积约6平方公里,约占长安城总面积的六分之一。宫城平面略呈方形,南墙在覆盎门西有一曲折,其余各墙都为直线。宫城为夯筑土墙,厚达20多米。宫城四面各设一座宫门,其中东、西二门是主要通道,门外有阙楼称为东阙和西阙。南宫门与覆盎门南北相对。东、南两面临城墙,西隔安门大街与未央宫相望。长乐宫内有14所宫殿,均坐北向南。其中前殿位于南面中部,前殿西侧有长信宫、长秋殿、永寿殿、永宁殿等;前殿北面有大夏殿、临华殿、宣德殿、通光殿、高明殿、建始殿、广阳殿、神仙殿、椒房殿和长亭殿等。另有温室殿、钟室、月室以及秦始皇时在兴乐宫中建造的高达40丈的鸿台等。高祖七年(前200),刘邦从栎阳迁都长安,居长乐宫,在这里朝会群臣与接见诸侯,故长乐宫为全国的政治活动中心。从汉惠帝起,西汉皇帝移居未央宫听政,长乐宫仅供太后居住,从而形成了"人主皆居未央,而长乐常奉母后"的制度。由于长乐宫在未央宫之东,故又称为"东宫"或"东朝"。长乐宫虽从惠帝时失去了正宫地位,但由于是母后之宫,尤其是后来吕太后临朝称制,长乐宫仍为左右朝政的政治中心。《雍录》载:"惠帝自未央朝长乐,武帝亦曰'东朝廷辨之'。七国反,景帝往来东宫间,天下寒心,师古曰:'谓咨谋于太后也。'"②王莽改长乐宫名为常乐室。西汉末年,更始帝仍以长乐宫为皇宫。后赤眉军攻入长安,刘盆子被拥立为帝,也以长乐宫为皇宫。

长乐宫修建完工后不久,刘邦又命丞相萧何营筑未央宫和北宫,并以此为基础建造长安城。长安原是村落名称,秦始皇之弟公子成蛟曾被封为长安君,"高祖六年,更名咸阳曰长安"。未央宫是汉朝君臣朝会的新朝宫,仿秦咸阳宫的形制,规模宏大,总体的布局呈长方形,四面筑有围墙,东西长2250米,南北宽2150米,总面积约5平方公里,较长乐宫稍小,约占长安城总面积的七分之一,但建筑本身的壮丽宏伟则有过之。未央宫由前殿、宣室殿、温室殿、清凉殿、麒麟殿、金华殿、承明殿、高门殿、白虎殿、玉堂殿、宣德殿、椒房殿、昭阳殿、柏梁台、天禄

---

① [德]阿尔弗雷德·申茨著,梅青译:《幻方——中国古代的城市》,中国建筑工业出版社,2009年,第143页。

② 程大昌撰,黄永年点校:《雍录》卷二《长乐宫》,中华书局,2002年,第38—39页。

第一章
秦汉魏晋南北朝时期城市的发展变迁

阁、石渠阁等 40 多个宫殿台阁组成,其中前殿居全宫的正中,"东西五十丈,深十五丈,高三十五丈"①。据载,未央宫四面各有一个司马门,东面和北面门外有阙,称东阙和北阙,诸侯来朝入东阙,士民上书则入北阙。宫内还有六座小山和多处水池,大小门户近百,与长乐宫之间又建有阁道相通。现存建筑遗迹中,前殿基坛东西宽约 200 米,南北长约 350 米,最高处 15 米。据勘测,前殿的基坛是利用龙首山的丘陵建造的。第二号宫殿遗址在前殿之北,第三号宫殿遗址在前殿之西北,均为建于夯土台上的组群建筑,各有门殿多重。据出土遗物推断,前者为后妃居住的后宫,后者属宫廷的官署。较为特殊的是,二号宫殿的夯土基下掘有地道多条,其墙立壁柱,墙面则涂草泥抹白灰,地面铺以条砖。

未央宫与长乐宫相距一里,两宫约占长安城总面积的三分之一。但当时还未修城垣。由于未央宫是西汉王朝处理军国大事的中枢和皇帝的居住之处,大量官员和为皇室服务及保卫皇室的人员聚集在附近,故宫殿周围也开始建筑官署、住宅、楼阁,商业娱乐设施及手工业作坊等也随之兴起。考古工作者在前殿西北 400 米处发掘出一处官署遗址,高出地面 1 米多,发现有成排的柱础,内有封泥,应是西汉皇室的少府或其所属的官府遗址,是执掌皇室钱财物品收入开支的管理机构。

第二阶段为汉惠帝时期,重点建设长安城墙。

汉惠帝时期,汉王朝三次征发民工共 31 万余人在农闲时到长安修建长安城墙和城市设施。史载,汉惠帝三年(前 192),"发长安六百里内男女十四万六千人城长安"②,另外又将 2 万名罪犯投入这项工程,令其夜以继日不停劳动,从而仅用 30 天时间就完成了长安城墙的修筑。据史书记载,建成后的长安城墙周回六十五里,城市经纬各长三十二里十八步,占地共九百七十三顷,城墙高三丈五尺,下阔一丈五尺,上阔九尺。③ 据考古勘察,汉长安城墙呈不规则状,曲曲折折,充分利用自然地势,东墙长 5916.95 米,西墙长 4766.46 米,北墙长 6878.39 米,南墙长 7453.03 米,城周长 25014.83 米,合汉代 60 里稍多,与文献记载大体相同。

第三阶段为汉武帝时期,重点增修了部分宫苑。

汉武帝时期,由于经济的繁荣和国力的强盛,长安城得到大规模的建设。汉武帝在城内增修了桂宫、明光宫,扩建了北宫等,在城外扩建了上林苑、甘泉宫,营建了建章宫等。

桂宫位于未央宫之北,规模宏大,是汉武帝太初四年(前 101)修筑的后妃之宫,故址在今陕西省西安市西北。班固《西都赋》曰:"自未央而连桂宫,北弥明光而亘长乐。"《西京杂记》载:"武帝为七宝床、杂宝案、厕宝屏风、列宝帐,设于桂宫,时人谓之四宝宫。"

建章宫位于城西上林苑中,平面为东西长、南北短的长方形,东西 2130 米,

---

① 何清谷校释:《三辅黄图校释》卷二,中华书局,2005 年,第 114 页。
② 班固:《汉书》卷二《惠帝纪》,中华书局,1962 年,第 89 页。
③ 何清谷校释:《三辅黄图校释》卷一,中华书局,2005 年,第 63—67 页。

南北1240米。该宫与未央宫有复道相连，由数十个宫殿台阁组成，号称千门万户。宫北为太液池，池平面呈曲尺形，东西510米，南北450米，池中堆土成山，称蓬莱、方丈、瀛洲三岛。①

甘泉宫是汉长安城最大的一座离宫，是汉武帝时在秦林光宫的基础上扩建而成的。甘泉宫平面为长方形，宫城周长5668米，西宫墙辟一门，宫城四角有角楼建筑。②

西汉上林苑是汉武帝在秦上林苑的基础上扩建而成的，北起渭南，南至秦岭，东达蓝田，西到周至，周围墙埂长达400余里，是中国古代最大的皇家园林。上林苑内分36个苑囿，内有建章宫、承光宫、储元宫、包阳宫、尸阳宫、望远宫、犬台宫、宣曲宫、昭台宫、蒲陶宫等12宫及25观。上林苑内还挖筑了许多人工湖泊，有初池、麋池、牛首池、蒯池、积草池、东陂池、西陂池、当路池、犬台池、郎池、太液池、昆明池等，其中昆明池的规模最大，池中置戈船数十艘、楼船百余艘。

在古代中国，政治对城市发展的影响特别大，统治者往往都根据政治需要来建设城市。长安不仅是汉朝最大的城市，而且是当时全世界规模最大的城市，与它同期的罗马城虽然规模居于西方各大城市之首，但也只有长安的三分之一。由于长安是汉王朝的政治中心，故其城以宫殿为主体，包括皇宫在内的统治机构建筑占据了城市一半以上的空间，这成为秦汉时期都城建设的一个特点。

长安宫殿区之外，是长安城的市区，有八街、九陌、九府、三庙、十二门、九市、十六桥、一百六十闾里。长安城街道平整开阔，最宽的大道可容十二辆大车同时并行。长安城人口最多时达数十万人，据《汉书》记载，平帝刘衎元始二年（2）有"户八万八百，口二十四万六千二百"。这一数据仅指平民，如果加上皇室、贵族、奴仆、军队，长安城的人口有四五十万。

长安作为都城，虽以政治、军事功能为主，但是因政治权力聚集资源的效应，其经济功能也不断增强。西汉建国之初，关中地区的经济极度凋敝，长安物资供应非常紧张。相国萧何曰："长安地狭，上林中多空地，弃，愿令民得入田，毋收稿为禽兽食。"③但随着汉初的政治改革和一系列与民休养生息、发展经济的措施的推行，关中经济逐渐恢复，长安人口也不断增多，特别是为政治中心服务的各行业得到较大发展，人口也大幅度增加。汉王朝为了发展长安的经济，加强对各地豪强的控制，强制东方的豪富之民迁徙到长安附近的陵县，其富户达数万户。

长安在汉代成为中国历史上第一座空间规模庞大、经济繁荣、人口多达百万的世界特大城市。由于京畿地区人口密集，财富集中，消费需求十分巨大，尤其是高档消费需求特别大，因而推动了长安城市经济的发展，工商百业繁盛，富商大贾云

---

① 中国社会科学院考古研究所：《中国考古学·秦汉卷》，中国社会科学出版社，2010年，第216—217页。
② 中国社会科学院考古研究所：《中国考古学·秦汉卷》，中国社会科学出版社，2010年，第217页。
③ 司马迁：《史记》卷五十三《萧相国世家》，中华书局，1982年，第2018页。

第一章
秦汉魏晋南北朝时期城市的发展变迁

集,其中杜陵樊嘉的家财甚至达"五千万",茂陵挚网,平陵如氏、苴氏,长安丹王君房等家族"皆巨万"。"长安诸陵,四方辐凑并至而会,地小人众,故其民益玩巧而事末也。"长安城内外"五方杂厝","富人则商贾为利"。班固《西都赋》称,长安"内则街衢洞达,闾阎且千,九市开场,货别隧分。人不得顾,车不得旋,阗城溢郭,旁流百廛。红尘四合,烟云相连。于是既庶且富,娱乐无疆。都人士女,殊异乎五方。游士拟于公侯,列肆侈于姬姜"。时人对长安商贸业的发达也有所描述:长安地处陇、蜀之间,故陇、蜀之货物多集散于此,商贾较多,巴蜀的姜、丹砂、石、铜、铁、竹、木之器及"筰马旄牛",通过褒斜道而入关中;西北之天水、陇西、北地、上郡,"畜牧为天下饶",而长安为其贸易之地。"故关中之地,于天下三分之一,而人众不过什三,然量其富,什居其六。"《庙记》曰:"长安市有九,各方二百六十六步,六市在道西,三市在道东,凡四里为一市。"到西汉末长安城内更增加了一种特殊的市场——会市。"元始四年,起明堂、辟雍长安城南,北为会市,但列槐树百行为队,无墙屋。又为方市阓门,周环列肆,商贾居之,都商亭在其外。"① 长安还是文化中心,各地的游学士子云集长安求学,西汉末年英雄儒将多在长安受学,相互结识砥砺,如邓禹"年十三,能诵诗,受业长安。时光武亦游学京师,禹年虽幼,而见光武知非常人,遂相亲附"②。这样,经过多年的经营,西汉王朝的都城长安成为一座多功能国际大都市。

长安的建设具有很强的等级性,若皇亲贵戚在居所建筑方面有所僭越,则后果不堪设想。如"成都侯商尝病,欲避暑,从上借明光宫。后又穿长安城,引内沣水注第中大陂以行船,立羽盖,张周帷,辑濯越歌。上幸商第,见穿城引水,意恨,内衔之,未言。后微行出,过曲阳侯第,又见园中土山渐台似类白虎殿。于是上怒,以让车骑将军音"③。

政治的变迁对长安具有巨大影响,长安在西汉历史上几度兴衰。西汉末年,王莽欲迁都洛阳,长安的建设受到影响:"是时,长安民闻莽欲都洛阳,不肯缮治室宅,或颇彻之。"王莽对此加以制止,下令"其谨缮修常安之都,勿令坏败。敢有犯者,辄以名闻,请其罪"④。新莽末年,长安遭到巨大破坏,"赤眉樊崇等众数十万人入关,立刘盆子,称尊号,攻更始,更始降之。赤眉遂烧长安宫室市里,害更始。民饥饿相食,死者数十万,长安为虚,城中无人行。宗庙园陵皆发掘,唯霸陵、杜陵完"⑤,长安作为政治中心城市的历史暂时结束。

3. 其他重要区域政治中心城市

西汉时期,除了长安作为都城而成为优先发展的城市外,其他重要的区域政治中心城市也得到不同程度的发展。西汉初年,位于河洛地区的洛阳也有着重要的战

---

① 何清谷校释:《三辅黄图校释》卷二,中华书局,2005年,第101—102页。
② 范晔:《后汉书》卷十六《邓寇传》,中华书局,1965年,第599页。
③ 班固:《汉书》卷九十八《元后传》,中华书局,1962年,第4025页。
④ 班固:《汉书》卷九十九《王莽传》,中华书局,1962年,第4132页。
⑤ 班固:《汉书》卷九十九《王莽传》,中华书局,1962年,第4193页。

略地位，成为西汉王朝的政治副中心，不封王于洛阳已经成为西汉王朝的内部规则。如汉武帝时，其宠妃王夫人将死之际，要求将儿子封到洛阳为王，汉武帝答曰："不可。洛阳有武库、敖仓，当关口，天下咽喉。自先帝以来，传不为置王。"① 但正因如此，洛阳城市的发展也在一定程度上受到政治因素的限制，速度相对较缓。但由于地位重要，交通便捷，腹地经济发达，洛阳仍然是除长安之外的另一个发达城市，这也为其在东汉时期成为都城奠定了基础。

西汉时期，黄河中下游地区的城市得到较大发展。首先，这里自古就是中华文明的中心地区，城市历史悠久，地理环境优越，人文资源丰富，随着汉代统治的稳定，城市也逐渐发展起来。其次，汉初刘邦为夺取江山而恢复了诸侯封国制度，也就恢复了诸侯封国的城市体系。当政权稳固后，汉王朝开始剪除异姓王，但同时也大封同姓王，他们大部分都被分封到崤山以东的地区，其所控制的城市也得到空前发展。如战国时期一度唯一有实力和秦国对抗的齐国，其所在的山东地区一直具有与关中地区不相上下的战略地位，在汉代依然具有对抗中央的实力，此地"东有琅邪、即墨之饶，南有泰山之固，西有浊河之限，北有勃海之利。地方二千里，持戟百万，县隔千里之外，齐得十二焉。故此东西秦也。非亲子弟，莫可使王齐矣"②。西汉王朝对这个地区非常重视，一直以心腹坐镇。所以当汉武帝答应王夫人将其子封到齐国为王时，王夫人以手击头，呼"幸甚"。

其他地区重要的政治中心城市，如江淮、江南等地的一些城市，也因政治的关系一度出现了超前发展。如"吴王濞所都，城周十四里半"。吴王为积累实力，大力发展封地经济，使自己的王城一度成为南方的大都市。梁孝王因为受到窦太后的宠爱，其王城睢阳得以超常发展："孝王，窦太后少子也，爱之，赏赐不可胜道。于是孝王筑东苑，方三百余里。广睢阳城七十里。大治宫室，为复道，自宫连属于平台三十余里。得赐天子旌旗，出从千乘万骑。东西驰猎，拟于天子。出言跸，入言警。招延四方豪桀，自山以东游说之士莫不毕至。齐人羊胜、公孙诡、邹阳之属。公孙诡多奇邪计，初见王，赐千金，官至中尉，梁号之曰公孙将军。梁多作兵器弩弓矛数十万，而府库金钱且百巨万，珠玉宝器多于京师。"③ 可见，汉代城市发展中的政治因素具有重要作用。

4. 重建、新建城市

汉初，汉王朝在兴建长安城的同时，为了巩固其在各地的统治，也对各地城市进行了修建。高祖六年（前201），刘邦"令天下县邑城"，即在全国的县级及以上政权治所和相当于县级的封地修城筑池，从而掀起了汉代的筑城高潮，部分在战国末期和秦末战争中遭到破坏的城市得以重建、复兴和发展，部分新建城市也随之兴起。随着西汉政权的巩固，农业、手工业、商业的发展，交通运输的开发，对外交

---

① 司马迁：《史记》卷一百二十六《滑稽列传》，中华书局，1982年，第3209页。
② 司马迁：《史记》卷八《高祖本纪》，中华书局，1982年，第382—383页。
③ 司马迁：《史记》卷五十八《梁孝王世家》，中华书局，1982年，第2083页。

第一章 秦汉魏晋南北朝时期城市的发展变迁

流的加强、扩大,汉王朝成为威名远播、国力强盛、经济繁荣、文化发达的世界大国。中国封建社会进入第一个鼎盛时期,城市也出现了前所未有的大发展。

汉初的疆域比秦代要小,北方的九原、上郡、北地、陇西等郡为匈奴所占,南方由于出现割据政权,南海、桂林、象郡为赵佗所据,闽中郡则为闽越王所占,因此汉初的疆域小于秦代。但汉武帝时期,汉王朝进入空前发展的阶段,汉武帝锐意开拓边疆,在西南、西北、东北等地区新辟28个郡,从而使西汉直接管辖的郡县空前扩增。虽然这些新设置的郡多在边疆地区,山深林密,人烟稀少,但总体来看,由于汉代经济发展,人口增加,郡县数也随之增多,故其城市数量较前有所增长。

汉代为抵抗北方匈奴的侵扰,加强了对北部边区的军事防卫,同时在边区增设新的政治行政中心和军事中心,并将内地居民多次大规模地迁往这些地区。如元朔二年(前127),汉王朝夺回被匈奴占领的河套地区后,设置朔方郡,修筑城池要塞,募民十万徙于朔方。元狩二年(前121),霍去病率军击败匈奴后,又迁徙关东贫民72万余口至陇西、北地、西河、上郡等地,并在匈奴故地陆续设立武威、张掖、酒泉、敦煌四郡,每郡又设若干县,如武威郡下设十县:姑臧、张掖、休屠、揟次、鸾鸟、扑剽、媪围、苍松、宣威、武威,从而推动了河西走廊地区一批新兴城市的崛起。

汉代,西域地区已成为中国不可分割的一部分。汉宣帝神爵二年(前60),设西域都护府,西域都护府统管大宛以东、乌孙以南诸国,各国"自译长、城长、君、监、吏、大禄、百长、千长、都尉、且渠、当户、将、相至侯、王,皆佩汉印绶",为汉朝的官员。东汉明帝永平十七年(74),再设西域都护府。汉王朝在西域驻派军队,设置行政机构,加强了对西域各国的统治,中原地区同西域各国的经济、文化交往相当频繁,汉族的先进生产技术、工具和文化陆续传到西域,推动了西域各国政治、经济、文化的发展,其城市也随之兴起。西域的重要城市基本上都是各国的国都,主要城市有西城、疏勒城、南城、延城、贵山城、员渠城、卢城、赤谷城、交河城、高昌壁城、内咄谷、单桓城、疏榆谷、鞬都城、尉头谷、且末城、皮山城、温宿城、尉犁城等。这些城市的规模一般不大,人口不多,其布局和建筑风格多仿汉城。如古楼兰国都城,建有城墙,平面呈方形,西北二墙各长327米、东墙长333.5米、南墙长329米,城墙四面各设一门。城中部是宫廷建筑及官署,宫廷四周分布有房舍、院落,城市中还修有排水设施等,宫殿及其他建筑多仿中原风格。

汉王朝还加强了对闽越地区、岭南地区、西南少数民族地区的开发,在这些地区设置了若干新的郡县,如在南越、西瓯等地设立儋耳、珠崖、南海、苍梧、郁林、合浦、交趾、九真、日南等郡,在西南设牂柯、越嶲、沈黎、汶山、武都、益州等郡。随着这些新的地区性政治行政中心的建立,周边地区的城市也逐渐兴起。①

西汉中后期，县级以上城市达千余个。据《汉书·地理志》载，汉平帝时，有郡、国103个，县、邑1314个，道32个，侯国241个。侯国兴废无常，经常发生变动，汉高祖十二年（前195），有侯国143个，成帝元延末年则有侯国226个。但大部分侯国的面积较小，还不具备城市的经济、文化中心功能。因而汉代的城市主要是指郡县治所所在的城市，如果仅以一县范围内有一城计算，那么西汉的城市数量就有千余个。其中，具有一定规模的城市有670多个，比秦代增加了一倍多，而作为城市行政等级体系中第二层级的郡国城市的数量也较秦增加一倍多。②

表1-1 西汉新增郡国及治所一览表

郡国名	治所（今地名）	郡国名	治所（今地名）
庐江郡	安徽庐江县	济南郡	河北章丘市西北
河间国	河北交河县北	京兆尹、左冯翊、右扶风	陕西西安
胶东国	山东莱阳县西	城阳国	山东吉县西
丹扬郡	江苏宣城北	广陵郡	江苏扬州市北
河内郡	河南温县东北	常山郡	河北元氏县北
汝南郡	河南上蔡县	魏郡	河南临漳县
清河郡	河北清河县东	豫章郡	江西南昌市
广汉郡	四川广汉市	中山郡	河北定县
高密国	山东高密市西	淄川国	山东昌乐县西
沛郡	河南永城市东	济东国	山东汶上县
北海郡	山东安丘市西北	桂阳郡	湖南郴州
涿郡	河北涿州市	勃海郡	河北沧州市
平原郡	山东平原县	陈留郡	河南开封市南
广平国	河北曲周县北	信都国	河北冀州市
山阳郡	山东巨县南	济阴郡	山东定陶县
江夏郡	武汉市东北	定襄郡	内蒙古和林格尔县
泰山郡	山东泰安县东	弘农郡	河北灵宝市北
临淮郡	江苏泗洪县	零陵郡	广西全州
武都郡	甘肃武威东	酒泉郡	甘肃酒泉
张掖郡	甘肃张掖	安定郡	宁夏原州区
西河郡	陕西府谷县西	真定国	河北石家庄市东

---

① 何一民：《中国城市史》，武汉大学出版社，2012年，第153—154页。
② 何一民：《中国城市史》，武汉大学出版社，2012年，第148—149页。

续表

郡国名	治所（今地名）	郡国名	治所（今地名）
犍为郡	四川宜宾市西南	越嶲郡	四川西昌市东
益州郡	云南昆明市南	牂柯郡	四川黄平县西南
朔方郡	内蒙古包头市西	玄菟郡	辽宁新宾县西
乐浪郡	朝鲜平壤市	苍梧郡	广西梧州市
交趾郡	越南河内市	合浦郡	广西合浦县北
九真郡	越南胥浦	泗水国	江苏泗阳县北
金城郡	青海民和县东	千乘郡	山东高苑县北
东莱郡	山东莱州市	西域都护府	新疆轮台东北

西汉时期的新增郡呈现出由中原地区向南、北和西部扩张的趋势，新增各郡的管辖范围大小不一，中原地区新增各郡的管辖范围较小，仅及今数县；而新辟疆土所设新郡的管辖范围则较大，如会稽郡辖地相当于今江苏、浙江、福建三省之地，豫章郡相当于今江西省。①

5. 西汉城市分布与城市体系调整

随着城市的增加，西汉城市的分布也发生了较大变化。北方是西汉的政治中心，也是全国的经济、文化重心，加上历史因素的影响，北方城市发展速度仍超过南方，北方新增城市较多，城市密度较大，如长安即一座新建的规模宏大的城市，其周围城市的密度较大，并形成了人口规模在10万～30万的七个卫星城市——陵县。人口规模较大的城市也主要集中在黄淮流域，如邯郸在战国末年遭到破坏，在西汉时得以重建，发展成为一等大城市。② 据《史记·货殖列传》记载，汉武帝时期，除长安以外，全国有18个较大城市，这些城市大多分布在北方中原地区和关中、河北、山东地区，秦岭、淮河线以南的城市仅5个，如果加上新崛起的西南经济都会成都，也只有6个，占全国20个大城市的30%。③

---

① 何一民：《中国城市史》，武汉大学出版社，2012年，第150页。
② 周长山：《汉代城市研究》，人民出版社，2001年，第7—8页。
③ 何一民：《中国城市史》，武汉大学出版社，2012年，第152页。

表 1-2　西汉主要大城市分布一览表

地区（今地名）		数量	城市名称
秦岭—淮河线北	河南	7	温、轵、洛阳、颍川、宛、陈、睢阳
	河北	2	邯郸、燕（蓟）
	山东	2	临淄、陶
	山西	2	杨、平阳
	陕西	1	长安
秦岭—淮河线南	安徽	2	寿春、合肥
	湖北	1	江陵
	江苏	1	吴
	广东	1	番禺
	四川	1	成都

资料来源：何一民《中国城市史》，武汉大学出版社，2012 年，第 152—153 页。

汉武帝时期，还对城市体系进行进一步的调整，设置十三州刺史，加强对各地的控制："北置朔方之州，兼徐、梁、幽、并夏、周之制，改雍曰凉，改梁曰益，凡十三（郡）〔部〕，置刺史。"① 刺史的设立，开州级行政区域设立之滥觞。

西汉末年，王莽新朝政权建立后欲迁都洛阳，因洛阳在儒生看来是天下之中，而长安已经没有了汉初在军事上的重要作用，且移民导致长安人口压力过大，人地矛盾突出，社会风习侈靡。② 始建国四年（12），王莽立洛阳为东都，之后积极着手迁都准备，"遣太傅平晏、大司空王邑之洛阳，营相宅兆，图起宗庙、社稷、郊兆云"③。但新朝的政治危机严重，最终爆发了绿林、赤眉大起义，新朝政权灭亡。王莽时期的农民起义对城市造成了极大的破坏，"是时海内豪桀翕然响应，皆杀其牧守，自称将军，用汉年号，以待诏命，旬月之间，遍于天下"④。"中外愤怨，远近俱发，城池不守，支体分裂，遂令天下城邑为虚。"⑤ 公元 25 年，"跨州据土，带甲百万"的刘秀在众将拥戴下，于河北鄗城的千秋亭即皇帝位。为表重兴汉室之意，刘秀仍然使用"汉"为国号，史称后汉。同年，刘秀率军占领洛阳，"车驾入洛阳，幸南宫却非殿"，以洛阳为都城。东汉王朝继承西汉的政治体制，并采取了一系列措施来巩固统治，恢复生产，发展经济，故东汉前期也曾出现过政治比较稳定、社会经济有所发展的局面，城市也有了新的发展。

---

① 班固：《汉书》卷二十八《地理志》，中华书局，1962 年，第 1543 页。
② 沈刚：《王莽营建东都问题探讨》，《中国历史地理论丛》，2005 年第 3 期。
③ 班固：《汉书》卷九十九《王莽传》，中华书局，1962 年，第 4134 页。
④ 范晔：《后汉书》卷十一《刘玄传》，中华书局，1965 年，第 469 页。
⑤ 班固：《汉书》卷九十九《王莽传》，中华书局，1962 年，第 4194 页。

第一章 秦汉魏晋南北朝时期城市的发展变迁

(二) 东汉城市的发展变迁

1. 洛阳

东汉城市的发展首先表现在都城洛阳的建设和发展上。东汉建立后，朝廷内部对都城的选择也有争论。杜笃以关中表里山河，为先朝旧京，不宜改营洛邑，并认为长安"据山带河，并吞六国；或富贵思归，不顾见袭；或掩空击虚，自蜀汉出；即日车驾，策由一卒；或知而不从，久都尧塎"①，主张恢复故都，定都长安。长安为西汉的都城，不仅是全国的政治中心，而且也是天下财富聚集之地，然而在西汉末年农民战争中遭到严重的破坏，城池不存，宫室荡然，人口减少，经济残破，八百里秦川一片荒凉，短期内难以恢复，很难支撑起一个新都城的建设和发展。同时由于更始政权尚存，公孙述、隗嚣和窦融等人割据称雄，匈奴日益南侵，对关中地区造成威胁，因而长安难以成为东汉王朝的都城。

一方面因为长安破坏严重，一方面又因为洛阳靠近刘秀的发迹地南阳，而西汉以来儒家地位的上升也使位于天下之中的洛阳成为更为理想的建都之所。洛阳虽也遭到破坏，但南宫等处保存完好，且其地南面为洛水，北面为邙山，地形北高南低，城北有谷水，居天下之中扼，交通便捷，历来有河山控带、形胜甲于天下的盛誉。故刘秀决定以洛阳为都城。②

东汉初年，光武帝刘秀建都洛阳后，即依照周礼制度对洛阳进行修建，宫殿建筑群壮丽辉煌，城宇气象恢宏。洛阳城平面略呈长方形，"南北九里七十步，东西六里十步"，故又被称为九六之城，"九""六"寓含尊贵之义。洛阳城墙为夯土版筑，厚14~25米，全城共有十二门，东面三门：上东门、中东门、秏门，南面四门：开阳门、津门、平城门、小苑门，西面三门：上西门、雍门、广阳门，北面二门：夏门、谷门，每个城门都有三个门道。城内主要街道都通向城门。宫殿建筑是城市的主体，洛阳城中的宫殿主要有南宫和北宫。南宫建于西汉时期，东汉初年，刘秀居此，又不断予以扩建。南宫南北约1300米，东西约1000米。主要的官署也都建在南宫附近。明帝时造北宫及诸王府，和帝至桓帝、灵帝时增建东宫、西宫。北宫的面积较南宫更大，两宫之间有复道相连。此外，洛阳城中还有几座皇家苑囿，如芳林园、濯龙园；城郊有上林苑、广成苑、鸿德苑、平乐苑、罼圭苑、灵昆苑以及一些达官贵族的私人园林，达官贵族的园林以大将军梁冀的苑囿最为著名。

随着东汉政权的稳定，洛阳作为都城的聚集效应也很快显现出来。首先是城市人口大大增加，由于洛阳为都城，不仅皇室、百官、贵族、军队聚集于此，工商百业者也纷纷向都城聚集，此外还有一些少数民族商人及邻国使者也集中于洛阳，张衡《东京赋》云："重舌之人九译，金稽首而来王。"《傅子》云："其民异方杂居，

---

① 范晔：《后汉书》卷八十《杜笃传》，中华书局，1965年，第2595页。
② 何一民：《中国城市史》，武汉大学出版社，2012年，第151页。

多豪门大族，商贾胡貊，天下四（方）会，利之所聚，而奸之所生也。"① 洛阳城市人口因之大增。其次，洛阳成为都城后，朝廷加大对京畿地区基础设施的建设，如大力兴修洛阳一带的水利工程，并治理汴河，将洛阳漕运与鸿沟水系相连，使江淮地区的粮食和其他物资能直达京师，从而推动了洛阳经济的发展。东汉后期，洛阳的工商业达到空前繁荣，"船车贾贩，周于四方；废居积贮，满于都城。琦赂宝货，巨室不能容；马牛羊豕，山谷不能受"，因而"举俗舍本农，趋商贾，牛马车舆，填塞道路，游手为巧，充盈都邑"，"皇城之内，宫室光明，阙庭神丽"，"平夷洞达，万方辐凑"。

洛阳还是宗教文化中心。西汉末年，佛教开始传入中原地区。东汉时期，洛阳成为佛教在中国的传播中心。东汉永平十一年（68），中土第一座官修佛教寺庙——白马寺在洛阳建立。佛教以洛阳为中心向四周传播，并从统治上层向民间社会中下层传播，大小寺庙开始在各地出现，对城市空间和社会、经济、文化产生了深刻的影响，僧人逐渐成为一个特殊的社会群体。东汉帝王的陵墓也建于洛阳北邙山一带。东汉时期，洛阳也成为文化的中心，儒家经学大师多汇聚于此，著书立说，如著名的思想家王充于青年时代在洛阳"受业太学，师事扶风班彪。好博览而不守章句。家贫无书，常游洛阳市肆，阅所卖书，一见辄能诵忆"②。各派学者的论争直接推动了熹平石经的刊刻："〔李〕巡以为诸博士试甲乙科，争弟高下，更相告言，至有行赂定兰台漆书经字，以合其私文者，乃白帝，与诸儒共刻《五经》文于石，于是诏蔡邕等正其文字。自后《五经》一定，争者用息。"③

洛阳的繁荣是权力和财富集中的表现，这也给洛阳的管理带来了很大的问题。外戚、宦官和地方豪强常利用自己的权势胡作非为，如汉灵帝时，"长安令杨党，父为中常侍，恃势贪放，〔盖〕勋案得其赃千余万"④，所以东汉京兆尹多选精明强干者为之，如郅寿因为在冀州打击地方豪强得力，而被"擢为京兆尹"，"三辅素闻寿在冀州，皆怀震竦，各相检敕，莫敢干犯"。⑤

东汉末年，战争频繁，关中豪强董卓强迫献帝西迁长安，并大火焚烧洛阳，繁荣了150多年的国都洛阳毁于一旦。

2. 长安

东汉时期，长安虽然失去了都城的重要地位，但由于光武帝仍然以其为西京，遂成为仅次于洛阳的政治中心。历朝皇帝常常前往长安祭祀宗庙，从而使长安得以按陪都的标准来规划建设，并保持了"旁开三门，参涂夷庭，方轨十二，街衢相经。廛里端直，甍宇齐平"的城市之制。由于关中的经济基础仍然雄厚，人口也较

---

① 陈寿：《三国志》卷二十一《魏书·傅嘏传》，中华书局，1982年，第624页。
② 范晔：《后汉书》卷四十九《王充传》，中华书局，1965年，第1629页。
③ 范晔：《后汉书》卷七十八《宦者列传》，中华书局，1965年，第2533页。"〔〕"中的字为引者所补。
④ 范晔：《后汉书》卷五十八《盖勋传》，中华书局，1965年，第1882页。"〔〕"中的字为引者所补。
⑤ 范晔：《后汉书》卷二十九《郅寿传》，中华书局，1965年，第1033页。

多,故而经数十年休养生息,长安也逐渐恢复往昔盛况。这曾激起一大批官员主张将都城迁返长安。

长安作为当时的经济中心之一,城市经济得到了新的发展,至东汉中期,长安城的工商业又出现了繁盛景象,张衡《西京赋》云:"廊开九市,通阛带阓。旗亭五重,俯察百隧。……瑰货方至,鸟集鳞萃。鬻者兼赢,求者不匮。……郊甸之内,乡邑殷赈。五都货殖,既迁既引。商旅联槅,隐隐展展。冠带交错,方辕接轸。"

东汉时期,羌人对长安威胁很大,朝廷为防卫陵园、防止羌人内犯,"置长安、雍二营都尉官",《汉官仪》曰"京兆虎牙、扶风都尉以凉州近羌,数犯三辅,将兵卫护园陵。扶风都尉居雍县,故俗人称雍营焉",《西羌传》云"虎牙都尉居长安"。①

东汉末年,董卓为逃避各路诸侯的征讨之难,提出迁都:"高祖都关中十有一世,光武宫洛阳,于今亦十世矣。案《石包谶》,宜徙都长安,以应天人之意。""关中肥饶,故秦得并吞六国。且陇右材木自出,致之甚易。又杜陵南山下有武帝故瓦陶灶数千所,并功营之,可使一朝而办。"② 初平元年(190),董卓挟献帝迁都长安,给长安带来短暂的繁荣,未央宫也得到修缮,但不久长安即遭到惨重破坏,献帝亦于兴平二年(195)东归洛阳。

3. 其他城市

东汉时期,除了长安、洛阳随着王朝的兴衰而变迁外,地方城市也有所发展变化,城市数量略有增加。由于都城东迁,政治中心和经济中心也随之转移,中原地区与长江流域的城市得到了较大发展,如会稽、丹阳、豫章等郡与荆襄等地的城市。另外,随着海上贸易的发展,沿海城市番禺、徐闻、合浦也得到了发展。③

(三)东汉末年城市的破坏与衰落

东汉和帝以后,皇帝皆以幼龄即位,外戚遂把持朝政。后者无视幼主,皇帝长大以后往往利用身边的宦官除掉外戚,如此,又形成宦官专权。外戚、宦官交替专权,使东汉末年政治日益腐败,朝政日益腐朽,皇帝、官僚、贵族、豪门对百姓横征暴敛,加上连年不已的天灾,广大民众饥寒交迫,流离失所,最终爆发了黄巾大起义,结束了东汉的统一局面。黄巾起义失败后,各种封建割据势力兴起,他们为了争夺土地、城市、财富、权力,相互混战,从而使中国遭到空前的大破坏。由于割据严重,战争频繁,交通阻塞,商旅不畅,农民流离失所,农业荒芜,手工业和商业发展受到严重影响,城市发展也出现停滞甚至倒退,不少城市惨遭灭顶之灾,若干代人积累起来的财富和城市文明也毁于一旦。

---

① 范晔:《后汉书》卷五《孝安帝纪》,中华书局,1965年,第215页。
② 范晔:《后汉书》卷五十四《杨震传》,中华书局,1965年,第1786—1787页。
③ 何一民:《中国城市史》,武汉大学出版社,2012年,第152页。

东汉统治者为了镇压农民起义，实行血腥的屠杀，如曲阳之战有十余万起义军被杀，其余各地也大开杀戒，"州郡所诛，一郡数千人"①。黄巾大起义后，北方陷入全面混乱。在镇压农民起义过程中发展起来的封建割据势力相互混战，给城市造成更大的破坏。如董卓挟献帝撤离洛阳时，焚烧南北宫及宗庙、府库、民家，城内扫地殄尽，又"尽徙洛阳人数百万口于长安，步骑驱蹙，更相蹈藉，饥饿寇掠，积尸盈路"②。洛阳的帝王陵墓也遭到董卓挖掘。当孙坚进入洛阳的时候，"旧京空虚，数百里中无烟火"。

董卓挟帝至长安后，又纵兵掳掠，大肆破坏。两年后，董卓被诛杀，其部将李傕、郭汜、樊稠率兵攻入长安，"傕等放兵略长安老少，杀之悉尽，死者狼藉"③。长安城内"白骨委积，臭秽满路"。不久，三将又互相攻杀，在长安城内混战，乱兵掳掠府库，纵火焚烧宫室，昔日繁华的工商业大都市变成"出门无所见，白骨蔽平原"的荒城，致使三辅地区几绝人迹。献帝初至长安时，"三辅户口尚数十万，自傕汜相攻，天子东归后，长安城空四十余日，强者四散，羸者相食，二三年间，关中无复人迹"④。

除汉代两大名都以外，许多城市在东汉末年的战争中也遭到破坏甚至毁灭。如李傕等"因掠陈留、颍川诸县，杀略男女，所过无复遗类"⑤。初平四年（193），曹操征讨陶谦，"破彭城傅阳，谦退保郯，操攻之不能克，乃还。过拔取虑、睢陵、夏丘，皆屠之。凡杀男女数十万人，鸡犬无余，泗水为之不流。自是五县城保，无复行迹"⑥。建安三年（198），曹操又进攻吕布于彭城，彭城已残破不堪，古汴水水系也遭到破坏。建安二十四年（219），曹仁攻占宛城，使宛城变成废城。袁绍等在青州"连战二年，粮食并尽，士卒疲困，互掠百姓，野无青草"⑦。

伴随着战乱，灾荒、饥馑、疾病也相随而至，社会经济破坏严重。东汉后期，中原流行着可怕的瘟疫，一个村庄，一个城市，甚至一个地区死于瘟疫者史不绝书，如灵帝、献帝时期，《后汉书·五行志》记载的疫情就有6次："灵帝建宁四年三月，大疫。熹平二年正月，大疫。光和二年春，大疫。五年二月，大疫。中平二年正月，大疫。献帝建安二十二年，大疫。"由于医疗水平落后，人们对于瘟疫往往束手无策，故瘟疫流行地区，"家家有强尸之痛，室室有号泣之哀，或阖门而殪，或举族而丧者"。战乱、疾病使人们对自然灾害缺乏抵抗力，天灾频繁发生，由此形成恶性循环。人祸天灾使社会生产力遭到严重的破坏，许多富庶地区也变得荒凉不堪，"白骨露于野，千里无鸡鸣"。战乱造成人口大量死亡，各地民众纷纷逃亡，

---

① 司马光：《资治通鉴》卷五十八《汉纪五十》"中平元年"条，中华书局，1956年，第1875页。
② 范晔：《后汉书》卷七十二《董卓传》，中华书局，1965年，第2327页。
③ 陈寿：《三国志》卷六《魏书·董卓传》，中华书局，1982年，第181页。
④ 范晔：《后汉书》卷七十二《董卓传》，中华书局，1965年，第2341页。
⑤ 范晔：《后汉书》卷七十二《董卓传》，中华书局，1965年，第2332页。
⑥ 范晔：《后汉书》卷七十三《陶谦传》，中华书局，1965年，第2367页。
⑦ 范晔：《后汉书》卷七十三《公孙瓒传》，中华书局，1965年，第2362页。

北方经济空前萧条，生产严重萎缩，粮食和物资极度匮乏，使中国南北各地城市遭到全面性破坏。

第二节　魏晋南北朝时期城市的破坏与兴建

魏晋南北朝时期是中国封建社会大动荡、大分裂的时期，其间虽然出现过统一，但为时很短。在长达300多年的时间里，游牧文明与中原农耕文明发生了直接的碰撞，导致长期的大规模战乱和内乱，中国城市受到严重的破坏，尤其是黄河流域地区的城市破坏严重，如长安、洛阳、彭城、宛城等历史文化名城均遭到毁灭性的破坏，北方原有的一些重要城市开始走向衰落。同时，农牧文明的碰撞也产生了一定程度的文明融合，从而使魏晋南北朝时期出现了一次空前的城市建设运动。一批新的城市出现在中国历史舞台上，文明的交融为中国城市的发展注入了新的活力。另外，随着北方人口的南移，南方得到开发，南方经济得到发展，南方城市出现了新的发展。

一、魏晋南北朝时期城市的破坏

魏晋南北朝时期，是中国封建社会在经过秦汉400多年统一之后出现的又一个动荡、战乱和分裂的时期。有研究者指出，从东汉灵帝中平元年（184）黄巾起义到隋文帝开皇九年（589）完成统一，先后建立过大大小小35个政权。除了西晋有过短暂的统一外，其余绝大部分时期全国都处于分裂割据状态。王朝之间的频繁战争不仅给社会经济造成巨大损失，亦给城市发展带来严重威胁。魏晋南北朝时期农民战争十分频繁，据张泽咸、朱大渭主编之《魏晋南北朝农民战争史料汇编》统计，此一时期发生的各类战争多达537次；据《中国军事史》统计，仅南北朝时期发生的重要战争即有178次。

（一）三国西晋时期城市的破坏

三国时期，长时期的割据、分裂和战争，使社会经济遭到巨大的破坏，许多重要的城市被毁灭，农业荒芜，手工业、商业萧条，人口锐减。280年，西晋统一，但为时短暂，中国很快又陷入大动乱、大破坏的深渊。三国西晋时期，一方面因战争的破坏，多数城市走向衰落；另一方面因新政权统治的需要，部分地区的城市得到了发展。

东汉末年的战乱使洛阳多次遭到战火毁焚，故到三国鼎立时，东汉时巍峨壮丽的世界第一流城市已不复存在，洛阳方圆二百里内已成废墟。难怪三国时曹植发出这样的感叹："步登北邙阪，遥望洛阳山。洛阳何寂寞，宫室尽烧焚。"

长安在东汉末年遭到严重破坏，到西晋时，城内仍然是一片荒凉，潘岳《西征赋》称长安"街里萧条，邑居散逸。营宇寺署，肆廛管库，蕞芮于城隅者，百不处一"。西晋末年匈奴人刘曜攻占长安后，"长安城中户不盈百，墙宇颓毁，蒿棘成林……众唯一旅，公私有车四乘"①，长安衰落到了极点。

魏、蜀、吴三国建成前后，战争次数多、规模大，战斗酷烈，对社会经济和城市的破坏十分巨大。西晋时期，"八王之乱"导致洛阳城动荡，永嘉之乱使西晋王朝走向衰亡，北方城市再次陷入残破状态，"及惠帝之后，政教陵夷，至于永嘉，丧乱弥甚。雍州以东，人多饥乏，更相鬻卖，奔进流移，不可胜数。幽、并、司、冀、秦、雍六州大蝗，草木及牛马毛皆尽。又大疾疫，兼以饥馑。百姓又为寇贼所杀，流尸满河，白骨蔽野。刘曜之逼，朝廷议欲迁都仓垣。人多相食，饥疫总至，百官流亡者十八九"②。国家和城市财富极度枯竭，《晋书·食货志》曰："惠后北征，荡阴反驾，寒桃在御，只鸡以给，其布衾两幅，囊钱三千，以为车驾之资焉。怀帝为刘曜所围，王师累败，府帑既竭，百官饥甚，比屋不见火烟，饥人自相啖食。愍皇西宅，馁馑弘多，斗米二金，死者太半。"③《晋书·慕容皝载记》曰："自永嘉丧乱，百姓流亡，中原萧条，千里无烟，饥寒流陨，相继沟壑。"④

人口的大规模减少亦为战乱影响下城市衰退的突出表现。三国西晋时期战争频仍，北方的大工商业城市先后遭到致命的破坏，不少"名都空而不居，百里绝而无民者，不可胜数"⑤。东汉末年的战争、疾病使人口锐减，到221年三国鼎立相对安宁时期，三国总人口合计1129.9万人（包括甲士和官吏在内），仅为东汉后期灵帝年间人口总数5978万人的18.9%，减少了4848万人。⑥尽管三国中后期和西晋时期，政局趋于安定，百姓得以有片刻的苏息，社会经济略有起色，人口也逐渐增加。但是中国社会经济元气大伤，社会经济的自我调整机能也被破坏，因而城市在长时期内很难得到恢复。

战国以来城市发展的上升趋势在此时期被打断，甚至急转直下。从总体上看，三国西晋时期的城市处于衰落状态，由于战争频繁和经济、社会环境的改变，许多原来的重要城市衰落，如邯郸在东汉末至三国时期，地位一落千丈。由于曹操在海河流域修筑了白沟运渠、漕渠等通航渠道，改变了运输的主要线路，邯郸失去了过去交通上的区位优势，邺城取代邯郸成为曹操统一北方的据点。邯郸变成了一个县城，而邯郸东北的小城曲梁却因靠近漕渠西口而发展成郡治。但由于政权更迭，在特定条件下，也有少数城市得到重建和发展。

（二）东晋十六国、南北朝时期城市的破坏

西晋建立，中国实现了短暂的统一，对城市的恢复与发展起到了一定的促进作

---

① 房玄龄等：《晋书》卷五《孝愍帝纪》，中华书局，1974年，第132页。
② 房玄龄等：《晋书》卷二十六《食货志》，中华书局，1974年，第791页。
③ 房玄龄等：《晋书》卷二十六《食货志》，中华书局，1974年，第783页。
④ 房玄龄等：《晋书》一百九《慕容皝载记》，中华书局，1974年，第2823页。
⑤ 范晔：《后汉书》卷四十九《仲长统传》，中华书局，1965年，第1649页。
⑥ 赵文林、谢淑君：《中国人口史》，人民出版社，1988年，第63—87页。

第一章
秦汉魏晋南北朝时期城市的发展变迁

用。但是,西晋末年,统治阶级骄奢淫逸,政治极端腐败,统治集团内部争权夺利,互相残杀,"八王之乱"导致西晋分崩离析,北方和西北的游牧民族乘机入主中原。匈奴、鲜卑、羯、氐、羌等北方少数民族崛起,先后在北方建立了十六个割据小王朝:前赵、成汉、前凉、后赵、前燕、前秦、后秦、后燕、西秦、后凉、南凉、南燕、西凉、夏、北燕、北凉。① 西晋灭亡后,晋宗室司马睿在南方建立东晋王朝,中国南北分裂,南方基本保持了政治上的统一,北方却陷入长期的大混战、大分裂,各王朝统治者为争夺对北方的统治权,进行了长达130余年的战争,使北方遭受了一次空前的浩劫。史称:"苍生殄灭,百不遗一,河洛丘虚,函夏萧条,井堙木刊,阡陌夷灭,生理茫茫,永无依归。"② 北方人口大量死亡和外流,农田荒芜,垦殖无人,大量城镇村庄被夷灭,北方城市遭到前所未有的毁坏。

南北朝时期,南北对立,北魏军队南下,南方政权北伐及南北方的内乱导致城市遭到严重破坏。突厥也从北方南下,不断骚扰北边城市。

此时期的动乱导致城市的设施遭到破坏,人口锐减,经济与社会都受到巨大的打击。

1. 战争和动乱导致城市的设施遭到极大破坏

十六国时期,各政权相互攻伐,战乱不断,城市基础设施损失惨重,其中各国都城首当其冲,如刘曜攻入洛阳后,"陷宫城,至太极前殿,纵兵大掠。幽帝于端门,逼辱羊皇后,杀皇太子诠,发掘陵墓,焚烧宫庙,城府荡尽"③。永嘉元年(307),汲桑攻占邺城,"烧邺宫,火旬日不灭"④。太兴元年(318),石勒攻陷汉国,"焚平阳宫室"⑤。永和八年(352),冉魏攻后赵,入襄国,"焚襄国宫室"⑥。

东晋北伐也导致北方城市基础设施遭到破坏。如刘裕攻打慕容超,俘获燕臣张纲,纲"为裕造冲车,覆以版屋,蒙之以皮,并设诸奇巧,城上火石弓矢无所施用;又为飞楼、悬梯、木幔之属,遥临城上"⑦,晋军利用张纲设计的攻城器械攻克燕都广固,灭亡南燕,广固也被夷为平地。东晋对西南的进攻也造成城市的毁坏,如桓温伐成汉,"造成都之十里陌,昝坚众自溃。温至城下,纵火烧其大城诸门"⑧。东晋末年,统治阶级内部争权夺利,安帝隆安三年(399),司马元显强征东南八郡免奴为客者,民怨沸腾,引发孙恩、卢循之乱,卢循率众"至于丹阳郡,遂遣焚京口、金城、姑熟,寇掠涂中及江宁、芜湖"⑨。咸和二年(327),苏峻起

---

① 十六国之外,还有一个仇池国,以仇池和武都一带为其统治中心,占有甘、陕、川等地。仇池的统治者是氐族后裔,与前秦苻氏、后凉吕氏同源于武都,即《后汉书·西南夷列传》所记载的白马氐。仇池国从公元196年一直延续到公元518年,共存323年。
② 房玄龄等:《晋书》卷五十六《孙绰传》,中华书局,1974年,第1545页。
③ 房玄龄等:《晋书》卷一百《王弥传》,中华书局,1974年,第2611页。
④ 房玄龄等:《晋书》卷五《孝怀帝纪》,中华书局,1974年,第117页。
⑤ 房玄龄等:《晋书》卷一百四《石勒载记》,中华书局,1974年,第2728页。
⑥ 房玄龄等:《晋书》卷一百七《冉闵载记》,中华书局,1974年,第2796页。
⑦ 房玄龄等:《晋书》卷一百二十八《慕容超载记》,中华书局,1974年,第3184页。
⑧ 房玄龄等:《晋书》卷一百二十一《李势载记》,中华书局,1974年,第3048页。
⑨ 魏收:《魏书》卷九十七《刘裕传》,中华书局,1974年,第2131页。

兵反晋；次年，苏峻"率众因风放火，台省及诸营寺署一时荡尽。遂陷宫城，纵兵大掠，侵逼六宫，穷凶极暴，残酷无道"①。侯景之乱更使建康等江南城市陷入浩劫，"景造诸攻具及飞楼、橦车、登城车、钩堞车、阶道车、火车，并高数丈，一车至二十轮，陈于阙前，百道攻城并用焉。以火车焚城东南隅大楼……又烧南岸民居营寺，莫不咸尽"②。

北魏统一北方的战争给北方城市带来了新一轮的破坏，大部分城邑毁于战火。③ 同时，北魏政治的变迁也使一些中心城市逐渐衰退，到北魏末年，恒州、代郡和平城均废。北魏之后的东西魏之争也使城市遭到毁坏。

2. 战争和动乱导致城市人口损失巨大

刘曜攻入洛阳，"百官及男女遇害者三万余人"④。"慕容冲入据长安，纵兵大掠，死者不可胜计"⑤。河北幽州一带的城市也受到波及，石勒陷幽州，"焚烧城邑，害万余人"⑥。西北城市人口也因战争锐减，沮渠蒙逊、秃发傉檀频来攻击河西，"河西之民，不得农植，谷价涌贵，斗直钱五千文，人相食，饿死者千余口。姑臧城门昼闭，樵采路断，民请出城，乞为夷虏奴婢者，日有数百。隆恐沮动人情，尽坑之。于是积尸盈于衢路，户绝者十有九焉"⑦。东北城市人口也因战争而削减。

十六国时期，北方游牧民族进入中原，政权更迭亦使人口减少，如石闵"躬率赵人诛诸胡羯，无贵贱男女少长皆斩之，死者二十余万，尸诸城外，悉为野犬豺狼所食。屯据四方者，所在承闵书诛之，于时高鼻多须至有滥死者半"⑧。苻坚之后，北方分裂成了几个政权，各政权互相攻击，造成城市人口大量死亡，如赫连勃勃"攻姚兴将姚逵于杏城二旬，克之。执逵及其将姚大用、姚安和、姚利仆、尹敌等，坑战士二万人"⑨。东晋的内乱和起义也导致江南人口锐减，如孙恩起义，"恩攻没谢琰、袁山松，陷广陵，前后数十战，亦杀百姓数万人"⑩。

北魏末年，北方地区因阶级矛盾和民族矛盾的激化，发生了一系列战争，导致北方城市人口大量丧失。如北魏永安三年（530），王庆云称帝于水洛城，骠骑大将军尔朱天光"平水洛城，擒庆云，坑其城民一万七千"⑪。南朝内乱也导致城市人口的丧失，如梁时萧衍西征，"郢城之拒守也，男女口垂十万，闭垒经年，疾疫死

---

① 房玄龄等：《晋书》卷一百《苏峻传》，中华书局，1974年，第2629页。
② 姚思廉：《梁书》卷五十六《侯景传》，中华书局，1973年，第844页。
③ 李凭：《北魏平城时代》，上海古籍出版社，2014年，第291页。
④ 房玄龄等：《晋书》卷一百《王弥传》，中华书局，1974年，第2611页。
⑤ 房玄龄等：《晋书》卷一百十四《苻坚载记》，中华书局，1974年，第2928页。
⑥ 房玄龄等：《晋书》卷五《孝愍帝纪》，中华书局，1974年，第128页。
⑦ 魏收：《魏书》卷九十五《吕隆传》，中华书局，1974年，第2087页。
⑧ 房玄龄等：《晋书》卷一百七《石季龙载记》，中华书局，1974年，第2792页。
⑨ 房玄龄等：《晋书》卷一百三十《赫连勃勃载记》，中华书局，1974年，第3206页。
⑩ 房玄龄等：《晋书》卷一百《孙恩传》，中华书局，1974年，第2634页。
⑪ 魏收：《魏书》卷十《孝庄纪》，中华书局，1974年，第265页。

第一章
秦汉魏晋南北朝时期城市的发展变迁

者十七八,皆积尸于床下,而生者寝处其上,每屋辄盈满"①。宋明帝泰始二年(466),萧道成"率军东讨,与张永、刘亮、杜幼文、沈怀明等于晋陵九里西结营,与东军相持。……齐王(萧道成)与永等乘胜驰击,又大破之,屠其两城"②。南北朝时期的南北战争也导致双方人员大量死亡,如北魏与刘宋的一次边境战争,"杀伤万计,虏死者与城平。……疾疫死者甚众"③。侯景之乱导致江南城市人口锐减,"景入城,悉聚尸焚之,烟气张天,臭闻数十里。初,城中男女十余万人。及陷,存者才二三千人,又皆带疾病……始景渡江至陷城之后,江南之民及衍王侯妃主、世胄子弟为景军人所掠,或自相卖鬻,漂流入国者盖以数十万口,加以饥馑死亡,所在涂地,江左遂为丘墟矣"④。

3. 战争和动乱导致城市经济破坏严重

西晋末年,北方经济极度衰败,建兴四年(316),京师"米斗金二两,人相食,死者太半。太仓有曲数十饼,麹允屑为粥以供帝,至是复尽"⑤。当时的另一个北方大都市长安,"朝廷无车马章服,唯桑版署号而已"⑥。十六国时期,战争、灾荒所造成的惨重灾难和长期延续的大破坏使商业受到毁灭性打击,失去了生存的外部条件和内部条件。如后赵石季龙时,"众役烦兴,军旅不息,加以久旱谷贵,金一斤直米二斗,百姓嗷然无生赖矣。又纳解飞之说,于邺正南投石于河,以起飞桥,功费数千亿万,桥竟不成,役夫饥甚,乃止。使令长率丁壮随山泽采橡捕鱼以济老弱,而复为权豪所夺,人无所得焉。又料殷富之家,配饥人以食之,公卿已下出谷以助振给,奸吏因之侵割无已,虽有贷赡之名而无其实"⑦。东晋南朝城市经济因动乱空前倒退,咸和三年(328)苏峻之乱时,"官有布二十万匹,金银五千斤,钱亿万,绢数万匹,他物称是,峻尽废之"⑧,"峻子硕攻台城,又焚太极东堂、秘阁,皆尽。城中大饥,米斗万钱"⑨。548年,侯景起兵叛乱,随即攻占梁朝都城建康,直到552年叛乱才得以平息。此次战乱导致建康"城内大饥,人相食,米一斗八十万,皆以人肉杂牛马而卖之。军人共于德阳堂前立市屠一牛得绢三千匹,卖一狗得钱二十万。皆熏鼠捕雀而食之,至是雀鼠皆尽,死者相枕"⑩。南朝战乱导致江南经济遭到毁灭性大破坏,包括建康在内的大批江南城市由盛而衰。

4. 战争、动乱及统治的腐败导致城市管理缺失,城市社会秩序陷入混乱

这一时期,战争连绵,政权更替频繁,城市管理缺失,社会秩序陷入混乱,从

---

① 姚思廉:《梁书》卷十二《韦叡传》,中华书局,1973年,第221页。
② 沈约:《宋书》卷八十四《孔觊传》,中华书局,1974年,第2159—2160页。
③ 沈约:《宋书》卷七十四《臧质传》,中华书局,1974年,第1913页。
④ 魏收:《魏书》卷九十八《萧衍传》,中华书局,1974年,第2817页。
⑤ 房玄龄等:《晋书》卷五《孝愍帝纪》,中华书局,1974年,第130页。
⑥ 房玄龄等:《晋书》卷五《孝愍帝纪》,中华书局,1974年,第132页。
⑦ 房玄龄等:《晋书》卷一百六《石季龙载记》,中华书局,1974年,第2764页。
⑧ 房玄龄等:《晋书》卷一百《苏峻传》,中华书局,1974年,第2630页。
⑨ 房玄龄等:《晋书》卷七《成帝纪》,中华书局,1974年,第174页。
⑩ 魏收:《魏书》卷九十八《萧衍传》,中华书局,1974年,第2185页。

而给普通城市居民带来灾难。如刘曜葬其父及妻,"费至以亿计,计六万夫百日作,所用六百万功。二陵皆下锢三泉,上崇百尺,积石为山,增土为阜,发掘古冢以千百数,役夫呼嗟,气塞天地,暴骸原野,哭声盈衢"①。北齐的末代政权"赐诸佞幸卖官。或得郡两三,或得县六七,各分州郡,下逮乡官亦多降中旨,故有敕用州主簿,敕用郡功曹。于是州县职司多出富商大贾,竞为贪纵,人不聊生"②。

综上所述,魏晋南北朝时期频繁的战争导致社会大动荡大分裂,中国城市遭到巨大的破坏,多数重要城市的基础设施被战争所毁,城市人口或被大量杀戮,或死于各种灾害和瘟疫;城乡经济也遭受重创,社会秩序混乱,秦汉时期积累的物质文明和精神文明大都被毁,许多重要城市也变成废墟,堪称中国城市史上最为黑暗的时期之一。

但是,值得注意的是,魏晋南北朝时期,一方面战争灾难持续不断,另一方面多元文明在中国北方融汇,战争的废墟上出现了新的生机,农耕文明与游牧文明经过长期的碰撞,也在一定程度上出现了交汇、交融,新的城市随之崛起,并为隋唐时期城市的大发展奠定了基础。

二、魏晋南北朝时期城市的重建与复兴

魏晋南北朝时期,在多数城市遭到大规模破坏的同时,部分地区也出现了城市的修筑和重建,特别是北魏统一北方后,社会渐趋安定,经济也有所恢复,北方城市出现新的发展。此一时期,政治中心的多元化、民族的大融合,对城市的营建起到了一定的促进作用。该时期出现了中国历史上又一次城市建设高潮,城市建筑规模之大前所未有。与汉代城市的大发展相比,这一时期的城市营建是北方草原游牧文明与中原农耕文明碰撞的结果,城市营建因而出现新的特点。

(一) 三国西晋时期城市的重建与发展

三国时期,多个政治中心的出现推动了新的政治中心城市的崛起。此时期的重要城市主要有邺城、洛阳、许都、成都、建业。

1. 邺城(邺北城)的营建与兴起

建安九年(204),魏王曹操为巩固其在北方的统治,进一步统一中国,开始营造邺城。邺城后来成为曹魏的五都之一,后赵、冉魏、前燕亦以其为都城。此后,东魏、北齐在原邺城南部新建邺南城,原邺城多被称为邺北城。邺城在今河北省临漳县西南二十公里处。左思《魏都赋》称:"尔其疆域,则旁极齐秦,结凑冀道。开胸殷卫,跨蹑燕赵。"邺城的平面为长方形,《水经注·浊漳水》称邺城"东西七里,南北五里"。据考古工作者实地勘测,邺城东西长2400米,南北宽1700米,

---

① 房玄龄等:《晋书》卷一百三《刘曜载记》,中华书局,1974年,第2692—2693页。
② 李百药:《北齐书》卷八《幼主纪》,中华书局,1972年,第113—114页。

第一章
秦汉魏晋南北朝时期城市的发展变迁

比《水经注》的记载略小。考古已探明邺城的东、南、北三面城墙,确定中阳门、凤阳门、广阳门、建春门、广德门等门址的位置;探明建春门至金明门之间的东西大道,以及连接东西大道的四条南北干道;在东西大道以北的宫殿区内,探明十座建筑基址。

邺城因为是新建城市,故城市规制极为规范,采用了与长安、洛阳旧制不同的城市布局。邺城有两重城垣:郭城和宫城。郭城有七座城门——南面三座,东、西面各一座,北面两座;城中有一条东西干道连通东、西两城门,将全城分成南北两部分。干道以北地区为统治阶层居住地区,正中为宫城,内有举行典仪所用的建筑和广场。宫城东为一组宫殿及官署建筑,其北半部是曹操的宫室,南半部是官署衙门。宫城极为壮丽,左思《魏都赋》称:"揆日晷,考星耀。建社稷,作清庙。筑曾宫以回匝,比冈崄而无陂。造文昌之广殿,极栋宇之弘规。"宫城以东为官署,官署东为戚里,是王室、贵族的居住地区。宫城以西为禁苑——铜雀园,是王室专用林苑。禁苑的西北部建有著名的铜雀三台(冰井台、铜雀台、金虎台),三台均为高大壮丽的高台亭榭建筑,是曹魏贵族宴饮娱乐之所,也是军事上的瞭望制高点。曹植撰《登台赋》赞美曰:"建高门之嵯峨兮,浮双阙乎太清。立中天之华观兮,连飞阁乎西城。临漳水之长流兮,望园果之滋荣。仰春风之和穆兮,听百鸟之悲鸣。天云垣其既立兮,家愿得而获逞。扬仁化于宇内兮,尽肃恭于上京。"东西干道以南为手工业、商业及平民居住区,划分为若干坊里;三条南北向干道分别通向南面三座城门,中轴线大道北通宫城的北门端门。邺城的西门外有大片皇家苑囿和池沼,曹操曾在此操练水军。为供城市用水,引漳河水从铜雀三台下流入宫禁地区,一部分河水分流至坊里区,从东门附近流出城外。

左思《魏都赋》赞称邺城"内则街冲辐辏,朱阙结隅。石杠飞梁,出控漳渠。疏通沟以滨路,罗青槐以荫涂。比沧浪而可濯,方步櫩而有逾。习习冠盖,莘莘蒸徒。斑白不提,行旅让衢。设官分职,营处署居。夹之以府寺,班之以里闾。其府寺则位副三事,官逾六卿。奉常之号,大理之名。厦屋一揆,华屏齐荣。肃肃阶闼,重门再扃。师尹爰止,毗代作桢。其间阎则长寿吉阳,永平思忠。亦有戚里,实宫之东。闬出长者,巷苞诸公。都护之堂,殿居绮窗。舆骑朝猥,蹀躞其中。营客馆以周坊,饰宾侣之所集。玮丰楼之闲闶,起建安而首立。葺墙幂室,房庑杂袭。剞劂罔掇,匠斫积习。广成之传无以畴,槁街之邸不能及。廊三市而开廛,籍平逵而九达。班列肆以兼罗,设阛阓以襟带。济有无之常偏,距日中而毕会"。曹操死后,曹丕称帝,迁都洛阳,但"宗庙主祏皆在邺都"①。

2. 洛阳的重建与破坏

洛阳作为都城,在东汉时期曾达到一个辉煌的顶点,但在东汉末年却遭到毁灭性的破坏。尽管如此,洛阳在当时仍然具有重要的战略地位,其地"左据成皋,右

---

① 陈寿:《三国志》卷二十四《魏书·韩暨传》,中华书局,1982年,第678页。

阻黾池，前乡嵩高，后介大河"①，"河山控带，形胜甲于天下"，洛、伊、涧、瀍诸水纵横流贯，其地广衍，平夷洞达，气候温和，雨量适中，土质肥美，物产丰饶，故古人认为"河洛为王者之里"。曹操在建安二十五年（220）即开始修复洛阳宫殿，《魏志》曰："建安二十五年正月，曹公在洛阳，起建始殿。"曹丕废献帝后称魏文帝，建魏国。他也受到世人对洛阳看法的影响，认为洛阳应是帝王的居所和国家的都城，遂决定重建洛阳。220年，曹丕从河北等地迁居民数万户到洛阳，并在汉宫的基础上重建洛阳宫城，先后修筑陵云台、嘉福殿、崇华殿、凿灵芝池，建芳林园、百尺楼等，使洛阳宫城初具规模。魏明帝时期进一步修筑洛阳城，"起昭阳、太极殿，筑总章观"，这是我国历史上皇宫正殿称太极殿的开始，此后又增修了一系列殿、阁、观、庙。洛阳恢复了昔日的巍峨壮观，其宫室的豪华不亚于东汉时期，史称曹魏洛阳"重楼飞阁"，"堂皇壮丽"，"金碧辉煌"。

曹魏时期，魏明帝又在洛阳城西北角建金墉城，魏晋时被废的帝、后都安置于此。金墉城小而固，为攻占戍守要地。城由三座南北毗连的小城组成，平面略呈"目"字形，各有门道相通，南北长约1048米，东西宽约255米，部分城垣残高6米左右。版筑夯墙，土质纯净，结构坚实。它北靠邙山，南依大城，地势高亢，形同堡垒，实为洛阳城的军事要塞。

曹操父子统一北方后推广屯田制，采取一系列措施发展经济，农业生产得以逐渐恢复，洛阳城中的丝织业、制盐业、冶铁业也有较大的发展，商业也渐渐兴盛起来。洛阳仍建有三个市场，金市在皇宫西边的大城内，马市和羊市分设在城东和城南旧址，仍设有类似东汉的市场管理机构和管理人员。到曹魏后期，洛阳又成为繁华大都市。265年，司马炎废魏帝曹奂自立，为晋武帝，国号晋，史称西晋，仍以洛阳为都城，并对其加以扩建，南北加宽九里七十步，东西加宽六里十步，从而使洛阳城市面积扩大。新建城垣仍修有十二道门，每门各有三条大道，中间是御道，专供皇帝车驾通行。曹魏、西晋和北魏洛阳城与东汉洛阳城使用的是同一个大城垣，根据对西晋洛阳遗址的探测可知，大城垣系版筑夯土墙，西墙长约4290米，北墙长约3700米，东墙长约3895米，南墙长约2460米。宫城仍在城中部，开设有四门。宫城内自西向东建有五排宫殿建筑，共有38座宫殿，互相对称，井然有序。外城内为手工业、商业及居住区。西晋时期，洛阳人口增加，十分繁华。国家统一为经济的发展创造了条件，洛阳成为全国的商业贸易中心，全国各地的珍贵商品在洛阳市场上都有出售，日常生活用品，如绢布、粮食、药材、器皿以及生产工具等应有尽有。洛阳经济的发展所产生的内聚力，促使全国各地的商人到此贸易，形成"近畿辐凑，客舍亦稠"的兴旺景象。其时，不少外国商人也来此贸易，如东方的马韩、辰韩和倭国，南方的扶南，西方的大宛、安息、天竺等国，都有商人到西晋洛阳贸易。

西晋惠帝时发生"八王之乱"，洛阳惨遭破坏。永嘉五年（311），匈奴人刘曜

---

① 班固：《汉书》卷七十五《翼奉传》，中华书局，1962年，第3176页。

攻破洛阳，俘晋怀帝，杀晋官民三万余人，纵兵烧掠，洛阳又化成灰烬。

3. 许都等城市的发展

许都位于黄河平原西部边缘，今河南许昌附近。周时为许国国都。秦时为许县，属颍川郡。汉时仍为许县。建安元年（196），曹操强行挟持汉献帝离开洛阳到许县，许遂成为后汉的国都，时称许都。曹操将献帝迁至许都后，即修建城垣宫殿，据民国《许昌县志》记载，许都城分内外二城，周围十五里。内城原为西周许国故城，经重建后成为汉献帝的居所，内城西南建有毓秀台，相传为献帝祭天的地方。220年，曹丕废献帝，自立为帝，国号魏。不久，曹丕将都城迁至洛阳。黄初二年（221），魏文帝认为"魏基昌于许，汉征绝于许"，"汉当以许亡，魏当以许昌"，于是将许县改称许昌，作为陪都，与长安（西汉故都）、谯郡（曹操故里）、邺城、洛阳合称"五都"。此后，曹丕常到许昌巡幸，并继续建造许昌，大修宫室，其中景福殿规模宏大，"准价八百余万"。故史称"魏虽都洛，而宫室武库犹在许昌"。

三国时期，曹魏政权也加强了对边疆城市的修筑，"酒泉苏衡反，与羌豪邻戴及丁令胡万余骑攻边县。既与夏侯儒击破之，衡及邻戴等皆降。遂上疏请与儒治左城，筑鄣塞，置烽候、邸阁以备胡"①。

4. 成都等城市的发展

成都自秦蜀郡太守李冰修建都江堰后，水旱不饥，号称"天府"。秦并巴蜀以后，成都成为蜀郡的郡治，其城市分为大城和少城两个部分。221年，刘备在成都称帝，年号"章武"，史称蜀汉。刘备以成都大城为宫城，并对成都城市加以改建。改建后的成都城垣周长二十里、高七丈。刘备称帝后不久即伐吴，未遑建造新宫。刘备之子刘禅好兴土木，故在成都建造了大量的宫殿、楼阁，其巍峨壮观堪与长安、洛阳比美。左思《蜀都赋》赞曰："于是乎金城石郭，兼匝中区。既丽且崇，实号成都。辟二九之通门，画方轨之广涂。营新宫于爽垲，拟承明而起庐。结阳城之延阁，飞观榭乎云中。开高轩以临山，列绮窗而瞰江。内则议殿爵堂，武义虎威。宣化之闱，崇礼之闱。华阙双邀，重门洞开。金铺交映，玉题相晖。外则轨躅八达，里闬对出。比屋连甍，千庑万室。亦有甲第，当衢向术。坛宇显敞，高门纳驷。庭扣钟磬，堂抚琴瑟。匪葛匪姜，畴能是恤？"成都城市的巍峨壮观、豪华美丽跃然纸上。

蜀国还在所控制的地区广建城市，加强其军事防御功能。建安二十四年（219），刘备于成都"起馆舍，筑亭障，从成都至白水关，四百余区"②。建兴四年（226），"都护李严自永安还住江州，筑大城"③。建兴七年（229），"亮徙府营于南山下原上，筑汉、乐二城"④。

---

① 陈寿：《三国志》卷十五《魏书·张既传》，中华书局，1982年，第476页。
② 陈寿：《三国志》卷三十二《蜀书·先主传》，中华书局，1982年，第887页。
③ 陈寿：《三国志》卷三十三《蜀书·后主传》，中华书局，1982年，第894页。
④ 陈寿：《三国志》卷三十三《蜀书·后主传》，中华书局，1982年，第896页。

5. 建业等城市的发展

三国时期,吴国在江南进行经济开发,江南城市也有了一定发展。221年,孙权"自公安都鄂,改名武昌,以武昌、下雉、寻阳、阳新、柴桑、沙羡六县为武昌郡。……八月,城武昌"①。229年,孙权称帝,国号吴,以建业为都,该城在较短时间内得到较大发展,这为其日后成为江南的中心城市奠定了基础。

建业位于秦淮河入长江口处,北依覆舟山及玄武湖,南临秦淮河,东凭钟山西麓,西隔冶城山与石头城相望,被称为"钟山龙盘,石头虎踞,帝王之宅也"。战国时楚灭越,置金陵邑。秦灭六国后改金陵邑为秣陵县。汉初秣陵相继为楚王韩信、吴王刘濞之封地。元朔元年(前128),汉武帝封其子刘缠为秣陵侯。建安十六年(211),孙权自京口迁秣陵,次年改秣陵为建业。229年,孙权称帝,自武昌迁都建业。孙权定都建业后,即开始大规模的建城活动,赤乌十年(247),"二月,权适南宫。三月,改作太初宫,诸将及州郡皆义作"②。

建业平面南北稍长,东西略窄,分为都城和宫城两重,都城周长二十里十九步,开有十二座城门,城墙为夯土所筑,但城门却以竹篱制成,这与大多数城市城门不同。孙权还在建业城西原金陵邑旧址建石头城。石头城依山势而筑,南面设两门,东面设一门,西、北临大江,不设门。城内修有储存粮食和武器的石头仓库,城内山巅筑有烽火台,并由此往西,沿江设台至千里之外。建业的城市布局仿照东汉都城洛阳,城中部偏北处是宫城,由太初宫、昭明宫、苑城三大主体建筑组成。太初宫是孙策为吴侯时的府第,孙权定都建业后即对太初宫进行扩建,经十余年建设,略具规模,周长约八里,设有八个门。太初宫的主要建筑为神龙殿、临海殿等,建筑豪华,木料砖瓦均从武昌运来。吴国后主孙皓继位后,也对建业进行了大规模的扩建,从而使建业城市规模进一步扩大,功能进一步完善。宝鼎二年(267),后主孙皓在太初宫东面营建昭明宫,规模与太初宫相仿,但宫室殿宇更加讲究,所有建筑都饰以珠玉,雕梁画栋,十分豪华美观。《江表传》曰:"皓营新宫,二千石以下皆自入山督摄伐木。又破坏诸营,大开园囿,起土山楼观,穷极伎巧,功役之费以亿万计。"③苑城位于太初宫东北,是孙吴时期城内储藏粮食的场所。吴国除大修建业城外,还先后对山阴、曲阿、京口、武昌等城进行建设。赤乌三年(240),"夏四月,大赦,诏诸郡县治城郭,起谯楼,穿堑发渠,以备盗贼"。赤乌十一年(248),"朱然城江陵"。④

(二)十六国北朝时期城市的建设与复兴

西晋的短暂统一对城市的发展起到了一定的推动作用,西晋灭亡后,北方先后出现了多个政权。十六国时期,北方社会经济因频繁的战争而处于停滞倒退状态,

---

① 陈寿:《三国志》卷四十七《吴书·吴主传》,中华书局,1982年,第1121页。
② 陈寿:《三国志》卷四十七《吴书·吴主传》,中华书局,1982年,第1146页。
③ 陈寿:《三国志》卷四十八《吴书·孙皓传》,中华书局,1982年,第1167页。
④ 陈寿:《三国志》卷四十七《吴书·吴主传》,中华书局,1982年,第1144、1147页。

第一章 秦汉魏晋南北朝时期城市的发展变迁

但是多元政治中心在北方的出现,也在一定程度上促进了部分都城的建设。其时,各国统治者为巩固政权,强调政权的正统性,并满足自身不断膨胀的物质欲望和精神需求,相继大建都城宫室,使作为政治中心的都城得到较快的恢复和发展,城市得到修筑,人口得以充实,城市成为各民族文明的融汇之地。汉国都城平阳,西晋时为平阳郡治,刘渊在此定都后,营建宫殿、官署、太庙、武库、市等,除建大城外,还建有小城、单于台等军事据点。后赵都襄国,"始建社稷,立宗庙,营东西宫"①,"又营邺宫,作者数十万人,兼以昼夜"②。石虎继位后,"盛兴宫室于邺,起台观四十余所,营长安、洛阳二宫,作者四十余万人"③。南匈奴贵族赫连勃勃建大夏国,修筑统万城为都城,其城分为内外两重,内城分西城和东城,西城周长2470米,东城周长2566米,皆石夯土所筑,坚固异常。"城高十仞,基厚三十步,上广十步,宫墙五仞,其坚可以砺刀斧。台榭高大,飞阁相连,皆雕镂图画,被以绮绣,饰以丹青,穷极文采。"④姑臧城是历史悠久的边塞城市,东晋时期先后有前凉、后凉、南凉、北凉、大凉等在河西走廊一带建立政权,并以姑臧城为都城,从而使该城得到较大发展,如张骏建立前凉后,"于姑臧城南筑城,起谦光殿,画以五色,饰以金玉,穷尽珍巧。殿之四面各起一殿,东曰宜阳青殿,以春三月居之,章服器物皆依方色;南曰朱阳赤殿,夏三月居之;西曰政刑白殿,秋三月居之;北曰玄武黑殿,冬三月居之。其傍皆有直省内官寺署,一同方色。及末年,任所游处,不复依四时而居"⑤。慕容皝建立前燕后,"使阳裕、唐柱等筑龙城,构宫庙,改柳城为龙城县"⑥,于341年迁都龙城。长安先后为前赵、前秦、后秦的都城,其间城池无大的改动,各政权只对宫室官署、居民区等进行新建、恢复。前秦苻坚时推行了一系列与民休息的政策,加强生产,使国力大增,同时大力发展城市,长安壮丽非常,安定繁荣,史载:"关陇清晏,百姓丰乐,自长安至于诸州,皆夹路树槐柳,二十里一亭,四十里一驿,旅行者取给于途,工商贸贩于道。百姓歌之曰:'长安大街,夹树杨槐。下走朱轮,上有鸾栖。英彦云集,诲我萌黎。'"⑦

十六国后期,鲜卑拓跋氏崛起,之后逐渐南下,于439年消灭北方最后一个割据小朝廷北凉,统一北方,结束了百余年诸国割据争战的混乱局面,开启了与南方汉族王朝相对峙的北朝时期。⑧北魏虽然统一了北方,但面临的却是社会经济残破不堪的景象,广大农村地旷人稀、满目荒凉,城市则多成废墟,空无人迹。北魏王朝遂在政治、经济、文化、社会风俗等方面进行了一系列的改革,从而使社会趋于安定,经济情况也有所好转,农业、手工业和商业都有不同程度的恢复和发展。在

---

① 房玄龄等:《晋书》卷一百五《石勒载记》,中华书局,1974年,第2735页。
② 魏收:《魏书》卷九十五《石勒传》,中华书局,1974年,第2050页。
③ 房玄龄等:《晋书》卷一百六《石季龙载记》,中华书局,1974年,第2772页。
④ 魏收:《魏书》卷九十五《刘昌传》,中华书局,1974年,第2059页。
⑤ 房玄龄等:《晋书》卷八十六《张骏传》,中华书局,1974年,第2237—2238页。
⑥ 房玄龄等:《晋书》卷一百九《慕容皝载记》,中华书局,1974年,第2821页。
⑦ 房玄龄等:《晋书》一百十三《苻坚载记》,中华书局,1974年,第2895页。
⑧ 北朝指的是北魏、东魏、西魏、北齐、北周几个北方王朝。

这种背景下，北方城市的发展出现了转机。一般郡县城市逐渐恢复，长安、邺、晋阳等重要政治中心城市成为一方都会，而都城平城、洛阳则出现了大的发展。北魏后期，北方发生战乱，洛阳等城市遭到破坏。邺和长安因为分别为东魏、北齐和西魏、北周的都城，故得到一定程度的发展。

城市与农业是中原农耕文明与周边游牧文明最为显著的文化区分。鲜卑在南下初期，对筑城郭还不习惯，"昭成初欲定都于灅源川，筑城郭，起宫室，议不决。后闻之，曰：'国自上世，迁徙为业。今事难之后，基业未固。若城郭而居，一旦寇来，难卒迁动。'乃止"①。对游牧民族而言，筑城不只意味着生活方式的改变，同时也是汉化的过程之一。②对于筑城建居，中国历史上有占卜的传统。北朝建筑城市和居所，也沿袭了这一做法，如孝文帝南迁洛阳时就曾"亲令龟卜"③。

在不断南下中原的同时，北魏政权面临着来自北方的柔然、高车等新的强大游牧民族的威胁，为保卫北部的安全与贸易交通线，筑城成为必要的手段。北魏拓跋部落的崛起史就是一部筑城史。324年，拓跋贺傉"以诸部人情未悉款顺，乃筑城于东木根山，徙都之"④。337年，烈帝翳槐"城新盛乐城，在故城东南十里"⑤。341年，昭成帝"筑盛乐城于故城南八里"。天兴元年（398），道武帝自盛乐移都平城，北魏进入平城时代。此后，北魏统治者对平城进行了大规模的营建。天赐三年（406），"发八部五百里内男丁筑灅南宫，门阙高十余丈；引沟穿池，广苑囿；规立外城，方二十里，分置市里，经途洞达"⑥。明元帝泰常七年（422），"筑平城外郭，周回三十二里"⑦。太武帝始光二年（425），"营故东宫为万寿宫，起永安、安乐二殿，临望观、九华堂"⑧。太平真君元年（440），"发长安五千人浚昆明池"⑨。平城设有里坊，"其郭城绕宫城南，悉筑为坊，坊开巷。坊大者容四五百家，小者六七十家"⑩。经过近百年的建设和发展，平城成为北部建有西、东二宫，南、东、西三面建有外郭，郭内筑坊、市，南郭为主要居住区，北面建有内苑的巨大都城。⑪

孝文帝时，北魏进一步学习汉族的先进文化，推进改革，巩固统治，为统一全国做准备，决定将都城迁往洛阳，以为永久性之都。孝文帝认为"国家兴自北土，徙居平城，虽富有四海，文轨未一，此间用武之地，非可文治"，而"伊洛南北之

---

① 魏收：《魏书》卷十三《平文皇后王氏传》，中华书局，1974年，第323页。
② 刘淑芬：《六朝的城市与社会》，台湾学生书局，1992年，第354页。
③ 魏收：《魏书》卷十九《任城王传》，中华书局，1974年，第464—465页。
④ 魏收：《魏书》卷一《惠帝纪》，中华书局，1974年，第10页。
⑤ 魏收：《魏书》卷一《烈帝纪》，中华书局，1974年，第11页。
⑥ 魏收：《魏书》卷二《太祖纪》，中华书局，1974年，第42—43页。
⑦ 魏收：《魏书》卷三《太宗纪》，中华书局，1974年，第62页。
⑧ 魏收：《魏书》卷四《世祖纪》，中华书局，1974年，第70页。
⑨ 魏收：《魏书》卷四《世祖纪》，中华书局，1974年，第93页。
⑩ 萧子显：《南齐书》卷五十七《魏虏传》，中华书局，1972年，第985页。
⑪ 傅熹年：《中国古代建筑史》第二卷《两晋、南北朝、隋唐、五代建筑》，中国建筑工业出版社，2001年，第72页。

第一章 秦汉魏晋南北朝时期城市的发展变迁

中,此乃天地氤氲、阴阳风雨之所交会",是建立国都的理想之处。太和十七年(493),孝文帝命李冲等人重建洛阳。经过两年的营建,新洛阳城初具规模,北魏六宫及文武百官尽迁于此。其后又经过七年的大规模营建,巍峨壮观的洛阳城最终建成。

北魏洛阳城东西长约二十里,南北长约十五里,总面积约73平方公里,是历史上仅次于隋大兴城(唐长安)的第二大城市。城市总体布局分为三部分:宫城、内城、外城(郭城)。宫城位于城市中轴线北部,是在曹魏西晋北宫的基础上修建的,平面为一长方形,修有九门。宫城内宫殿林立,鳞次栉比。正殿为太极殿,高十余丈,是皇帝接见臣属及举行庆典的大殿。宫城内的其他宫殿,如显阳殿、宣光殿、嘉福殿、光极殿、九龙殿等散筑在人工湖碧海周围。碧海中建灵芝钓台,高二十丈,各殿之间都有飞阁通往钓台。洛阳内城南北约九里,东西约六里,俗称"九六城"。内城城垣外有谷水、阳渠环绕,内城设有十四座门,其中以大夏门最为宏丽,门有三层,楼高百尺。每门有三道,可并行九车,中为御道,道旁植树,春夏繁花似锦,秋冬松柏常青。城内其他地方也比较注意绿化。正对宫城南面闾阖门的铜驼街,宽四十余米,是洛阳的南北中轴线和主要街道,街东有左卫府、司徒府、国子学、宗正寺、太庙等,街西有右卫府、太尉府、将作曹、太社等。景明二年(501),北魏将洛阳整齐地划分为323个里坊,排列有序,道路整齐,每里都呈正方形,边长三百步,四周筑有围墙,四面开门,既可防奸盗又便于统治者管理。每里设里正2人、吏4人、门士8人负责管理。其时洛阳的居民有10.9万户,人口达50万以上,居民按行业和身份分别居住在里坊内。东郭一带是汉族达官贵人的居住区,西郭一带为北魏皇族聚居区,取名寿丘里,民间则称王子坊。南郭一带为四方各国使者及商贾旅居的地方,称四夷里或四夷馆。

北魏末期,统治集团内部相互残杀,北魏分裂成东、西魏。不久,东魏为北齐所代,西魏为北周所代。北魏的分裂造成北方新的动乱,洛阳失去都城地位沦为战场,又遭到毁灭性的破坏。天平二年(535),高欢遣高隆之拆除洛阳宫殿,将材料运往邺城。元象元年(538),侯景又火烧洛阳,"民居存者什二三"。《洛阳伽蓝记序》载,战乱之后的洛阳"城郭崩毁,宫室倾覆,寺观灰烬,庙塔丘墟。墙被蒿艾,巷罗荆棘。野兽穴于荒阶,山鸟巢于庭树"。北周宇文氏统一北方后,曾发山东诸州兵修洛阳宫,"常役四万人",并移相州六府于洛阳,称东京六府,不久则因故停建。隋朝在洛阳城西三十里处重建东都洛阳,北魏洛阳城遂荒废。

其他城市也遭到巨大破坏。据《魏书》记载:"孝昌之际,乱离尤甚。恒代而北,尽为丘墟;崤潼已西,烟火断绝;齐方全赵,死如乱麻。于是生民耗减,且将大半。""天下黔黎,久经寇贼,父死兄亡,子弟沦陷,流离艰危,十室而九,白骨不收,孤茕靡恤,财殚力尽,无以卒岁。"北方社会经济遭到严重破坏,城市的建设与发展处于停滞状态。西魏的都城长安在相当长的一段时期内都很荒凉,孝武帝也只能以公廨为宫。北周取代西魏后,社会经济情况略有好转,周宣帝才兴工修缮都城殿宇,但规模很小。

此一时期，作为东魏、北齐都城的邺南城有了新的发展。邺南城，与曹魏、后赵、前燕的都城并非一处，前者称邺南城，后者称邺北城。邺北城在前秦时遭战乱而残毁，故东魏建立时在漳河南岸筑新城。高欢遣部下将洛阳宫城殿阁拆掉，把材料运到邺城，因此虽然是在兵荒马乱、经济凋敝的年代，邺南城也能拔地而起。邺南城之"制度盖取诸洛阳与北邺"，"规模密于曹魏，奢侈甚于石赵"。据《邺中记》载，邺南城"东西六里，南北八里六十步。高欢以北城窄隘，故令仆射高隆之更筑此城。掘得神龟，大逾方丈，其堵堞之状，咸以龟象焉"。邺南城平面呈长方形，所谓"筑城得龟"，难以考证，有附会之嫌，但至少说明邺南城的布局是依照龟象来设计的。因邺城临漳水，而漳水经常泛滥成灾，故而依照龟象筑城有镇水和长存之寓意。

东魏和北齐时期，邺南城作为都城产生了很大的聚集效应，"自兴和迁都之后，四民辐凑，里闾阗溢，盖有四百余坊"①。577年，北周灭北齐，邺南城经战争破坏，又失去都城地位，很快就衰落下来。大象二年（580），相州总管尉迟迥起兵讨伐杨坚失败，据邺南城以战。杨坚破城后，焚毁邺南城，尽迁其民，故而一代名都遭人为破坏，再也不能恢复。

总而言之，北魏时期城市建设得到不同程度的发展，作为政治中心，都城的建设投入巨大，甚至超过秦汉。出于军事与治理的需要，北方城市的结构更为复杂，表现为城墙多重、防御系统更为坚固精密。同时中原、草原与外来佛教文明因素也都融合在城市的建筑之中。东、西魏时期，北方城市经济因战乱又变得萧条萎缩。但到北齐、北周后期，城市经济出现新的发展，从而为隋朝的崛起和中国的统一创造了一定的物质条件。

（三）东晋南朝时期城市的发展

316年，西晋末代皇帝司马邺被俘，西晋灭亡。次年，晋宗室司马睿在江南重建晋室，以建康为都城，史称东晋，近三百年的南北政权对峙局面由此形成。其后虽然经历了宋、齐、梁、陈四个朝代的更替，但南北对峙的局面并没有改变，直到589年隋灭陈，从而统一中国。此一时期，北方居民大量南迁，给南方带来了新的劳动力、较先进的生产技术和文化，以及货币财富等，使原来人口较少，经济、文化较落后的南方发生了巨大的变化，中国的经济、文化中心逐渐向南转移。南方城市迅速增加，规模扩大，出现了人口逾百万的城市建康。南方城市经济文化也出现了新的繁荣。

建康在孙吴时期为都城建业，东晋南朝时期改名建康，仍为都城，经过二十余年经营，不仅成为一座超大规模的城市，而且形成了一个包括石头城、白下垒、东府城、西州城、丹阳郡城、太子东宫、冶城、仓城等在内的城市体系。②成都作为

---

① 顾炎武：《历代宅京记》卷十二《邺下》，中华书局，1984年，第184页。
② 陈刚：《六朝建康历史地理及信息化研究》，南京大学出版社，2012年，第195页。

第一章 秦汉魏晋南北朝时期城市的发展变迁

三国时期蜀汉的都城,在南朝时期延续了两汉和蜀汉时期的繁荣,成为西南地区首屈一指的中心城市。此一时期,南方除建康、成都等大城市外,还有吴城、襄阳、寿春、番禺、丹阳、山阴等较大城市,原来经济较为落后、城市数量很少的福建地区、广西地区的城市也有所发展。

1. 建康的发展

晋灭吴后,将吴都建业改名为建邺,后避司马邺讳更名建康。建康虽非都城,但其城规模仍旧,周二十余里,东傍钟山,南枕秦淮,西倚大江,北临后湖(玄武湖)。东晋建立后,对建康加以扩建,将城区范围扩大东西南北各四十里。中心为宫城(台城)。北面白下垒(又称白石垒)、宣武城,西面石头城,西南冶城、西州城,东南东府城,南面丹阳郡城,都屯有重兵。地居形胜,守卫坚固,遂成为南方的政治、经济、文化中心。

东晋至南朝时期,建康城市的手工业日臻发展,尤其是冶炼铸造业、造船业和纺织业。诸朝在建康设有左、右、东、西四冶,冶下又分若干所,每所的工场规模宏大。如梁时康绚作浮山堰,即用东、西冶所造铁器"数千万斤,沉于堰所",由此可见其规模之大。建康设有专门铸铁的钱署,所铸铁钱堆积如山。另外造纸作坊、瓷器作坊、纺织作坊也很多,所造银光纸十分有名,青瓷器种类多、造型美。建康的造船业也较发达,可造30丈的大船,载重2000吨以上。建康还是南方最大的商业贸易中心,晋安帝时,已成为商业空前兴盛的繁华大城市。建康城内设有大市和若干专业小市,如鱼市、草市、盐市、花市、纱市等;秦淮河两岸及青溪河边还设有大市百余个,小市十余个。市场上商品种类丰富,除日常生活用品外,还有大量南北各地及海外的奢侈品。建康城外沿江沿河码头停泊着上万艘船只,从建康运出去的货物以绢、帛、绫、锦、缎等丝织品为大宗,输入建康的货物,有瓷器、粮食、家禽、铜、锡、砖、石、木材以及珍珠、玛瑙、珊瑚、象牙、犀牛、琉璃、香料等。城内工商业者云集,皇族、官僚甚至僧侣也参与经商和放高利贷,如梁朝临川王萧宏在建康开设邸店数十处,囤积商品几十屋,由此可见建康商业的繁荣程度。时人评论建康的繁盛可与汉代的长安、洛阳比肩。

建康在此一时期也成为江南文化名城,先后设有文学馆、史学馆、儒学馆、玄学馆,江南文人学士云集于此,祖冲之、范缜、沈约、刘勰、钟嵘、裴松之、顾恺之、王羲之、王献之、颜延之等著名的科学家、文学家、艺术家、史学家都曾在建康活动。几部著名的文学、史学著作亦成书于建康,如《世说新语》《文心雕龙》《诗品》《文选》《后汉书》《三国志注》《宋书》《南齐书》等。

南朝时期,建康也成为佛教的传播中心,寺院达数百座,有僧尼十余万人,佛教文化在此得到长足的发展。

由于都城的聚集效应,建康的人口不断增加。东晋初年,建康居民约4万户,经200余年的发展,到梁武帝时已"户有二十八万"。如果按中国传统的五口之家计算,则达140万人,如果每户按4人计算,也有112万,以上的人口数还不包括王室人员及军队。由于秦朝咸阳城市人口规模并无确切记载,仅能根据有关资料推测,因而梁朝建康是世界上第一个有据可查的人口超过百万的特大城市。建康的勃兴成为南方城市发展的一个重要标志。

2. 其他城市的发展

东晋南朝时期,由于经济的发展,南方除建康外,还出现了一批工商业大城市。

京口地处长江下游,北临大江,南据峻岭,形势险要,由于其城"东通吴会,南接江湖,西连都邑",为南北交通咽喉,历来为兵家所重。东晋南渡,征北、镇北、安北、平北等将军府及北中郎将府常设于此,因此有"北府"之称,成为长江下游的军事重镇。北方幽、冀、青、徐、并、兖诸州的南渡流民多集中于此。其地为江南运河的北口,过长江与江淮运河相连,扼水陆津要,交通便利,都城建康所需的生活物资,主要由京口转运而来,故此地商旅会集,不数十年遂成为江南地区仅次于建康的另一大商业都会。丹阳是南朝齐高帝萧道成、梁武帝萧衍两代开国皇帝的故里,人文荟萃,南朝时成为与京口并驾齐驱的新兴商业城市,"市廛列肆,埒于二京"。山阴在东晋时已是人口众多、商业兴盛的郡治城市,到刘宋时有民户三万,为"海内剧邑"。夏口"地居形要,控接湘川,边带沔、汉",故也成为人物荟萃、商贾辐辏的商业都会。此外,长江下游一带的宣城、毗陵、吴城、山阴、余杭、东阳等,也是"川泽沃衍,有海陆之饶,珍异所聚,故商贾并凑"的商业都会。南朝北境的大城市有寿春、襄阳等。"寿春,淮南一都之会,地方千余里,有陂田之饶。"襄阳则是南北交通的孔道,"田土肥良,桑梓野泽,处处而有。……宋元嘉中,割荆州五郡属,遂为大镇"。寿春和襄阳成为南北互市的重要商埠。长江上游则以成都为最大的中心城市。成都在汉代即为五都之一,东汉末到十六国初期曾因战乱遭到一定破坏,但到东晋中后期,成都的经济和人口逐渐恢复,"水陆所凑,货殖所萃",成为西南经济繁荣的大城市。在南境,徐闻、合浦、番禺发展较快。随着经济的发展,南方许多中小城市的经济职能进一步加强,经济内聚力增强,一些城市中除固定的商店外,还形成了定期的集市,每逢市期,四方之民即进城交易。

南朝时期,南方繁盛的工商业城市除部分是在汉代的基础上有所发展外,多数是在六朝时期才兴盛起来的,这主要是南方经济发展的结果。此一时期,南方经济有很大发展,江浙的太湖流域、江西的鄱阳湖流域、湖南洞庭湖流域和浙江东部的会稽地区,都已成为著名的产粮区。江南农业经济有了空前的发展,由此推动了手工业和商业的发展。而北方的黄河流域却在此一时期不断遭受战争蹂躏,社会受到严重破坏,土地荒芜,工商萎缩,人口减少。故从总体上看,江南经济的发展水平已经赶上黄河流域,而经济的发展必然推动城市的发展,城市的发展又反过来促进经济的发展。

南北朝时期,战争虽然给中国各地带来巨大灾难,但同时也推动了中国社会、经济的变迁,大量北方人口南迁、经济重心南移,推动了南方经济的发展和南方城市的兴起,由此对中国历史产生了深远的影响。

第一章 秦汉魏晋南北朝时期城市的发展变迁

魏晋南北朝时期，北方出现较长时期的动乱，一方面是战争导致城市遭到严重破坏，另一方面也因政治的需要而促进了部分政治中心城市的建设与发展。游牧民族从草原地区进入农耕地区，在城市建设方面，在延续中原城市文明的同时，也融合了草原文明的特色，推动了农牧文明的融合与发展。北朝时期，草原文明与中原文明出现新一轮碰撞与融合，城市发展也进入一个新的阶段。

此一时期，北方经济重心南移，人口南迁，推动了南方城市的持续发展，除了南朝各国以都城为中心的区域城市发展较快外，长江以南今江西、广东地区城市的发展尤为显著，长江上游的成都平原地区也因较少战乱，城市得到较大发展。

小 结

秦朝建立，结束了长达数百年的战争和分裂，建立了统一的多民族国家，城市区域行政等级体系初步形成，中国城市进入一个新的发展阶段。秦以后，中国城市以统一的国家政治制度、经济制度、文化制度为基础，以农耕文明的不断发展演变为主线，以全国统一的水陆交通为纽带，成为统一的君主专制中央集权国家生存和发展的重要支撑。秦以后，虽然也曾多次出现分裂与动乱，但城市始终为政权统治的基础，成为中华文明的重要载体。秦汉区域城市行政等级体系的构建，对秦以后中国统一的多民族国家的建立与发展产生了深刻的影响，也是中国虽然疆域广大却能实现有序层级管理的重要原因。

秦以后，城市的兴衰往往与王朝的兴衰直接相关。秦朝的暴政导致起义的爆发，城市也随之经历了由盛而衰的演变。秦末起义和楚汉之争造成城市的空前破坏：人口减少，经济萧条，设施毁坏，城市管理体系崩溃，社会结构和经济结构解体。汉朝一度实行分封制与郡县制并存的地方行政体制，对城市体系的重建也产生了一定程度的影响，但随着汉朝统治的巩固和中央集权的加强，以郡县制为基础的区域城市行政等级体系最终取得了主导地位。

西汉政权的建立，对于城市的发展产生了深刻的影响，统一国家的建立、社会的重构、经济的恢复与发展、文化的复兴、人口的增加等，促进了城市的发展，使汉代城市数量增加、规模扩大，区域城市行政等级体系进一步巩固完善。都城长安的营建，对于汉代政治、经济、文化的发展产生了重要的影响，有力地促进了中华文明的发展与兴盛。汉武帝以及其后的一段时期，汉王朝国力达到鼎盛，对内大一统，对外开疆拓土，城市也进入繁荣阶段。西汉末年的战争造成城市的破坏，但随着东汉王朝的建立，西汉的区域城市行政等级体系得到延续，都城洛阳的建设标志着东汉城市有了进一步的发展。西汉都城长安和东汉都城洛阳是全国的政治、经济和文化宗教中心，也是国际交往中心，是当时的世界性大城市。长安与洛阳成为两汉时期中华文明的重要成果，各具特色，代表了不同的时代文化精神，但最终都随着王朝的覆亡而在动乱中毁灭。

魏晋南北朝是中国历史上一个多灾多难的时期，战争、动乱和自然灾害等导致这个时期的城市受到极大的破坏，一些城市因此而毁灭。但另一方面，这个时期也是中国历史上城市建设的一个高峰期，此起彼伏的政权更替，也促进了部分城市，特别是作为政权中心的都城的发展。北方游牧民族进入农耕文明地区，一方面对文明造成了巨大破坏，另一方面也将游牧文明注入农耕文明之中，农牧文明出现交流与融合，城市营建成为其重要介质与载体。罗马帝国崩溃后，其原有的城市结构遭到破坏，欧洲城市经历了长期的衰落，在低谷徘徊，缓慢发展。而中国的游牧民族则在破坏中原农耕文明的同时，延续了中原区域城市行政等级体系，将游牧文明融入农耕文明之中，重新建造了一个个政治中心城市。东西方之所以会出现不同的结果，其原因是多方面的，对中国而言，中华文明的包容性和制度的先进性，使这些来自草原的统治者乐于接受中原农耕文明的先进成果，从而将国家政权的建立、巩固与城市建设相结合。中西方国家在此一时期的发展出现了不同趋势，使中西方从此走上不同的发展道路。

第二章　秦汉魏晋南北朝时期城市体系的变迁

战国后期，天下一统逐渐成为大势所趋和人心所向，亦成为中华政治文明的重要特征之一。但是秦朝建立后，如何巩固统一的多民族国家，建立什么样的地方管理制度，是延续西周的分封制，还是推行从春秋战国就开始形成的郡县制，是一个对于国家政治和城市的发展都至关重要的问题。秦始皇最终确定在全国范围内实行郡县制，这对此后中国的历史产生了深远的影响，区域城市行政等级体系成为中国最重要的政治制度之一，对中国的国家统一和有效管理产生了重要的作用，因而2000多年以来一直为历朝历代统治者所采用。西汉建立之初一度部分恢复了分封制，但与西周时期的分封制有着根本的区别，汉代仍然以郡县制为主要的地方行政管理制度，由此形成了多元一统的具有中华特色的制度文明和城市体系。魏晋南北朝时期，中国虽然处于分裂割据状态，但仍然延续了区域城市行政等级体系。大一统的君主专制中央集权制度下的郡县制，不仅对此一时期城市行政体系的构建、城市空间分布和城市规模的大小产生了巨大的影响，而且对城市空间形态和城市建筑布局产生了重要的影响。魏晋南北朝时期区域城市行政等级体系得到进一步发展，在州郡县城市行政等级体系不断完善的基础上，具有时代特色的军镇城市体系、诸侯城市体系、属国城市体系等也出现了新的变化。

第一节　秦汉时期的城市体系

秦代确立了以郡县制为核心的区域城市行政等级体系，从而改变了从西周开始的以分封制为核心的封国城市层级体系，使中国城市体系发生根本变化。以郡县制为核心的区域城市行政等级体系对于君主专制中央集权制度的建立和巩固有着重要的作用，各级城市管理者都是朝廷委派的官员，他们的权力来自朝廷，其俸禄和官职都出自朝廷，这与古罗马帝国所辖行省自治城市的官员来自民众选举完全不同，因而各级地方官员不需要对民众负责，只需要向朝廷负责和效忠，各级城市成为君主专制中央集权制度的重要支撑，是君主掌管天下的重要结点，尽管西汉建立初期，分封制一度复苏，但是随着中央集权制度的确立和君主专制制度的强化，区域城市行政等级体系得以巩固完善，并一直延续。

一、秦代的城市体系

春秋战国时期，人们以天下一统和五行思想划分天下为九州。九州的划分体现了当时人们渴望建立更为严密的统一制度的愿望。战国时期，因改革而强大起来的秦国，在建立新的国家制度和地方城市行政等级体系方面进行了探索和创新，走在了各个强国前面，为其统一天下打下了基础。

西周时期，统治者利用宗法分封制度建立了以宗周丰镐、成周洛邑等为最高层级政治中心，以诸侯采邑聚落为第二级政治中心，以卿大夫采邑聚落为第三级政治中心的区域城市层级体系。这个区域城市层级体系成为周代国野制度体系的核心，因其建立在宗法分封制度的框架之下，也可以称为宗法城市体系。西周初年，以分封制为核心的区域城市层级体系也曾发挥过积极作用，即通过各级城邑加强了社会治理，促进了工农业生产，对内在宗法基础上形成了较强的向心力，巩固了西周王朝的统治；对外也调动了各诸侯国的积极性，融合不同区域文化，推动了区域经济和文化发展。但到春秋战国时期，建立在宗法分封制度上的区域城市层级体系已经越来越不适应各诸侯国发展的需要。随着诸侯国势力的壮大和周王室的衰败，社会出现了礼崩乐坏的局面，具有强烈离心倾向的诸侯、卿大夫越来越不满于西周时期所制定的礼制等级的束缚，因而他们不断加强对城市的建设，增加城市的数量。另外，传统礼制等级束缚下的各级城市规模小、功能单一，不能适应经济和文化发展的需要，因而突破城市发展的障碍，不仅是统治者的政治需要，也是城市自身发展的需要。随着春秋战国诸侯争霸时代的到来，传统的区域城市层级体系已经不能适应时代发展的需要，以新的城市体系取而代之成为历史的必然。

春秋战国时期，原来地处西鄙的秦国逐渐向关中核心地区扩展。为适应对内加强统治、对外发动争霸战争等的需要，秦国不断建立新的城市，到战国后期形成了以咸阳为中心、以郡县制为基础的区域城市行政等级体系。秦孝公十二年（前350），"作为咸阳，筑冀阙，秦徙都之。并诸小乡聚，集为大县，县一令，四十一县"[1]。有学者研究指出："这种新兴的城市网络不再只是单纯的有效完成政治统治、提高政治控制力的性质，在政治性质之外，城邑之间的经济交流逐渐显现出来，并且越来越明显，尤其是其经济联系是多方位、多渠道、多层次的。"[2] 这种城市体系成为秦统一后全国性的区域城市行政等级体系的雏形。秦国在关中地区逐步形成了以国都咸阳为首位城市，也是一级城市，以泾阳、栎阳、雍城等秦前都城以及陪都在内的郡治所为二级城市，以县级治所为三级城市的区域城市行政等级体系，有别于周代以分封制为核心的城市层级体系。这个体系适应了当时政治、军事、经济与文化发展的需要，具有强大的生命力，从而为秦国统一全国做了制度上

---

[1] 司马迁：《史记》卷五《秦本纪》，中华书局，1982年，第203页。
[2] 潘明娟：《周秦时期关中城市体系研究》，人民出版社，2009年，第218页。

第二章
秦汉魏晋南北朝时期城市体系的变迁

的准备。

随着秦朝多民族统一国家的建立和君主专制中央集权制度的确立,中国城市体系的性质发生了质的变化,以郡县制为基础的区域城市行政等级体系初步形成,开始了从封建诸侯城市体系向统一等级城市体系的转变。秦朝完成统一大业之初,丞相王绾等希望延续诸国分封的政治体制和城市体制,他们向秦始皇进言:"诸侯初破,燕、齐、荆地远,不为置王,毋以填之。请立诸子,唯上幸许。"这种看法得到了许多大臣的支持,但遭到廷尉李斯的反对,李斯认为:"今海内赖陛下神灵一统,皆为郡县,诸子功臣以公赋税重赏赐之,甚足易制。天下无异意,则安宁之术也。置诸侯不便。"① 李斯的看法得到秦始皇的认同,秦国的治理方式和城市体制便被推广到了全国。从西周开始实行的分封制,曾经对巩固西周政权产生过重要的作用。随着周王室衰微,诸侯坐大,各国不再对天子履行定期朝贡和承担军赋、力役等义务,最终出现了长达数百年的春秋战国诸侯争霸战争。因而秦始皇统一中国后,决定彻底废除分封制,全面推行郡县制。

郡县制萌芽于春秋时代。县的出现较早,其时一些大国吞并小国后将其地设置为县加以管理,一些官僚贵族瓜分私家之田后也设县管理,还有的县是诸侯国君合并诸乡聚邑而成的。战国时期,各诸侯国普遍设县,县的分布密度加大。不少国家为了便于管理,在县之上又设郡,从而产生了郡县两级制地方行政组织。秦统一全国后,秦始皇采纳李斯的建议,决定把郡县制推广到全国。秦统一六国之初,全国共设置了36郡,随着秦朝疆域的扩大,后增至四十余郡:辽东郡、九原郡、云中郡、辽西郡、上郡、太原郡、钜鹿郡、邯郸郡、琅邪郡、北地郡、东海郡、陇西郡、南阳郡、汉中郡、九江郡、会稽郡、南郡、蜀郡、巴郡、黔中郡、长沙郡、闽中郡、南海郡、桂林郡、象郡、右北平郡、渔阳郡、广阳郡、上谷郡、代郡、上党郡、雁门郡、临淄郡、河东郡、东郡、薛郡、三川郡、砀郡、颍川郡、陈郡、泗水郡等。秦朝于每一郡设一郡守,另置监、尉,各郡治分别设在郡内最重要的城市。

表2-1 秦朝郡治表

郡名	郡治	郡名	郡治
内史直管郡	咸阳	薛郡	鲁县
上郡	肤施	东海郡	郯县
汉中郡	南郑	临淄郡	临淄
太原郡	晋阳	琅邪郡	琅邪
上党郡	长子	陇西郡	狄道
雁门郡	善无	北地郡	义渠
河东郡	安邑	云中郡	云中
南阳郡	宛县	九原郡	九原

---

① 司马迁:《史记》卷六《秦始皇本纪》,中华书局,1982年,第238—239页。

续表

郡名	郡治	郡名	郡治
陈郡	陈县	辽西郡	阳乐
东郡	濮阳	辽东郡	襄平
三川郡	洛阳	蜀郡	成都
颍川郡	阳翟	巴郡	江州
广阳郡	蓟县	九江郡	寿春
渔阳郡	渔阳	泗水郡	相县
邯郸郡	邯郸	砀郡	睢阳
代郡	代县	南海郡	番禺
钜鹿郡	钜鹿	桂林郡	布山
上谷郡	沮阳	象郡	临尘
右北平郡	无终	黔中郡	临沅
南郡	郢	长沙郡	临湘
闽中郡	东冶	会稽郡	吴县

这些郡治城市基本上都是在战国时期各国都城或重要的郡县城市基础上发展起来的，它们的建立对汉代城市发展也起到了重要的奠基作用。

郡为地方一级行政建置，郡下设县，秦制万户及以上的县设县令，不满万户的县设县长，是为一县之首。县令下设丞、尉。县丞协助县令（长）处理县内事务，县尉负责一县的军事和治安。由于秦王朝政权具有军事专制的特点，所以县尉的任务特别繁重，举凡一切军事、治安、征发徭役、管理士卒等事，均由县尉主持完成，稍有差错就要受到严厉制裁。由于县尉任务繁重，所以每一个县的县尉不止一人，可能有二至四人。据统计，秦朝设有八九百个县。县级政权都设于城市之中，郡治则循战国例，设在本郡范围内较重要的某一县城，从而初步确立了以皇帝所在的都城为中心，以郡、县城市为网络结点的区域城市行政等级体系，取代了从西周开始建立的以分封制为核心的区域城市层级体系。

在秦朝完成统一大业的过程中，郡县制逐渐被推广到原来各诸侯国所在地区，其后随着秦朝开疆拓土，进一步被推广到北部农牧交接带和南方的岭南、云南等边疆地区。在北方农牧交接带，秦朝将战国时期所筑长城与原来燕、赵等国修筑的长城连接起来，并在长城沿线相继建立了若干以军事功能为主的城堡，这些军城随后相继叠加各种功能，演变为城市。在南方，秦朝将新占领的地方纳入郡县制体系，如桂东北是岭南与中原内地的重要交通枢纽和中原文化南传的必经之区，亦是历代兵家必争之地，因此秦始皇自发兵统一岭南后，便致力于在桂东北地区建立郡县制，并以此为基础实施交通开发和城市建设，建立起了区域城市行政等级体系，对

第二章 秦汉魏晋南北朝时期城市体系的变迁

该地区的发展产生了积极的推动作用。① 各级城市不仅是区域的政治中心和军事中心，也相继发展成为区域的经济和文化中心，成为秦朝控制和治理南、北、东、西边疆地区的政治中心和军事桥头堡，同时也是传播中原文化的前沿阵地。

秦朝在春秋战国时期各国郡县制基础上创立的区域城市行政等级体系，较三代在宗法分封制基础上建立的区域城市层级体系具有明显的优越性。它利用政治行政的力量，强化并密切城市体系内部的联系，有利于加强、集中中央的控制与力量，便于对全国进行控制与治理。因此在秦之后，中国历史虽然经历了无数次的朝代更替，但这种区域城市行政等级体系始终为历朝历代统治者所继承、发展，并逐渐完善，各个历史时期的统治者均以城市为统治网络的结点，对地域广大的国家分区域进行层级统治和管理。

秦朝创立的新的区域城市行政等级体系是在扬弃周代建立的以宗法分封为核心的区域城市层级体系基础上所进行的制度创新，对于中华文明的传播、与周边民族的交流，以及大一统国家疆域的扩展和统治的巩固都有着重要意义。秦朝建立的区域城市行政等级体系在人类发展史上有其特色和优势。同一时期的西方大国罗马也建立了庞大的帝国，其疆域远至非洲，但由于罗马帝国没有形成区域城市行政等级体系，没有建立从中央到地方的垂直管理体系，行省制下的中心城市对地方政治区域控制较为薄弱，松散的行省控制模式是罗马帝国在外族入侵之下最终消亡的重要因素。其后的蛮族统治者在罗马帝国的废墟上建立了西欧封建制度，欧洲在经常受到北方蛮族入侵的历史条件下，长期处于分裂状态，其城市走上与东方中国不同的历史发展之路。

秦朝建立的以郡县制为基础的区域城市行政等级体系也有其内在的缺陷，即具有很强的政治性，中国的区域城市行政等级体系是君主专制中央集权的产物，其内部以政治行政等级关系为纽带，因而城市的发展受到政治行政级别高低的影响，也易受到政治动荡的影响。在强大的君主专制中央集权下，政治力量对于经济要素、社会要素和文化要素的聚集起着重要的作用，城市的行政等级对于不同层级的城市既有推动作用，也有制约作用，因而城市的发展规模与城市的行政级别有着直接的关系。政治中心城市优先发展成为秦以后中国城市发展的一个重要规律，行政级别越高的城市规模越大、发展越快，特别是都城一般都是同一时代发展最快的城市，如秦统一后，将各诸侯国的贵族以及物质资源迁往咸阳，对诸侯国原有城市进行堕坏，由此推动咸阳的快速发展，其他诸侯国的都城则因此而衰落。此外，这种具有垂直关系的城市体系需要大量的资源进行维系，因为中国各地情况不一，且有大量的边疆地区需要治理，这种整齐划一的城市体系也很难完全适应边疆治理的需要。

---

① 李珍、蓝日勇：《秦汉时期桂东北地区的交通开发与城市建设》，《广西民族研究》，2001年第4期。

二、西汉时期的城市体系

西汉王朝建立后,承袭秦朝的君主专制中央集权,并在城市体系构建方面沿袭以郡县制为基础的区域城市行政等级体系,但在其基础上有所变化和发展。秦朝灭亡后,出现了旧有宗法层级城市体系的回归,项羽恢复了固有的分封制度,他的这种做法是秦末战争的结果,也有稳定天下的考虑。"立沛公为汉王,王巴、蜀、汉中,都南郑。而三分关中,王秦降将以距塞汉王。项王乃立章邯为雍王,王咸阳以西,都废丘。长史欣者,故为栎阳狱掾,尝有德于项梁;都尉董翳者,本劝章邯降楚。故立司马欣为塞王,王咸阳以东至河,都栎阳;立董翳为翟王,王上郡,都高奴。徙魏王豹为西魏王,王河东,都平阳。瑕丘申阳者,张耳嬖臣也,先下河南,迎楚河上,故立申阳为河南王,都洛阳。韩王成因故都,都阳翟。赵将司马卬定河内,数有功,故立卬为殷王,王河内,都朝歌。徙赵王歇为代王。赵相张耳素贤,又从入关,故立耳为常山王,王赵地,都襄国。当阳君黥布为楚将,常冠军,故立布为九江王,都六。鄱君吴芮率百越佐诸侯,又从入关,故立芮为衡山王,都邾。义帝柱国共敖将兵击南郡,功多,因立敖为临江王,都江陵。徙燕王韩广为辽东王。燕将臧荼从楚救赵,因从入关,故立荼为燕王,都蓟。徙齐王田市为胶东王。齐将田都从共救赵,因从入关,故立都为齐王,都临淄。故秦所灭齐王建孙田安,项羽方渡河救赵,田安下济北数城,引其兵降项羽,故立安为济北王,都博阳。田荣者,数负项梁,又不肯将兵从楚击秦,以故不封。成安君陈余弃将印去,不从入关,然素闻其贤,有功于赵,闻其在南皮,故因环封三县。番君将梅鋗功多,故封十万户侯。项王自立为西楚霸王,王九郡,都彭城。"①

然而,旧的分封制度很快显示出了其固有的局限性,不久,项羽在楚汉战争中落败,汉朝建立。西汉王朝在建立初期,不得不恢复部分战国时期的传统,即对有功之臣和刘室宗亲进行分封,因而在汉代的地方行政体系中出现了郡县制与封国制并存的现象,这样就有了两种城市体系,使城市体系更加复杂。其后刺史制度的出现,对于区域地方行政体制和城市体系产生了很大影响。西汉初年,虽然以郡县制为基础的区域城市行政等级体系已经初步形成,但汉朝中央政府对区域城市行政等级体系的控制力较秦朝有所削弱,直接控制的城市数量减少。汉武帝时期,随着中央集权的加强,区域城市行政等级体系才逐渐完善,但仍然存在郡县制与封国制并存的现象。

西汉分封的诸侯有三种,一种是前代先贤,只具有宗教和文化的意义,对汉朝的合法性具有一定的帮助。如汉朝建立后,"以鲁公号葬羽于谷城。诸项支属皆不诛。封项伯等四人为列侯,赐姓刘氏"②。第二种是异姓诸侯王。汉代刚刚兴起时,

---

① 司马迁:《史记》卷七《项羽本纪》,中华书局,1982年,第316—317页。
② 班固:《汉书》卷三十一《项籍传》,中华书局,1962年,第1820页。

第二章 秦汉魏晋南北朝时期城市体系的变迁

因为国力衰弱,政权不稳固,必然需要依靠各种政治、军事势力来巩固统治,因而分封诸侯成为汉朝统治者不得已的选择,而诸侯王国所占面积广阔,其管辖的城市也自成体系。汉初中央政府直接管辖的地区只有200多个县:"天子自有三河、东郡、颍川、南阳,自江陵以西至巴蜀,北自云中至陇西,与京师内史凡十五郡,公主、列侯颇邑其中。"诸侯王国管辖的城市数量远超过中央政府,对中央政府形成了巨大的压力,"藩国大者夸州兼郡,连城数十,宫室百官同制京师,可谓挢扡过其正矣"①。第三种是同姓诸侯王。刘邦在铲除一些异姓王之后,分封了一些同姓诸侯王,对诸侯王国管辖的区域和城市体系进行了一些调整。

表2-2 西汉时期分封诸王之子、功臣、外戚一览表

时期	诸王之子	功臣	外戚
高帝	3	137	—
惠帝	—	3	—
吕后	3	12	10
文帝	14	10	3
景帝	7	18	4
武帝	178	75	9
昭帝	11	8	6
宣帝	63	11	20
元帝	48	1	2
成帝	43	5	10
哀帝	9	—	13
平帝	27	—	22

资料来源:崔瑞德、鲁惟一编,杨品泉等译《剑桥中国秦汉史:公元前221—公元220年》,中国社会科学出版社,1992年,第514页。

至西汉末年,共有诸侯王国城市241个,诸侯王国城市在诸侯王国和中央政府直辖区的数量分布很不均衡。西汉诸侯王国分布存在显著的地域特征,其中以齐、赵、楚、燕、荆吴、淮阳、梁等国的城市较为集中,规模较大。诸侯王国地区的南北边地城市数量较少,对中央政府的威胁也小。拥有诸侯王国城市最多的是齐地的琅邪郡,其次是齐楚之间的东海郡,再次是楚之沛郡、燕之涿郡,最后是汝南等郡。

西汉初年,诸侯王国直辖于中央政府,王国之下仍为郡县制,侯国地位与县相当,但直属中央,朝廷设立主爵中尉管理列侯。西汉中后期,诸侯王国或削或分,实力大为削弱,王国不再统郡,而直接领县,侯国已别属于郡,侯国的官吏不仅远

---

① 班固:《汉书》卷十四《诸侯王表》,中华书局,1962年,第394页。

较汉初地位下降，也不如县官尊贵。侯国相之地位仅相当于郡之属县中的小县长而已。①文帝时期，为削弱淮南国、齐国等王国势力，首先在淮南国推行"易侯邑"政策，不久又发布"令列侯之国"诏，将齐国分为七国，淮南国分为三国，成功地将淮南国、齐国之子弟、外戚调离王国，置于汉朝中央政府的严密监视和控制之下，从而分散和瓦解了这两支威胁最大的王国势力。②汉景帝时期，平定了七国之乱，诸侯王国势力受到重创，景帝收夺各王国支郡、边郡，缩小其封地，又削其"治民权"，令内史治民，收其置吏权，限制诸侯势力，王国地位与郡相当，诸侯王只余"衣食租税"的经济特权，区域城市体系发生重要的变化。汉武帝时期通过实行推恩令等一系列剥夺诸侯权力的办法，将诸侯的行政管辖权逐渐收归中央，诸侯王国所管辖的城市也改为郡县城市，并纳入汉王朝中央政府直接管辖之下，以郡县制为基础的区域城市行政等级体系逐渐巩固，君主专制中央集权制度得以加强。西汉末年，诸侯王国的政治、经济地位均大为下降，王国的规模远小于一般汉郡，而且封国四百石以上的官员均由朝廷任命，形式与郡县类似。侯国城市等级与县同，附属于郡县等级体系。诸侯王国作为一种政治制度，一直持续到东汉时期，但东汉的诸侯已经不能拥有地方行政管辖权，其所在的城市也不再是诸侯王国城市，而被纳入郡县制城市体系。

中华文明在汉代显示出了极大的聚集力和辐射力，随着汉朝综合国力的不断增强，"御胡""拓疆""化被天下""四海一家"成为汉王朝的国家战略，随着通西域、开发西南夷等举措的实施，汉朝的疆域不断拓展。中央政府通过在边疆地区设立都护、道、属邦、属国等，将其政治制度和城市体系逐渐向这些地区扩展，边疆城市成为向少数民族传播中华文明的中心，以及对外贸易的中心和边防中心。如汉武帝时，匈奴浑邪王率部降汉，朝廷"乃分处降者于边五郡故塞外，而皆在河南，因其故俗为属国"③。西汉建立之初，就已采用属国制，汉武帝时复增属国，不过是对西汉属国制度的进一步确立与完善，西汉时先后有安定属国、西河属国、上郡属国、五原属国、天水属国、金城属国、张掖属国等。西汉属国制度的特点是属国主要分布于西北边郡地区，负责管理内附的匈奴和羌族，属国都尉权力受所在郡的太守和典属国的制约，属国与汉朝的隶属与管辖机制不是很健全。④

元狩四年（前119），为了防止乌桓向匈奴提供人力和物力，汉朝将乌桓迁移到北方和东北五郡长城以外地区，同时向乌桓提供贡纳体制保护，并在乌桓设置校尉府，这一新的机构比护羌校尉府的设立早8年，为60年以后设立西域都护府提供了一个范本。⑤

---

① 肖爱玲：《西汉城市体系的空间演化》，商务印书馆，2012年，第177—178页。
② 陈苏镇：《汉文帝"易侯邑"及"令列侯之国"考辨》，《历史研究》，2005年第5期。
③ 班固：《汉书》卷五十五《霍去病传》，中华书局，1962年，第2483页。
④ 安梅梅：《两汉魏晋属国制度研究》，中央民族大学博士学位论文，2012年。
⑤ ［英］崔瑞德、鲁惟一编，杨品泉等译：《剑桥中国秦汉史：公元前221—公元220年》，中国社会科学出版社，1992年，第471页。

第二章 秦汉魏晋南北朝时期城市体系的变迁

西北地区有着为数众多的游牧民族,其中以匈奴人为多。匈奴经常南侵,对农耕地区进行劫掠,从春秋战国时代开始,中原政权逐渐在西北地区建立起了边疆军城体系。面对日益强大并野心勃勃的匈奴,汉朝建立以后曾采取和亲政策,但两大政权之间的关系反复无常,匈奴经常发动战争。因而汉王朝特别重视加强对西北边境城市的建设,这些城市在与匈奴的战争中发挥了重要作用。与此同时,匈奴受农耕文明的影响,也相继在占领的农牧交接带营建了一些城市,如赵信城、龙城等,"在这些广大的新领土之中,冒顿在龙城建造了匈奴每年集会的场所……龙城等于是匈奴联合体的首都,所有重要的宗教和政府事务都在那里集中处理。每年秋天,匈奴在龙城附近举行大会,统计人口以及牲畜的数目"[①]。匈奴势力强大,迫使西域各国臣服,对汉朝造成了很大的战略威胁,也使汉朝的边疆防守成本不断增加。汉朝遂遣使西域,与西域诸国建立了联盟。但当汉朝在西域的军事力量薄弱时,西域各小国则臣服于匈奴。"汉使乏绝,责怨,至相攻击。楼兰、姑师小国,当空道,攻劫汉使王恢等尤甚。而匈奴奇兵又时时遮击之。使者争言外国利害,皆有城邑,兵弱易击。于是天子遣从票侯破奴将属国骑及郡兵数万以击胡,胡皆去。明年,击破姑师,虏楼兰王。酒泉列亭障至玉门矣。"[②] 汉武帝时多次派军大破匈奴,将汉朝治理体系和城市体系向西北推进。但连年作战也导致汉朝浪费了巨大的财政资源,汉武帝晚年颁布了著名的轮台诏,标志着汉代城市体系的扩张进入了尾声。[③] 由于西域对汉朝具有重要的战略影响,西域诸国归属于汉朝,有断匈奴右臂的战略意义,因而武帝、昭帝时常在西域派驻军队,并在渠犁、轮台等地修军城,置使者校尉领护,屯田自养,修建驿站供应往来使者。汉宣帝地节二年(前68),汉朝遣侍郎郑吉在渠犁屯田,与匈奴争夺车师,并护卫鄯善以西的"南道"诸国。神爵二年(前60),匈奴日逐王降汉,西域"北道"打通,汉王朝以郑吉为骑都尉,兼护车师以西"北道"诸国,总领西域南北两道,故号都护,西域都护之置始于此。西域都护的设置使西域诸国形成了都护城市体系。

西汉是我国建立全国性城市体系的关键时期。西汉建立初期,刘邦"令天下县邑城",掀起了一次大规模的城市建设高潮,最终确立了全国性的以郡县制为基础的区域城市行政等级体系。这次筑城活动是为适应政治、军事需要而进行的,因而修筑城垣是主要内容,其次是修筑各级政权的衙门和官员的宅邸。这样,西汉时期便形成了一县一城的城镇格局,凡城皆县,凡县皆城,县城即县行政范围内的政治中心,也是经济、文化中心,县城成为中国古代城市最基本的构成单位。汉代继承秦代的郡县制,因此,以郡县制为基础的区域城市行政等级体系在西汉时期进一步巩固,城市发展规模基本上与城市的政治行政地位一致。西汉时期,全国规模最大

---

① [英]崔瑞德、鲁惟一编,杨品泉等译:《剑桥中国秦汉史:公元前221—公元220年》,中国社会科学出版社,1992年,第414页。
② 班固:《汉书》卷六十一《张骞传》,中华书局,1962年,第2695页。
③ 田余庆:《论轮台诏》,《历史研究》,1984年第2期。

的城市是长安,其下是数十个郡级城市和上千个县级城市。① 西汉城市分为三个等级、七种类型:第一等级是都城长安;第二等级是郡国级城市,包括两种类型,即郡治和诸侯王国治所;第三等级是县级城市,包括四个类型,即县、邑、侯国、道治城市。② 道为少数民族聚居之所,侯国则从县的管辖中分离出来。汉武帝以后,新增置的边地城市很多,移民有所增加,西汉末年城市数量达到汉代的顶峰,全国共有1587座城市。③

采邑制与郡县制最重要的差别就是二者所处的政治结构不同,前者是血缘政治的产物,后者则是地缘政治作用的结果。西汉初年实行的郡国并行制是由血缘政治向地缘政治过渡时期所采取的一种管理形式,西汉中期之后,诸侯王国的权力和性质均发生了改变,诸侯不治民,仅食租税,失去了初期诸侯王国的内涵,郡县制由此得以确立。西汉城市发展区域差别显著,东部诸侯王国郡国城市数量变化呈上升的趋势,中部汉郡区郡级城市增长缓慢,拓展地区(通过对外战争与贸易,以设立郡县的形式在边疆地区逐渐占领的区域)在汉武帝时增长迅速。西汉郡级城市数量变化主要受诸侯王国地区城市数量变化的影响,二者发展趋势基本一致。西汉初年拓展地区不在西汉版图内,但在武帝拓边之后,拓展地区城市数量急剧增长,后来趋于平稳。武帝之后全国的郡级城市数量趋于稳定。汉郡区和拓展地区的郡级城市数量只有诸侯王国地区郡级城市数量的三分之二。西汉一代汉郡区郡级城市与拓展地区郡级城市数量基本保持平衡。④

总的来说,西汉城市体系依然向着秦朝创立的以郡县制为基础的区域城市行政等级体系复归,并有所完善和发展。西汉实行具有折中性质的郡国并行制,并逐渐转向以郡县为主的地方行政建置。西汉区域城市行政等级体系的构建与君主专制中央集权制度的巩固有着直接的关系,也与诸侯势力的衰微成正相关关系,汉武帝时期对全国城市体系进行重构,并形成全新的格局。武帝即位以后不断加强君主专制中央集权,并对地方行政制度进行改革,分京畿为三部,设京兆尹、右扶风、左冯翊,于关西、关东地区析置新郡,如析上郡置西河郡,分北地郡置安定郡,分陇西郡置天水郡,分钜鹿郡置广平郡等。同时,汉代不断向四境开拓,建立或合并新的州郡。"武帝攘却胡、越,开地斥境,南置交阯,北置朔方之州。"⑤ 至太初元年(前104),中央政府管辖区域内共设91郡。⑥ 对诸侯王国则行推恩令,削夺其领域,使诸侯王国面积不断缩小,数量不断减少。郡县制被不断推广,成为主导中国地方政治体制和城市体系的基础,商周以来以血缘政治为主体、王朝依靠宗法分封制间接控制各地的社会格局最终结束,以地缘政治为主体、中央集权政府依靠一元

---

① 何一民:《中国城市史》,武汉大学出版社,2012年,第148页。
② 肖爱玲:《西汉城市体系的空间演化》,商务印书馆,2012年,第327页。
③ 周长山:《汉代城市研究》,人民出版社,2001年,第8页。
④ 肖爱玲:《西汉城市体系的空间演化》,商务印书馆,2012年,第30—49页。
⑤ 班固:《汉书》卷二十八《地理志》,中华书局,1962年,第1543页。
⑥ 马孟龙:《西汉侯国地理》,上海古籍出版社,2013年,第201—202页。

化的郡县城市网络直接统治全国的社会结构得以确立,这在中国城市发展史上属于本质上的变化。①

王莽时代中国城市体系有了新的构建,虽然没有实现,但是体现了对中国城市体系的一种设想,并开启了州一级城市建置:"圣王序天文,定地理,因山川民俗以制州界。汉家地广二帝三王,凡十(三)〔二〕州,州名及界多不应经。《尧典》十有二州,后定为九州。汉家廓地辽远,州牧行部,远者三万余里,不可为九。谨以经义正十二州名分界,以应正始。"② 王莽重新构建了诸侯体系,还设立了一些新的郡县,如元始末设西海郡,治今青海海晏,但因王莽政权存在时间短暂,影响不大。

三、东汉时期城市体系的变化

东汉王朝建立后,基本沿袭了西汉王朝的政治制度,以郡县制为基础的区域城市行政等级体系继续巩固发展,诸侯城市体系逐渐削弱,属国城市体系有所变化。东汉开国,剪除了一些地方割据势力,恢复了郡县体制,同时开拓了属国,恢复了一些西汉时期控制的地区。

两汉之交,经过长期的动乱,很多地区的人口大为减少,东汉王朝遂对城市体系进行调整。建武六年(30),光武帝诏曰:"今百姓遭难,户口耗少,而县官吏职所置尚繁,其令司隶、州牧各实所部,省减吏员。县国不足置长吏可并合者,上大司徒、大司空二府。"③ 于是裁并机构及郡县,减少了400余县,特别是朔方郡因匈奴多次南侵东进人口大幅度减少,东汉王朝遂将该郡置取消,将该地区的土地和人口并入邻近郡县。其时,包括都城洛阳在内的地区郡县数量都有所减少,西汉末年设置的14个州也减至13个。④ 各州所设郡的数量不等,多有增减,如"明帝置郡一,章帝置郡、国二,和帝置三,安帝又命属国别领比郡者六"⑤。另外,还有邑、道等地方行政建置,目前史料对邑和道这两种行政区划的情况记载甚少,其重要性远低于县。还有作为小的单位而存在的侯,可与邑、道、县相比。据《后汉书·郡国志》,汉顺帝时,有郡国105个,县、邑、道、侯国1180个。

东汉时期,地方行政建置承袭汉武帝时期的刺史制度。秦制,在每一郡设监郡御史。汉初沿秦制亦设郡御史,但至文帝时,郡御史多失职,形同虚设,故而将其撤销。后不定期派官员出刺各郡。汉武帝即位后,于元封五年(前106)分全国为冀州、青州、兖州、徐州、扬州、荆州、豫州、益州、凉州、幽州、并州、交趾、

---

① 肖爱玲:《西汉城市体系的空间演化》,商务印书馆,2012年,第3页。
② 班固:《汉书》卷九十九《王莽传》,中华书局,1962年,第4077页。
③ 范晔:《后汉书》卷一《光武帝纪》,中华书局,1965年,第49页。
④ [英]崔瑞德、鲁惟一编,杨品泉等译:《剑桥中国秦汉史:公元前221—公元220年》,中国社会科学出版社,1992年,第543页。
⑤ 《后汉书》志第二十三《郡国》,中华书局,1965年,第3533页。

朔方等十三州，分别委派一个刺史，监察地方政务，强化皇权，其地位在郡守之上。其后刺史的职权范围不断扩大：参与地方政务，整饬吏治，维护皇权，拥有越来越大的权力。汉成帝时，刺史改为州牧，演变成一级地方军事行政长官。州的设置和演变，使郡县制发生重要的变化，地方行政制度由二级变为三级，区域城市行政等级体系也随之发生变化，形成了州郡县三级城市体系。

州级行政建置在东汉以后更加走向实体化，为常设于郡县之上的一级建置，刺史成为执掌一方军政大权的高级官员，永建元年（126），顺帝"诏幽、并、凉州刺史，使各实二千石以下至黄绶，年老劣弱不任军事者，上名。严敕障塞，缮设屯备，立秋之后，简习戎马"①。到了东汉后期，担任州牧的多为宗室成员，俨然一方诸侯，如刘表、刘璋等。东汉末年，天下大乱，东汉王朝对州郡进行调整。《献帝起居注》曰："建安十八年三月庚寅，省州并郡，复《禹贡》之九州。冀州得魏郡、安平、钜鹿、河间、清河、博陵、常山、赵国、勃海、甘陵、平原、太原、上党、西河、定襄、雁门、云中、五原、朔方、河东、河内、涿郡、渔阳、广阳、右北平、上谷、代郡、辽东、辽东属国、辽西、玄菟、乐浪，凡三十二郡。省司隶校尉，以司隶部分属豫州、冀州、雍州。省凉州刺史，以并雍州部，郡得弘农、京兆、左冯翊、右扶风、上郡、安定、陇西、汉阳、北地、武都、武威、金城、西平、西郡、张掖、张掖属国、酒泉、敦煌、西海、汉兴、永阳、东安南，凡二十二郡。省交州，以其郡属荆州。荆州得交州之苍梧、南海、九真、交趾、日南，与其旧所部南阳、章陵、南郡、江夏、武陵、长沙、零陵、桂阳，凡十三〔郡〕。益州本部郡有广汉、汉中、巴郡、犍为、蜀郡、牂牁、越巂、益州、永昌、犍为属国、蜀郡属国、广汉属国，今并得交州之郁林、合浦，凡十四〔郡〕。豫州部郡本有颍川、陈国、汝南、沛国、梁国、鲁国，今并得河南、荥阳都尉，凡八郡。徐州部郡得下邳、广陵、彭城、东海、琅邪、利城、城阳、东莞，凡八郡。青州得齐国、北海、东莱、济南、乐安，凡五郡。"②

大部制的州牧体系加剧了分裂，刺史相继成为割据一方的势力，由此开启多元城市体系的时代。如刘表扩展为独霸一方的力量，建安三年（198），"长沙太守张羡率零陵、桂阳三郡畔表，表遣兵攻围，破羡，平之。于是开土遂广，南接五领，北据汉川，地方数千里，带甲十余万。初，荆州人情好扰，加四方骇震，寇贼相扇，处处糜沸。表招诱有方，威怀兼洽，其奸猾宿贼更为效用，万里肃清，大小咸悦而服之。关西、兖、豫学士归者盖有千数，表安慰赈赡，皆得资全。遂起立学校，博求儒术，綦母闿、宋忠等撰立《五经》章句，谓之后定。爱民养士，从容自保"③。刘璋在四川地区铲除了赵韪等人的势力，掌握川地大权，"赵韪之在巴中，甚得众心，璋委之以权。韪因人情不辑，乃阴结州中大姓。建安五年，还共击璋，蜀郡、广

---

① 范晔：《后汉书》卷六《顺帝纪》，中华书局，1965年，第252—253页。
② 《后汉书》志第二十八《百官》，中华书局，1965年，第3618页。
③ 范晔：《后汉书》卷七十四《刘表传》，中华书局，1965年，第2421页。

第二章 秦汉魏晋南北朝时期城市体系的变迁

汉、犍为皆反应。东州人畏见诛灭,乃同心并力,为璋死战,遂破反者,进攻鄳于江州,斩之"①。

东汉时期,王侯分封制度依然存在。光武帝于建国之初大封功臣,建武二年(26),"封功臣皆为列侯,大国四县,余各有差"②。这些分封大多是食邑之封或名誉之封,总计封侯的功臣有太傅高密侯邓禹、中山太守全椒侯马成、大司马广平侯吴汉、河南尹阜成侯王梁、左将军胶东侯贾复、琅邪太守祝阿侯陈俊、建威大将军好畤侯耿弇、骠骑大将军参蘧侯杜茂、执金吾雍奴侯寇恂、积弩将军昆阳侯傅俊、征南大将军舞阳侯岑彭、左曹合肥侯坚镡、征西大将军阳夏侯冯异、上谷太守淮陵侯王霸、建义大将军鬲侯朱祐、信都太守阿陵侯任光、征虏将军颍阳侯祭遵、豫章太守中水侯李忠、骠骑大将军栎阳侯景丹、右将军槐里侯万修、虎牙大将军安平侯盖延、太常灵寿侯邳彤、卫尉安成侯铫期、骁骑将军昌成侯刘植、东郡太守东光侯耿纯、横野大将军山桑侯王常、城门校尉朗陵侯臧宫、大司空固始侯李通、捕虏将军杨虚侯马武、大司空安丰侯窦融、骠骑将军慎侯刘隆、太傅宣德侯卓茂。③ 东汉分封的诸侯非"裂土之封",只有衣食租税权,如建武二年春,"遣使者更封禹为梁侯,食四县"④。东汉王朝在政权巩固后,不断采取措施加强君主专制中央集权,削弱诸侯王国势力。

东汉时期,中央政府加强对周边少数民族地区的管辖,相继在边地设置郡县,建立边疆郡县城市体系。对于内附的少数民族,则因袭西汉的属国制度。东汉时期的属国有安定属国、西河属国、上郡属国、张掖属国、张掖居延属国、酒泉属国、辽东属国、广汉属国、蜀郡属国、犍为属国、越嶲西部属国、巴东属国等,如永初元年(107),"分犍为南部为属国都尉"⑤;永初二年(108),"广汉塞外参狼羌降,分广汉北部为属国都尉"⑥,"分蜀郡西部为属国都尉"⑦。东汉属国制度较西汉有了进一步的发展变化,属国分布于西北、西南和东北等地,数目和人口增多,管理的民族更复杂,有匈奴、羌、鲜卑、乌桓、月氏、夷、氐等,属国都尉不再受郡太守节制,一些郡都尉或边郡部都尉被改为边郡属国。⑧

东汉时期,区域城市行政等级体系在西汉的基础上有所变迁:一是从西汉的郡县两级城市行政等级体系演变为州郡县三级城市行政等级体系,二是诸侯城市体系逐渐解体,诸侯王国变成了只享受食邑的非实体政治符号,其所在城市相继被纳入州郡县城市行政等级体系,最终形成了以州郡县为基础的区域城市行政等级体系,对后世产生了深远的影响。而同期的欧洲罗马帝国没有建立起一个中央权力与其附

---

① 范晔:《后汉书》卷七十五《刘焉传》,中华书局,1965 年,第 2433 页。
② 范晔:《后汉书》卷一《光武帝纪》,中华书局,1965 年,第 26 页。
③ 范晔:《后汉书》卷二十二《马武传》,中华书局,1965 年,第 790—791 页。
④ 范晔:《后汉书》卷十六《邓禹传》,中华书局,1965 年,第 604 页。
⑤ 范晔:《后汉书》卷五《孝安帝纪》,中华书局,1965 年,第 206 页。
⑥ 范晔:《后汉书》卷五《孝安帝纪》,中华书局,1965 年,第 211 页。
⑦ 范晔:《后汉书》卷五《孝安帝纪》,中华书局,1965 年,第 237 页。
⑧ 安梅梅:《两汉魏晋属国制度研究》,中央民族大学博士学位论文,2012 年。

属各部分协调运转起来的活体,也许就是在这个时期种下了长期统一的中国与长期分裂的欧洲的历史基因。

第二节 魏晋南北朝时期的城市体系

魏晋南北朝时期,中国处于长期的分裂动乱,多个政权如走马灯式地变化,但东汉时期建立的以州郡县为基础的区域城市行政等级体系仍然为各国政权所沿袭。此一时期,城市体系的变迁表现为具有时代特色的军镇体系开始出现,诸侯城市体系和属国城市体系也发生新的变化。

一、三国两晋时期的城市体系

三国两晋时期,城市体系出现了大变动。中国古代王朝主要通过控制核心区控制全国,核心区的核心城市就是都城,而汉末核心区域及核心城市遭到了毁灭性的破坏,国家走向了分裂,城市体系因此出现了大变动。首先是从一元中心城市体系变成了多元中心城市体系,传统的中心城市长安、洛阳兴衰起伏,一些新兴的政治中心城市随着政权的变换而兴衰不定。

1. 多元中心城市体系

三国时期,各国承袭东汉末期的地方行政制度,保留了州郡县三级行政建置。州牧在东汉后期已经成为地方军政大员,其地位远在郡守之上,州牧往往选择区域交通地理位置较好、资源丰富、人口较多的城市为治所,因而州城多成为区域内规模最大或较大的城市。但三国时期因战争等多种因素的影响,州的设置多有变动,其管辖的人口和范围也大打折扣。三国时,"不置凉州,自三辅拒西域,皆属雍州",魏文帝时"置凉州,以安定太守邹岐为刺史"[1]。魏明帝景初年间,"虽有十二州,至于民数,不过汉时一大郡"[2]。因为战乱,郡、县数量也不断变动,"郡国县道多所置省,俄或还复,不可胜纪"[3]。

三国时期,曹魏形成了以邺城和洛阳等五都为中心的北方区域城市行政等级体系。东汉末年,曹操集团崛起,曹操受封为魏王,并控制了汉献帝,以位于今河北省临漳县西南漳水之滨的邺城为王城。汉献帝在名义上仍为天下共主,居许都。建安十八年(213),曹操受封魏公,加九锡,领冀州河东等十郡,邺城升为都城。邺城有郭城和宫城两重城垣。曹丕取代汉献帝自立为帝建立魏国后,在都城建设方面进行了重大改革,实行五都制,《魏略》曰:"改长安、谯、许昌、邺、洛阳为五

---

[1] 陈寿:《三国志》卷十五《魏书·张既传》,中华书局,1982年,第474页。
[2] 陈寿:《三国志》卷十四《魏书·蒋济传》,中华书局,1982年,第453页。
[3] 陈寿:《三国志》卷四《魏书·齐王芳纪》,中华书局,1982年,第127页。

第二章 秦汉魏晋南北朝时期城市体系的变迁

都;立石表,西界宜阳,北循太行,东北界阳平,南循鲁阳,东界郯,为中都之地。"① 长安为西汉的都城,是关中重镇,对于稳定关中和凉州等地、防范蜀汉入侵具有重要的战略地位。谯为曹操之故乡,为曹魏的龙兴之地,曹操起兵依赖乡党胞族力量支持,谯在政治上的重要意义不言而喻,曹丕称帝后,更加倚重宗室力量,因而将其设为都城。许昌为汉献帝时的都城,虽然东汉亡于此,但其作为都城的意义仍存。邺为曹魏政权崛起之地,在曹操时代即成为魏国的政治中心,曹操受封为魏公后,始在此建魏社稷宗庙。洛阳本为东汉的都城,地理位置十分重要,居天下之中,因而曹丕将其设为都,不仅具有继承汉统的意义,也具有军事意义。五都的设立改变了两汉城市行政等级体系,并形成了以五都为中心,包括幽州、冀州、青州、并州、兖州、徐州、司州、雍州、凉州、豫州等12州,范阳郡等92郡国,河南县等769县,辽东属国等2属国的北方区域城市行政等级体系。

三国时期,刘备在成都建立蜀汉政权,形成了以成都为中心的西南城市行政等级体系。刘备初有荆州和益州,荆州仅据有南郡、长沙、桂阳、零陵、武陵等五郡,后因关羽战败而失去荆州。蜀汉辖有蜀、巴、汉中、南中等地,形成了以成都为都,以蜀郡、广汉郡、江阳郡、犍为郡、汉嘉郡、汶山郡、巴郡、巴东郡、巴西郡、涪陵郡、汉中郡、武都郡、阴平郡、梓潼郡、牂牁郡、建宁郡、永昌郡、越嶲郡、朱提郡、云南郡、兴古郡等郡为分中心,以成都县等县城为支点的三级城市行政等级体系。

三国鼎立之一的吴国,也在长江中下游以武昌与建业为中心构建了南方城市行政等级体系。天纪四年(280)孙吴灭亡前,共领有扬州、荆州、交州、广州等4州,丹阳、新都、会稽、吴郡、江夏、桂阳、交趾、南海等46郡,庐陵南部等2部,宛陵、永兴、云阳、余杭、临沅、番禺等336县。

三国时期,魏、吴、蜀三国先后实行屯田制,设置屯田区,并设有管理民屯的行政机构,与州郡县行政机构组织系统并存,它们虽然同设在一个地区内,但各在不同地点设置治所,一般是民屯系统机构在所在城外另建新城治事,如孙礼为荥阳典农都尉时,治所设在荥阳城东二十里的垂陇城;许昌典农都尉的治所设在颍阴县城东北②;邓艾屯田筑石鳖城③。新的机构的设置,也推动了治所城市的发展。

西晋统一之后,将州郡县区域城市行政等级体系进一步推广到全国,数目较前代有所增加,"凡十九州(司、冀、兖、豫、荆、徐、扬、青、幽、平、并、雍、凉、秦、梁、益、宁、交、广州),郡国一百七十三(仍吴所置二十五,仍蜀新置十一,仍魏所置二十一,仍汉旧九十三,置二十三)"④。

此时期在实行州郡县地方行政制度的同时也实行了分封制。如曹魏时就相继分

---

① 陈寿:《三国志》卷二《魏书·文帝纪》,中华书局,1982年,第77页。
② 余鹏飞:《三国经济史》,河南大学出版社,1992年,第159—160页。
③ 余鹏飞:《三国经济史》,河南大学出版社,1992年,第203页。
④ 房玄龄等:《晋书》卷十四《地理志》,中华书局,1974年,第408页。

封有诸侯王，"太和六年，改封诸王，皆以郡为国，据复封彭城"①。孙吴也有诸侯国建置，凤皇二年（273），"改封淮阳为鲁，东平为齐，又封陈留、章陵等九王，凡十一王，王给三千兵"②。曹丕对分封制度进行了改革，颁布《改封诸王为县王诏》："先王建国，随时而制。汉祖增秦所置郡，至光武以天下损耗，并省郡县。以今比之，益不及焉。其改封诸王，皆为县王。"③ 西晋建立之后，进行了大规模的分封，以此来拱卫皇权。"晋文帝为晋王，命裴秀等建立五等之制，惟安平郡公孚邑万户，制度如魏诸王。其余县公邑千八百户，地方七十五里；大国侯邑千六百户，地方七十里；次国侯邑千四百户，地方六十五里；大国伯邑千二百户，地方六十里；次国伯邑千户，地方五十五里；大国子邑八百户，地方五十里；次国子邑六百户，地方四十五里；男邑四百户，地方四十里。武帝泰始元年，封诸王以郡为国。邑二万户为大国，置上中下三军，兵五千人；邑万户为次国，置上军下军，兵三千人；五千户为小国，置一军，兵千五百人。王不之国，官于京师。罢五等之制，公侯邑万户以上为大国，五千户以上为次国，不满五千户为小国。"④ "大晋诸王二十余人，而公侯伯子男五百余国。"⑤ 西晋的分封制是食邑之封，虽然不对地方民政进行管理，但是与军权相联系，这就为"八王之乱"埋下了伏笔。

"八王之乱"后，西北和北方的少数民族乘机入主中原，北方不久就进入动乱的十六国时期，这一时期各个政权的疆域政区变化频繁，州郡县体系也因政治军事需要有较大变动，以最具代表性的前秦为例，其版图极盛时，境内共有22州：司隶校尉、秦州、雍州、洛州、豫州、冀州、并州、幽州、平州、青州、兖州、南兖州、东豫州、南秦州、河州、凉州、梁州、益州、宁州、荆州、徐州、扬州，共辖一百余郡。东晋据有淮水以南、汉水下游与巴蜀盆地长江以南地区，分8州：扬州、荆州、江州、徐州、豫州、广州、交州、宁州，共领八十余郡。⑥

十六国时期，全国陷入大动乱大分裂，北方和南方都出现了多个政治中心城市。北方先后出现了十几个政权，相继建立了若干个都城，这些都城因成为政治中心而得到不同程度的发展，从而对于中国城市的发展产生了重要的影响，但在不同的政权内区域城市行政等级体系的格局并未发生变化。

表2-3 十六国时期的都城

国名	都城名	国名	都城名
汉（前赵）	左国城、蒲子、平阳、长安	前秦	长安
成汉	成都	后秦	长安

---

① 陈寿：《三国志》卷二十《魏书·彭城王据传》，中华书局，1982年，第581页。
② 陈寿：《三国志》卷四十八《吴书·孙皓传》，中华书局，1982年，第1170页。
③ 陈寿：《三国志》卷二十《魏书·彭城王据传》，中华书局，1982年，第581页。
④ 房玄龄等：《晋书》卷十四《地理志》，中华书局，1974年，第414—415页。
⑤ 房玄龄等：《晋书》卷四十八《段灼传》，中华书局，1974年，第1349页。
⑥ 周振鹤：《中国地方行政制度史》，上海人民出版社，2005年，第95—98页。

续表

国名	都城名	国名	都城名
后赵	襄国、邺	后燕	中山、龙城
前凉	姑臧	西燕	长安、长子
冉魏	邺	前燕	大棘城、龙城、蓟城、邺
南燕	滑台、广固	西秦	苑川、枹罕
大夏	统万城、上邽、平凉	西凉	张掖、酒泉
北凉	张掖、姑臧	北燕	龙城
后凉	姑臧	代国	盛乐
南凉	乐都、姑臧		

十六国时期，有的政权采取双都制度，出现了双中心城市体系，这是当时民族文化冲突与融合的表现，如石勒"虽都襄国，又营邺宫"①，屈孑"定都统万。勒铭城南，颂其功德。以长安为南都"②。

2. 侨州郡县制度

此一时期开始出现侨州郡县。西晋永嘉五年（311），匈奴大军攻破洛阳，俘晋怀帝。此后，北方大量官员、士人、商人、手工业者和农民纷纷向南方迁移，也有一小部分迁往辽东和河西地区。当地政权为了安置这些流民，在他们集中的地区设置州、郡、县，其州、郡、县名多沿用原籍的名称，故而被时人称为侨州、侨郡、侨县。如前燕以中原地区迁居辽河流域的冀州人置冀阳郡，豫州人置成周郡，青州人置营丘郡等，但当时南迁至长江流域的人口最多，故以东晋南朝的侨州郡县最具代表性。③ 东晋政权及以后的南朝政权多立侨州郡县，一方面是为了招引北方人口南下，并让这些移民拥有归属感和认同感；另一方面也是为了昭示南方政权的正统地位。

3. 军镇体系

北方少数民族入主中原建立政权后，在承袭汉晋州郡县区域城市行政等级体系的同时，还因统治需要逐步设立了以军统民的军镇，以安置军队及家属，加强对所在地区的管辖，同时拱卫中央政权，镇压汉人的反抗。军镇的长官为镇将，其级别与州牧相同。前赵、后赵、前燕等政权已有军镇制度的萌芽，前秦苻坚时，军镇制度逐步制度化，"洛既平，坚以关东地广人殷，思所以镇静之……分幽州置平州，以石越为平州刺史，领护鲜卑中郎将，镇龙城；大鸿胪韩胤领护赤沙中郎将，移乌丸府于代郡之平城；中书令梁谠为安远将军、幽州刺史，镇蓟城；毛兴为镇西将军、河州刺史，镇枹罕；王腾为鹰扬将军、并州刺史，领护匈奴中郎将，镇晋阳；

---

① 魏收：《魏书》卷九十五《石勒传》，中华书局，1974年，第2050页。
② 魏收：《魏书》卷九十五《屈孑传》，中华书局，1974年，第2057页。
③ 邹逸麟：《中国历史地理概述》，福建人民出版社，1993年，第135页。

二州各配支户三千;苻晖为镇东大将军、豫州牧,镇洛阳;苻叡为安东将军、雍州刺史,镇蒲坂"①。后秦时期的军镇已有同州郡并列之势,成为一种制度,当时所设军镇有杏城镇、三堡镇、李润镇、安定镇、岭北镇等,已是有实土、兵士、领民的实体。同时期的后仇池国亦采取军镇制度,"分诸氐羌为二十部护军,各为镇戍,不置郡县"②。赫连勃勃建立夏国后,普遍推行军镇城堡制度。③

4. 属国城市体系

魏晋时期部分承袭了东汉的属国城市体系,曹魏设置了辽东属国,蜀汉设置了广汉属国和涪陵属国,孙吴设置了九真属国和合浦属国,西晋设置了日南属国和合浦属国等。此时期属国数目明显减少,设置的地域延伸至岭南地区,管理的民族已不完全是归附的民族部落,属国存在的时间较短,多为临时性建置。④

二、南北朝时期城市体系的演变

南北朝时期,由于南北分裂,南北政权的区域城市行政等级体系都有很大的变动,主要表现在地方行政建置数量变化大,特别是县级行政建置的总数有大幅度的增加,总量达到3200多个;郡的总数也迅速增加,总量达到了600多个;州的数量也有所增加,最多时达240个左右。行政区划数量大幅增加,但是人口总量却大幅度减少,仅为汉代人口的三分之一。⑤

南北朝时期,无论南方还是北方,皆沿袭了汉晋以州郡县为基础的区域城市行政等级体系,北方游牧民族入主中原后,承袭固有的州郡县体系,主动适应农耕文明的政治行政制度,体现了农牧文明的融合。北魏孝文帝太和十年(486),"分置州郡,雍州、凉州、秦州、沙州、泾州、华州、岐州、河州、西华州、宁州、陕州、洛州、荆州、郢州、北豫州、东荆州、南豫州、西兖州、东兖州、南徐州、东徐州、青州、齐州、济州二十五州在河南;相州、怀州、汾州、东雍州、肆州、定州、瀛州、朔州、并州、冀州、幽州、平州、司州十三州在河北。凡分魏、晋旧司、豫、青、兖、冀、并、幽、秦、雍、凉十州地,及宋所失淮北为三十八州矣"⑥。《魏书·地形志》记载北魏有113个州,形成了庞大的州郡县城市体系。

北方的州郡县在北朝时期多有变动,地方豪强势力甚至擅自设立州郡县,故至北齐时期,北齐文宣帝高洋不得不下诏整顿州郡:"豪家大族,鸠率乡部,托迹勤王,规自署置。或外家公主,女谒内成,昧利纳财,启立州郡。离大合小,本逐时宜,剖竹分符,盖不获已。"以至"百室之邑,便立州名,三户之民,空张郡

---

① 房玄龄等:《晋书》卷一百十三《苻坚载记》,中华书局,1974年,第2903页。
② 魏收:《魏书》卷一百一《氐传》,中华书局,1974年,第2228—2229页。
③ 高敏:《魏晋南北朝兵制研究》,大象出版社,1998年,第256—264页。
④ 安梅梅:《两汉魏晋属国制度研究》,中央民族大学博士学位论文,2012年。
⑤ [日]斯波义信著,布和译:《中国都市史》,北京大学出版社,2013年,第19页。
⑥ 萧子显:《南齐书》卷五十七《魏虏传》,中华书局,1972年,第989页。

第二章 秦汉魏晋南北朝时期城市体系的变迁

目。……于是并省三州、一百五十三郡、五百八十九县、二镇二十六戍"。① 北齐承魏末丧乱,与北周抗衡,"虽开拓淮南,而郡县僻小。天保之末,总加并省,洎乎国灭,州九十有七,郡一百六十,县三百六十五,户三百三万。周氏初有关中,百度草创,遂乃训兵教战,务谷劝农,南清江、汉,西兼巴、蜀,卒能以寡击众,戡定强邻。及于东夏削平,多有省废。大象二年,通计州二百一十一,郡五百八,县一千一百二十四"②。

南朝各政权一方面与北朝对峙,另一方面则向南拓展疆域,并将州郡县城市行政等级体系进一步向南扩展。梁朝建立后,"梁武帝除暴宁乱,奄有旧吴,天监十年,有州二十三,郡三百五十,县千二十二。其后务恢境宇,频事经略,开拓闽、越,克复淮浦,平俚洞,破牂柯,又以旧州辽阔,多有析置。大同年中,州一百七,郡县亦称于此。既而侯景构祸,台城沦陷,坟籍散逸,注记无遗,郡县户口,不能详究。逮于陈氏,土宇弥蹙,西亡蜀、汉,北丧淮、肥,威力所加,不出荆、扬之域。州有四十二,郡唯一百九,县四百三十八,户六十万"③。

南北朝时因袭东晋十六国时期之侨州郡县制度,侨州郡县之制始自东晋元帝侨立怀德县(后改费县)、琅邪郡于京邑所在的丹阳郡,而大致定形于南朝刘宋时期,在南朝齐、梁时期稍有变更,于隋统一全国后废止,历时 270 年。④ 有研究者认为侨州郡县的设置有招诱北方人口、安抚流民、促进生产等现实作用,侨流人口为侨州郡县所安置,对促进当地经济发展具有重要作用。⑤ 其时侨州郡多达百余个,侨县则达数百个,南朝刘宋政权所设的州有 22 个,郡有 274 个,县有 1299 个,其中有相当部分州、郡、县为侨州、侨郡、侨县。⑥ 侨州郡县使南朝州郡县城市行政等级体系较前发生重大变化,"地理参差,其详难举,实由名号骤易,境土屡分,或一郡一县,割成四五,四五之中,亟有离合,千回百改,巧历不算,寻校推求,未易精悉"⑦。北朝亦设有侨州郡县,如北魏、东魏曾侨置恒、云、朔、燕、蔚、显六州于并、肆、汾州界内。

南北朝时期,在所设州郡县中出现了一种特殊建置,即双头州郡。所谓双头州郡,指两州同一刺史,且两州同治一地,或两郡同一太守,且两郡同治一地。其中,双头郡的建置较多,双头州的情况较少。

双头州郡存在的形式有以下三种:第一,侨州郡帖治于实土州郡,如巴西、梓潼二郡,治涪县,是侨巴西郡帖实于梓潼郡;第二,两侨州郡同治,其中有一郡、州是再度侨置;第三,两实土郡同治,此类仅见双头郡,为一实土郡帖治于另一实

---

① 李百药:《北齐书》卷四《文宣帝纪》,中华书局,1972年,第62—63页。
② 魏徵等:《隋书》卷二十九《地理志》,中华书局,1973年,第807页。
③ 魏徵等:《隋书》卷二十九《地理志》,中华书局,1973年,第807页。
④ 陈刚:《六朝建康历史地理及信息化研究》,南京大学出版社,2012年,第103页。
⑤ 陈刚:《六朝建康历史地理及信息化研究》,南京大学出版社,2012年,第105页。
⑥ 司马光:《资治通鉴》卷一百二十九《宋纪十一》"大明八年"条,中华书局,1956年,第4070页。
⑦ 沈约:《宋书》卷三十五《州郡志》,中华书局,1974年,第1028页。

土郡，与侨郡无关。双头州郡起于东晋，盛行于南朝，北朝又沿袭其制，至隋消失。据胡阿祥考证，东晋南朝有双头州九个、双头郡七十余个。①

魏晋南北朝时期，除州郡县区域城市行政等级体系外，出于军事需要，逐渐形成了都督区与行台区。都督一职起源于东汉，但只是为军事需要而设的一种临时性官职，各统若干州军事。至曹魏时期，都督统一州或二三州，州另置刺史掌民政。东晋以后，都督兼任州的刺史，总揽军民政事，都督区成为州以上的一级准行政建置。具体而言，南朝的都督区分州之上的都督区、郡之上的都督区两类，前者区域相对稳定，如荆州都督区，统辖荆、益、宁、雍、梁等五州，有时兼统江州或交州、广州；后者带有随意性，只设置在要地，如沔中都督区，由以襄阳为中心的沔中八九个郡组成，统属于荆州都督之下。北朝至北魏太武帝时才设置都督，且不稳定；西魏末年，都督才统管军民；北周时，改都督诸州军事为总管。

行台是东魏与北齐设置于州之上的地方行政机构，始于三国，原是尚书行台的简称，可代表中央权力管理地方，但与地方行政无关。北齐时，都督区逐渐消退，行台开始普遍设置。此时的行台一般统辖十几个州，兼管军政、民政，俨然州、郡、县之上的一级行政建置。②

北魏时期，为了拱卫都城平城，防止北方柔然的侵扰，拓跋焘自西向东设立了沃野镇、怀朔镇、武川镇、抚冥镇、柔玄镇、怀荒镇等六个军镇，各镇的长官为镇将、副将等，统辖域内的军民。北魏太和十八年（494），孝文帝把都城由平城迁到洛阳后，又相继设立多个军镇，特别是在与南朝交界的军事要冲地区多设置军镇。据严耕望先生考证，北魏的军镇除六镇外，在原北魏旧地设有赤城、昌平、北平、崎城、和龙、云中、平城等，在河北地区设有九原、枋头、河内、平原、离石、吐京、柏壁、绛城、蒲坂、龙门、乐陵等，在河南地区设有虎牢、洛城、陕城、大谷、襄城、鲁阳、新野、沘阳、盘阳、东阳、梁国、临济、东莱、彭城、谷阳、宿豫、汝阴、梁城、郯城等，在西北设有高平、长安、杏城、三堡、石龟、三县、安定、雍城、上邽、陇西、仇池、武都、骆谷、葭芦、武兴、隆城、薄骨律、榆中、枹罕、鄯善、凉州、敦煌、焉耆等。③ 这些军镇均为夯土城墙，有马面、角楼和门楼，墙基都较两汉时期的边城为大，但城门较少，至多三个。内筑高大的台基工事，有的在镇城外还筑有外城，或将城建于河流沿岸，以为天然屏障。④ 军镇是地方的军政单位，具有羁縻和军事二重性。⑤ 军镇的建立，既有强化占领区军事控制和加强国防的目的，也有管理地方治安和安置归附的少数民族等方面的考虑，一些

---

① 周振鹤：《中国地方行政制度史》，上海人民出版社，2005年，第276—279页。
② 徐寒：《中国历史百科全书》（精华本），吉林音像出版社、吉林大学出版社，2005年，第466—467页。
③ 严耕望：《中国地方行政制度史·魏晋南北朝地方行政制度》，上海古籍出版社，2007年，第692—749页。
④ 任重、陈仪：《魏晋南北朝城市管理研究》，中国社会科学出版社，2003年，第37页。
⑤ 马志强：《近五六年来北朝史研究概述》，殷宪、马志强《北朝研究》（第二辑），北京燕山出版社，2008年第2版，第397页。

第二章 秦汉魏晋南北朝时期城市体系的变迁

附属北魏的少数民族政权也成为军镇体系的一部分，因而军镇在一定程度上成为农牧文明融合的重要空间。

随着军镇的发展，镇将权力逐渐扩大，离心倾向增加，有坐大之趋势，对北魏君主专制中央集权构成威胁，同时军镇内部矛盾不断激化，北魏统治者深感有改革军镇的必要。另外，随着北魏政权汉化加深，农牧文明不断融合，二元化城市体系也不适应发展的需要，因而改革势在必行。北魏太武帝时，尚书令李崇乃上表求改镇为州，"始光三年诏一切罢之，以属郡县"①。州郡县体系与军镇二元体系的逐步合并，可以说是农牧文明融合的重要表现。北魏改镇为州时仍然在边疆地区保留了部分军镇。②

北魏以后，改为州郡的军镇往往转化为市镇，有研究者认为，部分军镇向市镇演变即从此开始。"最开始可能是五胡十六国时代，胡人统治下，设军镇以期镇压，后来形成了北魏军镇制度。军队是专门消费不生产的，所以有些商贩来推销消费品。又因为军镇多设在交通要道，而且治安比较有保障，所以慢慢形成小的商业中心，也有很多人聚居其地。"③

南北朝时期，对南方诸蛮多实行羁縻政策，一是设置宁蛮校尉、南蛮校尉、安蛮校尉、平蛮校尉、镇蛮校尉、三巴校尉、平越中郎将、西江督护、南江督护等，专掌蛮族事务，独立于州、郡之外，地位与郡相当（或介于州、郡之间），拥有行政、军事、经济大权。此制始于两晋，南朝各政权因袭发展，于"雍州置宁蛮校尉，广州置平越中郎将，北凉、南秦置西戎校尉，南秦、梁州置平戎校尉，宁州置镇蛮校尉，西阳、南新蔡、晋熙、庐江等郡，置镇蛮护军，武陵郡置安远护军，巴陵郡置度支校尉。皆立府，随府主号轻重而不为定"④。二是设置左郡左县管理诸蛮。"左"指少数民族，《资治通鉴》胡三省注称："自宋以来，豫部诸蛮率谓之蛮左，所置蛮郡谓之左郡。"⑤ 左郡左县建于宋齐时期，主要为部分豫州蛮而置，其太守、令长由酋帅担任，以其故俗治，不纳或少纳贡赋。⑥ 刘宋泰始年间，有左郡11个、左县25个，齐末有左郡51个、左县145个，至梁时逐渐改为郡县。⑦

南北朝时期，封国体系依然存在，北魏时常进行分封，有时将州郡改为王国，道武帝天赐元年（404），"制爵四等，曰王、公、侯、子，除伯、男之号；追录旧臣，加封爵各有差。……十一月，幸西宫，大选臣僚，令各辨宗党，保举才行，诸

---

① 魏收：《魏书》卷一百一十《食货志》，中华书局，1974年，第2851页。
② 马志强：《近五六年来北朝史研究概述》，殷宪、马志强《北朝研究》（第二辑），北京燕山出版社，2008年第2版，第397页。
③ 严耕望：《治史三书》，上海人民出版社，2011年，第13页。
④ 魏徵等：《隋书》卷二十六《百官志》，中华书局，1973年，第740页。
⑤ 司马光：《资治通鉴》卷一百五十《梁纪六》"普通六年"条，中华书局，1956年，第4707页。
⑥ 周振鹤：《中国地方行政制度史》，上海人民出版社，2005年，第368—369页。
⑦ 朱大渭：《群雄纷争 频繁更迭：朱大渭说魏晋南北朝》，生活·读书·新知三联书店，2018年，第196页。

部子孙失业赐爵者二千余人"①。如"寿，字武考。初为雄大将军，封建宁王，以南中十二郡为建宁国，至期，徙封汉王"②。北周的城市体系中也有封邑，北周武帝保定二年（562）诏曰："比以寇难犹梗，九州未一，文武之官立功效者，虽锡以茅土，而未给租赋。诸柱国等勋德隆重，宜有优崇，各准别制，邑户听寄食他县。"③

属国城市体系在南北朝时期依然存在，并有所扩展。北魏统一北方后，西北和北方的周边国家便向北魏称臣纳贡，也成为北魏属国体系的一部分，其城市被纳入北魏属国城市体系。高句丽在拓跋焘时"遣使者安东奉表贡方物，并请国讳。世祖嘉其诚款，诏下帝系名讳于其国，遣员外散骑侍郎李敖拜琏为都督辽海诸军事、征东将军、领护东夷中郎将、辽东郡开国公、高句丽王。敖至其所居平壤城"④。西域国家也成为北魏的属国："太延中，魏德益以远闻，西域龟兹、疏勒、乌孙、悦般、渴盘陀、鄯善、焉耆、车师、粟特诸国王始遣使来献。……已而琬、明东还，乌孙、破洛那之属遣使与琬俱来贡献者十有六国。自后相继而来，不间于岁，国使亦数十辈矣。"⑤

南朝各政权与南方和西南的诸国建立了属国关系，南朝的城市和佛教在与这些国家的交往中起到了重要的作用，南方属国多以中国城市壮丽和佛寺恢宏而倾心向化，如"西南夷诃罗陁国，元嘉七年，遣使奉表曰：伏承圣主，信重三宝，兴立塔寺，周满国界。城郭庄严，清净无秽，四衢交通，广博平坦。……愿敕广州时遣舶还，不令所在有所陵夺。愿自今以后，赐年年奉使。今奉微物，愿垂哀纳"⑥。呵罗单国、阇婆婆达国、天竺迦毗黎国等也都以南朝"城郭馆宇，如忉利天宫，宫殿高广，楼阁庄严……正法治化，共养三宝"⑦，"犹如化城，宫殿庄严，街巷平坦"⑧，而纷纷表示"愿见信受，诸有所请，唯愿赐听"⑨。南齐时期，扶南国在给南齐政权的上书中表示中国"佛法兴显，众僧殷集，法事日盛，王威严整，朝望国轨，慈憨苍生，八方六合，莫不归伏"⑩。海南诸国，"自梁革运，其奉正朔，修贡职，航海岁至，逾于前代矣"⑪。

南北朝时期，部分周边国家既是北朝政权的属国，也是南方政权的属国，如高句丽、百济等国原为北方政权的属国，后与南朝也多有往来，接受其册封。南齐时期，高句丽"遣使贡献，乘舶泛海，使驿常通"，而北魏所"置诸国使邸，齐使第

---

① 李延寿：《北史》卷一《魏本纪》，中华书局，1974年，第23页。
② 魏收：《魏书》卷九十六《李寿传》，中华书局，1974年，第2111页。
③ 令狐德棻等：《周书》卷五《武帝纪》，中华书局，1971年，第66页。
④ 魏收：《魏书》卷一百《高句丽传》，中华书局，1974年，第2214—2215页。
⑤ 魏收：《魏书》卷一百二《西域传》，中华书局，1974年，第2259—2260页。
⑥ 沈约：《宋书》卷九十七《夷蛮传》，中华书局，1974年，第2380—2381页。
⑦ 沈约：《宋书》卷九十七《夷蛮传》，中华书局，1974年，第2381—2382页。
⑧ 沈约：《宋书》卷九十七《夷蛮传》，中华书局，1974年，第2385页。
⑨ 沈约：《宋书》卷九十七《夷蛮传》，中华书局，1974年，第2384页。
⑩ 萧子显：《南齐书》卷五十八《东南夷传》，中华书局，1972年，第1015页。
⑪ 姚思廉：《梁书》卷五十四《诸夷传》，中华书局，1973年，第783页。

第二章 秦汉魏晋南北朝时期城市体系的变迁

一,高丽次之"①。百济也接受南齐的册封:"制诏行都督百济诸军事、镇东大将军百济王牟大今以大袭祖父牟都为百济王,即位章绶等玉铜虎竹符四。"② 建元元年(479),南齐授加罗国"辅国将军、本国王"③。南朝萧梁时期,西域的高昌国、滑国、周古柯国、胡蜜丹国、白题国、龟兹、于阗国、渴盘陁国、末国等也出于各种原因与其通使交往,贡献方物。佛教在南朝与西域诸国的交往中起到了文化纽带的重要作用:"于阗国,西域之属也。……遂为强国,西北诸小国皆服从。……其治曰西山城,有屋室市井。果蓏菜蔬与中国等。尤敬佛法。……天监九年,遣使献方物。十三年,又献波罗婆步鄣。十八年,又献琉璃罂。大同七年,又献外国刻玉佛。"④

魏晋南北朝时期,南北地区的地方行政建置虽然较多,但各政权的城市数量(以县城计)基本保持在1000个左右,最多时超过1300个,与汉代城市数量最多时相当。但相比汉代,南北朝时期城市数量的增长较为显著,魏晋时期郡、县之比约为1∶7,刘宋时期约为1∶4.9,齐梁时期约为1∶2,陈朝时期为1∶4;北朝除东魏高达1∶5以上外,其余则约为1∶2。三国时期县城数量的总和为1206,北魏时期为1352,北齐、北周之和为1421。以县城为基数的城市数量大体上是保持稳定的。⑤ 可见魏晋南北朝时期,城市体系虽然因动乱而有较大的变动,但以州郡县区域城市行政等级体系为主体,以王侯国、属国城市体系为辅的多元一体城市体系格局依然存在,另外,军镇城市也一度较为兴盛。此一时期,游牧文明与农耕文明出现融合的趋势,体现了这个时期多元文明交流、交融的时代特征。

小 结

西周以来,逐步形成了以分封制为核心的封国城市层级体系。春秋时期,周王室式微,群雄并起,传统的区域城市层级体系开始解体,以郡县制为基础的区域城市行政等级体系开始兴起。秦统一中国后,在强大的君主专制中央集权制度的作用下,以郡县制为基础的区域城市行政等级体系被推广到了全国,成为中国城市体系变迁的一个转折点。与同一时期世界其他大国相比,中国的区域城市行政等级体系具有独特的优势,有利于国家的统一和君主专制中央集权对国家的控制,因而其基本框架为以后历朝历代所承袭,影响深远。

汉朝建立后,承袭秦制,沿用了以郡县制为基础的区域城市行政等级体系,但因复杂的政治因素而在郡县制之外建立了封国制,使汉代的城市出现两种体系并存的现象,即以区域城市行政等级体系为主,辅以诸侯城市体系。随着汉王朝国力的

---

① 萧子显:《南齐书》卷五十八《东南夷传》,中华书局,1972年,第1009页。
② 萧子显:《南齐书》卷五十八《东南夷传》,中华书局,1972年,第1011页。
③ 萧子显:《南齐书》卷五十八《东南夷传》,中华书局,1972年,第1012页。
④ 姚思廉:《梁书》卷五十四《诸夷传》,中华书局,1973年,第813—814页。
⑤ 任重、陈仪:《魏晋南北朝城市管理研究》,中国社会科学出版社,2003年,第16—17页。

增强和疆土的开拓，以郡县制为基础的区域城市行政等级体系逐渐向边疆地区扩展，同时汉王朝还在一些边疆地区创设了属国城市体系，以间接管理的方式对这些地区加以控制。这样就形成了以郡县制区域城市行政等级体系为主，以诸侯城市体系和属国城市体系为辅的多元一体城市体系。该城市体系的形成是中华文明多元特征与中华智慧的体现，对后世有着深远的影响，成为大一统国家长期保持稳定的重要制度基础。东汉时期，州从虚化的行政建置逐渐演变为行政区划实体，从而使秦和西汉时期的以郡县为基础的区域城市行政等级体系演变为以州郡县为基础的区域城市行政等级体系，三级城市体系不仅对当时的城市发展产生了影响，而且也对后世城市体系产生了影响。东汉时期诸侯城市体系逐渐削弱，属国城市体系随着国力的兴衰有所变迁。到了东汉末年，诸侯城市体系基本名存实亡，诸侯城市大多成为诸侯的食邑，这些城市相继被纳入州郡县区域城市行政等级体系。两汉城市体系的变迁，反映了汉代政治权力空间的变化。

罗马帝国同一时期建立的城市体系与秦汉帝国的截然不同，其虽然控制了欧、亚、非相当广大的地区，但是它的行省所属的城市是由一种相当松散的管理机构联系起来的，罗马帝国灭亡的原因之一就是其中央政权控制力削弱，罗马城市没有形成层级管理体系，而中国的区域城市行政等级体系的构建正是其能够长期维持君主专制中央集权和国家统一的重要原因。

魏晋南北朝时期，城市体系出现了巨大的变化，其中一个重要现象就是多个政治中心城市的出现。十六国时期，北方相继建立多个政权，都城数量随之增加，而每一个都城无不在政治中心优先发展规律的作用下得到快速发展，成为该政权管辖范围内最重要的城市。部分政权还出现了双都城城市体系，反映了游牧文明与中原农耕文明的融合。北魏时期，游牧民族更是主动融入中原文化，其城市建设和城市体系的构建皆带有农牧文明融合的特点。

战乱和人口的流动，对于中国城市体系的影响也是巨大的。南北朝时期出现了侨州、侨郡和侨县等特殊的地方行政建置，导致城市体系发生变化，城市数量增多，但城市的规模反而变小。北方还出现了具有游牧民族特点的军镇体系，军镇体系在南北朝中后期发生重要变化，逐渐被纳入州郡县区域城市行政等级体系，部分军镇为之后市镇的出现奠定了基础。

总体而言，魏晋南北朝时期，城市体系虽然发生了一些变化，但秦汉以来形成的以郡县制为基础的区域城市行政等级体系没有发生根本改变，体现了中华文明特有的包容性与延续性。

第三章　秦汉魏晋南北朝时期城市空间分布的变迁

城市空间可以分为宏观空间与微观空间，宏观的城市空间是指城市分布整体上的布局，微观的城市空间主要指城市内部布局等。中华文明不同区域历史与民族文化因素的整合对城市空间形态产生了巨大的影响。秦代城市的宏观空间随着秦国的统一、君主专制中央集权制度的建立发展以及郡县制的确立而发生变化。秦代的政治中心在北方，经济重心也在北方，重要的城市主要集中在北方，黄河流域分布着大量的城市，北方城市数量远超过南方。随着不断开疆拓土，秦国城市也向西北和北部边疆地区拓展；随着长江中下游和岭南地区被纳入统一的多民族国家，这些地区的城市也得到一定程度的发展。西汉王朝建立后，城市空间分布随着政治军事的变化而变化，南北城市分布格局没有大的改变，但将西域纳入属国体系后，河西走廊城市和农牧交接带城市的分布有了变动。魏晋南北朝时期，由于战乱和经济、人口重心的南移，南北城市空间分布发生一定变化，北方的一些重要城市相继衰落，南方的城市却得到一定程度的发展。

秦汉魏晋南北时期，城市的内部空间结构发生一定变化，特别是都城等国家政治中心的空间结构变化较大，秦朝都城咸阳与汉朝都城长安、洛阳的空间布局各有特色。魏晋南北朝时期，城市空间布局在农牧文明融合的多重影响下也发生了变化，城市的中轴线布局形态基本确立，对后世城市尤其是都城布局产生了深远的影响。

第一节　秦汉时期城市空间分布的变迁与发展

城市是区域经济、政治和文化中心地，在地表上是一种点状空间类型。从政治权力的角度来看，城市作为统治阶级聚集的空间，由内部权益分配不均引起的权力关系变化会影响到区域城市空间组织形式。可以说，在中国古代社会，政治权力是影响城市兴起、发展、分布及空间结构变化的关键性因素，城市及其覆盖空间则是政治权力的载体。[①] 秦朝建立了规模空前的统一的多民族国家，其城市的空间分布较战国时期发生了巨大的变化。两汉时期，中国的城市空间分布承袭秦代的格局，

---

① 肖爱玲：《西汉城市体系的空间演化》，商务印书馆，2012年，第18—19页。

并在其基础上有所发展。

一、秦汉城市空间分布的演变

城市的空间分布受到多种因素的影响,地球表面空间虽广阔,但并非所有的地方都适合建设城市。人类早期文明兴起的地域看似广阔,却有一定的规律,即都是自然环境较好,人口较多,农业相对发达,有着较丰富、能满足一定数量人群聚居生活生产所需的各类资源的地区。古人很早就对自然环境与城市之间的关系有所认识,如晁错言:"臣闻古之徙远方以实广虚也,相其阴阳之和,尝其水泉之味,审其土地之宜,观其草木之饶,然后营邑立城,制里割宅。"① 亚洲东部的黄河流域和长江流域之所以能够成为中华文明的重要发源地,就在于这里具有"阴阳之和""水泉之味""土地之宜""草木之饶"等多种优越的条件,中华先祖在这两大区域"营邑立城,制里割宅",遂使其成为中国城市较为集中分布的区域。古代城市数量较多的区域以黄河流域为最,长江流域次之,东南沿海地区、岭南地区的城市数量长期较少,而从东北到内蒙古、青海再到西藏,沿横断山脉以北、以西、以西南的广大地区,除四川盆地外,大都处于中国三大阶梯的第一、二级上,自然环境相对较差,生态脆弱,人口稀少,经济发展落后,以畜牧业为主,因而城市兴起较晚,城市数量较少,空间分布稀疏。西汉时期城市分布重心比现代更为偏北,相差近乎1个纬度,这当与西汉时期的气候较为温暖湿润有关。②

先秦以迄秦汉的城市几乎都分布在平原和河谷平地,这些地区也正是古代重要城市的成长区。西汉时,被称为都会的城市有13个,其中黄河中下游平原有9个,占69%;长江中下游平原有3个,占23%;珠江三角洲有1个,占8%。③ 从纬度看,西汉时期中国城市主要集中分布在北纬35~40度,在此空间范围内共有741个城市,占当时中国城市总数的47%;其次是北纬30~35度,有城市502个,约占总数的32%;北纬30~40度以北或以南地区城市数量较少,占总数的21.2%。西汉城市群分布中心坐标为东经113.36度,北纬34.36度,位于今河南新郑市,显示了洛阳的中心区位优势。④

影响城市空间分布的,除了自然因素和经济外,还有政治和军事因素。中国自夏商周以迄秦汉,城市的营建与国家政权的建立和军事防卫有着密切关系,尤其是都城的选址,更是与国家的兴衰和治国方略相关联。秦国崛起以后,确立了以关中控制东部地区的国家战略,对秦代城市的空间分布产生了直接的影响,也对西汉时期城市空间的基本形态产生了影响。另外,秦汉时期,君主专制中央集权制度和郡县制度的确立和巩固,对全国城市的空间分布产生了直接影响,尤其是中央政府为

---

① 班固:《汉书》卷四十九《晁错传》,中华书局,1962年,第2288页。
② 肖爱玲:《西汉城市体系的空间演化》,商务印书馆,2012年,第160页。
③ 肖爱玲:《西汉城市体系的空间演化》,商务印书馆,2012年,第183页。
④ 肖爱玲:《西汉城市体系的空间演化》,商务印书馆,2012年,第158—159页。

第三章 秦汉魏晋南北朝时期城市空间分布的变迁

了加强对边疆地区的控制与管理,在新开拓的疆域大力营建城市,从而使城市空间分布不断发生变化,并与郡县制的分布相适应。考古已发现西汉都城、郡国治所、一般县城、乡邑城址等,这些城市类型不同,形制各异,大小不一,但恰好与中央、郡国、县、乡邑的层级分布一致,其中有80%的城址源于东周及秦以后,且多分布在黄河中下游地区,其城市等级均有特别规定。这些城市空间分布广泛且相对密集,其中今河南有65座,今河北有63座,今山东有30座,今内蒙古有25座,今陕西有20座,今安徽有19座,今山西有17座。①

(一) 秦代城市空间分布的变化

秦代城市的宏观空间分布随着秦朝中央集权的建立、发展而逐步形成、演变。春秋时期,秦国僻据关中,城市数量少,空间布局规模不大,其他各国的情况也略似。据统计,春秋时期大约有35个国家,共有城邑约600个,其中晋91个、楚88个、鲁69个、郑61个、周50个、齐46个、卫30个、宋25个、莒16个、秦14个、吴10个等。②秦国属于较小的国家,虽然号称五霸之一,但只是"霸西戎"而已。秦国在频繁的征伐中不断向西、向东拓展,并以郡县制管理新得到的城市,如秦武公十年(前688),"伐邽、冀戎,初县之。十一年,初县杜、郑"③。秦厉共公二十一年(前456),初县频阳。秦献公二年(前383),秦国迁都栎阳。秦孝公继位,进行变法改革,秦国综合国力增强,秦孝公把国都从栎阳迁往渭河北面的咸阳,同时对秦国城市的宏观空间布局进行了调整,为其发动统一战争进一步做了制度准备,并初步奠定了关中地区郡县城市体系的基础:"十二年,作为咸阳,筑冀阙,秦徙都之。并诸小乡聚,集为大县,县一令,四十一县。"④

战国后期,秦国势力进一步增强,城市空间分布不断扩展,秦国城市体系逐步从以分封制为核心的封国城市层级体系向以郡县制为基础的区域城市行政等级体系过渡,从宗法城市的空间布局向郡县制城市空间布局过渡,城市数量增加,规模扩大,空间分布更加广泛。随着秦国统一步伐的加快,越来越多的诸侯国城市被纳入秦国城市体系,当秦始皇最终灭掉六国,建立统一的多民族国家和君主专制中央集权制度及郡县制度以后,秦朝的城市空间分布从黄河流域延展至长江流域、珠江流域,并向北推进到农牧交接带的长城一线。

战国后期,持续不断的兼并战争对中原地区的城市造成很大的破坏,尤其是六国由于"争城以战,杀人盈城",不少城市毁于战火之中,其中一些甚至因受战争的摧残而一蹶不振。秦统一六国后,又下令堕毁战国时期各诸侯所筑的城郭,拆除险要地区所建的堡垒,将原住在六国城市中的贵族、豪民迁徙到咸阳以及其他偏远地区城市,防止他们复国。许多战国时期重要的政治中心和繁华的工商业城市,因

---

① 肖爱玲:《西汉城市体系的空间演化》,商务印书馆,2012年,第218页。
② 张鸿雁:《春秋战国城市经济发展史论》,辽宁大学出版社,1988年,第121页。
③ 司马迁:《史记》卷五《秦本纪》,中华书局,1982年,第182页。
④ 司马迁:《史记》卷五《秦本纪》,中华书局,1982年,第203页。

战争破坏和人口迁徙，人去城空，逐渐衰落。但另一方面，由于秦统一全国，原战国时期关卡林立、勒索客商、以邻为壑、制造水灾、发动战争等阻碍经济、文化发展的因素逐渐消失，一些推动经济发展的措施出台，如统一货币，统一度量衡，兴修水利工程，修筑以首都咸阳为中心向东直通燕齐地区、向南抵达吴楚地区的驰道，修筑云贵五尺道、五岭新道等，推动了秦朝经济的发展和新的城市在更广大的地区兴起，使中国城市在地理空间上的分布发生了一些变化：一是黄河流域的城市数量有所减少；二是秦岭、淮河一线以南的城市数量有所增多，规模有所扩大；三是一些边远地区也因设置郡县开始出现城市，如秦朝修长城，置上谷、渔阳、右北平、辽西、辽东、九原等郡，下设若干县城，如北边新辟之九原郡，有城44座。而随着秦朝疆土向南扩展，南戍五岭，西南征滇黔，又继建南海郡、桂林郡、象郡、闽中郡等，各郡也建有若干县级城市，大小不等的城市随之而起。

但从总体来看，秦代的城市分布仍不平衡，以北方为主的城市分布格局并未发生大的变化，这从郡治城市的分布就可以略见一斑（见表3-1）。

表3-1 秦朝北方、南方各区域郡治城市分布一览表

北方	陕西	山西	河南	河北	北京	山东	甘肃	内蒙古	辽宁	合计
	3	4	5	5	2	4	2	2	2	29
南方	四川	重庆	安徽	广东	广西	福建	湖南	湖北	江苏	合计
	1	1	3	1	2	1	2	1	1	13

郡为地方一级行政建置，郡下设县，每一郡所设县数量不等。据统计，秦朝设有八九百个县。县级政权都设于城市之中，而郡治则循战国例，设在本郡范围内较重要的某一县城之中，从而初步确立以皇帝所在的都城为中心，以郡、县城市为网络结点的都城—郡—县制城市行政等级体系，逐渐取代从西周以来建立在分封制基础上的城市层级体系。这种中国式区域城市行政等级体系为以后历朝历代的封建统治者所继承、发展，并逐渐完善，城市成为各级封建政权所在地，城市的政治功能为第一功能，封建统治者以城市为据点，对全国进行统治，他们往往为了政治的需要而推动城市建设、城市经济和城市文化的发展。

（二）汉代城市空间格局的变化

西汉初年，部分城市遭到战争的巨大破坏有所衰落，但随着统一的中央王朝的建立和郡县制的恢复，城市也开始复兴。西汉初年，由于同时实行封国制，郡国并存，城市空间管理方式出现差异，这在一定程度上对汉代城市空间分布产生了影响。汉初由于刘邦大量封王，诸侯王国的城市数量一度多于中央政府直辖的郡县城市数量，诸侯王国地区的齐、赵、梁、楚诸地城市较其他地区更为密集。封国制度的实行，使王国所在的城市行政级别上升，郡级城市（包括封国城市）的数量增加，而大量侯国的分封也使县级城市数量增加。由于政治、经济因素的变化，西汉各区域城市发展差异显著，东部诸侯王国的郡国城市数量变化较大，由西汉初年的

第三章
秦汉魏晋南北朝时期城市空间分布的变迁

10个郡国城市发展到西汉末年的60多个;中部中央政府直接管辖地区的郡级城市增长非常缓慢,西汉200年间仅增长了7个,且都发生在汉武帝时期;拓展地区自汉武帝建元五年(前136)辟犍为郡始,至武帝太初元年(前104),共析置郡国35个,城市数量增长迅速。①

汉承秦制,继续在全国推行郡县制度,高祖六年(前201)冬十月,"令天下县邑城",形成了汉代的筑城高潮。伴随这次筑城运动,中国古代城市获得了一次大发展,汉代城市数量比秦代有较大增加,从而对中国城市空间分布产生了直接影响。此一时期,城市空间分布变化主要表现在以下几方面。

1. 巨型特大城市群出现

关中地区作为京畿之地,城市发展较其他地区更加优先,汉王朝为了建设长安,从全国范围内聚集了大量的人力、物力和财力资源,在较短时间内建立了以宫城为主的长安城,并在此基础上构建了环长安的陵邑城市群,使关中地区的城市数量大为增加,规模空前扩大。② 长安作为西汉王朝的都城,与此前的夏、商、周以及秦朝都城相比,不仅规模巨大,远超任何一个城市,另外还有一个重要的特点,就是在东南与北面郊区修建了七座卫星城市——陵县,从而使汉代的政治中心地区形成了环长安城市群。西汉王朝建立后,面临各地方势力的挑战,为了加强君主专制中央集权,控制各地贵族富豪,相继在长安周围皇帝陵墓附近设置陵县,迁富户豪民于此,如汉武帝时,徙郡国豪杰及赀三百万以上于茂陵;宣帝时,募郡国吏民赀百万以上徙平陵。先后建立的陵县有长陵、安陵、霸陵、阳陵、茂陵、平陵、杜陵。陵县的城市人口数量逐渐增加,有10万~30万人,茂陵规模最大,史载有27.7万人,远大于地方郡国城市。可知以长安为中心的关中区域城市群人口在100万以上。③ 陵县集中了较多富人,是以消费为主的城市,有少量的手工业,商业服务业较兴盛,对长安的发展起着重要的支撑作用。除了陵县以外,汉王朝还在京畿三辅地区营建了一批新兴城市,如在白渠、六辅渠、漕渠等人工河道的水陆交汇处营建了池阳、沈阳、新丰、武城等城市,以致当时的关中各河流沿岸居邑毗邻,人烟稠密。翦伯赞曾形象地说:"当时的关中……特别是陕西中部渭水流域一带,是周秦以来,中国古代文明的摇篮之地。在这里,有着许多古代都市的存在。……到西汉时代,假若我们驾着小舟溯渭水而上,一定可以看到,在渭水的沿岸,有着无数大大小小的都市。"④ 西汉由中央政府新增的城市多集中于京畿近郊的三辅地区。

2. 城市分布极不平衡

汉代推行郡县制度,形成了以郡县制为基础的区域城市行政等级体系。汉朝通过城市来控制区域和农村,但城市的分布极不均衡,存在着城市稠密区和城市稀少区的巨大差别。以州郡为衡量单位,西汉城市密度最大的青州每万平方公里有

---

① 肖爱玲:《西汉城市体系的空间演化》,商务印书馆,2012年,第47页。
② 肖爱玲:《西汉城市体系的空间演化》,商务印书馆,2012年,第296页。
③ 何一民:《中国城市史》,武汉大学出版社,2012年,第147-148页。
④ 翦伯赞:《秦汉史》,北京大学出版社,1999年,第230-231页。

22.48 城，其中的北海郡每万平方公里更是多达 65 城；东汉城市密度最大的兖州每万平方公里有 15.6 城，其中的山阳郡每万平方公里有 28.3 城；西汉城市密度最小的交州为每万平方公里 1.1 城，其中的合浦郡每万平方公里只有 0.51 城，东汉时期城市密度最小的益州每万平方公里仅有 1.1 城，其中的永昌郡每万平方公里只有 0.36 城。汉代郡县城市主要分布于关中、河北、河南、山东等地区，而关中地区的城市数量占全国城市总数的 38%。[①]

另外，从城市规模来看，大城市的分布也不平衡。据《史记》记载，西汉有 19 个大城市，其中有 15 个集中分布在关中、河北、河南、山东等地区，另外，长江流域有 3 个，而珠江流域仅 1 个，此种格局一直延续到东汉。近数十年的考古发掘也表明，汉代城市存在"北丰南啬"的格局。[②] 造成汉代大城市分布不均衡的原因是多方面的，除了自然地理条件、政治等因素外，还与关中、河北、河南、山东等地区农业发达有着直接关系。关中地区约 5.5 万平方公里，但其城市在秦汉时期非常密集，秦代关中地区有 33 个县级城市，汉代新增加 24 个，达到 57 县，平均每万平方公里达 10 个城市，围绕都城长安形成了不同等级的城市密集带。[③] 但值得注意的是，汉代对关中地区过度开发，城市数量太过密集，人口空前增多，人地矛盾逐渐突出，对生态环境造成破坏，因而也对以后关中地区城市的衰落产生了影响。

西汉时城市数量超过秦代，据不完全统计，秦朝有城市八九百个，西汉城市则增至 1414 个，但分布极不均衡，参见下表。

表 3-2　西汉不同区域县级城市数量一览表

今省区	数量
山东	248
河北	199
河南	182
甘肃	96
陕西	90
山西	87
安徽	74
江苏	56
内蒙古	55
四川	50

---

① 周长山：《汉代城市研究》，人民出版社，2001 年，第 14 页。
② 周长山：《汉代城市研究》，人民出版社，2001 年，第 15-16 页。
③ 肖爱玲：《西汉城市体系的空间演化》，商务印书馆，2012 年，第 308 页。

第三章 秦汉魏晋南北朝时期城市空间分布的变迁

续表

今省区	数量
湖北	42
云南	41
湖南	37
辽宁	31
广西	24
浙江	21
江西	19
广东	15
北京	13
宁夏	11
重庆	8
贵州	6
天津	3
青海	3
海南	1
吉林	1
福建	1
合计	1414

资料来源：肖爱玲《西汉城市体系的空间演化》，商务印书馆，2012年，第151页。

从上表可见，西汉县级城市总量为1414个，较秦代有较大幅度的增加，但区域分布极不平衡，今山东省的城市数量最多，有县级城市248个，占西汉县级城市总量的17.54%；其次为今河北省，有县级城市199个，占西汉县级城市总量的14.07%；今河南省有县级城市182个，占西汉县级城市总量的12.87%；今甘肃省有县级城市96个，占西汉县级城市总量的6.79%；今陕西省有县级城市90个，占西汉县级城市总量的6.36%，陕西城市的总数虽然不多，却主要集中在关中地区，关中城市占陕西城市总量的63%；今山西省有县级城市87个，占西汉县级城市总量的6.15%。以上几个省区的县级城市数量达902个，占西汉县级城市总量的63.79%。由此可见，西汉时期北方地区集中了当时中国大部分城市，这些城市大多分布在黄河流域中下游地区；另外，长江流域的城市数量也相对较多，仅次于黄河流域；然而今福建、广东、海南等东部沿海地区的城市数量非常少，福建和海南各仅有1个县级城市，广东也只有15个县级城市。

西汉时期，中国城市的空间分布呈现出北密南稀、东多西少的总体特征，不同行政区域之间的分布差异明显，关中平原、黄河中下游地区城市密集，这些地区是华夏文明的重要发祥地,也是城市的重要发祥地,其地形地貌多为平坦的河谷地带,农业历史悠久而且发达。从地表空间看,西汉城市主要集中在东经115~120度,该区域的城市数约占城市总数的42%,东经110~115度的城市数约占城市总数的30%,东经105~110度的城市数约占城市总数的17%,其余地区的城市数约占城市总数的10%,呈现出由东向西逐渐减少的趋势。① 随着西汉王朝不断向西开疆拓土,开辟通往西域的丝绸之路,河西走廊沿线形成了沿丝绸之路城市带,一直延伸至西域。

从商周时期开始形成的封国城市层级体系,虽然在春秋战国时期被打破,但随着秦朝统一多民族国家和君主专制中央集权制度的建立,以王权为核心的等级制度更加强化,城市的发展受到行政等级制度的很大影响,城市的营建和规模与城市的行政级别有着直接的关系。西汉建立后,城市的发展仍然受到行政级别的影响,都城是全国最优先发展的城市,规模最大,发展速度最快,关键原因在于都城作为君主的居住地和国家治理的中枢,中央政府可以通过专制集权来聚集各种资源和要素,在最短的时间内推动都城快速发展。而地方城市在选择郡治和县治时,都会充分考虑气候、水资源、生态环境等自然地理因素,考虑经济发展水平、人口数量、水陆交通的便捷与否等,因而郡级城市往往是所在行政区域内各方面条件较好的城市,发展速度也快于区域内其他城市,成为郡辖区内发展最快、规模最大的城市。汉代城市规模依其行政等级高低而定,都城是当时全国最大的城市,郡国治所的规模一般来说大于县级城市,诸侯王国的城市发展受到一定程度的限制,如果发展太快,规模太大,则有僭越之嫌,会受到中央政府的打压。随着君主专制中央集权的不断加强,诸侯王国城市的地位逐渐下降,西汉前期县城与侯国城市地位相仿,而到西汉后期,县城的地位已高于侯国城市。② 总体来看,汉代城市面积的大小、人口数量的多少与城市的行政等级有着直接或间接的关系。

西汉初年,受长期战争的影响,人口大量减少,因而一般城市规模都不大,人口上万户的城市极为罕见,"高帝南过曲逆,上其城,望见其屋室甚大,曰:'壮哉县!吾行天下,独见洛阳与是耳。'"③ 当时曲逆的人口只有三万户,可见西汉前期相当部分的城市规模都较小。但随着汉朝统治者实施一系列休养生息政策,工农业经济逐渐得到恢复,人口也出现较大增长,城市规模逐渐扩大,其时除都城长安发展成为上百万人口的超大城市外,原来一些具有重要经济战略地位的城市在此一时期也得到恢复和发展,如战国时期齐国都临淄在汉武帝时发展成为人口达十万户的大城市,主父偃言:"齐临淄十万户,市租千金,人众殷富,巨于长安,此非天子亲弟爱子不得王此。"④ 洛阳在西汉时期也得到较快发展,成为北方重要的大都会。此外,南方的城市规模也随着经济发展而有所扩大。

---

① 肖爱玲:《西汉城市体系的空间演化》,商务印书馆,2012年,第157页。
② 肖爱玲:《西汉城市体系的空间演化》,商务印书馆,2012年,第12页。
③ 司马迁:《史记》卷五十六《陈丞相世家》,中华书局,1982年,第2058页。
④ 司马迁:《史记》卷五十二《齐悼惠王世家》,中华书局,1982年,第2008页。

第三章
秦汉魏晋南北朝时期城市空间分布的变迁

东汉以后,大城市的分布发生了一定的变化,随着区域经济的发展,部分地区出现了一些重要的大都会,如成都在秦末和西汉时期都未遭到太大的战争破坏,在和平环境下,战国末年所修筑的大型水利工程——都江堰在汉代形成了较为完善的水利系统,其灌溉的农田达百万亩以上,成都平原的农业因而在汉代有很大发展,农业生产水平在全国居于领先地位。农业的发展推动了手工业和商业的发展,成都平原的中心城市成都的人口也达到二十余万人。东汉时期,成都已经列备五都,成为全国重要的大都会。

汉代因经济的发展而出现了一定区域内城市数量的增加,并形成一定的规模等级结构,空间上呈集聚态分布,有一定的核心城市,这些核心城市往往是大城市或者是特大城市。汉代城市的一个重要特点就是在经济发达地区的每个中心大城市周围,还出现了一批与之关系密切的卫星城,共同形成了一个网络状的城市群(带)。这些区域性中心城市在政治上严密控制附近的中小城市,在经济上引领和带动这个地区工农业生产的发展。①

汉代城市分布出现了一个新变化,即城市数量的增长与国家的外事活动紧密相关。② 随着外事活动的扩大和国防力量的加强,边疆地区的城市出现较大的发展。汉代建立后,西北边疆地区经常受到匈奴的侵扰,汉王朝出于强疆固边的需要,在西北边疆地区相继兴建了一些城市,特别是以军事功能为主的城市。西汉边疆地区城市数量的增减与国家整体力量的强盛衰弱有着直接的关系。汉初,西北边地城市在匈奴大军的侵扰下数量不断减少,发展十分困难,直到汉武帝即位后,随着国家整体力量的增强,汉武帝倾全国之力来抗击匈奴,从而使越来越广大的西北边疆地区纳入汉朝版图,于是汉王朝相继在西北地区设置了金城、武威、张掖、酒泉、敦煌等五郡,并在广袤的西域地区设置了24个城市。此外,汉武帝时期,汉王朝相继向南方开拓,灭南越国,设置南海、郁林、苍梧、交趾、合浦、九真、日南等七郡;开通西南夷,设置犍为、越嶲、益州、牂柯、武都等五郡,在荆州地区设置桂阳、武陵、零陵三郡,在幽州地区设置玄菟、乐浪二郡,在今内蒙古鄂尔多斯地区设置二十多个县级行政区划,共设置县级城市219个,从而使西汉的城市空间分布以黄河中下游为中心,向西北地区、北部地区、东南地区和西南地区拓展。

边地的开拓和城市的设置,改变了这些地区的发展态势,武威、张掖、酒泉、敦煌四郡城成为西汉时期丝绸之路上中西、胡汉交往的重要国际性都会。西北地区城市的发展与国家战略和军事活动有很大的关系,战争作为国家政治的延伸,在西汉王朝权力运作中占有重要的地位,发挥了极为重要的作用。

西汉新增的城市呈现很强的区域特征,如西北地区的城市具有沿河流和绿洲分布的地理特征;西南地区的城市则多采用渐进方式,沿陆路交通线设置,即以原置之郡部分地域为基础,合以新开地设置新郡,如从广汉郡中分置犍为郡,从犍为郡

---

① 周长山:《汉代城市研究》,人民出版社,2001年,第27—28页。
② 肖爱玲:《西汉城市体系的空间演化》,商务印书馆,2012年,第146页。

中分置牂牁郡等，西汉在云南设置郡县至保山、腾冲一带，打通西南夷、开辟南方丝绸之路的目的非常明显。西汉王朝与周边民族政权的关系较为复杂，一般情况是在西汉强大的军事压力下，通过经济交流与文化传播等多重方式，将周边各地方民族政权纳入西汉王朝的统治体系，并实现政治、经济和文化的互动。

西汉末年，王莽改制导致社会动乱、城市衰颓，以长安为核心的三辅地区人口锐减，经济衰败，城市基础设施遭到严重破坏。东汉时期，三辅地区一度沦为流徙罪犯的地方。东汉前期，不少城市经济萧条，人口稀少，有的县城行政长官长期空置。北边和西北方因战乱，人口大量减少，为了削减行政开支以及出于政治军事的需要，不得不裁并郡县，城市数量减少至1100个左右[1]，"并省四百余县，吏职减损，十置其一"[2]，"复博陵、河间二郡，比丰、沛"[3]，"分凉州河西四郡为雍州"[4]。东汉中期，随着国家整体实力的增强、经济的发展和人口的增加，朝廷在一些地区增设了城市，如马援南征时，上奏将西于县"分为封溪、望海二县"，"所过辄为郡县治城郭，穿渠灌溉，以利其民"[5]。东汉的城市除少数中心城市外，一般郡县城市规模普遍不大。东汉时期，从整体上看，城市的分布范围有所缩小，没有超过西汉鼎盛时期。

二、秦汉时期中心城市空间布局的变化

中国古代城市规划受到三大思想体系的影响：一是体现礼制的思想体系，二是注重环境求实用的思想体系，三是追求天地人和谐合一的哲学思想体系。[6] 秦汉时期的城市基本上都是在这三种思想体系的影响下营建的，其中尤以都城营建最具代表性，体现了当时统治者以君权为核心的治国理政思想以及象天法地的政治理念。

从秦朝都城咸阳到西汉都城长安，再到东汉都城洛阳，中国古代都城空间规划布局不断发生着变化。有研究者认为秦都咸阳是私家都城的典型代表，西汉长安充斥着将王朝都城私家化与公家化的激烈博弈，而东汉洛阳则标志着公家都城的初步确立。秦汉都城主体空间的变化展现的是由私向公的演进。[7]

秦都咸阳是战国后期规模最大的城市，其遗址位于今陕西省咸阳市东。秦孝公时派商鞅在城内营筑冀阙，以后历代秦王又增建了许多宫殿。秦始皇在统一全国的过程中，仿六国宫室建筑在咸阳塬上新建了宫殿群。咸阳城中离宫别馆、亭台楼阁连绵覆压，隔离天日，各宫之间又以复道、甬道相连接，堪为当时最繁华的大

---

[1] 张继海：《汉代城市社会》，社会科学文献出版社，2006年，第321页。
[2] 范晔：《后汉书》卷一《光武帝纪》，中华书局，1965年，第49页。
[3] 范晔：《后汉书》卷七《孝桓帝纪》，中华书局，1965年，第320页。
[4] 范晔：《后汉书》卷九《孝献帝纪》，中华书局，1965年，第376页。
[5] 范晔：《后汉书》卷二十四《马援传》，中华书局，1965年，第839页。
[6] 吴庆洲：《象天法地意匠与中国古都规划》，《华中建筑》，1996年第2期。
[7] 张腾辉：《从"帝都"到"天下"——秦汉都城空间形态与空间性质的嬗变》，复旦大学博士学位论文，2012年。

第三章 秦汉魏晋南北朝时期城市空间分布的变迁

都市。

秦代城市空间布局的特点与构思主要体现在都城咸阳的规划和建设上,秦统治者通过建设咸阳城,将六国的人、财等资源集中于咸阳,利用关中资源丰富和地理位置险要的优势,形成以关中控制中原、以西方控制东方的空间政治格局。

咸阳城市空间布局以渭水为轴线,向南北伸展,出现功能分区:渭北以咸阳宫为中心的宫殿建筑群是政治中心区,渭南是寝庙和皇家园囿。咸阳的空间主体为宫殿建筑群,主要有咸阳宫建筑群、六国宫室建筑群、信宫建筑群、阿房宫建筑群等。秦咸阳宫建筑群形成一个面积达61.6平方公里的矩形城市空间,是秦始皇长期居住、议事的地方,一条围绕宫殿建筑群所挖掘的壕沟将居民区、陵墓区与宫殿区分开。① 阿房宫实际上是一个大型宫殿建筑群,据《三辅黄图》载:"阿房宫,亦曰阿城。惠文王造,宫未成而亡。始皇广其宫,规恢三百余里。"另据《雍录》记载,阿房宫"未为屋,先为城,城成而人呼名阿城也"。阿城西、北、东三面有墙,南面无墙,周五里一百四十步,墙高八尺,上宽四尺五寸,下宽一丈五尺,上狭下阔,坚固异常。据《史记》记载,阿房宫的前殿"东西五百步,南北五十丈,上可以坐万人,下可以建五丈旗。周驰为阁道,自殿下直抵南山。表南山之颠以为阙"。阿房宫现存一座巨大的长方形夯土台基,经考古探测实际长度为1320米,宽420米,现存夯土台基高出地面7~9米,是中国目前已知规模最大的夯土建筑台基。台基由北向南呈缓坡状。南面坡下探出大面积路土,长770米,宽50米,现存面积约4万平方米,为一广场,广场南沿有四条道路向南延伸。台基东、西边是现代挖成的断崖;北边为三层高出地面的台阶,阶宽1~2米,高2~4米。阿房宫规划宏大,但秦始皇在工程开始不久就去世了,秦二世时也只继续建造了一年多,而后就因农民起义而停止,故前后只建造了阿城、前殿、门阙三部分。

秦朝的宫殿建筑不像战国时期各国的宫殿建筑那样修筑在都城内,而是修筑在城外范围很广的地区,由若干宫殿区组成,各宫殿区之间有道路相接,连成一个整体。由于范围广大,且修建的年代甚久,因而空间格局并未按照传统的中轴线来布置,宫殿区外也无城郭环绕,政治统治机构和皇家私人建筑占据了咸阳城的中心和主要空间,因此有研究者称咸阳为皇帝私家都城的典型代表。这种城市空间布局的形成是由秦王朝君主专制中央集权的政治因素所决定的。秦始皇建立了中国历史上第一个君主专制中央集权的国家,实行了一套以皇帝为中心的官僚制度,反映在城市建设上则形成了都城中以宫殿建筑占据主要空间,一般郡县城市也以行政机构建筑占主要空间和中心空间的格局。② 咸阳在秦末战争中毁于战火,象征着中国第一个统一王朝的灭亡。

汉代建立后,都城的内部空间格局发生了一定的变化。长安城的形状为不规则

---

① [德]阿尔弗雷德·申茨著,梅青译:《幻方——中国古代的城市》,中国建筑工业出版社,2009年,第118页。

② 何一民:《中国城市史》,武汉大学出版社,2012年,第140页。

的方形,城区面积约 36 平方公里,仍然以宫殿建筑为主体,几乎一半的城市空间为五座规模巨大的宫殿建筑群所占据,其中南部的长乐宫和未央宫,分别占据 6 平方公里和 5 平方公里。长乐宫和未央宫中间有一座武库,面积 25.6 公顷。中部则为桂宫、北宫和明光宫。各宫之间皆有复道相连。与咸阳相比,长安城内的普通居民人口增多,因此在汉代中期,长安城建立了九个市场。城市的空间布局也与咸阳有所区别,长安城内的道路以棋盘式格局为主,有八条大街、十二道城门,其中霸城门、覆盎门、西安门、章城门与长乐宫、未央宫相对;西北和东北的城门供普通民众出入,西北城门通向渭河桥,东北城门通向东面,它们将居住区、九市和城北的郊区连接起来。作为最高统治者居住的城市,为了满足统治者游乐的需要,城市西南还建立了面积达 635 平方公里的上林苑。① 长安城内,南部和中部除建有宫殿外,还设宗庙和不少中央官署、三辅官署及仓库,如太上皇庙、高帝庙、冯翊府等。城内北部也有不少中央官署和三辅官署的附属机构。东北靠近宣平门一带为达官贵人的居住区,称为贵里。长安城属于内城性质,从城门和街道的布局看,整座内城是坐西朝东的。②

　　长安城朝宫未央宫位于长安城西南,东市、西市位于城西南、西北,宫、市呈南北向排列,即为"面朝后市",这对后世都城格局产生了深远影响。③

　　东汉都城洛阳相比西汉都城长安在城市空间布局方面有相当大的差异,一个重要的区别就在于洛阳重视礼制建筑而简略宫室建筑。西汉长安主要宫室为长乐宫和未央宫,东西横列,以东门为正门。洛阳城区也营建有宫殿建筑群,以南宫和北宫为主,南北纵列,以南门为正门,但是洛阳的南宫和北宫规模远小于长乐宫和未央宫。宫室的功能方面也有一定差异,长安的未央宫是朝廷的行政中枢,殿前举行大朝会。洛阳的南宫和北宫都用作朝廷,元旦大朝会规定在北宫的德阳殿举行。洛阳的城门,东西两面各三门,北面只有二门,南面有四门,以南面偏东的平城门为正门。平城门从南向北,直对南宫的南门(朱雀门),主要供皇帝出南门外郊祀之用,所以是"门之最尊者"。在十二城门中,只有平城门为宫门,属卫尉管理,设司马一人,秩千石,其他十一门都属城门校尉管理,各设城门候一人,秩六百石。平城门是建武十四年(38)建南宫前殿后开设的,还供群臣前往南宫前殿参加朝会之用。西汉参加朝会从东阙进入,上书则到北阙。东汉参加朝会从南门进入,上书也要到南阙。这个礼制的改变使得整个都城布局发生了重大的变化,从此宫室的南门成为主要门户,南面的平城门也成为主要城门,而北门则成为送丧以及押送犯人的通道。④

　　洛阳城南北宫之间为城区,均建成方整的闾里,街道呈方格形,全城共有 24

---

　① [德]阿尔弗雷德·申茨著,梅青译:《幻方——中国古代的城市》,中国建筑工业出版社,2009 年,第 132—133 页。
　② 杨宽:《中国古代都城制度史》,上海人民出版社,2006 年,第 104—106 页。
　③ 中国社会科学院考古研究所:《中国考古学·秦汉卷》,中国社会科学出版社,2010 年,第 226 页。
　④ 杨宽:《中国古代都城制度史》,上海人民出版社,2006 年,第 125—126 页。

条街道。主要大街宽 20~40 米，每条大街和长安的大街一样，分为三道，中间的一道称御道，供皇帝专用，其他官吏和平民只能走两边的道路。

其他分布于洛阳城内外的建筑有官府、商市、礼制建筑等，如太尉府、司空府、司徒府位于开阳门内，太仓、武库位于城内东北隅，金市位于北宫西南，马市位于城东，南市位于城南，北郊兆域位于城北，圜丘、灵台、明堂、辟雍、太学等位于城南。①

汉代，非都城的其他城市大多修有城墙，其城墙的外形一般呈长方形或方形，依据不同地区的地理环境等条件而略有区别；城市内部大致以官署作为城市中心，其他手工业作坊、市场、居民住宅等分布在四周。

三、秦汉时期城市功能的变化

秦汉时期的城市延续了先秦时期城市的基本功能，即以政治功能为主，经济功能和文化功能较为薄弱。秦朝建立后，在全国普遍实行郡县制，从而使每一个城市都是不同级别的行政机构所在地，由此进一步强化了城市的政治功能。西汉建立后，随着国家的统一、经济的发展、文化的兴盛，部分城市开始叠加越来越多的经济功能和文化功能，工商业都会兴起。另外，城市从形成之初就具有一定的宗教功能。秦汉时期，都城的宗教功能不断加强。东汉以后，随着佛教在中国的普遍传播，部分城市成为佛教传播的重地，寺庙在城市中普遍建立，城市的宗教功能增强。秦汉时期城市的功能因而较前有所变化。

1. 秦汉时期城市的政治功能进一步强化

春秋战国时期，列国分立，形成了都城并列的局面，而秦统一后，都城并列的局面虽被改变，但每一个城市都成为大一统中央集权的层级网络结点，因而秦汉时期城市的政治功能不是弱化了，而是进一步强化了，没有一个城市可以脱离君主专制中央集权统治下的城市行政等级体系，任何一个城市如果离开了这个行政等级体系，就会失去存在的依据而最终走向衰落。相反，一个聚落如果被纳入这个城市行政等级体系，就会获得发展的机遇，而且它在这个体系中的级别对于它的发展至关重要。

2. 汉代经济出现较大发展，城市的经济功能增强，数量较多的新型工商业都会形成

经济是城市发展的基本动力，而城市则是区域经济的中心。随着汉代农业、手工业和商业的发展，一批工商业都会兴起。汉初实施休养生息政策，农业首先出现较大发展，主要表现为大型水利工程的建设、农具的改进和农业生产技术的进步、耕地面积的扩大、粮食产量的提高等；随着农业的发展，手工业和商业也有较大发展，盐铁业、纺织业、漆器业等较先秦时期有巨大进步，长距离贸易开始兴起，特别是汉武帝开辟了丝绸之路，使东西方产生了经济、文化联系；同时，汉王朝还加

---

① 中国社会科学院考古研究所：《中国考古学·秦汉卷》，中国社会科学出版社，2010 年，第 236 页。

强对南方丝绸之路的开发和长江沿线城市的建设,由此推动了南方城市的发展。在经济发展的基础上,不少区域中心城市的经济功能增强,故而汉代出现了若干经济都会,其中最有名的是汉代五都,即洛阳、邯郸、临淄、宛、成都,并在五都设置了管理市场的官员。《汉书·食货志》载:"遂于长安及五都立五均官,更名长安东西市令及洛阳、邯郸、临淄、宛、成都市长皆为五均司市(称)师。"汉代五都除成都外,其余四都皆是位于秦岭—淮河线以北的城市。除了以上五都,各地还相继兴起了一些区域性经济都会,参见下表。

表 3-3　西汉经济都会统计表

郡国	城市	郡国	城市
京兆尹	长安	淮阳	陈
河东	杨	会稽	吴
河东	平阳	左冯翊	栎阳
河内	温	右扶风	雍
河内	轵	南郡	江陵
赵	邯郸	南阳	宛
河南	洛阳	颍川	阳翟
齐	临淄	蜀	成都
济阴	陶	九江	寿春
梁	睢阳	南海	番禺
燕	蓟	九江	合肥
	长安五陵		

资料来源:肖爱玲《西汉城市体系的空间演化》,商务印书馆,2012年,第182页。

经济都会多数是区域内的重要政治中心城市,但也有个别城市是随经济发展自然形成的,如张禹"迁下邳相。徐县北界有蒲阳坡,傍多良田,而堙废莫修。禹为开水门,通引灌溉,遂成孰田数百顷。劝率吏民,假与种粮,亲自勉劳,遂大收谷实。邻郡贫者归之千余户,室庐相属,其下成市"[1]。另外,也有个别城市的发展与国家的政策有关,如华阴的京师仓城,周长 3840 米,大于一般县级城市。[2] 由于汉王朝对仓储、防御等高度重视,故加强了对相关城市的建设,提升了华阴京师仓城在经济方面的聚集与辐射功能,使其成为区域性的经济中心。

3. 城市的文化宗教功能增强

秦始皇强化了皇帝的权力,而皇帝的至尊地位和神圣性则与天地崇拜和君权神授观有着直接的关系。秦以后,从皇帝到地方官员都将祭祀天地作为城市的职能之

---

[1] 范晔:《后汉书》卷四十四《张禹传》,中华书局,1965年,第1497—1498页。
[2] 肖爱玲:《西汉城市体系的空间演化》,商务印书馆,2012年,第219页。

第三章 秦汉魏晋南北朝时期城市空间分布的变迁

一,从而使政权和城市的宗教功能的关系得到强化。如汉武帝时,"济北王以为天子且封禅,乃上书献泰山及其旁邑。天子受之,更以他县偿之。常山王有罪,迁,天子封其弟于真定,以续先王祀,而以常山为郡"①。汉武帝还为迎接神仙而筑城,"其明年,东巡海上,考神仙之属,未有验者。方士有言'黄帝时为五城十二楼,以候神人于执期,命曰迎年'。上许作之如方,名曰明年"②。

汉王朝甚至还临时设置宗教城市,如景帝二年(前155),"荧惑逆行,守北辰。月出北辰间。岁星逆行天廷中。置南陵及内史祋祤为县"③。西汉末期,全国开展祭祀活动的城市有51个,共有402所祠庙,这些城市主要集中在三辅地区和东部齐地,三辅地区围绕着帝王祭祀活动,在京畿附近地区形成了一个特殊的祭祀文化区,有祠庙300余处,涉及13个城市,齐地的祠庙数量虽少于三辅,却涉及18个城市,祭祀内涵也与关中有所不同。④

表3-4 西汉祠庙分布表

郡	县	祠庙	郡	县	祠庙
京兆尹	蓝田	虎候山祠	琅邪郡	不其	太一、仙人祠九所及明堂
京兆尹	华阴	祠	琅邪郡	朱虚	三山、五帝祠
京兆尹	湖	周天子祠二所	琅邪郡	琅邪	四时祠
京兆尹	杜陵	周右将军杜公祠四所	琅邪郡	长广	莱山莱王祠
左冯翊	谷口	天齐公、五床山、仙人、五帝祠四所	琅邪郡	昌	环山祠
左冯翊	临晋	河水祠	临淮郡	海陵	江海会祠
左冯翊	云阳	休屠、金人及径路神祠三所,越巫䄛鄜三所	广陵国	江都	江水祠
右扶风	郁夷	汧水祠	齐郡	临朐	逢山祠
右扶风	雍	五畤、太昊、黄帝以下祠三百三所	东莱郡	腄	之罘山祠
右扶风	隃糜	黄帝子祠	东莱郡	黄	莱山松林莱君祠
右扶风	陈仓	上公、明星、黄帝孙、舜妻育冢祠	东莱郡	临朐	海水祠
右扶风	虢	黄帝子、周文武祠	东莱郡	曲成	参山万里沙祠
右扶风	武功	垂山、斜水、褒水祠三所	东莱郡	㢠	百支莱王祠

---

① 司马迁:《史记》卷十二《孝武本纪》,中华书局,1982年,第458页。
② 司马迁:《史记》卷十二《孝武本纪》,中华书局,1982年,第484页。
③ 司马迁:《史记》卷十一《孝景本纪》,中华书局,1982年,第439-440页。
④ 肖爱玲:《西汉城市体系的空间演化》,商务印书馆,2012年,第202-203页。

续表

郡	县	祠庙	郡	县	祠庙
河东郡	大阳	天子庙	东莱郡	不夜	成山日祠
河东郡	蒲反	尧山、首山祠	胶东国	即墨	天室山祠
河南郡	缑氏	延寿城仙人祠	胶东国	下密	三石山祠
东郡	临邑	沛庙	庐江郡	灊	祠
东郡	寿良	蚩尤祠	会稽郡	无锡	春申君祠
济阴郡	成阳	尧冢灵台	会稽郡	山阴	禹冢、禹井
泰山郡	奉高	明堂	益州郡	滇池	黑水祠
泰山郡	博	泰山庙	金城郡	临羌	弱水、昆仑山祠
泰山郡	钜平	亭亭山祠	安定郡	朝那	端旬祠十五所及湫渊祠
泰山郡	蒙阴	祠	上郡	肤施	五龙山、帝、原水、黄帝祠四所
淮阳国	苦	赖乡祠	西河郡	鸿门	天封苑火井祠
颍川郡	崈高	太室、少室山庙	常山郡	上曲阳	祠
			辽西郡	且虑	高庙

资料来源：肖爱玲《西汉城市体系的空间演化》，商务印书馆，2012年，第203—204页。县名、祠庙名据《汉书·地理志》有修改。

秦受三代影响，有圣都与俗都并存的现象。圣都即祭祀性都城，往往是政权早期的都城，承担着国家主要的祭祀功能。秦数次迁都，其圣都有西垂和雍城。① 汉代帝王陵墓所在的陵县也是一种具有宗教性质的特殊类型的城市。西汉有七个陵县，包括高帝长陵、惠帝安陵、文帝霸陵、景帝阳陵、武帝茂陵、昭帝平陵、宣帝杜陵。汉代诸陵县为祭祀而设置，在行政上归太常管辖，具有特殊的宗教地位。这些陵县集中了大量的贵族、商人等，不仅是祭祀中心，亦是经济中心。除陵县外，雍城亦是西汉时的重要祭祀中心，高祖、文帝、武帝、宣帝等皆多次到雍城祭祀。② 汉武帝时期，罢黜百家，独尊儒术，孔子的地位得到空前的提高，孔子的家乡曲阜也因此发展成为一个具有文化宗教特色的城市。汉代以后，曲阜的文化地位不断提高。

4. 以军事防御为重要功能的城市较多出现，城市的军事功能增强

秦汉时期，出于对外与对内的军事防御需要建立了较多的军事城市。秦代在北边"因河为塞，筑四十四县城临河，徙谪戍以充之"③。西汉因受到匈奴的威胁，

---

① 潘明娟、吴宏岐：《秦的圣都制度与都城体系》，《考古与文物》，2008年第1期。
② 肖爱玲：《西汉城市体系的空间演化》，商务印书馆，2012年，第309页。
③ 班固：《汉书》卷九十四《匈奴传》，中华书局，1962年，第3748页。

第三章 秦汉魏晋南北朝时期城市空间分布的变迁

在西北地区建立了数量较多的军事城市,如为对付匈奴,汉武帝"用主父计,立朔方郡"①。对内为控制地方,在战略要地也建立了许多具有军事性质的城市,由都尉掌控,如武帝元鼎四年(前113),于华阴和高陵、郿县等分设京辅都尉、左辅都尉、右辅都尉治地拱卫京师,为军事次中心。②汉代在军事要地设置的都尉城市,从类型上看有六种:一是郡都尉,共38处,设在中央政府及诸侯王国管辖地区诸郡内;二是部都尉,共46处,主要设在边境地区;三是农都尉,主要设在边郡地区;四是属国都尉,管理归降的少数民族,多在边地;五是骑都尉,仅2处;六是三辅都尉,较为特殊。

第二节 魏晋南北朝时期城市空间分布的变迁与发展

魏晋南北朝时期,城市空间出现了新的发展与变迁。长安至洛阳一线的中原地区因遭战争破坏,加上政治格局的变化,城市呈现出衰败趋势。长江流域及北方远离中原的地区则出现了一批新兴城市,如姑臧、平城、统万城、建业(建康)、成都等。城市规划更加适应战争与战略的需要。在农牧文明的碰撞融合中,城市出现了中轴线布局,对后世产生了巨大的影响。围绕中轴线,城市的宫殿、市场、住宅呈现出新的布局形态。城市空间,尤其是都城空间空前扩大,城市的空间布局更为封闭。城市类型也出现了变化。随着佛教的兴起及其在城市中的普遍发展,寺院占据了重要空间,成为这个时期的一道城市风景。

一、魏晋南北朝时期城市空间分布的变化

魏晋南北朝时期,因为国家分裂与长期战乱,原来在君主专制中央集权之下统一的城市行政等级体系解体,取而代之的是因分裂而形成的不同政权下新的城市行政等级体系。

三国时期,魏国的统治中心几经变化,从许都移至邺城,最后还是回到了洛阳,形成多都城制的北方区域城市分布区。与魏国鼎立的蜀汉则在今四川地区,形成了以成都为中心的西南区域城市分布区。而占据江南地区的吴国,则先后以武昌和建业为都城,形成了长江中下游城市分布区。建业城在孙权的经营之下,开始成为南方的中心城市。

三国之后建立的西晋王朝基本沿袭了东汉的州郡县三级行政建置,共设有司州、豫州、兖州、青州、徐州、冀州、幽州、平州、并州、雍州、凉州、秦州、荆州、扬州、益州、梁州、宁州、交州、广州等19个州,州下分郡、王国,郡下设

---
① 司马迁:《史记》卷一百一十二《主父偃传》,中华书局,1982年,第2962页。
② 肖爱玲:《西汉城市体系的空间演化》,商务印书馆,2012年,第309页。

县。由于西晋存在的时间极短，大一统的城市体系随着十六国南北朝的来临，又出现分化。

十六国时期，北方先后出现多个政权及其所建的若干个都城，由此形成多元政治中心的北方区域城市分布区。北魏统一北方后，先后经历了平城和洛阳两个中心体系时代。北魏分裂为东魏、西魏，东、西魏又相继被北齐、北周所取代，东魏、北齐的都城邺南城及西魏、北周的都城长安随即成为北方的政治中心城市。

1. 邺城（邺北城）

邺城修筑于曹魏时期，西晋时遭到破坏，十六国时期的后赵、冉魏、前燕以之为都，对其进行大规模修建，但其总体规划布局并无大的变化。

邺城的布局颇具特色，在中国都城发展史上具有重要的地位。

（1）中轴线布局。邺城规划整齐，宫城正殿文昌殿位于全城北部正中，文昌殿、端门、止车门、正南城门中阳门呈南北向直线排列，形成中轴线，并与其余的南北向大道平行，改变了汉长安、洛阳宫殿区的分散布局，使都城规划更为对称、规整。

（2）分区明确。金明门和建春门之间是邺城中唯一的东西大道，该道将全城分为南北两部分，宫殿、衙署、苑囿集中于北部，一般官署和里坊则集中于南部。这种明确的分区，改变了汉代宫城与里坊相参，或为坊所包围的都城格局，开创了南北朝以至隋唐都城布局的先例。

（3）防卫系统独具特色。修筑于城西的铜雀三台高大壮丽，是全城的制高点，可将邺城附近情势悉收眼底。金虎台有屋109间，铜雀台有屋百余间，冰井台有屋145间，其中冰井台上还有冰室、粟窖、盐窖等，可预防和抵御突发事件。三台既各自独立，又有空中阁道相连，是邺城防卫系统的核心。①

2. 平城

随着部落战争和对外战争的节节胜利，以及离散诸部以及与它相伴随的分土、定居、使役等措施的逐步推行，拓跋珪的统治权力日益发展，晋安帝隆安二年（398），拓跋珪定国号为魏，迁都平城，始营宫室，建宗庙，立社稷。②"天兴初，制定京邑，东至代郡，西及善无，南极阴馆，北尽参合，为畿内之田；其外四方四维置八部帅以监之。"③北魏建国之初将大同盆地及其周围山区划分为畿内与畿外两个区域。在畿内，安置的是内徙新民和经"离散"后的部民，他们在那里主要从事农业生产；在畿外，安置的是未被"离散"的游牧部落，他们继续从事游牧活动。无论是畿内还是畿外，都被划分为四方四维，畿内的四方四维归八部大夫管理，畿外的四方四维归八部帅监督。④

---

① 中国社会科学院考古研究所：《中国考古学·三国两晋南北朝卷》，中国社会科学出版社，2018年，第50—55页；韦正：《魏晋南北朝考古》，北京大学出版社，2013年，第17页。
② 李凭：《北魏平城时代》，上海古籍出版社，2014年，第4页。
③ 魏收：《魏书》卷一百一十《食货志》，中华书局，1974年，第2850页。
④ 李凭：《北魏平城时代》，上海古籍出版社，2014年，第56页。

第三章
秦汉魏晋南北朝时期城市空间分布的变迁

畿内城邑的发展分为三个阶段：第一阶段为道武帝、明元帝和太武帝时期。此阶段恢复了秦汉以来大部分旧县的建置，建立了州郡县三级行政等级体系。古时行政机构的设立与城邑的建设密切相关，可以作为城邑发展的主要标志。第二阶段自文成帝即位到孝文帝迁都洛阳为止。在这个阶段，平城又得到了改建和扩建，其周围出现了新的县邑，其他各郡县也在继续发展。北魏初期因战乱，人烟稀少，有"户不满百而罢之"的规定，但畿内却与其他地区不同，郡县建置反而有所增加，该阶段可谓畿内城邑的大发展时期。北魏迁都洛阳后至魏末孝昌年间是第三个阶段，在这一阶段，平城畿内无大的营建工程，也无大的城邑变迁，处于由繁盛转向衰落的阶段。孝昌年间战乱后，平城畿内的大部分城邑成了废墟。①

畿内城邑分布颇具特点，它们都位于联系平城与其他地区的交通干线上，其形状恰似一把面向东南方向展开的折扇，平城位于扇柄，畿内城邑位于各条扇骨：平城—高柳—龙城；平城—平舒—代—蓟（幽州治所）；平城—崞山—莎泉—灵丘—中山（定州治所）；平城—鼓城—繁畤—桑干—阴馆—晋阳（并州治所）；平城—鼓城—北新城—马邑—晋阳；平城—武周—善无—盛乐。② 这样的布局非常有利于平城和畿内城邑与其他地区（尤其是中原地区）的交往，反过来亦推动了平城和畿内城邑的发展。但是畿内城邑最密集的地区不是平城周围，而是今桑干河上游地区。在桑干河上游干流及其支流黄水河与浑河之间的狭长谷地内，分布着七座城市，这正是道武帝时计口授田和更选屯卫的中心地区，是畿内经济发展最快的地区。③

公元 4 世纪末到 5 世纪末，平城与各地形成了重要的交通网。自平城出发有一条经长川、牛川、白道通往漠北的道路，还有一条翻越句注山，入雁门关，沿汾河南下的路线。西域方面，则有一条经过鄂尔多斯沙漠东南边缘地区，沿秦州路和河西路通往西域各国的道路。东北方面，可以从上谷、密云、龙城等地前往，也可以从阳高、天镇、张家口而由多伦转往。东南方有一条自平城南下，经今浑源县，过当时的莎泉、灵丘，沿滱水流域东南行，翻过倒马关，到达中山城，将北魏的根据地与至关重要的河北农业区连在一起。通过这些交通网络，平城成为各国人马物资的集散地和各族人民的聚居地，发挥着国际城市的特殊作用。④

3. 洛阳

北魏孝文帝时迁都洛阳，对洛阳进行了大规模营建，其城市规划和建设与过去的都城相比有一些重大变化，并对以后的城市规划和建设产生了重要影响。

（1）宫城虽为全城的主体，但是改变了汉以来的南北两宫制，建立了单体宫城，宫城在都城总面积中的比例也有所下降。宫城的位置由原来的南部改为居于城市中部偏北，这样宫城的正门就由原来的不确定改为南门。

---

① 李凭：《北魏平城时代》，上海古籍出版社，2014 年，第 353—354 页。
② 李凭：《从草原到中原：拓跋百年》，浙江文艺出版社，2017 年，第 197 页。
③ 李凭：《北魏平城时代》，上海古籍出版社，2014 年，第 356 页。
④ ［日］前田正名著，李凭等译：《平城历史地理学研究》，书目文献出版社，1994 年，第 115—116 页。

（2）宫城南墙外，建有一条横贯东西的大街，成为全城的一道重要分界线，将洛阳城划分为南北两部分。宫城南门外的南北向大街也由短变长，成为全城的中轴线和最主要的街道。

（3）城市居民区的区划和排列由不规整发展为比较规整，故街道整齐通畅。居民区在城市中的比例也较前有所增加。

（4）随着城市的扩建和人口的增多，大多数手工业作坊由内城迁往外城，进行商业贸易的市场也迁到外郭城内，此时的三个市分布在东郭、西郭和南郭，从而改变了西汉以来在都城北部设市的所谓"面朝后市"的城市布局。

（5）由于佛教盛行，洛阳城内外佛寺特别多，据《洛阳伽蓝记》记载，洛阳的佛寺有1367所。不少佛寺规模大，建筑物高耸。如位于铜驼街西的永宁寺，周长1040米，"中有九层浮图一所，架木为之，举高九十丈。上有金刹，复高十丈，合去地一千尺。去京师百里，已遥见之……浮图有九级，角角皆悬金铎，合上下有一百三十铎……扉上各有五行金铃，合有五千四百枚"。佛寺、佛塔林立，给洛阳城市外观涂上了浓厚的宗教色彩。寺庙不仅成为城市的主体建筑之一，而且成为城市居民聚集的重要场所。北魏洛阳的规划和建设对唐长安和隋唐洛阳产生了较大的影响。

4. 邺南城

东魏、北齐的都城邺南城在这一时期得到了营建和发展。邺南城规模宏大，规划整齐，对后世筑城产生了重要的影响。一是规划方整，主干道正对城门，布局对称，为棋盘式布局；二是宫城移向城北，一改过去"面朝后市"的布局；三是宫城、衙署与居民区严格区分；四是城墙开始"饰表以砖"，既坚固耐用、强化防御，又雄伟壮观，突显了都城地位。邺南城的规划和建设对其后隋大兴城产生了直接的影响，一些规划手法和布局原则为大兴城所继承和发扬。

5. 长安

长安虽在西晋时遭战火破坏，但因是前赵、前秦、后秦和北朝西魏、北周的都城，故仍是北方的政治中心之一，布局形制较汉时有所变化。十六国北朝时期的长安城分大城和小城，大城为外城，规模与西汉时期相同。小城为宫城，分东西二宫，西宫为皇宫，东宫为太子宫。此时期的宫城从西汉未央宫、长乐宫转移到城东北，其他城市建筑也相应地分布在宫城南面和西面。[①]

6. 南方城市的空间布局

东晋南朝时期，南方形成了以建康为中心的长江下游江南城市分布区，以武昌为中心的长江中游城市分布区，以成都为中心的长江中上游城市分布区，以广州为中心的珠江流域城市分布区。

三国时期，孙吴在长江之畔的建业立都，从而推动了建业城市的大发展。东晋

---

① 中国社会科学院考古研究所：《中国考古学·三国两晋南北朝卷》，中国社会科学出版社，2018年，第76—81页。

第三章
秦汉魏晋南北朝时期城市空间分布的变迁

以及南朝的宋、齐、梁、陈等五朝也相继在建康立都。建康地处南方几大地域单元之间,以它为中心,南方的城市分布格局与区域交通网络呈"T"字形展开。① 正是这种区域地理优势赋予建康城市的中心性,使其成为数朝之都。

江南地区的逐渐开发,也推动了建康城市群的发展。建康作为都城,在数百年间聚集了大量非生产性人口,其粮食、财赋、商品和人口主要来自富庶的吴会地区。②《金陵记》载:"建康在六朝时西至石头,东至倪塘,南至石子冈,北至蒋山,相距各四十里。"建康既是六朝时期南方的都城,也是扬州的治所,还是丹阳郡和丹阳郡治下几个县城(建康、江宁、秣陵、江乘)的驻地。建康县—丹阳郡—扬州是以行政等级为标准划分的空间结构。③ 在城市空间形态上,建康是由一组子城环卫台城而构成的城市空间组合,这些子城包括石头城、白下垒、东府城、西州城、丹阳郡城、太子东宫、冶城、仓城等。④ 建康的中心地带为秦淮河下游北岸的都城(包括台城)和南岸的长干里一带,再加上西面的石头城、西州城和东面的青溪、秦淮河之间的东府城。⑤ 东府城是东晋以来宰相办公的地方。都城西南冶城附近建有西州城,是诸王府和扬州刺史的治所。秦淮河南岸是丹阳郡城。随着经济发展和人口增加,城与城之间逐渐形成市民居住区和商市及手工业作坊。建康市区面积大致有96平方公里。⑥ 建康城市核心区周围还建有一些卫星城。为了安置北方大量南下的人口,在建康附近还先后设置了琅邪、淮南、广川、高阳、堂邑、南东海、南兰陵、南东平等九个侨郡,其中琅邪下属临沂、即丘、阳都、怀德四个侨县均在建康近郊,并建有县城,从而形成了以建康为中心的城市群。⑦ 从城市的外围区域来看,大江以北有寿阳、历阳、广陵,大江以西有芜湖、姑孰、丹阳、秣陵,大江以东有江乘、京口、曲阿、句容,这些城市组成了长江下游较为完整的区域城市网络和外围军事环卫体系,从而使建康具有可制衡南方区域政治、军事和经济格局的优势地位。⑧

南朝时期,历代政权均以据有荆州及益州为国本。位于长江上游、以成都为中心的益州地区在南朝时期较少动乱,天府之国的经济、文化持续发展,其物资、民力为南朝政权提供了有力的支撑。此时期益州的城市分布在三国蜀汉时期的基础上进一步向南扩展,并通过开辟经岷江河谷至甘南到青海湖的河南道,与西域保持着密切的经济、文化联系,河南道沿线的城市也相应得到发展。以武昌为中心的长江中游地区对于南朝政权也是至关重要的区域,历朝都十分重视对该区域的经营,其城市数量在南朝时有所增加。南朝时期,各政权充分认识到只有巩固这两大经济与

---

① 陈刚:《六朝建康历史地理及信息化研究》,南京大学出版社,2012年,第72页。
② 陈刚:《六朝建康历史地理及信息化研究》,南京大学出版社,2012年,第81页。
③ 陈刚:《六朝建康历史地理及信息化研究》,南京大学出版社,2012年,第81页。
④ 陈刚:《六朝建康历史地理及信息化研究》,南京大学出版社,2012年,第195页。
⑤ 陈刚:《六朝建康历史地理及信息化研究》,南京大学出版社,2012年,第5页。
⑥ 陈刚:《六朝建康历史地理及信息化研究》,南京大学出版社,2012年,第128页。
⑦ 何一民:《中国城市史》,武汉大学出版社,2012年,第210—211页。
⑧ 陈刚:《六朝建康历史地理及信息化研究》,南京大学出版社,2012年,第72页。

军事要区，大江天堑形势才足以凭依，故开发这两大区域成为保障南朝疆域安全的首要大事。①

魏晋南北朝时期，中国出现了新的交通格局，先后形成了以邺城、成都、建康、平城等一批新兴城市为中心的交通网络，尤其是南方交通出现了新的发展。②京口是会稽与建康交通线上的枢纽，当年孙权在江东迁徙治所，就是沿着这条路线移动的。南方以淮河、长江和珠江为主的水运交通在此一时期得到较大的开发；陆路则以建康为中心，形成了南通荆州、交州，东通会稽，向北由广陵直达齐鲁，经寿春至中原，由襄阳达武关的道路网络体系。在北方，前秦时期，对长安通往各州的道路加以修筑，并在道路两旁种植了大量的槐树和柳树，每二十里设一亭，每四十里设置一所驿站，为旅行者提供食宿，并鼓励民众在驿站开设作坊、商店，部分驿站发展成为城镇雏形。北魏平城时期，陆路交通也有较大发展，相继修建了井陉路、莎泉道、河西猎道、灵丘道等。北魏迁都洛阳后，又修建了若干通向北方各州郡县的道路。

二、魏晋南北朝时期城市类型的变化

魏晋南北朝时期，随着中国政治、经济的变化，特别是此一时期农牧文明的碰撞，城市类型有了新的发展。

1. 政治型城市

魏晋南北朝时期，由于政权林立，政治中心多元化，长安、洛阳以外，邺城、建业、武昌、成都、姑臧、平城、统万城、晋阳等成为重要的政治中心，在政治中心优先发展规律的作用下，这些作为政治中心的城市都得到较大发展。

2. 军事型城市

此一时期，军事型城市数量大增，出现了一些以军事功能为主的军镇。军镇乃是在州郡县制之外设立的一种以军统民的制度，具有羁縻和军事二重性，多设于边疆地区或民族地区。军镇之设始于十六国时期，至北魏形成典型的军镇制度。如北魏所置的沃野、怀朔、武川、抚冥、柔玄、怀荒等军镇。北周"筑武功、郿、斜谷、武都、留谷、津坑诸城，以置军人"③。军镇初为军政合一的地方建置，由镇将实行军事化统治，北魏统一北方后逐渐改之为州，军事与民政分离，孝文帝改制之后，军镇逐渐撤销。

北方因战乱，还出现了一系列坞堡、戍、垒等防御性军事堡垒。坞堡又称"坞壁"，多选择既有山林险阻，又可进行农耕之地设置，世家大族或地方豪强自为坞主。也有流民结集而筑的坞堡，坞主由流民公推有才能者或宗族势力相对较强者任

---

① 陈刚：《六朝建康历史地理及信息化研究》，南京大学出版社，2012年，第69页。
② 陈苏镇：《恢宏与古朴：秦汉魏晋南北朝的物质文明》，北京大学出版社，2009年，第58页。
③ 令狐德棻等：《周书》卷五《武帝纪》，中华书局，1971年，第73页。

第三章 秦汉魏晋南北朝时期城市空间分布的变迁

之。部分坞堡是政府要求人们修筑的，因为州县府城无法保护他们。① 坞堡主要盛行于北方地区，江南在侯景之乱时出现了较多的坞堡，之后绝迹。十六国和北魏往往按坞主的实力强弱，给予县令、太守、刺史等职，大小坞堡又成为各级地方政权机构的治所。② 坞堡无疑是魏晋南北朝时期具有一定聚落性质的基层组织，随着时代的发展，有的成为城市，有的消失，可见坞堡是初级城市。

3. 工商业型城市

魏晋南北朝时期烽火连天、战乱不断，北方战乱较多，城市破坏严重，南方战乱相对较少，且自然条件优越，社会经济得到了较快发展，同时，由于北方人口大量南迁，经济重心南移，南方地区逐渐成为中国经济文化的中心，城市迅速发展起来，涌现出一大批颇具规模的工商业城市，如建康、京口、云阳、山阴、江陵、武昌、长沙、成都、番禺等，南朝北境的工商业城市则有寿春、襄阳等。

4. 文化型城市

齐鲁地区的曲阜是孔子的诞生地，在三国魏文帝时期，其城市性质发生了巨大的变化，被赋予了宗教文化的神圣性。魏文帝"以议郎孔羡为宗圣侯，邑百户，奉孔子祀。令鲁郡修起旧庙，置百户吏卒以守卫之，又于其外广为室屋以居学者"③。北朝时期，孔府的宗教文化地位继续提高，北魏孝文帝"诏兖州为孔子起园柏，修饰坟垅，更建碑铭，褒扬圣德"④。其他宗教中心、祭祀中心的地位也得到提高，如龙城成为后燕的旧都后，慕容垂以其"宗庙所在，复使会镇幽州，委以东北之重，高选僚属以崇威望"⑤。

三、魏晋南北朝时期城市的空间布局特征

魏晋南北朝时期城市的空间布局具有以下一些重要特征。

1. 城市的空间范围有所扩大

频繁的战争，无休止的内乱，对人口的极度需求，给魏晋南北朝时期的城市打上了深刻的烙印。人口向城市集中导致城市规模扩大⑥，如北魏平城周回三十二里，北齐邺南城周回二十五里，北朝时期洛阳的规模也远大于汉魏。

2. 流行大小城的空间布局

大小城格局出现较早，杜金鹏、王学荣等学者在偃师商城大城内探出小城。⑦ 春秋末期双城制更为成熟，都城不仅筑大城，还修筑一些小城，以作拱卫。魏晋南

---

① 刘淑芬：《六朝的城市与社会》，台湾学生书局，1992年，第371—373页。
② 张婷婷：《中国历史百科》，民主与建设出版社，2014年，第502页。
③ 陈寿：《三国志》卷二《魏书·文帝纪》，中华书局，1982年，第78页。
④ 魏收：《魏书》卷七《高祖纪》，中华书局，1974年，第177页。
⑤ 房玄龄：《晋书》卷一百二十四《慕容宝载记》，中华书局，1974年，第3093—3094页。
⑥ 韦正：《魏晋南北朝考古》，北京大学出版社，2013年，第14页。
⑦ 曲英杰：《古代城市》，文物出版社，2003年，第3页。

北朝时期大小城格局是一个普遍的现象。由于长期战争，各地城市的军事功能都有所加强，对内防范和对外防御的需要导致城市功能军事化，作为政治中心的都城一般都采用了大小城相倚的双城制，其中以建康、平城和洛阳最为典型。这些城市都是规模庞大的政治中心，人口都在百万以上，因而城市空间规模宏大，城市的军事功能也十分突出，统治者为了自身和相关的统治集团的安全，必须加强城市的军事防御功能，或在城墙上修建角楼、马面以加强防御，或增加宫城城墙的层数，或在都城北面建立苑囿以作退路，或建立坞堡性质的小城以备自守，如邺北城的三台城、洛阳的金墉城、建康的石头城都属于这一性质。三台城建于建安年间，三国时期城市普遍修筑高台，这些高台既有宴乐功能，又有军事防御功能。曹操在修筑邺城时，继承了秦汉以来在城内构筑高台的传统，在宫城之外城一隅构筑三台，以互相支持。北齐时期三台仍存，并有所修缮。① 修筑邺城三台是军事史和筑城史上一个重要事件。金墉城是魏明帝在洛阳西北仿效三台而建的，由三座南北毗连的小城组成，三面为谷水，城墙、马面与护城河组成完备的防御体系。建康城为了应对内外动乱，采用大小城相倚的多城制，如石头城、东府城、西州城等都是相对独立的小城，对建康起着拱卫作用。从当时的记载来看，除了都城外，一些重要城市也修筑有小城或外城，如石勒"舍曜于襄国永丰小城，给其妓妾，严兵围守"②。考古发掘证明，此一时期的城市普遍为两个以上的小城组成的复式城市，城内套有多重城郭。魏晋南北朝时期的复城共有 23 个，多在长江以北，特别是淮河和黄河的中下游。

此时一些与中原有联系的附属国城市也受其影响而形成大小城布局，如平壤城的平原城有大小二城，大城为今平壤市内的古城，小城一般认为是安鹤宫城，也有学者认为是清岩里城。③ 西域的城市同样出现大小城布局："龟兹者，西域之旧国也。……所都曰延城。……城有三重，外城与长安城等。"④

3. 多构筑隔城、角城、马面等

魏晋南北朝时期，出于防卫需要，还出现了一些其他形式的城型，如隔城。后燕时，"清河太守贺耕聚众定陵以叛，南应翟辽，慕容农讨斩之，毁定陵城。进师入邺，以邺城广难固，筑凤阳门大道之东为隔城"⑤。此外，还出现了角城，北魏宣武帝时，"萧衍角城戍主柴庆宗，以城内附。鉴遣淮阳太守吴秦生率兵千余赴之。衍淮阴援军已来断路，秦生屡战破之，乘胜而进，遂克角城"⑥。

此时的城市普遍设立角楼、马面等城防设施，如统万城西城，其城墙角楼为具

---

① 任重、陈仪：《魏晋南北朝城市管理研究》，中国社会科学出版社，2003 年，第 31 页。
② 房玄龄等：《晋书》卷一百三《刘曜载记》，中华书局，1974 年，第 2701 页。
③ 韦正：《魏晋南北朝考古》，北京大学出版社，2013 年，第 69 页。
④ 姚思廉：《梁书》卷五十四《诸夷传》，中华书局，1973 年，第 813 页。
⑤ 房玄龄等：《晋书》卷一百二十三《慕容垂载记》，中华书局，1974 年，第 3087 页。
⑥ 魏收：《魏书》卷十六《拓跋鉴传》，中华书局，1974 年，第 397—398 页。

第三章 秦汉魏晋南北朝时期城市空间分布的变迁

有多层发射工事的塔状高层建筑,马面墙台中建有仓库,可以储备军需品和藏兵。① 内地城市也出现马面等城防设施,如洛阳城西垣北段、北垣东段及金墉城诸垣共发现18座马面,平面呈长方形。②

4. 普遍修筑城市外围保障设施

魏晋南北朝时期,城市空间布局的变化也表现在城墙之外——城郊为军事需要修筑有城栅、长围、沟堑、堡垒等。据记载,梁武帝天监二年(503),"萧衍司州刺史蔡道恭闻英将至,遣其骁骑将军杨由率城外居民三千余家,于城西南十里贤首山即岭为三栅,作表里之势"③。侯景叛乱时,"遣仪同于子悦、张大黑率兵入吴……吴人莫不怨愤,于是各立城栅拒守"④。晋安帝义熙五年(409),刘裕征讨南燕,"大军进广固,即屠大城,超退保小城。于是设长围守之,围高三丈,外穿三重堑"⑤。可见城栅等作为城市的外围保障设施在当时非常普遍。

5. 流行都城中轴线布局

中轴线布局是这个时期都城布局中最为重要的现象。关于都城中轴线布局的出现时间,学术界尚存争论。⑥ 有学者指出中轴线布局的出现远在商代,如建于今河南偃师之地的商代亳城,南垣长740米,东垣长1640米,北垣长1240米,西垣长1710米,周长5330米,内有宫城,宫城正门与外郭城南门遥相对应而成全城的南北中轴线。⑦ 但是,秦汉时期的都城都未按照中轴线布局。有学者认为,中国的都城制度在西汉、东汉之际发生了一次重大变化,整个都城的朝向由坐西朝东变为坐北朝南,由西城连接东郭或西南城连接东北郭的布局,变为东西南三面郭区环抱中央北部城区的布局。后来魏晋以及北魏的洛阳都沿用东汉的布局,只是做了进一步的发展。北魏洛阳废弃南北二宫的结构,只保留北宫,并在宫门以前建设两侧整齐排列官署的中轴线。唐代长安建成贯穿皇城和郭城的南北向中轴线,出现东西两面郭区对称的街道、坊市的棋盘式布局,这都是东汉都城坐北朝南布局进一步发展的结果。⑧ 曹魏时期所建邺城,才是城市中轴线的诞生地。袁绍初治州城,讲究规整,奠定了邺内城外郭的基本格局。曹操在此基础上进一步完善,形成了主要建筑沿中轴线左右对称、街区呈棋盘状的邺城城制。⑨ 总之,从魏晋南北朝开始的城市中轴线布局是多种文明碰撞结合的结果,是南北文化和中外文明相互影响融合的结果。邺城的中轴线布局对其他城市影响很大,如朝阳三燕龙城遗址即呈现出南北向

---

① 任重、陈仪:《魏晋南北朝城市管理研究》,中国社会科学出版社,2003年,第29页。
② 中国社会科学院考古研究所:《中国考古学·三国两晋南北朝卷》,中国社会科学出版社,2018年,第37页。
③ 魏收:《魏书》卷十九《中山王英传》,中华书局,1974年,第498页。
④ 姚思廉:《梁书》卷五十六《侯景传》,中华书局,1973年,第851页。
⑤ 沈约:《宋书》卷一《武帝本纪》,中华书局,1974年,第16页。
⑥ 李自智:《中国古代都城布局的中轴线问题》,《考古与文物》,2004年第4期。
⑦ 曲英杰:《古代城市》,文物出版社,2003年,第5页。
⑧ 杨宽:《中国古代都城制度史·序言》,上海人民出版社,2006年,第3—4页。
⑨ 牛润珍:《秦汉邺城钩沉》,《晋阳学刊》,2011年第6期。

中轴线布局,考古工作者发现贯穿该城城门遗址的道路与朝阳市老城区的南北向轴线——南大街、北大街重合,还在今营州路下发现一条东西向大街,与南北向轴线垂直,证明朝阳老城自前燕建都后,城市布局基本未变。①

6. 具有农牧文明融合的特征

此一时期,城市空间布局还体现了农牧文明融合的特征,北方游牧政权的城市形制和空间布局多受中原城市的影响。十六国时期普遍出现于周边地区的地方政权都城,有的模仿中原城市布局,如三燕龙城、大夏统万城、凉州姑臧城;有的则以民族特点为主,兼具中原城市格局,如青海湖畔的吐谷浑伏俟城。北魏都城平城的空间布局也表现了多种文化的混合色彩。有研究者认为平城在规划建设之初,在一定程度上保留了草原文化特色和河西地域文化的因子,同时也模仿了长安、邺城的空间布局和城市形制,其后陆续掺入了洛阳甚至南齐建康城市文化的成分,所以平城是一个多元文化融合的城市。②

7. 深受佛教文化影响

此一时期,佛教文化的发展对城市空间布局也产生了深远的影响。佛寺建筑多模仿宫殿形制,成为城市中除官府建筑之外最突出的建筑景观。而寺庙布局多采用中轴线形式,山门、佛塔、佛殿等在中轴线上一字排开,中轴线两侧左右对称,突出佛塔的崇高地位,这种前塔后殿的形式是中国北方地区早期佛寺的典型布局。③寺庙建筑大部分为开放空间,由于经常举行一些宗教文化活动,其所占空间一般较大,并发展成为城市居民经常聚会的场所。可以说寺庙的修建不仅改变了城市的空间布局,也改变了城市居民的精神文化生活和活动空间。

小　结

秦汉时期城市的类型主要有政治中心、经济都会、军事重镇以及文化、祭祀中心等。此外,还有一些具有特定功能的城市,如仓储中心、由陵墓发展而来的卫星城市等。

秦汉时期的城市数量随着国家政局的变化有所变化,秦朝奠定了中国城市的基本格局,西汉中期城市数量达到了高峰,东汉时期又有所下降。秦汉城市的分布,体现了秦汉时期政治和经济发展的某些特点。西汉末期,城市的朝向和总体布局开始发生巨大变化。城市的朝向从以东西向为主转向了以南北向为主。

中国的都城空间格局在夏商周三代时期就已经初步确定,并形成了以宫殿为中心的城市布局。西周强化礼制,故在周礼的指导下,都城除了延续以宫殿为中心的布局特征外,又形成了前庙后市这一新的布局特征,并在理论上构建了中轴线对称

---

① 韦正:《魏晋南北朝考古》,北京大学出版社,2013年,第45页。
② 逯耀东:《从平城到洛阳——拓跋魏文化转变的历程》,中华书局,2006年,第21页。
③ 韦正:《魏晋南北朝考古》,北京大学出版社,2013年,第440页。

第三章 秦汉魏晋南北朝时期城市空间分布的变迁

布局的城市空间形态。① 秦代与西汉时期的都城建设,除了沿袭这种空间布局外,还不断丰富其内涵。但是在东汉时期,随着儒家思想主导地位的进一步确立与政治发展的需要,以宫殿为中心的中轴线布局开始出现新的特点。都城是地方城市的样板,秦汉时期地方城市的布局多因地制宜,但所有城市都是以官府机构为中心或重心的。

魏晋南北朝时期,城市的类型出现了新的变化。其中坞堡和军镇的出现,既是社会发展的产物,又是文明碰撞的结果。魏晋南北朝时期,城市建筑的空间布局出现了转折性变化,主要表现为城市范围空前扩张,城市出现多重层次,中轴线布局成为主流,宫殿、住宅与市场严格区分,坊市制得到进一步强化等。佛寺建筑成为城市之中仅次于官府建筑的重要建筑,并成为最重要的公共空间。

秦汉魏晋南北朝时期的城市与西方罗马帝国的城市具有完全不同的文明特色。罗马广场不仅是罗马城本身的中心,还是整个罗马帝国的中心,国库、监狱和议会都设置在罗马广场周围。② 罗马帝国地方城镇以商业中心与公共广场为城市的中心,与中国以行政机构为城市中心完全不同。这种区别既是东西文明不同发展道路的产物,同时又对后世中西文明的不同走向产生了深远的影响。

---

① 王立华:《中国城市的起源与形成:先秦城市的发展变迁》,四川大学博士学位论文,2016年。
② [美]刘易斯·芒福德著,倪文彦、宋俊岭译:《城市发展史——起源、演变和前景》,中国建筑工业出版社,1989年,第170页。

第四章 秦汉魏晋南北朝时期城市人口的变化

秦汉时期，随着国家的统一、生产的发展和商业的繁荣，社会人口总量不断增加。秦代统一中国后，人口总量较战国时期有一定程度的增加。但随之而来的战乱，导致人口大量减少。西汉建立后，由于长期实行休养生息政策，百姓生产和生活较为安宁，故西汉中期的人口总量达到历史空前的水平。汉代城市数量增加，规模扩大，城市人口较前增加，并出现了城市人口达百万的城市——长安，而人口在10万以上的城市也遍布全国。魏晋南北朝时期长达数百年的战乱导致人口锐减，并发生了北方游牧地区人口向农耕地区大规模迁移，北方农耕地区人口向南方大规模迁移的现象。这一时期，城市人口的成分也发生了巨大的变化。

第一节 秦汉时期城市人口的数量与构成

秦汉时期是中国从多个地方政权走向统一的重要时期，在大一统的国家制度下，城市有较大发展，城市人口也出现迅速增长。该时期城市人口数量的增长、城市人口的流动以及城市人口的构成，体现了这个时期中华文明发展的一些特点，反映了这个时期国家政治生活及社会经济的某些发展和变化。

一、秦代人口的数量与构成

秦统一前，七国总人口大概高于1 500万，低于2 000万。秦代的人口数量一般统计在2 000万上下。至秦末起义到汉初，人口总量因战争等多种因素而有所减少，降至1 500万人以下。[①] 但此前中国并无确切的户口和人口统计，今人所做的一些估计多不准确，城市人口的数量更无法进行准确的统计。

春秋战国以来，城市的人口成分和结构随着社会的变迁而发生了巨大的变化，城市社会的异质化加强，城市人口结构发生变化，士、工、商等阶层的人口在城市中的比例日益增加。城市人口的变化首先体现为士阶层的崛起。士不仅在战争中显示了重要作用，而且随着士人数量扩大，其社会属性也发生了变化，不仅是武士数

---

① 林甘泉：《中国经济通史·秦汉》，经济日报出版社，2007年，第86—87页。

第四章
秦汉魏晋南北朝时期城市人口的变化

量庞大,而且以知识分子为主体的士人开始崛起,孔子则是他们中的杰出代表。[①]春秋战国时期,随着社会分工的细化,士的职业种类也不断增多,其时有技艺之士、商贾之士、游学之士、法律之士、侠士、庶士等。各国统治者为了富国强兵,对士的需求也不断增加,其时大兴养士之风,"诸侯卿相,皆争养士"。"越王勾践,有君子六千人,魏无忌、齐田文、赵胜、黄歇、吕不韦,皆有客三千人。而田文招致任侠奸人六万家于薛。齐稷下谈者亦千人。魏文侯、燕昭王、太子丹,皆致客无数……其略见于传记者如此。度其余,当倍官吏而半农夫也。"[②]由此可见,士已成为城市人口中的重要组成部分。随着士人的崛起,这些士人逐步成为不同阶层的代言人,分别代表了城市不同阶层的利益,提出了各不相同的政治主张。战国时期,士已经初步形成一个阶层,虽然他们在政治上、经济上的独立性并不强,往往依附于统治阶级,但这个群体人数日益增多,在城市中非常活跃,并且具有很大的流动性,议论纵横的文士、宾客和游侠仗义的武士在各国城市之间往来穿梭,形成了一张张社会人际关系网络,而这些人际关系网络上与君王相连,下与城市平民相通。春秋战国时期,由于各国相互竞争,政治较为开明,故而出现了百家争鸣的局面。百家争鸣反映的是各种持不同政治观念、治国思想和文化观念的知识分子之间的较量,他们具有政治上的理想,希望以自己的学说来一统天下,治理国家。由于政治生态和文化环境的宽松,不少士人在城市中办学授徒,形成若干学派。秦朝建立后,对这些流派采取了不同的态度,善待法家,以吏为师,而对其他各家各派则较为疏远,甚至还采取极端的手段,实行"焚书坑儒",企图实现意识形态方面的统一。但秦朝的暴政并未有效地将士人群体严格地控制在政治的高压之下,仍然有若干不同学派的士人在城市中传布自己的学说,对秦朝的意识形态及政权的合法性造成了一种冲击。如审食其、陆贾、陈平等都是非常活跃的士人。

战国以降,随着社会大分工的深化,手工业和商业进一步发展,工商业者兴起。战国时期,由于铁器和牛耕的普遍使用,生产力水平得到较大提高,农业、手工业都出现了较大的发展,不仅官营手工业的人数大增,而且民营手工业也出现大发展,因而手工业者也形成了一个群体。随着手工业的发展,在经济较为活跃的诸侯国中,商业也从手工业中分离出来,成为独立的行业,一个数量较为庞大的商人群体开始出现。春秋战国时期,由于工商业的繁荣,一些重要的政治中心城市发展成为工商业城市:陶、临淄、邯郸、下都、濮阳、郑、荥阳、彭城、陈、寿春、蓟、温、轵、洛阳、阳翟、宛、郢、雍、栎阳、姑苏、成都等城市,皆为"富冠海内"的天下名都。春秋战国时期城市工商业发展的一个重要标志,就是出现了一批拥有巨资的大商人,这些大商人不仅拥有巨额的财富,而且有的还有着强烈的政治抱负,将参与政治作为财富增值的手段,他们往往以某种政治力量为后盾,成为城市中与诸侯分庭抗礼的势力。如吕不韦作为一个富累千金的大商人,以质押邯郸的

[①] 左建:《士与礼——春秋知识阶层研究》,浙江大学博士学位论文,2010年。
[②] 苏轼:《苏轼文集编年笺注》卷五《论养士》,中华书局,1986年,第139—140页。

子楚为"奇货",从而成为秦代政治的幕后操纵者,对历史产生了巨大的影响。春秋战国时期,工商业发展的另一个标志就是工商业内部分工进一步细化,如从身份上来看,雇工中有庸徒、庸民、庸客、庸保、凭庸、凭市庸等区别,商人则有官商、私商、行商、坐商等区别;如果从行业来看,手工业则划分为木工、石工、玉人、铸工、纺织工、漆工等。工商业者往往聚族而居,手艺家传,分工协作,集中经营,成为城市中的主要居民之一。城市的发展和城市人口的增加,推动了服务业和娱乐业的兴起,卜者、医者、日者、修鞋补席者、厨子、屠夫、乐人、倡优、妓女等也在各城市中普遍出现,导致城市社会结构发生了很大变化。但总体说来,战国时期,除统治阶级之外,士人和工商业者已经成为城市人口的主体。①

春秋战国时期,贵族逐渐没落,平民阶层崛起,所谓"礼崩乐坏"的局面,实际上就是中下层人士崛起的结果。随着城市经济的发展和城市平民阶层的出现,从事各种行业的平民开始活跃在城市政治舞台上,成为城市政治生活中的一支不可忽视的重要力量。在贵族公卿们豢养的宾客中,各色人物,无所不包,甚至有一些来自闾巷的鸡鸣狗盗之徒。如毛遂、侯生之类的下层人物,也在这个时期也登上了历史舞台,演出了一幕幕历史活剧。

秦统一后,出于政治控制的需要,将六国中重要城市的上层人物迁移到秦帝国的部分都市,并对其实施严格的控制。②

秦统一后城市人口的迁移,主要有两个方向。一个方向是从六国的城市向秦都咸阳移动。秦灭六国,为防止六国势力复兴,一方面将原六国的大量贵族、豪富迁往咸阳以便控制;另一方面也将各地的青壮年人口集中到咸阳,让其服兵役和徭役,修建陵墓和宫殿。另一个方向是从中原城市向边疆城市移动。秦始皇统一全国后,开疆拓土,在北边派蒙恬打击匈奴,修筑了大量的军城;在南边开拓了南海、象郡、桂林等三郡,也设置了数量较多的城市,从而使北方和南方的边疆城市得到了一定程度的发展。

秦统一中国后,其城市人口的构成基本沿袭了战国时期的格局,但又有所变化。从阶级构成来看,秦帝国城市中的阶级构成较为简单,城市中有大量的贵族、官僚,同时也有一定数量的平民,还有为数不少的为统治者服务的皂隶。秦代的兵役、徭役较重,征发量很大,每年有大量农村劳动力前往首都咸阳及北部边疆军事城邑。秦帝国城市的人口职业构成与战国时期差别不大,除官吏、士人、商人、手工业者外,还有相当数量的农民和服务性人口。此外,从民族构成看,秦代各城市人口的族属较为复杂,不仅有中原汉族人口,也有一些北方和南方的少数民族因各种情况而相继进入不同层级的城市中,从而呈现出民族融合的趋势。

---

① 何一民:《中国城市史》,武汉大学出版社,2012年,第122页。
② [德]阿尔弗雷德·申茨著,梅青译:《幻方——中国古代的城市》,中国建筑工业出版社,2009年,第122—123页。

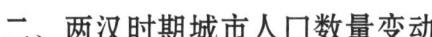

二、两汉时期城市人口数量变动

西汉时期,中华文明具有强大的辐射力,国富民强,人口亦随之增加,城市规模日益扩大。

西汉建立后,由于实行"休养生息"的政策,社会安宁,经济得到恢复和发展,从而出现了"文景之治"。汉武帝时期,汉王朝的综合国力出现大幅度增长,人口也陆续增加。据《汉书·地理志》记载:西汉中期,"民户九百六十九万八千六百三十,口四千九百一十五万二百二十"①。迄至孝平,"民户千二百二十三万三千六十二,口五千九百五十九万四千九百七十八,汉极盛矣"②。西汉末年至东汉初期,由于战争等因素的影响,人口总量有所下降,"光武中元二年,户四百二十七万九千六百三十四,口二千一百万七千八百二十。明帝永平十八年,户五百八十六万五百七十三,口三千四百一十二万五千二十一。章帝章和二年,户七百四十五万六千七百八十四,口四千三百三十五万六千三百六十七。和帝永兴元年,户九百二十三万七千一百一十二,口五千三百二十五万六千二百二十九。安帝延光四年,户九百六十四万七千八百三十八,口四千八百六十九万七百八十九。顺帝建康元年,户九百九十四万六千九百一十九,口四千九百七十三万五千五百五十……冲帝永嘉元年,户九百九十三万七千六百八十,口四千九百五十二万四千一百八十三……质帝本初元年,户九百三十四万八千二百二十七,口四千七百五十六万六千七百七十二"③。当然,"《地志》所记户口只是户籍,政府凭以收税,当时实际上的户口数照例比户籍上的户口为多"④。西汉末年,社会动荡,战乱导致人口下降。进入东汉,虽然随着经济恢复和发展人口有所回升,但总人口量仍没有达到西汉的鼎盛时期。东汉初年,因受战乱的影响,城市和人口有所减少,时"百姓遭难,户口耗少,而县官吏职所置尚繁,其令司隶、州牧各实所部,省减吏员。县国不足置长吏可并合者,上大司徒、大司空二府",于是"并省四百余县,吏职减损,十置其一"⑤。《剑桥中国秦汉史:公元前221—公元220年》则称:"后汉初期登记的户数大为减少,这主要是由于随着王莽统治而发生的动乱和不安。在这次行政管理的混乱中,许多户可以逃避当局的注意。数字的减少决不意味着人口的锐减,倒不如说是行政控制废弛的一种表现。"⑥ 即东汉初年的人口,固然因战乱而有所减少,但也有部分人口因政府控制力的减弱而未被统计到。换句话说,就是东汉初年的人口

---

① 班固:《汉书》卷二十八《地理志》,中华书局,1962年,第1640页。
② 《后汉书》志第二十三《郡国》,中华书局,1965年,第3534页。
③ 《后汉书》志第二十三《郡国》,中华书局,1965年,第3533页。
④ 严耕望:《治史三书》,上海人民出版社,2011年,第156页。
⑤ 范晔:《后汉书》卷一《光武帝纪》,中华书局,1965年,第49页。
⑥ [英]崔瑞德、鲁惟一编,杨品泉等译:《剑桥中国秦汉史:公元前221—公元220年》,中国社会科学出版社,1992年,第636页。

出入，并没有史书记载的那么大。当时理想的城乡关系为"在野曰庐，在邑曰里。五家为邻，五邻为里，四里为族，五族为党，五党为州，五州为乡。乡，万二千五百户也。邻长位下士，自此以上，稍登一级，至乡而为卿也。于〔是〕里有序而乡有庠。序以明教，庠则行礼而视化焉。春令民毕出在野，冬则毕入于邑"①。从这个记载看来，当时城乡人口的季节流动性较强，这可能也是导致当时户口统计不够精确的一个原因。

两汉时期中国的人口分布存在着较大的区域差异性，据相关研究，西汉元始二年（2），中国的总人口约5 770万人，其中有4 400万人生活在秦岭、淮河以北的地区，而生活在此线以南地区的人口只有1 370万人，其比例为7.6：2.4。另据统计，东汉永和五年（140），秦岭、淮河以北地区的人口总数下降至2 600万，而南方的人口增至2 200万人，其比例为5.4：4.6。中国北部人口减少，南部人口增加。其中，西北地区的人口减少了650万；而在黄河故道之南的大平原一带，约有1 150万居民流失了；与之相反，中国南部如今湖南、江西和广东等地区的人口则出现了大幅增长，较西汉末年增加了3倍。② 不过，以上关于东汉永和五年（140）人口的统计有缺失，北方大约有3个郡的人口未统计在内，因而北方的人口仍然远大于南方。

由于古代城乡没有明确的界限，人口统计也不完善，因而很难确定城市人口到底有多少。战国秦汉时期，城市有较大的发展，并出现了临淄、邯郸、咸阳、长安、洛阳等大城市，城市中的流动人口也相应增多。西汉城市工商业较战国秦代更为发展，虽然从武帝到东汉时期，城市商业受到一定的抑制，但是大体上仍呈繁荣发展的趋势。东汉时期，城市的商业贸易和手工业比西汉更为发展，城市人口的集中度也更高。东汉后期，一方面，城市中权贵、豪富们的生活更为奢侈，另一方面，游民也大量向城市聚集，数量较多的农村人口脱离土地进入城市，成为所谓"浮食者"。东汉思想家王符在《潜夫论·浮侈》中对当时的浮食者作了描述："今举世舍农桑，趋商贾，牛马车舆，填塞道路，游手为巧，充盈都邑，治本者少，浮食者众。"所谓游手"充盈都邑"，说明当时的城市对外来人口具有较大的吸纳能力，城市经济和农业经济能够供养相当数量的"浮食者"，故而国内有研究者认为东汉城市人口高度集中，城市人口占社会总人口的40％左右。③ 张继海先生认为，城郭作为普遍的聚落形态，主要分布在黄河中下游地区，其源于春秋战国，西汉晚期达到全盛，东汉呈衰颓之势，在东汉末年衰落。④ 但也有学者经过测算后认为，汉代城市人口应占总人口的30％左右，并认为这是一个比较稳妥的看法。但值得注意的是，汉代城市人口并非都是非农业人口，实际上城市中有相当部分居民为农

---

① 班固：《汉书》卷二十四《食货志》，中华书局，1962年，第1121页。
② ［英］崔瑞德、鲁惟一编，杨品泉等译：《剑桥中国秦汉史：公元前221—公元220年》，中国社会科学出版社，1992年，第256-257页。
③ 张继海：《汉代城市社会》，社会科学文献出版社，2006年，第16页。
④ 张继海：《汉代城市社会》，社会科学文献出版社，2006年，第343页。

第四章
秦汉魏晋南北朝时期城市人口的变化

耕者。有研究者认为,秦汉时期百姓始终都是"邑居"与"散居"并存,秦及西汉初年以"邑居"为主,因而大量农业人口也集中居住在城邑之中;西汉中期以后,"散居"逐渐成为主流,散居在乡村的人口逐渐增多。①

一个国家或地区的人口数量是动态变化的,城市人口往往因战乱或政治、经济等多种因素而流动不定。西汉初期,因长期的战争而人口锐减,超过万人的城市就是大城市了。汉高祖刘邦因曲沃城人口多达五千余户,就发出"壮哉大县"的喟叹,而曲沃在秦代的人口就已达三万户了。《史记》称:"汉兴,功臣受封者百有余人。天下初定,故大城名都散亡,户口可得而数者十二三,是以大侯不过万家,小者五六百户。后数世,民咸归乡里,户益息,萧、曹、绛、灌之属或至四万。"②但是,随着汉代政权的巩固和经济的发展,城市人口逐渐增多,"故逮文、景四五世间,流民既归,户口亦息,列侯大者至三四万户,小国自倍,富厚如之"③。汉武帝以后的数十年间,汉王朝不断开疆拓土,使城市不断增加,城市人口总量亦与之俱增。但西汉末年的战乱,再次导致人口锐减,城市人口发生变动。据皇甫谧《帝王世纪》记载:光武中元二年(57),在东汉王朝管辖的范围内,有4 279 634户,21 007 820口,平均每县辖4 000户,只相当于西汉末年每县辖7 700余户的二分之一强。随着东汉政局的稳固以及经济的恢复和发展,全国人口有所回升,东汉顺帝时全国有9 698 630户,人口49 150 222人,平均每县辖8 000户,略多于西汉。和帝以后,边患日增,内部政治腐败,天灾频发,导致城市人口数量出现萎缩。东汉末年,董卓之乱后,北方城市更是遭到了严重的破坏,城市人口进入一个低谷期。④汉代城市人口数量的变化与国家的稳定和经济的发展呈正相关。从西汉到东汉,城市人口在总量上虽然有所起伏,但总体上呈上升趋势,城市人口占全国人口的比重处于一个比较稳定的状态,详见表4-1。

表4-1 两汉城市人口分析表

时代	郡城数 (包括王国都城)	县城数 (包括侯邑城)	城内户平均 占地面积	全国户口数	城市户口 所占比例
西汉	103	1 484	70平方米	12 233 062	27.7%
东汉	105	1 075	70平方米	9 698 630	27.5%

资料来源:周长山《汉代城市研究》,人民出版社,2001年,第123页。

有研究者认为,西汉城市人口比东汉城市人口少,东汉城市人口所占总人口的比例比西汉时期要高。⑤《剑桥中国秦汉史:公元前221年—公元220年》的作者认为:"秦、汉时期,县的面积与英国的郡差不多,至少包括有围墙的市镇。遗憾

---

① 王彦辉:《秦汉时期的乡里控制与邑、聚变迁》,《史学月刊》,2013年第5期。
② 司马迁:《史记》卷十八《高祖功臣侯者年表》,中华书局,1982年,第877-878页。
③ 班固:《汉书》卷十六《高惠高后文功臣表》,中华书局,1962年,第528页。
④ 周长山:《汉代城市研究》,人民出版社,2001年,第10页。
⑤ 张继海:《汉代城市社会》,社会科学文献出版社,2006年,第324页。

的是，人口数字只见于少数非常特殊的例子中，它们作为行政管理、商业和工业的中心，因其特殊的面积和重要性被挑选出来。这样，公元2年长安、宛城和成都三县已登记的人口约为20万，其中大约三分之一居住在那些以县名命名的城内。但是大多数县都小得多，因为县的行政长官分两个基本的等级（县令、县长），按人口的多少而设，以一万户作为划分的标准。县官由朝廷指派，有若干低级官员及机构协助他们工作。"① 一般城市的绝对人口可以从一些史料中推测出大致的情况，如"夏四月甲寅，汉阳城中火，烧杀三千五百七十人"②；"千户之邑，户率二百，故千户二十万"③。从以上史料中我们可以推测出当时大县城的人口应不少。汉代的城市除了在总体数量上有所增加外，还出现了不少在当时堪称大都会的城市。两汉时期作为通都大邑的大都会，除了长安、洛阳、蓟、邯郸、涿、温、荥阳、阳翟、宛、陈、临淄等之外，还有济阴、卫、鲁、彭城、寿春、合肥、汝南、鄢陵、平阳、代、江陵、巴、成都、临邛等近30个都市，有研究者认为，汉代大约有11个大都市的基本人口在3万～9万。④ 其中部分城市人口规模较大，除西汉长安外，东汉洛阳的城市人口数量也较为庞大。洛阳为东汉的都城，据估计其鼎盛期人口总数有50万。⑤ 两汉时期，城市的地域分布不平衡，而且各城市的人口分布也不平衡，以长安为中心的关中地区在西汉时期是京畿之地，经济发达，城市林立，人口稠密；今河南一带的地区，其经济也较为发达，城市规模较大，人口数量较多。两汉时期，汉王朝分别以长安和洛阳等大都市为中心，构建了一个相互之间联系较为密切的区域网络状城市群；而位于中部的江汉流域、南方地区及北方边疆地区的城市较为稀疏，城市人口相对较少。但在西南的巴蜀地区，因农业的发展，成都成为经济发达的区域中心城市，在东汉时期则跻身全国大都市行列，以成都为中心的成都平原地区形成了较为密集的城市群。东汉时期，河西地区得到较大开发，成为丝绸之路的重要走廊，相关城市也得到了较大发展。位于东北地区的辽西郡、辽东郡，城市则较为稀疏，人口也较少。

秦汉时期城市人口的流动十分频繁，并主要表现为人口向都城的移动和向边疆城市的移动。该时期城市人口的流动，主要是政府出于政治、军事的考虑而导致的，汉初"令诸侯子在关中者皆集栎阳为卫"⑥ 便是其中一例。公元前214年以后，每年有3万到5万个家庭被迁移到边鄙的新郡。⑦

---

① [英]崔瑞德、鲁惟一编，杨品泉等译：《剑桥中国秦汉史：公元前221—公元220年》，中国社会科学出版社，1992年，第512—513页。
② 范晔：《后汉书》卷五《孝安帝纪》，中华书局，1965年，第209页。
③ 司马迁：《史记》卷一百二十九《货殖列传》，中华书局，1982年，第3272页。
④ [日]斯波义信著，布和译：《中国都市史》，北京大学出版社，2013年，第17页。
⑤ [英]崔瑞德、鲁惟一编，杨品泉等译：《剑桥中国秦汉史：公元前221—公元220年》，中国社会科学出版社，1992年，第614页。
⑥ 班固：《汉书》卷一《高帝纪》，中华书局，1962年，第38页。
⑦ [德]阿尔弗雷德·申茨著，梅青译：《幻方——中国古代的城市》，中国建筑工业出版社，2009年，第122页。

第四章
秦汉魏晋南北朝时期城市人口的变化

自古以来,都城就是一个国家的政治、经济和文化中心,也是战略中心,一个城市一旦被确立为都城后,都会出现人口向都城集聚的现象。秦始皇统一中国后,继续以咸阳为都,举全国之力营建国都,"作宫阿房,故天下谓之阿房宫。隐宫徒刑者七十余万人,乃分作阿房宫,或作丽山。发北山石椁,乃写蜀、荆地材皆至。关中计宫三百,关外四百余"①,由此导致咸阳人口膨胀。刘邦建立西汉后,以长安为都,也通过国家力量来营建长安,从而使长安成为当时天下无双的宏伟城市。另外,为促进长安及关中地区的发展,汉王朝还大规模地建设陵邑,从而形成了关中陵邑群。如汉成帝鸿嘉三年(18),"起昌陵,作者数万人,徙郡国吏民五千余户以奉陵邑"②。秦汉统治者利用行政力量不断将各地人口聚集到都城,既有其政治上的目的,如削弱地方势力、壮大中央力量,也有经济方面的需要。秦始皇在统一六国的过程中,不断将东方六国的人口迁至关中地区以充实咸阳;汉代建立后,刘敬也建议迁天下人口充实都城:"臣愿陛下徙齐诸田,楚昭、屈、景、燕、赵、韩、魏后,及豪桀名家居关中。无事,可以备胡;诸侯有变,亦足率以东伐。此强本弱末之术也。"③ 刘邦对此深表赞同,并遣各地人口十余万人至关中。汉武帝时期,主父偃主张通过弱枝强干的办法,实行推恩令,加强中央集权:"令诸侯得推恩分子弟,以地侯之。彼人人喜得所愿,上以德施,实分其国,不削而稍弱矣。"④ 同时将天下豪杰并兼之家、乱众之民等迁徙到都城以便控制:"茂陵初立,天下豪桀并兼之家,乱众之民,皆可徙茂陵,内实京师,外销奸猾,此所谓不诛而害除。"⑤ 汉武帝之后,汉王朝更多次迁徙各地人口到都城附近居住,如"常山王舜薨。子勃嗣立,有罪,废徙房陵"⑥。原涉祖父"武帝时以豪桀自阳翟徙茂陵。涉父哀帝时为南阳太守"⑦。班况于"成帝之初,女为倢伃,致仕就第,訾累千金,徙昌陵。昌陵后罢,大臣名家皆占数于长安"⑧。宣帝本始元年(113)春正月,"募郡国吏、民訾百万以上徙平陵。遣使者持节诏郡国二千石谨牧养民而风德化"⑨。"车千秋,本姓田氏,其先齐诸田徙长陵。千秋为高寝郎。"⑩ 此外,汉廷还对充实关中的人口采取优惠的政策,汉高祖十一年(前196)"夏四月,行自洛阳至。令丰人徙关中者皆复终身"⑪。

将东部人口徙至都城以加强控制,是秦汉以来政治上的重要措施。秦汉时期共有十余次关东大移民,关东移民以六国贵族后裔为主体,在六国贵族后裔中,又以

---

① 司马迁:《史记》卷六《秦始皇本纪》,中华书局,1982年,第256页。
② 班固:《汉书》卷二十七《五行志》,中华书局,1962年,第1341页。
③ 司马迁:《史记》卷九十九《刘敬列传》,中华书局,1982年,第2720页。
④ 司马迁:《史记》卷一百一十二《平津侯主父列传》,中华书局,1982年,第2961页。
⑤ 司马迁:《史记》卷一百一十二《平津侯主父列传》,中华书局,1982年,第2961页。
⑥ 班固:《汉书》卷六《武帝纪》,中华书局,1962年,第183页。
⑦ 班固:《汉书》卷九十二《游侠传》,中华书局,1962年,第3714页。
⑧ 班固:《汉书》卷一百《叙传》,中华书局,1962年,第4198页。
⑨ 班固:《汉书》卷八《宣帝纪》,中华书局,1962年,第239页。
⑩ 班固:《汉书》卷六十六《车千秋传》,中华书局,1962年,第2883页。
⑪ 班固:《汉书》卷一《高帝纪》,中华书局,1962年,第72页。

齐、楚两国的移民为多。关东人口向关中地区的大迁徙，使关中人口在短时间内迅速膨胀，长安"城内的准确户数不得而知，但据估计，至少有 8 万户，最多达 16 万户"①。大规模的移民活动促进了关中地区经济的繁荣和城市的发展，同时促进了东、西部文化的交流与融合，对以儒家文化为主体的中华文化的形成也起到了重要的推动作用。②

西汉建立后，刘邦在推行郡县制的基础上实行分封制，要求各诸侯王到自己的封国上任，但是大量的皇亲国戚出于各自的目的，都不愿意远离都城。"今列侯多居长安，邑远，吏卒给输费苦，而列侯亦无由教驯其民。其令列侯之国，为吏及诏所止者，遣太子。"③"诸外家为列侯，列侯多尚公主，皆不欲就国。"④"太夫人与窦太后有亲，惩山东之寇，求留京师，诏许之，富子辟强等四人供养，仕于朝。"⑤窦皇后的弟弟窦广国小时候被人掠卖，"其家不知其处。传十余家，至宜阳"，后来赴长安为窦太后所认，"乃厚赐田宅金钱，封公昆弟，家于长安"⑥。万石君石奋的姐姐以鼓瑟为高祖所幸，"召其姊为美人，以奋为中涓，受书谒。徙其家长安中戚里，以姊为美人故也"⑦。诸侯和皇亲国戚多留恋都城而不愿之国赴任，这不仅对朝政产生了负面影响，使分封的目的落空，而且也使得长安的消费人口持续增长，不利生产的发展。汉武帝以后，朝廷强令各诸侯前往封地，从而促进了人口的流动。

相比于战国和秦代，汉代出现了推动人口流动的新因素。

其一，新建立的察举制度成为推动地方人口流向各级城市的重要动因。"汉武帝纳董仲舒之言，元光元年，始令郡国举孝廉，制郡口二十万以上，岁察一人；四十万以上，二人；六十万，三人；八十万，四人；百万，五人；百二十万，六人；不满二十万，二岁一人；不满十万，三岁一人。限以四科，一曰德行高妙，志节清白；二曰学通行修，经中博士；三曰明习法令，足以决疑，能案章覆问，文中御史；四曰刚毅多略，遭事不惑，明足决断，材任三辅县令。"⑧察举制度不仅使部分乡村人口流向城市，而且改变了城市人口的结构。东汉时期，中央政府还对各地察举的名额进行了调剂，以彰显公平，同时，这一举动的背后，也显示了当时人口分布的不均："时大郡口五六十万举孝廉二人，小郡口二十万并有蛮夷者亦举二人，帝以为不均，下公卿会议。鸿与司空刘方上言：'凡口率之科，宜有阶品，蛮夷错

---

① [英]崔瑞德、鲁惟一编，杨品泉等译：《剑桥中国秦汉史：公元前 221—公元 220 年》，中国社会科学出版社，1992 年，第 615 页。
② 贾俊侠：《秦汉时期齐鲁贵族迁徙关中考述》，《陕西师范大学学报》（哲学社会科学版），2012 年第 1 期。
③ 司马迁：《史记》卷十《孝文本纪》，中华书局，1982 年，第 423 页。
④ 班固：《汉书》卷五十二《田蚡传》，中华书局，1962 年，第 2379 页。
⑤ 班固：《汉书》卷三十六《楚元王传》，中华书局，1962 年，第 1925 页。
⑥ 司马迁：《史记》卷四十九《外戚世家》，中华书局，1982 年，第 1973 页。
⑦ 班固：《汉书》卷四十六《石奋传》，中华书局，1962 年，第 2193 页。
⑧ 沈约：《宋书》卷四十《百官志》，中华书局，1974 年，第 1257—1258 页。

第四章
秦汉魏晋南北朝时期城市人口的变化

杂,不得为数。自今郡国率二十万口岁举孝廉一人,四十万二人,六十万三人,八十万四人,百万五人,百二十万六人。不满二十万二岁一人,不满十万三岁一人。"①虽然察举制所带来的人口流动为数甚微,但所起的导向作用却十分明显。

其二,汉代独尊儒术,设立太学和地方学校,使都城和州郡城的文化功能明显提升,从而促进了人口的流动。汉武帝时,董仲舒建议:"愿陛下兴太学,置明师,以养天下之士。"②于是汉武帝采纳其言,在京师长安设立太学。太学是汉代全国最高的教育机构,天下各地的有学之士都可有条件地进入太学学习。太学的目标是培养官员,从而将发展学术与培养官员成功地结合起来③,而各地方学校又是太学的生源地,因此太学和各地方学校的建立,对人口流动的推动作用亦不可忽视。

其三,军事布防的需求也是推动人口流动的重要原因。首先,都城乃天下之中枢,因此历朝统治者向来重视对都城的拱卫,由此促进了都城军事人口的增加。西汉建立之初,"高祖命天下郡国选能引关蹶张,材力武猛者,以为轻车、骑士、材官、楼船,常以立秋后讲肄课试,各有员数。平地用车骑,山阻用材官,水泉用楼船。"④"汉兴,六郡良家子选给羽林、期门,以材力为官,名将多出焉。"⑤其次,地方的重要郡县也多为军事战略要地,因而驻有相当数量的军队。此外,汉代强大的诸侯王国,其统治中心也吸引了大量人口。"汉兴,诸侯王皆自治民聘贤。吴王濞招致四方游士,〔邹〕阳与吴严忌、枚乘等俱仕吴,皆以文辩著名。"⑥"淮南王安为人好书,鼓琴,不喜弋猎狗马驰骋,亦欲以行阴德拊循百姓,流名誉。招致宾客方术之士数千人。"⑦楚人伍被"以材能称,为淮南中郎。是时淮南王安好术学,折节下士,招致英隽以百数,被为冠首"⑧。西汉的某些诸侯王国一度是逃亡者的乐园,"今淮南地远者或数千里,越两诸侯,而县属于汉。其吏民徭役往来长安者,自悉而补,中道衣敝,钱用诸费称此,其苦属汉而欲得王至甚,逋逃而归诸侯者已不少矣"⑨。因此汉王朝对这些诸侯所控制的城市也采取了重新分割的办法。还有一些城市成为罪犯的迁徙地:"颍川、南阳,本夏禹之国。……秦既灭韩,徙天下不轨之民于南阳,故其俗夸奢,上气力,好商贾渔猎,藏匿难制御也。"⑩

两汉之际,人口从北向南的移动成为引人注目的现象。西汉末年,北方动乱,长安及其周围地区失去了政治上和经济上的重要性,大量人口向南迁移。这次人口迁移,一直持续了数十年才结束。关中地区的移民翻越秦岭山脉,部分进入巴蜀或

---

① 范晔:《后汉书》卷三十七《丁鸿传》,中华书局,1965年,第1268页。
② 班固:《汉书》卷五十六《董仲舒传》,中华书局,1962年,第2512页。
③ 〔英〕崔瑞德、鲁惟一编,杨品泉等译:《剑桥中国秦汉史:公元前221—公元220年》,中国社会科学出版社,1992年,第502页。
④ 范晔:《后汉书》卷一《光武帝纪》,中华书局,1965年,第51—52页。
⑤ 班固:《汉书》卷二十八《地理志》,中华书局,1962年,第1644页。
⑥ 班固:《汉书》卷五十一《邹阳传》,中华书局,1962年,第2338页。"〔〕"内的字,为引者所补。
⑦ 班固:《汉书》卷四十四《淮南厉王刘长传》,中华书局,1962年,第2145页。
⑧ 班固:《汉书》卷四十五《伍被传》,中华书局,1962年,第2167页。
⑨ 班固:《汉书》卷四十八《贾谊传》,中华书局,1962年,第2261页。
⑩ 班固:《汉书》卷二十八《地理志》,中华书局,1962年,第1654页。

长江中游地区,另一部分继续向南,到达今天的云南、广东等地。据东汉时期的人口统计,西北地区的人口减少了650万人,占这个时期西北人口总量的70%。东汉初年,由于北方人口锐减,光武帝于建立政权不久就被迫取消了400多个建置县,占原有县总数的1/4以上。有研究者认为,东汉时期南方人口"这样大的增长数字是不能用出生率的突然增加来解释的。必然的结论是,已经出现自北往南的大规模的自动的迁移。西北的人口转移在王莽垮台后开始;这是匈奴和羌人的压力造成的"①。北人南迁,推动了南方城市的增加和发展,为南北朝时期北方人口向南方的迁移做了准备。

秦汉时期人口流动的另一个新走向就是向边疆迁移。秦始皇时期"徙三万家郦邑,五万家云阳,皆复不事十岁"②。西汉时期,北方边疆战事频繁,因此筑城屯垦成为当时强疆固边的一项重要政策。③ 汉武帝以后,西域等地纳入汉王朝的管辖范围,因而边城实民成为当时的国策。武帝时期,"有司言关东贫民徙陇西、北地、西河、上郡、会稽凡七十二万五千口,县官衣食振业,用度不足,请收银锡造白金及皮币以足用"④。两汉时期,政府还通过对人口身份的改变,鼓励百姓实边守备。汉文帝时,晁错言守边备塞,称应于边郡中"复为一城其内,城间百五十步。要害之处,通川之道,调立城邑,毋下千家,为中周虎落。先为室屋,具田器,乃募罪人及免徒复作令居之;不足,募以丁奴婢赎罪及输奴婢欲以拜爵者;不足,乃募民之欲往者。皆赐高爵,复其家。予冬夏衣,廪食,能自给而止。郡县之民得买其爵,以自增至卿。其亡夫若妻者,县官买与之"⑤。东汉永平八年(65)十月,明帝"诏三公募郡国中都官死罪系囚,减罪一等,勿笞,诣度辽将军营,屯朔方、五原之边县;妻子自随,便占着边县"⑥。和平元年(150)诏"减天下死罪一等,徙边戍"⑦。

东汉初期,"边陲萧条,靡有孑遗,鄣塞破坏,亭队绝灭。建武二十一年,始遣中郎将马援、谒者,分筑烽候,堡壁稍兴,立郡县十余万户,或空置太守、令、长,招还人民。上笑曰:'今边无人而设长吏治之,难如春秋素王矣。'乃建立三营,屯田殖谷,弛刑谪徒以充实之"⑧。贾宗"建初中为朔方太守。旧内郡徙人在边者,率多贫弱,为居人所仆役,不得为吏。宗擢用其任职者,与边吏参选,转相监司,以摘发其奸,或以功次补长吏,故各愿尽死。匈奴畏之,不敢入塞"⑨。东

---

① [英]崔瑞德、鲁惟一编,杨品泉等译:《剑桥中国秦汉史:公元前221—公元220年》,中国社会科学出版社,1992年,第257—258页。
② 司马迁:《史记》卷六《秦始皇本纪》,中华书局,1982年,第256页。
③ 周长山:《汉代城市研究》,人民出版社,2001年,第22页。
④ 班固:《汉书》卷六《武帝纪》,中华书局,1962年,第178页。
⑤ 班固:《汉书》卷四十九《晁错传》,中华书局,1962年,第2286页。
⑥ 范晔:《后汉书》卷二《显宗孝明帝纪》,中华书局,1965年,第111页。
⑦ 范晔:《后汉书》卷七《孝桓帝纪》,中华书局,1965年,第300页。
⑧ 《后汉书》志二十三《郡国》,中华书局,1965年,第3533页。
⑨ 范晔:《后汉书》卷十七《贾复传》,中华书局,1965年,第667页。

第四章
秦汉魏晋南北朝时期城市人口的变化

汉永平五年（62），"发遣边人在内郡者，赐装钱人二万"①。"建初元年，大旱谷贵，〔杨〕终以为广陵、楚、淮阳、济南之狱，徙者万数，又远屯绝域，吏民怨旷。"②由于实行了多种政策，因而东汉时期边城人口大增，仅光武帝时就向北部边疆移民大约82.5万人。③

两汉时期，边疆地区各民族间的人口流动也非常频繁，如武帝时"朝鲜斩其王右渠降，以其地为乐浪、临屯、玄菟、真番郡。……武都氐人反，分徙酒泉郡"④。"东越狭多阻，闽越悍，数反复，诏军吏皆将其民徙处江淮间。东越地遂虚。"⑤西北和北方草原一带的人口流动也非常频繁，元狩二年（前121）"匈奴昆邪王杀休屠王，并将其众合四万余人来降，置五属国以处之。以其地为武威、酒泉郡"⑥。元鼎六年（前111），武帝"又遣浮沮将军公孙贺出九原，匈河将军赵破奴出令居，皆二千余里，不见虏而还。乃分武威、酒泉地置张掖、敦煌郡，徙民以实之"⑦。元帝时，"上郡属国降胡万余人亡入匈奴"⑧。神爵二年（前60），"羌虏降服，斩其首恶大豪杨玉、酋非首。置金城属国以处降羌"⑨。五凤三年（前55）"置西河、北地属国以处匈奴降者"⑩。《剑桥中国秦汉史：公元前221—公元220年》认为："2世纪最后十年据报道幽州乌桓已俘获中国人十余万家……在205年有十余万家中国人逃往乌桓寻求庇护。这些家庭的总人数可能是100万左右。"⑪

两汉时期，随着经济的发展，人口从农村向城市移动也成为一种趋势。"时天下侈靡趋末，百姓多离农亩。"⑫流入城市者日众，导致城市治安混乱，就业艰难，统治者和士大夫对此高度警惕，污蔑流民为"浮食者"。⑬汉代城乡间的经济联系不密切，缺乏互补性，统治者多通过超经济的行政手段将农村的资源和财富向城市转移，城市对农村人口具有较大吸引力。除少数大城市外，一般中小城市受生产力发展水平的制约，城市产业不发达，难以提供更多的就业岗位，对外来人口的吸纳能力有限，因而大量农村人口进入城市后，不能就业而成为游民。另外，频发的自然灾害也会导致农村人口向城市移动，如西汉时期"山东被水灾，民多饥之，于是天子遣使虚郡国食廪以振贫。犹不足，又募豪富人相假贷。尚不能相救，乃徙贫民

---

① 范晔：《后汉书》卷二《显宗孝明帝纪》，中华书局，1965年，第109页。
② 范晔：《后汉书》卷四十八《杨终传》，中华书局，1965年，第1597页。"〔〕"内的字，为引者所补。
③ 周长山：《汉代城市研究》，人民出版社，2001年，第23页。
④ 班固：《汉书》卷六《武帝纪》，中华书局，1962年，第194页。
⑤ 司马迁：《史记》卷一百一十四《东越列传》，中华书局，1982年，第2984页。
⑥ 班固：《汉书》卷六《武帝纪》，中华书局，1962年，第176—177页。
⑦ 班固：《汉书》卷六《武帝纪》，中华书局，1962年，第189页。
⑧ 班固：《汉书》卷九《元帝纪》，中华书局，1962年，第280页。
⑨ 班固：《汉书》卷八《宣帝纪》，中华书局，1962年，第262页。
⑩ 班固：《汉书》卷八《宣帝纪》，中华书局，1962年，第267页。
⑪ ［英］崔瑞德、鲁惟一编，杨品泉等译：《剑桥中国秦汉史：公元前221—公元220年》，中国社会科学出版社，1992年，第476—477页。
⑫ 班固：《汉书》卷六十五《东方朔传》，中华书局，1962年，第2858页。
⑬ 王子今：《秦汉统治者害怕农民进城》，《国学》，2012年第12期。

于关以西,及充朔方以南新秦中,七十余万口,衣食皆仰给于县官。……县官大空"①。但自然灾害所造成的人口流动一般具有时效性,当自然灾害结束后,流动的农村人口往往就会回到原来的居住地,对城市化不会产生较大的影响。

三、汉代城市人口构成

秦汉时期,城市人口构成与战国时期相比变化不大,城市人口以官员、工商业者、农民、军人等为常住人口,此外还有儒生、侠客、流民等流动人口。有研究者将秦汉时期的城市人口划分为十余类:官吏、贵族、士兵、文化宗教人员、农民、手工业者、游侠、奴婢、商人、学生、无业人员、囚犯和刑徒。② 还有的研究者将汉代城市居民笼统地分为五类:一为皇族、官吏和富豪之家;二为官私手工业者;三为行商与坐贾;四为仆役和服务业从业者;五为各类流民。③ 秦汉时期的城市人口以消费性人口为主,从事经济活动的手工业者和商业人口相对较少;随着城市的发展,儒生、占卜者、医者、游侠、流民等所占的比例逐渐增多。

中国古代的城市是国家机器的重要结点,贵族、诸侯及各级官员多居住在各级城市之中。官员和胥吏是统治阶层的重要组成部分,相比而言,有等级和职务的官员人数较少,而统治机构中办事的胥吏则为数较多。据统计,西汉时期大小官员及胥吏大约有12 000人,东汉时期的大小官员、胥吏大约有15 000人。官员和胥吏群体一般居住在城市中,以他们为核心建立的家庭大多数是扩展型的大家庭。④ 官员和胥吏的数量一般是随着城市级别的下降和规模的变小而减少,越小的城市官员和胥吏的数量越少,平民在城市中所占的比例则相应地增大。秦汉时期贵戚及各级官吏的总数虽然不多,但他们在一些重要城市中占主导地位,并以他们为核心建立起了一个个庞大的家族。

在汉代的城市社会中,为各类统治者及其眷属服务的官私奴婢为数较为庞大。⑤ 首先,汉代宫廷中蓄养着大量为皇家服务的各类人口;其次,王侯将相等各级官员也拥有数量甚多的奴婢,如西汉"故昌邑王居故宫,奴婢在中者百八十三人"⑥;东汉窦太后提倡节俭,为节省开支,"诏诸园贵人,其宫人有宗室同族若嬴老不任使者,令园监实核上名,自御北宫增喜观阅问之,恣其去留,即日免遣者五六百人"⑦。可见汉代宫廷中有着规模庞大的服务性人口。汉代各诸侯、贵戚除拥有相当数量的奴婢外,还蓄有一定数量的宾客,如西汉魏其侯窦婴就养了一大批宾

---

① 班固:《汉书》卷二十四《食货志》,中华书局,1962年,第1162页。
② 张继海:《汉代城市社会》,社会科学文献出版社,2006年,第191-192页。
③ 张继海:《汉代城市社会》,社会科学文献出版社,2006年,第21-22页。
④ 周长山:《汉代城市研究》,人民出版社,2001年,第124页。
⑤ 周长山:《汉代城市研究》,人民出版社,2001年,第124页。
⑥ 班固:《汉书》卷六十三《武五子传》,中华书局,1962年,第2767页。
⑦ 范晔:《后汉书》卷十《皇后纪》,中华书局,1965年,第422页。

第四章
秦汉魏晋南北朝时期城市人口的变化

客。刘秀未起事之前,也有大量的宾客,"世祖自蓟东南驰,纯与从昆弟䜣、宿、植共率宗族宾客二千余人"①。

两汉时期,富商巨贾也是城市中的重要居民,由于汉王朝实行抑商政策,这些商贾的社会地位不高,但他们拥有巨额财富,拥有很多为他们服务的奴婢,如临邛"卓王孙僮客八百人,程郑亦数百人"②。汉代盛行蓄奴,虽然他们占总人口的比例并不高,却是城市人口的重要组分部分。据美国学者韦慕庭统计,西汉时期的奴隶不会超过人口总数(约6 000万)的1%,而且可能更少。③

军人也是城市人口的重要组成部分,都城的驻军数量庞大,而一般中小城市的驻军数量则相对减少。西汉时期的军队由中央军与地方军两部分组成。所谓"中央军",在汉代谓之"南军""北军"(魏晋时期谓之中军),由中央政府直接控制,其主要任务是拱卫京师。④ 期门军、羽林军为汉代的宫廷禁军。⑤ 他们分成几支,分别由独立的将领率领。其他军队则在地方或边防城市戍守,"每个士兵被选派执行各种任务。作为防卫力量,他们的主要任务是在城墙上瞭望,在塔上站岗,观察敌人的活动,沿防线传送信号,用弓、箭、矛、盾抵抗入侵者。另外他们还定期保持巡逻,进行侦察。……一队队的兵士没完没了地给城墙和边防哨所砌砖抹泥;他们还要沿线往返传送官方的命令和上交的报告"⑥。军队长官的家属往往也随军居住,东汉光武帝就曾因"军营进退无常",命将领之"宗族不可悉居军中"⑦。

手工业者也是城市中的重要居民。新莽时,长安"徒隶殷积,数十万入,工匠饥死,长安皆臭"⑧,可见长安城中工匠之多。值得注意的是,汉代城市中还有一定数量的农民,他们或在城市中进行农业生产,或在城市郊区进行农业生产。如"召平者,故秦东陵侯。秦破,为布衣,贫,种瓜长安城东,瓜美,故世谓'东陵瓜',从召平始也"⑨。东汉时期,桓帝铲除梁冀后,将其园圃夷为耕地,让贫民耕种:"收冀财货,县官斥卖,合三十余万万,以充王府,用减天下税租之半。散其苑囿,以业穷民。"⑩ 东汉中晚期,随着交换经济的发展与土地兼并的加剧,越来越多的农民丧失土地,沦为流民或大土地所有者的依附民,城内农业人口数量趋于下降。⑪ 但农业人口在中小城市中所占的比例一直较大,有研究者认为"在汉代,

---

① 范晔:《后汉书》卷二十一《耿纯传》,中华书局,1965年,第762页。
② 班固:《汉书》卷五十七《司马相如传》,中华书局,1962年,第2530页。
③ [英]崔瑞德、鲁惟一编,杨品泉等译:《剑桥中国秦汉史:公元前221—公元220年》,中国社会科学出版社,1992年,第563页。
④ 高敏:《东汉魏晋时期州郡兵制度的演变》,《历史研究》,1996年第3期。
⑤ 黄今言:《汉代期门羽林考释》,《历史研究》,1996年第2期。
⑥ [英]崔瑞德、鲁惟一编,杨品泉等译:《剑桥中国秦汉史:公元前221—公元220年》,中国社会科学出版社,1992年,第518-519页。
⑦ 范晔:《后汉书》卷二十一《耿纯传》,中华书局,1965年,第762页。
⑧ 范晔:《后汉书》卷十三《隗嚣传》,中华书局,1965年,第517页。
⑨ 班固:《汉书》卷三十九《萧何传》,中华书局,1962年,第2010页。
⑩ 范晔:《后汉书》卷三十四《梁统传》,中华书局,1965年,第1187页。
⑪ 宋仁桃:《战国秦汉城市人口结构初探——以农民问题为中心》,《史学月刊》,2006年第5期。

住在县城以上城市中的人口约占当时总人口的1/4,但是这些城市人口中有相当数量是农业人口"。① 通常情况,城市越小农业生产人口所占比例越高②,甚至有日本学者认为汉代县城的农民约占六成。③ 汉代乡邑与县城在经济结构上的差别不大,多数中小城市农业生产色彩浓重,工商业并不占城市经济的主体。因此,有研究者认为,汉代"绝大多数城市都以政治职能为主,经济和文化功能是附加或后起的"④。

相比秦代,汉代城市中的流动人口数量有较大增长,儒生、侠客、游商及流民是流动人口的主体。⑤ 在发生各种自然灾害时,城市向来被看作临时避难所从而导致流民充斥,如"元封四年中,关东流民二百万口,无名数者四十万,公卿议欲请徙流民于边以适之"⑥。西汉末年,"流民入关者数十万人,乃置养赡官禀食之。使者监领,与小吏共盗其禀,饥死者十七八"⑦。

在汉代的城市人口中,也有一定比例的罪犯。文帝时,丞相张苍、御史大夫冯敬奏言:"诸当完者,完为城旦舂;当黥者,髠钳为城旦舂……前令之刑城旦舂岁而非禁锢者,如完为城旦舂岁数以免。"⑧ 犯罪人员往往在城市中从事各种劳役。

两汉时期,随着中原人民与周边民族交流的增多,汉代城市中不同民族的人口也占有一定的比例。《后汉书》卷八十五《东夷列传》:"汉初大乱,燕、齐、赵人往避地者数万口,而燕人卫满击破〔朝鲜侯〕准而自王朝鲜,传国至孙右渠。"⑨ 后来许多汉人都在乐浪、临屯、玄菟、真番等郡与高丽人杂居。在西北、西南地区,汉、羌人口交流密切。羌人广泛分布在上郡、张掖、安定、广汉、犍为等地区⑩,其中许多人口居住在城市中,东汉时期,南匈奴人也进入边疆城市定居。还有一些北方其他民族内属,如"旄牛徼外白狼、貗薄夷率种人内属"⑪。在南方,有大量投降的少数民族部落在东汉王朝统治下的城乡定居。⑫ 但从总体来看,两汉时期城市居民中的民族构成还是相对较为单纯的。

---

① 张继海:《汉代城市社会》,社会科学文献出版社,2006年,第344页。
② 张继海:《汉代城市社会》,社会科学文献出版社,2006年,第206页。
③ 张继海:《汉代城市社会》,社会科学文献出版社,2006年,第191页。
④ 张继海:《汉代城市社会》,社会科学文献出版社,2006年,第347页。
⑤ 周长山:《汉代城市研究》人民出版社,2001年,第127页。
⑥ 司马迁:《史记》卷一百三《万石传》,中华书局,1982年,第2768页。
⑦ 班固:《汉书》卷九十九《王莽传》,中华书局,1962年,第4177页。
⑧ 班固:《汉书》卷二十三《刑法志》,中华书局,1962年,第1099页。
⑨ 范晔:《后汉书》卷八十五《东夷列传》,中华书局,1965年,第2817页。"〔〕"内文字为引者所补。
⑩ [英]崔瑞德、鲁惟一编,杨品泉等译:《剑桥中国秦汉史:公元前221—公元220年》,中国社会科学出版社,1992年,第462页。
⑪ 范晔:《后汉书》卷四《和帝纪》,中华书局,1965年,第186页。
⑫ [英]崔瑞德、鲁惟一编,杨品泉等译:《剑桥中国秦汉史:公元前221—公元220年》,中国社会科学出版社,1992年,第526页。

第四章
秦汉魏晋南北朝时期城市人口的变化

第二节　魏晋南北朝时期的城市人口

魏晋南北朝是中国历史上大动荡、大分裂的时期，政权更迭十分频繁，360余年间先后有三十余个政权交替兴灭，由于长期的战争与分裂割据，城市人口出现了大迁移、大变动。一是周边少数民族入主中原，在政权的交替过程中，战火对中原城市造成了巨大的破坏，北方人口大量南迁；二是来自周边的游牧民族和其他国家的人口在北方城市中占有一定的比例，改变了这些城市的人口构成；三是南方城市人口迅速增加，北方文化对南方城市产生了巨大的影响。在长达数百年的战乱中，不同地域、不同民族文化背景的人们在南北城市中共同生活，在经济、文化和生活习俗等方面互相融合，在大破坏的表象背后，孕育着新的生机。

一、魏晋南北朝时期人口数量的变化

魏晋南北朝时期，中国长期处在战争和分裂中，总人口数量有较大幅度的减少，但城市人口比例却在不断增长。城市既是统治农村的据点，又是维护地方治安、组织生产的指挥中心。[①] 魏晋南北朝时期，几乎所有的重大战事都是围绕城市展开的，一个政权夺得一座城市的意义远远超过其掌握城市数量的简单增加。魏晋南北朝时期，城市集中了区域的相当部分人口。城市对于一个国家或一个区域的重要性就在于城市可以保持人口，夺取了城市也就等于得到了人口和土地。[②]

魏晋南北朝时期，由于战乱，北方部分城市的人口大量减少。同时，中国古人有"小乱避野，大乱避城"的思维，农村人口为逃避战祸多躲避到城市中，因而魏晋南北朝时期城市人口的总量和其在总人口中所占的比例均有所上升。

汉魏之际，频繁的战乱导致北方城市人口大量减少，如曹操"坑杀男女数万口于泗水，水为不流。陶谦帅其众军武原，太祖不得进。引军从泗南攻取虑、睢陵、夏丘诸县，皆屠之；鸡犬亦尽，墟邑无复行人"[③]。"丧乱以来，天下城郭丘墟。"[④] 动乱导致三国时期"天下户口减耗，十裁一在，诸将封未有满千户者"[⑤]。此一时期城市数量也有所减少，据相关学者研究，三国时期除都城和重要的中心城市外，一般城市的人口规模在1.3万至1.4万人之间。三国时期，魏、蜀、吴共有城市731座，较东汉城市数量减少了三分之一，但城市总人口约有1000万。西晋建立后，城市数量有较大的增加，永嘉之乱前，西晋有城市1232个，较三国时期增加

---

① 任重、陈仪：《魏晋南北朝城市管理研究》，中国社会科学出版社，2003年，第162页。
② 任重、陈仪：《魏晋南北朝城市管理研究》，中国社会科学出版社，2003年，第154—155页。
③ 陈寿：《三国志》卷十《魏书·荀彧传》，中华书局，1982年，第310页。
④ 赵逵夫：《历代赋评注》（魏晋卷），巴蜀书社，2010年，第86页。
⑤ 陈寿：《三国志》卷八《魏书·张绣传》，中华书局，1982年，第262—263页。

了 500 余个，城市人口比重亦有较大幅度的增长。① 永嘉之乱及其后，连绵的战争给北方人民带来更为严重的灾难，因为战争导致的人口死亡非常多，城市人口大量减员，尤以大都市为甚，如石季龙攻陷长安，"徙其台省文武、关东流人、秦雍大族九千余人于襄国，又坑其王公等及五郡屠各五千余人于洛阳"②。又如，"〔愍〕帝之继皇统也，属永嘉之乱，天下崩离，长安城中户不盈百"③。刘聪"废〔刘〕乂为北部王，粲使准贼杀之。坑士众万五千余人，平阳街巷为之空"④。"邺中饥，人相食"⑤。"〔孙〕恩攻没谢琰、袁山松，陷广陵，前后数十战，亦杀百姓数万人。"⑥ 东汉桓帝时期，中国人口为 5 600 多万，然而到晋武帝太康元年（280）时，减至 1 600 多万，减少了 71.5%。以上统计可能有误，但人口大量减少则是事实，这些减少的人口或死于战乱，或死于战争诱发的次生灾害，如瘟疫、饥荒等。⑦ 南北朝时期，规模巨大而持久的战争也导致城市人口大量死亡，尤其是位于战争前线的城市，破坏尤其严重。如在北魏与刘宋的战争中，沈庆之攻灭竟陵王刘诞，刘氏"同党悉诛，杀城内男为京观，死者数千，女口为军赏"⑧。南朝内部的动乱也导致城市人口大量减少，齐梁之际，郢城被困，城内"男女口垂十万，闭垒经年，疾疫死者十七八，皆积尸于床下，而生者寝处其上，每屋辄盈满"⑨。

十六国时期，北方虽然政权更替频繁，战乱持续不断，人口总量锐减，但是城市人口的比例反而有所上升，更多的人口向城市集中，以城市为中心的统治特色十分明显⑩。

南北朝时期，在社会相对安定的时候，城市人口逐渐增多，城市成为编户社会的中心。此一时期，城市的一个重要特点就是政治中心优先发展的规律特别明显，各政权所在地的人口相继膨胀，区域人口向都城和重要的区域政治中心城市集中的趋势十分明显。其时北方的政治中心城市洛阳的人口达 55 万人，南方的政治中心城市建康的人口达 120 万左右⑪，较大的区域政治中心城市，人口也多达 10 万人。⑫ 但一般城市的人数仍然较少。有研究者认为，南朝江南郡城平均约 2 163 户，53 488 人；县城约 1 670 户，平均 7 348 人左右，而北方县城的人口或少至 2 000 至 5 000 人。

---

① 任重、陈仪：《魏晋南北朝城市管理研究》，中国社会科学出版社，2003 年，第 42 页。
② 房玄龄等：《晋书》卷一百三《刘曜载记》，中华书局，1974 年，第 2701—2702 页。
③ 房玄龄等：《晋书》卷五《孝愍帝纪》，中华书局，1974 年，第 132 页。"〔〕"中的字为引者所补。
④ 房玄龄等：《晋书》卷一百二《刘聪载记》，中华书局，1974 年，第 2675 页。"〔〕"中的字为引者所补。
⑤ 房玄龄等：《晋书》卷一百七《石季龙载记》，中华书局，1974 年，第 2797 页。
⑥ 房玄龄等：《晋书》卷一百《孙恩传》，中华书局，1974 年，第 2634 页。"〔〕"中的字为引者所补。
⑦ 刘大杰：《魏晋思想论》，上海古籍出版社，1998 年，第 16—17 页。
⑧ 沈约：《宋书》卷七十九《竟陵王诞传》，中华书局，1974 年，第 2036 页。
⑨ 姚思廉：《梁书》卷十二《韦叡传》，中华书局，1973 年，第 221 页。
⑩ 任重、陈仪：《魏晋南北朝城市管理研究》，中国社会科学出版社，2003 年，第 157 页。
⑪ 刘淑芬：《六朝的城市与社会》，台湾学生书局，1992 年，第 181 页。
⑫ 任重、陈仪：《魏晋南北朝城市管理研究》，中国社会科学出版社，2003 年，第 46 页。

第四章 秦汉魏晋南北朝时期城市人口的变化

南北朝时期,城市人口构成有一个值得注意的现象,那就是僧尼成为城市社会中的重要群体。随着佛教在城市中的传播,事佛者日众,僧尼成为城市人口的重要组成部分。据《洛阳伽蓝记》记载,洛阳城市内的僧尼达十余万人;另据《续高僧传》记载,邺城及其郊区的僧尼也达八万之众。建康亦为佛教在南方的传播中心,寺庙林立,僧尼众多。诗人杜牧所言"南朝四百八十寺",正是对这段历史的真实描写。

二、魏晋南北朝时期人口迁移对城市的影响

东汉末年以来的两三百年间,长期的战乱导致人口大规模迁移,如东汉初平元年(190),董卓将百万洛阳人驱入长安,另有不少北方人士则南迁荆州或东至彭城。"自京师遭董卓之乱,人民流移东出,多依彭城间。"① 三国时期,数以万计的人口大迁移则发生了多次。西晋永嘉之乱后,北方有90多万人陆续迁往江南,相当于北方人口总数的八分之一。从总的趋势看,该时期北方人口向南、向西南以及向江东方向迁移的规模最大,成为当时人口迁徙的三大主流。当时南迁的路线主要有以下三条:其一,由关中流向长江中游的荆湘一带,然后渡江南下;其二,向西进入蜀地;其三,直接从中原经淮河流域流向东南地区的扬州一带,也有部分人继续向南迁移,最远者南至交趾。②

十六国时期,北方游牧民族南下,也导致了中原人口的大迁移。大量的史料记载了这一时期人口的迁移。

《宋书·律历志》:"魏晋以来,迁徙百计,一郡分为四五,一县割成两三,或昨属荆、豫,今隶司、兖,朝为零、桂之士,夕为庐、九之民,去来纷扰,无暂止息,版籍为之浑淆,职方所不能记。自戎狄内侮,有晋东迁,中土遗氓,播徙江外,幽、并、冀、雍、兖、豫、青、徐之境,幽沦寇逆。自扶莫而襄足奉首,免身于荆、越者,百郡千城,流寓比室。人伫鸿雁之歌,士蓄怀本之念,莫不各树邦邑,思复旧井。既而民单户约,不可独建,故魏邦而有韩邑,齐县而有赵民。且省置交加,日回月徙,寄寓迁流,迄无定托,邦名邑号,难或详书。"③

《宋书·索虏传》:"强者为转尸,弱者为系虏,自江、淮至于清、济,户口数十万,自免湖泽者,百不一焉。"④

《晋书·王导传》:"俄而洛京倾覆,中州士女避乱江左者十六七,导劝帝收其贤人君子,与之图事。时荆扬晏安,户口殷实。"⑤

---

① 陈寿:《三国志》卷十《魏书·荀彧传》,中华书局,1982年,第310页。
② 余鹏飞:《三国经济史》,河南大学出版社,1992年,第29页。
③ 沈约:《宋书》卷十一《律历志》,中华书局,1974年,第205页。
④ 沈约:《宋书》卷九十五《索虏传》,中华书局,1974年,第2359页。
⑤ 房玄龄等:《晋书》卷六十五《王导传》,中华书局,1974年,第1746页。

《晋书·刘弘传》："于时流人在荆州十余万户，羁旅贫乏，多为盗贼。"①

《晋书·郭璞传》："惠怀之际，河东先扰。璞筮之……于是潜结姻昵及交游数十家，欲避地东南。"②

《晋书·儒林传》："永嘉之乱，〔徐邈〕遂与乡人臧琨等率子弟并闾里士庶千余家，南渡江，家于京口。"③

《晋书·姚泓传》："〔姚〕赞率宗室子弟百余人亦降于裕，裕尽杀之，余宗迁于江南。"④

另据《宋书·州郡志》记载，刘宋所置各侨郡县，户口共计18万余，人口达96万人之多。⑤

从北方迁往南方或西南的人口，大多数进了城市。战乱使城市成为人们的避难所，大量人口涌向城市寻求安全庇护，这种现象在部分史料记载中有所反映。《三国志·刘馥传》载："馥既受命，单马造合肥空城，建立州治，南怀绪等，皆安集之，贡献相继。数年中恩化大行，百姓乐其政，流民越江山而归者以万数。于是聚诸生，立学校，广屯田，兴治芍陂及（茹）〔茄〕陂、七门、吴塘诸堨以溉稻田，官民有畜。又高为城垒，多积木石，编作草苫数千万枚，益贮鱼膏数千斛，为战守备。"⑥

从北方向南方迁移的人口包括了社会各阶层，不仅有官僚、世家大族、豪强地主、士人等，还有大量的手工业者、商人、农民，以及依附于世家大族的大量部曲及奴婢。⑦据学者研究，东汉末仅迁往扬、荆、交三州的北方人口就多达二十余万人。有关这一时期人口南迁的记载不绝于书。

《三国志·武帝纪》裴松之注引《逸士传》："〔王〕俊为人外静而内明，不应州郡三府之命。公车征，不到，避地居武陵，归俊者一百余家。"⑧

《三国志·刘表传》裴松之注引《先贤行状》："黄巾起，〔曹〕嵩避难南方，刘表逼以为别驾，转从事中郎。"⑨

《三国志·曹休传》："天下乱，宗族各散去乡里。〔曹〕休年十余岁，丧父，独与一客担丧假葬，携将老母，渡江至吴。"⑩

《三国志·毛玠传》：毛玠"少为县吏，以清公称。将避乱荆州。未至，闻刘表

---

① 房玄龄等：《晋书》卷六十六《刘弘传》，中华书局，1974年，第1766页。
② 房玄龄等：《晋书》卷七十二《郭璞传》，中华书局，1974年，第1899页。
③ 房玄龄等：《晋书》卷九十一《儒林传》，中华书局，1974年，第2356页。"〔〕"中的字为引者所补。
④ 房玄龄等：《晋书》卷一百一十九《姚泓传》，中华书局，1974年，第3017页。"〔〕"中的字为引者所补。
⑤ 韩国磐：《魏晋南北朝史纲》，人民出版社，1983年，第205页。
⑥ 陈寿：《三国志》卷十五《魏书·刘馥传》，中华书局，1982年，第463页。
⑦ 余鹏飞：《三国经济史》，河南大学出版社，1992年，第31页。
⑧ 陈寿：《三国志》卷一《魏书·武帝纪》，中华书局，1982年，第31页。"〔〕"中的字为引者所补。
⑨ 陈寿：《三国志》卷六《魏书·刘表传》，中华书局，1982年，第215页。"〔〕"中的字为引者所补。
⑩ 陈寿：《三国志》卷九《魏书·曹休传》，中华书局，1982年，第279页。"〔〕"中的字为引者所补。

第四章 秦汉魏晋南北朝时期城市人口的变化

政令不明,遂往鲁阳"①。

《三国志·刘晔传》:"汝南许劭名知人,避地扬州,称晔有佐世之才。"②

沛国相人刘馥"避乱扬州……庐江梅乾、雷绪、陈兰等聚众数万在江、淮间,郡县残破"③。

颍川定陵人杜袭,"祖父根,著名前世。袭避乱荆州,刘表待以宾礼",后来"南适长沙"④。

《三国志·袁涣传》:袁涣从弟袁徽,"以儒素称。遭天下乱,避难交州"⑤。

东莞人徐奕,"避难江东,孙策礼之。奕改姓名,微服还本郡"⑥。

《三国志·士燮传》:"燮体器宽厚,谦虚下士,中国士人往依避难者以百数。"⑦

《三国志·齐王芳纪》裴松之注引《汉晋春秋》:正始六年(245),"吴将朱然入柤中,斩获数千;柤中民吏万余家渡沔"⑧。

《三国志·刘巴传》:"先主奔江南,荆、楚群士从之如云。"⑨

《三国志·吴主传》:"初,曹公恐江滨郡县为权所略,征令内移。民转相惊,自庐江、九江、蕲春、广陵户十余万皆东渡江,江西遂虚,合肥以南惟有皖城。"⑩

《三国志·张昭传》:"汉末大乱,徐方士民多避难扬土,昭皆南渡江。"⑪

《三国志·诸葛瑾传》:诸葛瑾"琅邪阳都人也。汉末避乱江东"⑫。

南郡枝江人董和,"其先本巴郡江州人。汉末,和率宗族西迁,益州牧刘璋以为牛鞞、江原长、成都令"⑬。

《三国志·刘璋传》裴松之注引《英雄记》:"先是,南阳、三辅人流入益州数万家,收以为兵,名曰东州兵。"⑭

汝南南顿人程秉,"逮事郑玄,后避乱交州,与刘熙考论大义,遂博通五经"⑮。

沛郡竹邑人薛综,"少依族人避地交州,从刘熙学。士燮既附孙权,召综为五官中郎〔将〕,除合浦、交阯太守。时交土始开,刺史吕岱率师讨伐,综与俱行,

---

① 陈寿:《三国志》卷十二《魏书·毛玠传》,中华书局,1982年,第374页。
② 陈寿:《三国志》卷十四《魏书·刘晔传》,中华书局,1982年,第443页。
③ 陈寿:《三国志》卷十五《魏书·刘馥传》,中华书局,1982年,第463页。
④ 陈寿:《三国志》卷二十三《魏书·杜袭传》,中华书局,1982年,第664-665页。
⑤ 陈寿:《三国志》卷十一《魏书·袁涣传》,中华书局,1982年,第336页。
⑥ 陈寿:《三国志》卷十二《魏书·徐奕传》,中华书局,1982年,第377页。
⑦ 陈寿:《三国志》卷四十九《吴书·士燮传》,中华书局,1982年,第1191页。
⑧ 陈寿:《三国志》卷四《魏书·齐王芳纪》,中华书局,1982年,第122页。
⑨ 陈寿:《三国志》卷三十九《蜀书·刘巴传》,中华书局,1982年,第980页。
⑩ 陈寿:《三国志》卷四十七《吴书·吴主传》,中华书局,1982年,第1118-1119页。
⑪ 陈寿:《三国志》卷五十二《吴书·张昭传》,中华书局,1982年,第1219页。
⑫ 陈寿:《三国志》卷五十二《吴书·诸葛瑾传》,中华书局,1982年,第1231页。
⑬ 陈寿:《三国志》卷三十九《蜀书·董和传》,中华书局,1982年,第979页。
⑭ 陈寿:《三国志》卷三十一《蜀书·刘璋传》,中华书局,1982年,第869页。
⑮ 陈寿:《三国志》卷五十三《吴书·程秉传》,中华书局,1982年,第1248页。

越海南征，及到九真"①。

今东北一带也是当时人们避乱的选择：乐安盖人国渊，"与邴原、管宁等避乱辽东"②。

魏晋南北朝时期，中原战乱导致大量北方人前往江南、东北和西南等地避难，这些移民中有许多是具有较高文化的中原士人，因而促进了中原文化在这些地方的传播，促进了多元文明的交流和交融。

除了北方中原人口向南或向西迁移外，北方游牧民族也从东汉末年开始向中原迁移，特别是与中原联系比较紧密的匈奴人、乌桓人、氐人和羌人等率先南下，进入中原城市，揭开了南北民族大融合的序幕。"前汉末，匈奴大乱，五单于争立，而呼韩邪单于失其国，携率部落，入臣于汉。汉嘉其意，割并州北界以安之。于是匈奴五千余落入居朔方诸郡，与汉人杂处。呼韩邪感汉恩，来朝，汉因留之，赐其邸舍，犹因本号，听称单于，岁给绵绢钱谷，有如列侯。子孙传袭，历代不绝。其部落随所居郡县，使宰牧之，与编户大同，而不输贡赋。多历年所，户口渐滋，弥漫北朔，转难禁制。后汉末，天下骚动，群臣竞言胡人猥多，惧必为寇，宜先为其防。建安中，魏武帝始分其众为五部，部立其中贵者为帅，选汉人为司马以监督之。魏末，复改帅为都尉。其左部都尉所统可万余落，居于太原故兹氏县；右部都尉可六千余落，居祁县；南部都尉可三千余落，居蒲子县；北部都尉可四千余落，居新兴县；中部都尉可六千余落，居大陵县。"③

魏晋时期，北方其他少数民族进一步向内地迁移，京师以及部分北方城市也有一定数量的匈奴等少数民族人口。

建安中，"及幽州、并州柔所统乌丸万余落，悉徙其族居中国，帅从其侯王大人种众与征伐。由是三郡乌丸为天下名骑"④。

青龙三年（235），"武都氐王苻双、强端帅其属六千余人来降"⑤。

曹操从张既之策"自到汉中引出诸军，令既之武都，徙氐五万余落出居扶风、天水界。"⑥

"酒泉苏衡反……西羌恐，率众二万余落降。"⑦

"轲比能本小种鲜卑……黄初二年，比能出诸魏人在鲜卑者五百余家，还居代郡。"⑧

"建武二十五年，乌丸大人郝旦等九千余人率众诣阙，封其渠帅为侯王者八十余人，使居塞内，布列辽东属国、辽西、右北平、渔阳、广阳、上谷、代郡、雁

---

① 陈寿：《三国志》卷五十三《吴书·薛综传》，中华书局，1982年，第1250页。
② 陈寿：《三国志》卷十一《魏书·国渊传》，中华书局，1982年，第339页。
③ 房玄龄等：《晋书》卷九十七《四夷传》，中华书局，1974年，第2548页。
④ 陈寿：《三国志》卷三十《魏书·乌丸传》，中华书局，1982年，第835页。
⑤ 房玄龄等：《晋书》卷一《宣帝纪》，中华书局，1974年，第9页。
⑥ 陈寿：《三国志》卷十五《魏书·张既传》，中华书局，1982年，第472—473页。
⑦ 陈寿：《三国志》卷十五《魏书·张既传》，中华书局，1982年，第476页。
⑧ 陈寿：《三国志》卷三十《魏书·鲜卑传》，中华书局，1982年，第838页。

第四章
秦汉魏晋南北朝时期城市人口的变化

门、太原、朔方诸郡界,招来种人,给其衣食,置校尉以领护之,遂为汉侦备,击匈奴、鲜卑。"①

"太康五年,复有匈奴胡太阿厚率其部落二万九千三百人归化。七年,又有匈奴胡都大博及萎莎胡等各率种类大小凡十万余口,诣雍州刺史扶风王骏降附。明年,匈奴都督大豆得一育鞠等复率种落大小万一千五百口,牛二万二千头,羊十万五千口,车庐什物不可胜纪,来降,并贡其方物,帝并抚纳之。"②

晋怀帝时,"晋怀帝进帝(刘渊,引者注)大单于,封代公。帝以封邑去国悬远,民不相接,乃从琨求句注、陉北之地。琨自以托附,闻之大喜,乃徙马邑、阴馆、楼烦、繁畤、崞五县之民于陉南,更立城邑,尽献其地,东接代郡,西连西河、朔方,方数百里。帝乃徙十万家以充之。刘琨又遣使乞师救洛阳,帝遣步骑二万助之"③。

"泰始元年冬十二月丙寅,设坛于南郊,百僚在位及匈奴南单于四夷会者数万人,柴燎告类于上帝。"④

魏晋时期,西南地区因为氐族的崛起而出现了城市人口的迁移。

"〔杨〕阜威信素著,前后徙民、氐,使居京兆、扶风、天水界者万余户,徙郡小槐里,百姓襁负而随之。"⑤

晋惠帝时,"关西扰乱,频岁大饥,特兄弟率流民数万家就谷汉中,遂入巴蜀"⑥。

304年,李雄称成都王后,"遣李国、李云等率众二万寇汉中,梁州刺史张殷奔于长安。国等陷南郑,尽徙汉中人于蜀"⑦。

"〔张〕大豫自西郡诣临洮,驱略百姓五千余户,保据俱城。"⑧

"元康中,氐齐万年反,关西扰乱,频岁大饥,百姓乃流移就谷,相与入汉川者数万家。"⑨

"〔李〕特之陷成都小城,使六郡流人分口入城,壮勇督领村堡。"⑩

此外,南方和东方的少数民族也在此一时期内附,如晋代"东夷十七国内

---

① 陈寿:《三国志》卷三十《魏书·乌丸传》,中华书局,1982年,第833页。
② 房玄龄等:《晋书》卷九十七《四夷传》,中华书局,1974年,第2549页。
③ 魏收:《魏书》卷一《穆帝序纪》,中华书局,1974年,第7—8页。
④ 房玄龄等:《晋书》卷三《武帝纪》,中华书局,1974年,第50页。
⑤ 陈寿:《三国志》卷二十五《魏书·杨阜传》,中华书局,1982年,第704页。"〔〕"中的字为引者所补。
⑥ 魏收:《魏书》卷九十六《李雄传》,中华书局,1974年,第2110页。
⑦ 房玄龄等:《晋书》卷一百二十一《李雄载记》,中华书局,1974年,第1036—1037页。
⑧ 房玄龄等:《晋书》卷一百二十二《吕光载记》,中华书局,1974年,第3057页。"〔〕"中的字为引者所补。
⑨ 房玄龄等:《晋书》卷一百二十《李特载记》,中华书局,1974年,第3022页。
⑩ 房玄龄等:《晋书》卷一百二十《李流载记》,中华书局,1974年,第3029页。"〔〕"中的字为引者所补。

附"①;"扶南等十国来献,参离四千余落内附"②;"东夷十一国内附"③;"东夷二国内附"④;"虏奚轲男女十万口来降"⑤;"东夷十七国、南夷二十四部并诣校尉内附"⑥;"惟公严虔王度……九服之外,绝域之氓,旷世所希至者,咸浮海来享,鼓舞王德,前后至者八百七十余万口"⑦。

十六国时期,北方各少数民族政权的统治者在据有中原之地后,为扩充实力,多将各地人口迁移至都城,"虚其心腹,以实畿甸"⑧,从而使都城规模扩大,人口构成多元化。如前秦苻坚以长安为都城,城市中汇聚了大量的北方游牧民族,当苻坚准备率军南下时,苻融泣曰:"监国以弱卒数万留守京师,鲜卑、羌、羯攒聚如林,此皆国之贼也,我之仇也。"⑨从此段史料可以看出,当时前秦都城长安的人口民族构成已相当复杂。东、西魏及北齐、北周时期,北方人口的迁徙依然十分频繁,相关记载也较多。中兴元年(531)十月,"高祖将击尔朱兆等军于韩陵,留隆之镇邺城。尔朱兆等走,以隆之行冀州事,仍领降俘三万余人,分置诸州"⑩。元象初(538),"〔薛〕修义在州,擒西魏所署正平太守段荣显。招降胡酋胡垂黎等部落数千口,表置五城郡以安处之"⑪。武定二年(544),"十一月,神武讨山胡,破平之,俘获一万余户口,分配诸州"⑫。武平元年(570),斛律光"乃进围定阳,仍筑南汾城。置州以逼之,夷夏万余户并来内附"⑬。北周建德六年(577)十二月,"东寿阳土人反,率众五千袭并州城。刺史东平公宇文神举破平之。庚申,行幸并州宫。移并州军人四万户于关中"⑭。

综上所述,魏晋南北朝时期,大规模、长距离的人口迁移非常频繁,因而对南北城市的发展产生了巨大而深远的影响。具体而言,有以下一些。

一是人口迁移使南北人口不断交流,促进了多元文明的融合。魏晋南北朝时期,不仅北方人口大量南迁,对南方城市、经济和文化的发展产生了直接的推动作用,而且也有部分南方人口北迁,对北方城市经济与文化的发展产生了影响。如在西魏与南梁的对峙中,最终以西魏的胜利而告终,王褒、庾信等一批南梁学者,作为战利品被掳到长安,他们在北方开展了一系列文化活动,对于北方文化也产生较

---

① 房玄龄等:《晋书》卷三《武帝纪》,中华书局,1974年,第66页。
② 房玄龄等:《晋书》卷三《武帝纪》,中华书局,1974年,第76页。
③ 房玄龄等:《晋书》卷三《武帝纪》,中华书局,1974年,第76页。
④ 房玄龄等:《晋书》卷三《武帝纪》,中华书局,1974年,第77页。
⑤ 房玄龄等:《晋书》卷三《武帝纪》,中华书局,1974年,第80页。
⑥ 房玄龄等:《晋书》卷四《惠帝纪》,中华书局,1974年,第91页。
⑦ 房玄龄等:《晋书》卷二《文帝纪》,中华书局,1974年,第40页。
⑧ 房玄龄等:《晋书》卷一百十六《姚弋仲载记》,中华书局,1974年,第2960页。
⑨ 房玄龄等:《晋书》卷一百十四《苻坚载记》,中华书局,1974年,第2913页。
⑩ 李百药:《北齐书》卷二十一《封隆之传》,中华书局,1972年,第302页。
⑪ 李百药:《北齐书》卷二十《薛修义传》,中华书局,1972年,第277页。"〔〕"内文字为引者所补。
⑫ 李百药:《北齐书》卷二《神武帝纪》,中华书局,1972年,第22页。
⑬ 李百药:《北齐书》卷十七《斛律光传》,中华书局,1972年,第224页。
⑭ 令狐德棻等:《周书》卷六《武帝纪》,中华书局,1971年,第105页。

第四章
秦汉魏晋南北朝时期城市人口的变化

大影响,开创了隋唐时期南北文化交融的先河。①

二是人口大规模的迁徙在一定程度上促进了南北城市经济的发展,如刘裕攻灭后秦,将长安的大量锦工迁到建康,推动了江南织锦业的发展。②北魏道武帝以平城为都城,大量招徕各地人口,使平城在极短的时期内成为一个拥有百万人口的巨型城市,这些外来人口大部分来自中原地区,也有的来自北方游牧地区。道武帝对从四面八方来到平城的移民采取量才而用的方法,有知识的士人被吸收到统治机构中,而农民则计口授田,手工业者可在城市中开作坊务工,牧民被鼓励从事农耕,由此促进了平城经济多元化的发展,同时也推动了文化的发展。

三是大规模的人口迁移,造成了民族融合的趋势,这在民族交往频繁、交通发达的地区表现尤得为明显。如并州的少数民族主要有匈奴、鲜卑、羯、氐、乌桓等,这些民族的特点是汉化水平较高,统治者招揽汉族士大夫,采取中原制度,淡化夷夏观念,并普遍信仰佛教,民族融合进程加快等。③韦正先生在《魏晋南北朝考古》一书中称:"胡族入主中原,中原地区的文明进程改变了方向。""十六国至北魏迁洛前中原城市、墓葬等考古遗迹和遗物面貌无不是胡汉杂糅、别有风致。"④魏晋南北朝时期,汉代的典章制度既在江南有了新的发展,同时又被刘芳等文人传播到了北方的平城。魏晋南北朝时期,随着东晋、宋、齐、梁、陈等政权对南方的经营,南方少数民族也被进一步纳入汉族国家管辖中和汉文化的体系之内,统治者通过设立蛮府、左郡县等,将这些相对落后的地区纳入州、郡、县行政等级体系,或通过授予少数民族首领官爵的方式,将其逐渐纳入国家一体化的管辖之中。民族间的交往也因制度的变迁而扫清了部分障碍,各族人民通过市场交易和季节性的劳作互动加强了联系,从而促进了民族间经济与文化的融合。⑤

魏晋南北朝时期,南北人口的大迁移、大融合,促进了南北城市不同文明的碰撞与融合,最终铸造出了中华文明的新形态。正如有研究者通过对北魏平城的研究,认为大约在北魏太和年间,汉族的传统文化经过一番曲折的流散以后,又从河北、江左、河西等地区汇拢起来,在北魏都城平城碰撞到了一起。正是在这种背景下,出现了大规模的太和改制运动。平城时代是拓跋部汉化运动的总结,也是北方游牧民族汉化运动的总结。从整个中华民族文明发展的广阔历史背景来看,平城的文明早已不同于纯粹的汉魏以降的汉族传统文化了。它们陆续吸收和融合了所在地的各区域文明。河北的文明中含有匈奴、羯和鲜卑族慕容部文化因素,江左的文明受到了蛮、越文化因素的影响,而河西的文明则不仅有氐、羌而且还有鲜卑秃发等

---

① 赵文润:《西魏宇文泰伐蜀灭梁战役述略》,殷宪、马志强《北朝研究》(第一辑),北京燕山出版社,2008年第2版,第107页。
② 韩国磐:《魏晋南北朝史纲》,人民出版社,1983年,第344页。
③ 汪波:《魏晋南北朝并州地区少数民族初探》,殷宪、马志强《北朝研究》(第二辑),北京燕山出版社,2008年第2版,第362—377页。
④ 韦正:《魏晋南北朝考古》,北京大学出版社,2013年,第10页。
⑤ 牟发松:《川本芳昭〈魏晋南北朝时代的民族问题〉述评》,殷宪、马志强《北朝研究》(第二辑),北京燕山出版社,2008年第2版,第273—274页。

部的文化因素。这三个地区的文明虽然都主要源于汉族文化传统，但实际上彼此之间已存在着相当大的差异，因此，一旦它们被熔于一炉，中华民族的文明就升华了[①]。从北魏平城的经验可以看出，魏晋南北朝时期不同民族的人口汇聚在同一城市之中，为这些城市带来了不同的物质文明、精神和制度文明，使多元文明在城市中出现碰撞、融合，从而形成了新的文明，中华文明在经历了大破坏之后，出现了升华。

小 结

秦朝统一前后，全国人口在1 500万到2 000万之间。西汉建立后，人口持续增长，到西汉后期全国人口达到了5 000多万。东汉时期的人口在西汉的基础上有一定程度的增长。此一时期，城市人口占总人口的比重较大，其中一个重要原因就是城市中存在着大量的农业人口。

秦汉时期城市人口出现较大流动，人口流动主要有两个方向：一是从各地向都城移动，一是从各地向边疆城市移动。秦汉时期各地人口向都城流动，这与中央集权制度的强化有着直接的关系，它既是统治者基于弱枝强干的统治需要而采取行政干预的结果，同时又是都城作为国家的政治、经济、文化中心所产生的巨大吸引力（虹吸效应）的结果。该时期人口流动的另一个方向，即人口向边疆城市聚集，则直接与秦汉王朝强疆固边的国家战略有着直接的关系。

魏晋南北朝时期，社会总人口大幅度减少，但城市人口的比重却出现增长，城市人口比例较秦汉时期有所提高。这一方面是因为城市在战争年代成为战乱的避风港，另一方面是因为地方割据，各政权的统治者都十分重视城市建设，尤其是对都城的建设，因而出现若干规模较大的城市。

魏晋南北朝时期，城市人口出现了地域上的大迁移和结构上的大变动。就该时期的人口迁移而言，有的是为了逃避战乱而主动迁移，有的则是被动的迁移，如战争的胜利者将战败者的人口迁移到自己管辖的地区和重要的城市中，这在当时成为城市人口迁移的常态。这个时期人口大规模迁移的方向主要为中原人口向东北、南方、西南等地迁移；另外，北方的游牧民族也大规模地向中原地区迁移。

就城市人口结构而言，由于社会的大变迁和大规模的人口迁移，导致魏晋南北朝时期的城市人口构成较前更加复杂。一方面，民族种族构成较前更加复杂，数量较多的北方游牧民族进入中原，成为中原城市的重要居民；另一方面，北方各阶层的大量人口向南方迁移，尤其是那些进入都城及部分中心城市的人口，使城市中人口的阶级构成和职业构成发生变化，城市人口的异质化加强。

---

① 李凭：《北魏平城时代》，上海古籍出版社，2014年，第408—409页。

第五章　秦汉魏晋南北朝时期城市经济的发展

秦汉时期，随着国家的统一，生产力的提高和工商业贸易的发展，统一的全国市场也逐渐建立起来，北方和南方的城市经济都得到了不同程度的发展。城市经济的发展与全国市场体系的形成，为中华文明的后续发展奠定了物质基础。

魏晋南北朝时期，虽然经历了战乱，但是，民族与文明的大融合促进了各地方、各民族间的经济交往，南北城市均得到了一定程度的发展，城市进一步成为民族间、区域间经济交往的枢纽。

第一节　秦汉时期城市经济的发展

先秦时期，一方面，黄河流域、长江流域的城市经济获得了快速的发展，另一方面，在区域内部，诸侯国的都城因作为统治中心率先获得发展，但许多地方城市仍属军事性城市，经济职能较弱，故区域内各城市的经济发展水平差异较大。[1] 秦汉时期，随着国家的统一，全国性的市场逐步形成，各级城市成为全国或地方的经济中心，南北城市均得到了不同程度的发展。

一、秦汉时期城市手工业的发展

大规模的、专业化的商品生产，是秦汉商业的一个特征，也是秦汉商业区别于战国商业的一个重要标志。[2] 秦汉时期，城市手工业也得到了较大的发展，为城市商业的发展打下了基础。秦汉时期手工业的生产和经营方式仍和以前相同，分为官营手工业和民营手工业。

官营手工业是为了满足统治阶级及各级官府的需要而建立的生产组织机构，其制度在先秦时期就已确立。官营手工业专业化程度高，其产品除盐、铁及酿造品外，大多数为奢侈品，并按照权力等级结构分配产品，很少考虑成本。正因为官营手工业产品直接为统治阶级服务，市场化程度低，较少考虑成本，因而尤其注重各

---

[1] 王立华：《中国城市的起源与形成：先秦城市的发展变迁》，四川大学博士学位论文，2016年。
[2] 林甘泉：《中国经济通史·秦汉》，经济日报出版社，2007年，第370页。

类产品的质量,其生产过程中的分工也较为细致,专业化程度较高,生产规模较大,管理水平较高,不少手工业产品具有十分鲜明的特色和较高的工艺水平,因此也具有一定的垄断性。有研究者认为,秦汉官营手工业不在国民经济中占主要地位。与国民经济密切联系的商品生产部门大都采取落后的、残酷的奴隶劳动或征发农民服劳役。①

西汉时期,官营手工业有了进一步发展:在组织形式上、管理机构上基本定型化,手工门类增多,手工业作坊规模和生产规模扩大。汉王朝在中央设有大司农、少府、将作大匠、水衡都尉等职官,主管各种官营手工业。此外又在若干地方城市设置上官、服官、盐官、铁官等,管理专业性的官办作坊。汉武帝时期,朝廷实行盐铁酒官营政策,故在产盐、产铁地设置了盐铁官。据《汉书·地理志》载,河内郡怀县、泰山郡及其所属奉高县、河南郡、济南郡东平陵、颍川郡阳翟、广汉郡及所属洛县、南阳郡宛县、蜀郡成都等十郡县均设有工官。另据乐浪出土漆器铭文,梓潼郡、武都郡也有工官。京兆郑县、沛郡沛县、左冯翊夏阳县、魏郡武安县、右扶风雍县与漆县、常山郡都乡县、弘农郡黾池县、蜀郡临邛县、颍川郡阳城县、犍为郡南安县、汝南郡西平县、南阳郡宛县等凡四十八郡国均设有铁官。河东郡安邑县、太原郡昔阳县等三十五郡县均设有盐官。②盐业官营的办法为民制、官收、官运、官销。铁的官营则为官府直接组织开矿冶炼,铸造器物及销售,即控制了生产和流通的全部过程。汉武帝之后,盐铁官营引起争议,昭帝始元六年(前81)召开盐铁会议,朝臣就是否罢去盐铁官和取消盐铁官营政策展开激烈争论。但最终仍未取消盐铁官营,仅仅废除了酒的官营,盐铁官营政策历"宣、元、成、哀、平五世,亡所变改"③。西汉末王莽时,进一步推行盐、铁、铸钱等业的官营制度。东汉政权建立后,盐铁官营政策逐渐改变,"凡郡县出盐多者置盐官,主盐税;出铁多者置铁官,主鼓铸"④。

汉代官办手工业作坊规模大、产品多、费用巨,如"齐三服官作工各数千人,一岁费数巨万"⑤。汉武帝时期实行禁榷制度后,盐铁的生产和运销全归官营,因而西汉时期官营手工业规模达到空前巨大的程度。铁器制作手工业,尤为发达。铁器之中,除兵器外,田器实为大宗。"大农置工巧奴与从事,为作田器。"⑥县官也负责铸造农具,使民务本。除少数采矿等作坊之外,多数官营手工业作坊都设在城市之中,成为城市的主要经济部门。金、银器制作业,主要集中于蜀郡与广汉郡,《汉书·贡禹传》称:"蜀、广汉主金银器,岁各用五百万。"⑦

---

① 林甘泉:《中国经济通史·秦汉》,经济日报出版社,2007年,第371页。
② 何一民:《中国城市史》,武汉大学出版社,2012年,第163—164页。
③ 班固:《汉书》卷二十四《食货志》,中华书局,1962年,第1176页。
④ 《后汉书》志第二十八《百官》,中华书局,1965年,第3624页。
⑤ 班固:《汉书》卷七十二《贡禹传》,中华书局,1962年,第3070页。
⑥ 班固:《汉书》卷二十四《食货志》,中华书局,1962年,第1139页。
⑦ 班固:《汉书》卷七十二《贡禹传》,中华书局,1962年,第3070页。

第五章
秦汉魏晋南北朝时期城市经济的发展

民营手工业分家庭手工业和作坊手工业。城市中的家庭手工业较少。从事商品生产的民营手工业大都是作坊手工业,多数设在城市之中。西汉民营手工业作坊有不少规模较大,拥有大量的固定资本和流动资本,所雇工人也较多,规模大、产量多、利润高。汉武帝实行禁榷制度以前,在采矿、炼铜、铸钱、冶铁、铸造、煮盐等行业中存在不少大型的民营手工业作坊。

汉代城市手工业较前更为发展,如长安城分布有大量的建筑、机械、造纸、造船、冶铁、皮革、纺织等作坊,成都城内的手工业作坊也很多,尤其是丝织业作坊。临淄是汉王朝的纺织基地,三服官的手工业作坊十分庞大,共分三处,每处有工人数千。咸阳虽然在秦末被毁,但西汉时期又重建为渭城,民众习惯上多称其为"咸里"。20世纪以来,考古工作者从咸阳地下发掘的汉代陶尊、陶瓮及陶壶等陶器,证明了汉代的咸里仍是手工业十分发达的地区,集中了许多官府手工业作坊。

汉代城市手工业发展的另一表现是技术水平的提高。

其一,冶铁铸造业。汉代冶铁铸造业的技术水平较秦及以前有较大发展,主要表现在以下三个方面:(1)大型高炉的出现;(2)生产出类似现代球墨铸铁的球化石墨组织的铸件,而现代球墨铸铁在1948年左右才研制成功;(3)在块炼渗碳钢的基础上,创制出"百炼钢"的炼钢方法。西汉中期又出现炒钢新技术,此项技术欧洲在18世纪才出现。

其二,丝织业。汉代丝织业技术进步较快。陈宝光的妻子发明了织花机,用120镊牵动,能织成各式各样的花纹。绚丽多彩的丝织品,色泽鲜艳,质地精美,种类有绢、纱、罗绮、纹锦、起毛锦、绒圈锦、绣、绮等,花色有茶褐、绛红、灰、朱、黄棕、棕、浅黄、青、绿、白等,花纹有各种动植物纹、云纹、变形云纹、菱形几何纹等。有的轻纱料质轻且薄,长沙马王堆一号汉墓出土的一件素纱单衣长128厘米,袖通长190厘米,重量仅49克。周勃就是一个在城市中从事纺织业的人,他还从事其他一些行业赚一些外快,"勃以织薄曲为生,常以吹箫给丧事,材官引强"①。

其三,髹漆。战国时期高度发展的髹漆手工业到汉代又有了进一步发展,制作技术更加精巧,产量巨大且应用普遍。汉代漆器的制作分工细致,仅髹漆技术的工种就有素工(做内胎)、髹工和上工(上油漆)、黄涂工(在铜制附饰品上鎏金)、画工(描绘油彩纹饰)、清工(最后修整)等。此外还有供工(负责供料)、造工(负责管理的工师)以及护工卒史、长、丞、掾、令史、佐、啬夫等监造工官,组织十分严密。各工序顺次相接,分工合作,使漆器生产工艺日臻完善,盛极一时。汉王朝在成都、广汉等城市设有工官,建有大型漆器作坊,专为皇室、贵族、达官贵人制造高级漆器和金银釦器。其时所生产的一些高级漆器,旷时费工,价比金玉,"一杯棬用百人之力,一屏风就万人之功"②。从目前出土的马王堆一号汉墓的

---

① 班固:《汉书》卷四十《周勃传》,中华书局,1962年,第2050页。
② 王利器:《盐铁论校注》,中华书局,1992年,第356页。

184件漆器来看,无论是日用品还是装饰品、珍玩品,都是造型精巧,线条优美,色泽鲜艳,光彩夺目,反映了汉代漆器工艺高度发展的水平。

其四,造纸业。造纸术是中国古代的四大发明之一。西汉时期开始出现纸的雏形,近年发现的西汉"罗布淖尔纸""金关纸""中颜纸""灞桥纸"即较为原始的纸张。东汉蔡伦虽不是纸的最初发明者,但他是造纸技术史上杰出的革新家,他"用树肤、麻头及敝布、鱼网以为纸"[1],在造纸原料上和方法上都有革命性的改进,使得纸的大量生产成为可能,为纸的推广和普及开辟了广阔的道路,从而改变了人类文化的传播方式,造纸手工业也随之而兴,为城市经济、文化生活带来重大改变。

汉代的其他手工业如制瓷业、造船业、制盐业、酿酒业等都有很大的进步、发展,不仅推动了城市的繁荣,也对城市社会生活产生了很大影响。

二、秦汉时期工商业都会的崛起

秦汉时期是中国古代城市经济大发展的时期,这与统一国家的建立,疆域的拓展,生产力的发展、交通的发展及度量衡的统一有着密切的关系[2]。而秦汉时期城市经济之所以有较大的发展,首先与农业的发展有着直接的关系,此一时期不仅农业生产工具有明显的进步,铁器和牛耕普遍推广,若干新农具发明,而且耕作技术也出现革新,以代田法和区种法的推广为标志的农业技术革新出现,使我国农业从长期停滞在原始粗耕的状态,进入精耕细作的阶段,并确立了以农业为基础和以粮食为主导的国民经济体系。农业的进步使粮食产量大增;而为城市兴起提供了大量的商品粮食、农副产品和手工业原料。同时手工业也出现突飞猛进的发展,生产水平、技术成就、生产规模和产量、质量都达到相当的高度,而为城市商品经济的繁荣创造了条件。另外,西汉城市经济的发展也与国家政策和交通的发展有着直接关系。汉初,统治者对商业采取放任政策,故其商业很快就出现繁荣的景象。商品经济的发展和统治的需要,推动了交通运输的发展。西汉时期,在以前所修的道路基础上,先后修复、开拓了以长安为中心通往西域的"丝绸之路",通往北方和西北的"直道"、西南的子午道和故道、东南的道路也保持秦代的规模,并进一步完善黄河中下游地区和华北平原的各交通要道。形成了贯通全国的交通网。使全国各地区之间和城市之间政治、经济、文化交流更加密切[3]。随着战国时代商业、手工业和货币经济的发展,特别在战略要地和贸易要道上出现了新的城市,它除去作为国家首都或地方行政中心之外,还是重要的商业中心。汉代的大城市就是从战国时代

---

[1] 范晔:《后汉书》卷七十八《蔡伦传》,中华书局,1965年,第2513页。
[2] 林甘泉:《中国经济通史·秦汉》,经济日报出版社,2007年,第369页。
[3] 何一民:《中国城市史》,武汉大学出版社,2012年,第154—155页。

第五章
秦汉魏晋南北朝时期城市经济的发展

发展而来的。①

由于国家的统一,阻隔区域之间商品经济流通的政治因素消失,从而推动了区域之间物资的流通,正如《史记·货殖列传》所云:"汉兴,海内为一,开关梁,弛山泽之禁,是以富商大贾周流天下,交易之物莫不通,得其所欲,而徙豪杰诸侯强族于京师。"② 其时区域发展不平衡,资源有很大差异性和互补性,"夫山西饶材、竹、穀、纑、旄、玉石;山东多鱼、盐、漆、丝、声色;江南出楠、梓、姜、桂、金、锡、连、丹沙、犀、玳瑁、珠玑、齿革;龙门、碣石北多马、牛、羊、旃裘、筋角;铜、铁则千里往往山出棋置:此其大较也。皆中国人民所喜好,谣俗被服饮食奉生送死之具也"③。"楚越之地,地广人稀,饭稻羹鱼,或火耕而水耨,果蓏蠃蛤,不待贾而足,地势饶食,无饥馑之患,以故呰窳偷生,无积聚而多贫。是故江淮以南,无冻饿之人,亦无千金之家。沂、泗水以北,宜五谷桑麻六畜,地小人众,数被水旱之害,民好畜藏,故秦、夏、梁、鲁好农而重民。三河、宛、陈亦然,加以商贾。齐、赵设智巧,仰机利。燕、代田畜而事蚕。"④ "安邑千树枣;燕、秦千树栗;蜀、汉、江陵千树橘;淮北、常山已南,河济之间千树萩;陈、夏千亩漆;齐、鲁千亩桑麻;渭川千亩竹;及名国万家之城,带郭千亩亩钟之田,若千亩卮茜,千畦姜韭:此其人皆与千户侯等。"⑤ "故曰:'天下攘攘,皆为利来;天下攘攘,皆为利往。'夫千乘之王,万家之侯,百室之君,尚犹患贫,而况匹夫编户之民乎!"⑥ "唯京师要其道。故关中之地,于天下三分之一,而人众不过什三;然量其富,什居其六。"⑦ 此外,巴蜀,西北天水、陇西、北地、上郡等地因为交通便利、物产丰富而成为无所不通的重要商业集散地。汉代各大区域之间的物资出现了较大的流动,形成了几大流向,一是全国各地的物资向京师聚集,满足以皇室为核心的统治者的消费需要;二是各大经济区内部的流动与经济区之间的物资流动,如关中地区城市之间的物资流动,以及关中地区与三河地区之间的物资流动;三是秦岭、淮河以南的经济区与秦岭、淮河以北经济区之间的物资流动;四是中国内地与边疆地区双向的物资流动。⑧ 在不同的区域间,有着不同种类的市场,如大市、狱市等。⑨

西汉中后期,全国形成了若干具有互补性的经济区,进而推动了全国统一市场的形成。

---

① [英]崔瑞德、鲁惟一编,杨品泉等译:《剑桥中国秦汉史:公元前221—公元220年》,中国社会科学出版社,1992年,第614页。
② 司马迁:《史记》卷一百二十九《货殖列传》,中华书局,1982年,第3261页。
③ 司马迁:《史记》卷一百二十九《货殖列传》,中华书局,1982年,第3253—3254页。
④ 司马迁:《史记》卷一百二十九《货殖列传》,中华书局,1982年,第3270页。
⑤ 司马迁:《史记》卷一百二十九《货殖列传》,中华书局,1982年,第3272页。
⑥ 司马迁:《史记》卷一百二十九《货殖列传》,中华书局,1982年,第3255—3256页。
⑦ 司马迁:《史记》卷一百二十九《货殖列传》,中华书局,1982年,第3261—3262页。
⑧ 林甘泉:《中国经济通史·秦汉》,经济日报出版社,2007年,第384—385页。
⑨ 李根蟠:《汉代的"大市"和"狱市"——对陈直〈汉书新证〉两则论述的商榷》,《中国社会经济史研究》,2002年第1期。

汉代，由于农业、手工业、商业的发展以及地理的、历史的因素影响，全国初步形成了十个宏观经济区域：关中地区、陇右地区、巴蜀地区、三河地区、燕赵地区、齐鲁地区、梁宋地区、颍川南阳地区、三楚地区、南越地区。这些经济区域的农业、手工业、商业都有一些共同特征，内部联系也比较密切，在西汉中期各区域的经济出现了较大的发展，其生产也各有侧重。各经济区域在形成的过程中都以一个或几个城市为中心，这些城市也以经济区域为依托，发展成为大经济都会。① 秦汉时期，以黄河流域为主体的北方是全国政治、经济、文化的重心所在，重要的大城市也大多集中在秦岭、淮河以北的地区，除都城长安外，涿、蓟、邯郸、荥阳、宛、洛阳、临淄等经济发达的城市都在秦岭、淮河以北，而秦岭、淮河以南的工商业都会只有西蜀的成都，岭南的番禺等。秦汉时期主要的城市都在华北，这个事实表明了那时的商业大部分限于这个地区，而还没有延伸到长江中、下游区域②。都城对于经济重心的建设有相当的促进作用，为了保障对都城的物资供应，人口和经济要素都必须向都城所在区域集中，如西汉建立初期关中经济受战争影响而衰败，为了保证都城的正常运转，每年有20万到30万担稻谷沿渭河运到长安，分配给都城的各级官吏们。汉武帝建元元年（前140）前后，每年从关东地区运往关中地区的稻谷数量已增至400万担。③

西汉时期，全国最大的经济都会有6个，除了关中地区的都城长安外，分散在各地的五个经济都会被时人称为五都：齐鲁地区的临淄、三河地区的洛阳、燕赵地区的邯郸、巴蜀地区的成都、颍川南阳地区的宛。西汉中后期，五都脱颖而出，成为区域的经济中心，因而王莽改制时，在长安和五都分别设立五均官，强化政府对城市工商业经营和市场物价的管理，并举办官营的贷款业务。④ 据《汉书·食货志》载："长安及五都立五均官，更名长安东西市令及洛阳、邯郸、临淄、宛、成都市长皆为五均司市（称）师。东市称京，西市称畿，洛阳称中，余四都各用东西南北为称，皆置交易丞五人，钱府丞一人。"⑤ 五均都市师的设立，表明这些城市在区域经济的中心地位已经基本确立，并发挥了十分重要的作用。东汉时期，各主要经济区的中心城市在经历了西汉末年的战乱后，又逐渐得到恢复和发展"，此外还出现了更多的重要经济都会，其空间分布也较前为广。

1. 临淄——天下膏腴之地，莫胜于齐者

临淄地处泰山之北，位于"北被于海，膏壤二千里"的鲁中大平原腹地，曾为齐国都城，是一个著名的工商业城市，其民"好商贾趋利，甚于周人"⑥，"亦海、

---

① 何一民：《中国城市史》，武汉大学出版社，2012年，第156页。
② [英]崔瑞德、鲁惟一编，杨品泉等译：《剑桥中国秦汉史：公元前221—公元220年》，中国社会科学出版社，1992年，第614页。
③ [德]阿尔弗雷德·申茨著，梅青译：《幻方——中国古代的城市》，中国建筑工业出版社，2009年，第131页。
④ 何一民：《中国城市史》，武汉大学出版社，2012年，第156页。
⑤ 班固：《汉书》卷二十四《食货志》，中华书局，1962年，第1180页。
⑥ 司马迁：《史记》卷一百二十九《货殖列传》，中华书局，1982年，第3266页。

第五章 秦汉魏晋南北朝时期城市经济的发展

岱之间一都会也"①。战国后期和秦末,临淄屡遭战争破坏,人口锐减,工商业衰落。临淄所在的齐鲁地区"宜桑麻",又近海,多鱼、盐之利,"人民多文彩、布帛、鱼盐"②,农业和手工业一直都相当发达,鱼盐丝织之业,天下闻名,冶铁业也位居全国前列。因此,西汉建立后,随着汉王朝一系列休养生息政策的实施,齐鲁地区的经济很快得到恢复和发展,临淄城市再次崛起。《册府元龟·总录部》称:"临淄十万户,市租千金,人众殷富,巨于长安。"③ 西汉中期临淄工商业的盛况,由此可见一斑,其人口数量已经超过战国时期,经济繁荣,富商大贾之众,堪与长安相比。④

2. 邯郸——"漳、河之间一都会"

邯郸在战国时期为赵国国都,也是燕赵区域的经济中心,由于冶铁业相当发达,著名富商郭纵"以铁冶成业,与王者埒富"⑤。战国末期,邯郸也遭到战争的严重破坏,城市几成废墟,一蹶不振。汉代重建城市,以原城西北部赵王的离宫温明殿宫殿区为基础重建邯郸城。由于邯郸有着优越的交通区位条件,"北通燕涿,南有郑、卫",又"近梁、鲁"⑥,腹地矿产资源丰富,手工业较发达,不少人仍"以冶铸为业"。西汉中后期,邯郸城已是"商贾错于路,诸侯交于道"⑦ 的工商业大都会。王莽实行商业统治政策时,即在邯郸设立五均市师,反映了邯郸的经济地位十分重要。东汉中后期,由于外戚、宦官轮番专权,朝政日益衰败,导致社会大动乱。邯郸成为战场,再次遭到大破坏,而此后由于政治、经济格局的大变化,邯郸逐渐失去了发展经济的优越条件,故而逐渐衰落,淡出了全国经济都会的行列。

3. 宛——黄河以南颍川南阳区的经济中心

宛城故地,即今南阳市宛城区。其他位于伏牛山之南,居汉水之北,西、北、东三面环山,中部为低平的盆地,其城西通武关、郧关,东南连汉、江、淮,既有沃野美壤,又有江河之便。《史记》称:"颍川、南阳,夏人之居也。夏人政尚忠朴,犹有先王之遗风。"⑧ 秦末世,将"用铁冶为业"的梁人孔氏等"不轨之民"迁于南阳,而此等人到宛后仍操旧业,大鼓铸,规陂池,连车骑,游诸侯,因通商贾之利,使宛的经济有较大发展。西汉时期,宛已成为大郡之都,连城数十,人民众,积蓄多,其冶铁业相当发达,地俗杂好事,民多业贾,甚至有富商游贾于全国,故史称"宛亦一都会也",成为黄河以南颍川南阳经济区域的经济中心。⑨

---

① 司马迁:《史记》卷一百二十九《货殖列传》,中华书局,1982年,第3265页。
② 司马迁:《史记》卷一百二十九《货殖列传》,中华书局,1982年,第3265页。
③ 王钦若:《册府元龟》卷九百三十五《总录部》,凤凰出版社,2006年,第10829页。
④ 何一民:《中国城市史》,武汉大学出版社,2012年,第160页。
⑤ 司马迁:《史记》卷一百二十九《货殖列传》,中华书局,1982年,第3259页。
⑥ 司马迁:《史记》卷一百二十九《货殖列传》,中华书局,1982年,第3264页。
⑦ 王利器:《盐铁论校注》,中华书局,1992年,第42页。
⑧ 司马迁:《史记》卷一百二十九《货殖列传》,中华书局,1982年,第3269页。
⑨ 何一民:《中国城市史》,武汉大学出版社,2012年,第162页。

4. 成都——天府之都

成都地处川西平原，土地肥美，有江河、沃野、山林、竹木、蔬食、果实之饶。"南贾滇、僰僮，西近邛、莋马旄牛。民食稻鱼，亡凶年忧。"① 以成都为中心的巴蜀地区在先秦时期就已经形成独立的经济区域。战国后期，秦灭蜀，"乃移秦民万家实之"②，并先后将中原的一些富商大贾迁至成都及附近城市，不仅使成都人口骤增，推动了成都工商业的发展，同时也传进了中原地区的先进文化、技术。从大禹时代开始，成都平原的居民就开始治理岷江水患，秦并巴蜀后，秦蜀郡太守李冰在蜀人长期治水经验的基础上，率众修建了举世闻名的都江堰大型水利工程，由于都江堰水利工程乘势利导，因时制宜，将岷江水流一分为二，并把内江之水引入成都平原，从而既解决了长期困扰成都的水旱灾害，又为川西平原农业的发展提供了水利灌溉和交通便利，由此推动了成都平原农业经济和工商业的大发展，并为其后成都取代关中成为天府之国创造了条件。秦末关中和北方发生大规模的战争，但成都却因僻处西南，未遭战争的破坏，遂成为西汉王朝建立的重要经济基地。汉王朝建立后，统治者以成都为中心加大了对西南地区的开发力度，进一步推动成都工商业的发展，其时成都的丝织业、制车业、漆器业、金银制品业十分发达，其产品闻名遐迩，尤其是丝织业盛况空前。成都城南建有锦官城，是大型的官办手工业作坊，"锦工织锦，濯其〔江〕中则鲜明，濯他江则不好"③。故成都又被世人称为"锦城"。成都是巴蜀地区的商品集散地，也是北方地区同西南地区贸易的中心，同时也是南方丝绸之路的起点，商业十分繁盛，"市廛所会，万商之渊。列隧百重，罗肆巨千。贿货山积，纤丽星繁。都人士女，袨服靓妆。贾贸墆鬻，舛错纵横。异物崛诡，奇于八方。布有橦华，鄨有桄榔。邛杖传节于大夏之邑，蒟酱流味于番禺之乡。舆辇杂遝，冠带混并。累毂叠迹，叛衍相倾。喧哗鼎沸，则咙聒宇宙；嚣尘张天，则埃壒曜灵。阛阓之里，伎巧之家。百室离房，机杼相和。贝锦斐成，濯色江波。黄润比筒，籯金所过"④。以上引文虽然有文学夸张的色彩，但也可以看到当时成都工商业繁盛的状况。汉代，成都平原农业发展，交通驿道纵横，手工业、商业异常繁荣，因此，成都人口迅速增加，汉平帝年间，成都人口达7.6万户，30余万人。东汉章帝建初中（76—84），廉范为蜀郡太守时，"成都民物丰盛，邑宇逼侧，旧制，禁民夜作，以防火灾"⑤，但居民仍然"夜作"，遂"更相隐蔽，烧者日属"⑥，廉范乃取消禁止夜作之令，但令储水防火而已。⑦

除了长安、洛阳、临淄、邯郸、宛、成都等六大工商业都会以外，汉代重要的

---

① 班固：《汉书》卷二十八《地理志》，中华书局，1962年，第1645页。
② 常璩著，刘琳校注：《华阳国志新校注》卷三《蜀志》，四川大学出版社，2015年，第107页。
③ 常璩著，刘琳校注：《华阳国志新校注》卷三《蜀志》，四川大学出版社，2015年，第129页。
④ 杨慎：《全蜀艺文志》，线装书局，2003年，第10页。
⑤ 范晔：《后汉书》卷三十一《廉范传》，中华书局，1965年，第1103页。
⑥ 范晔：《后汉书》卷三十一《廉范传》，中华书局，1965年，第1103页。
⑦ 何一民：《中国城市史》，武汉大学出版社，2012年，第161-162页。

第五章
秦汉魏晋南北朝时期城市经济的发展

工商业城市还有十余个：温、轵、颍川、陈、睢阳、燕、陶、杨、平阳、衡山、九江、豫章、长沙、寿春、合肥、江陵、吴、桂林、番禺等。这些城市都处于各经济区域的交通枢纽上，发展也较早，有历史的基础，成为区域的商业贸易中心。如杨，即今山西洪洞东南；平阳，即今山西临汾西，杨、平阳实为联系关中与代北之枢纽，故此二地商人"西贾秦、翟，北贾种、代"①。由于此二地近边胡，为汉朝用兵必经之地，"师旅委输，有奇羡"，使杨、平阳之民得以"椓其间，得所欲"②，因而商贩之业甚盛。燕"南通齐、赵，东北边胡，上谷至辽东"，这里"有鱼、盐、枣、栗之饶。北邻乌桓、夫余，东绾秽貊、朝鲜、真番之利"，故而燕"亦勃、碣之间一都会也"③。

陈留也是秦汉之际北方的一个重要大城市：郦食其曰："夫陈留，天下之冲，四通五达之郊也，今其城中又多积粟。"④ 敖仓一直是北方的存粮之所，是重要的仓库："夫敖仓，天下转输久矣。"⑤

岭南的区域中心城市番禺（今广州）在汉代也得到了进一步的发展。番禺位于珠江三角洲，秦末汉初，赵佗建南越国，以番禺为都城，并致力于岭南的开发，使番禺的制陶、冶铸、造船、制盐、纺织、制漆等手工业更加发展，有了相当的规模。由于珠江水系的东、西、北三条江在其附近汇流出海，故番禺又兼收河汊、海港之利，成为岭南地区的经济中心，手工业产品、鱼、盐、犀角、象牙、翡翠、珠玑、玳瑁、水果、布帛在此集散、交易。汉武帝以后，番禺被纳入汉王朝管辖范围，与长江流域和黄河流域的联系加强，番禺城市经济日益繁荣、兴旺。

两汉时期，江南地区郡县级城市体系业已基本形成，但城市分布稀疏，大多邻近水域，城区规模普遍较小，城市的商业活动日渐频繁，但由于地理、人口等诸因素的制约，其商品经济发展水平尚不及中原地区。⑥ 汉代的城市分布与地理条件相适应，东汉时长江以南的经济文化有一定的发展，城市数量略有增长。

全国市场的形成是以各地资源的独特性与互补性为前提的，这种区域间经济的互补性以及人们对利益的追求，对全国市场的形成起到了决定性的作用。汉代南方的土货得到了北方的青睐，南北交易获得进一步的发展。"旧交阯土多珍产，明玑、翠羽、犀、象、玳瑁、异香、美木之属，莫不自出"，但是，因为官员的搜刮，引发了许多社会矛盾，"前后刺史率多无清行，上承权贵，下积私赂，财计盈给，辄复求见迁代，故吏民怨叛"⑦。"尊任残贼，信用奸佞，诛戮忠正，覆按口语，赤车奔驰，法冠晨夜，冤系无辜，妄族众庶。行炮格之刑，除顺时之法，灌以醇醯，裂

---

① 司马迁：《史记》卷一百二十九《货殖列传》，中华书局，1982年，第3263页。
② 司马迁：《史记》卷一百二十九《货殖列传》，中华书局，1982年，第3263页。
③ 司马迁：《史记》卷一百二十九《货殖列传》，中华书局，1982年，第3265页。
④ 班固：《汉书》卷四十三《郦食其传》，中华书局，1962年，第2107页。
⑤ 班固：《汉书》卷四十三《郦食其传》，中华书局，1962年，第2108页。
⑥ 陈晓鸣、陈涓：《秦汉江南城市问题述略》，《江西广播电视大学学报》，1999年第3期。
⑦ 范晔：《后汉书》卷三十一《贾琮传》，中华书局，1965年，第1111页。

以五毒。"①

南方经过春秋战国以来长期的发展，城市之间的交通联系已经初具规模。汉代，江南一带经济得到进一步发展，在吴王刘濞时期，实力大增：当时刘濞在以会稽为中心的吴国坐拥"三郡五十三城"，高祖如坐针毡，非常不放心。"会孝惠、高后时，天下初定，郡国诸侯各务自拊循其民。吴有豫章郡铜山，濞则招致天下亡命者〔盗〕铸钱，煮海水为盐，以故无赋，国用富饶。"② 但是总的来说，西汉时期江南地区因多方面的原因，其经济发展依然不如北方，如汉武帝时期，诏曰："京师虽未为丰年，山林池泽之饶与民共之。今水潦移于江南，迫隆冬至，朕惧其饥寒不活。江南之地，火耕水耨，方下巴蜀之粟致之江陵。"③ 值得注意的是，东汉时期，南方经济逐渐显现出超越北方经济发展水平的态势，当时南方的粮食开始向北方运输，北方一旦发生灾情，朝廷即"调零陵、桂阳、丹阳、豫章、会稽租米，赈给南阳、广陵、下邳、彭城、山阳、庐江、九江饥民；又调滨水县谷输敖仓"④。尤其是长江上游以成都为中心的蜀地经济在西汉时期有较大发展，成都平原经过秦汉时期大规模的水利治理，农业经济得到很大发展，其他各种物产也非常丰富，剩余粮食和其他物资经常供应北方。"蜀地肥饶，兵力精强，远方士庶多往归之，邛、笮君长皆来贡献。……'今山东饥馑，人庶相食；兵所屠灭，城邑丘墟。蜀地沃野千里，土壤膏腴，果实所生，无谷而饱。女工之业，覆衣天下。名材竹干，器械之饶，不可胜用。又有鱼盐铜银之利，浮水转漕之便。北据汉中，杜褒、斜之险；东守巴郡，拒扞关之口；地方数千里，战士不下百万。见利则出兵而略地，无利则坚守而力农。东下汉水以窥秦地，南顺江流以震荆、杨。所谓用天因地，成功之资。'"⑤ 总体考察，秦汉时期北方城市的整体发展水平超越南方城市，但到东汉后期南方城市的发展速度明显加快，而东汉末年北方城市因战乱出现衰落，城市经济受到了较大的破坏。

两汉时期，城市商品经济有较大发展，出现了商品向大城市集中的趋势。"通邑大都，酤一岁千酿，醯酱千瓨，浆千甔，屠牛羊彘千皮，贩谷粜千钟，薪稿千车，船长千丈，木千章，竹竿万个，其轺车百乘，牛车千两，木器髹者千枚，铜器千钧，素木铁器若卮茜千石，马蹄躈千，牛千足，羊彘千双，僮手指千，筋角丹沙千斤，其帛絮细布千钧，文采千匹，榻布皮革千石，漆千斗，蘖曲盐豉千荅，鲐鮆千斤，鲰千石，鲍千钧，枣栗千石者三之，狐貂裘千皮，羔羊裘千石，旃席千具，佗果菜千钟，子贷金钱千贯，节驵会，贪贾三之，廉贾五之，此亦比千乘之家，其大率也。"⑥

---

① 范晔：《后汉书》卷十三《隗嚣传》，中华书局，1965 年，第 517 页。
② 司马迁：《史记》卷一百六《吴王濞列传》，中华书局，1982 年，第 2822 页。
③ 班固：《汉书》卷六《武帝纪》，中华书局，1962 年，第 182 页。
④ 范晔：《后汉书》卷五《孝安帝纪》，中华书局，1965 年，第 220 页。
⑤ 范晔：《后汉书》卷十三《公孙述传》，中华书局，1965 年，第 535 页。
⑥ 司马迁：《史记》卷一百二十九《货殖列传》，中华书局，1965 年，第 3274 页。

第五章
秦汉魏晋南北朝时期城市经济的发展

城市工商业也出现较细的分工,据《史记》记载,当时城市中的商业门类有二十余种:酿酒业、酱醋业、屠宰业、粮食业、燃料业、竹木业、油漆业、五金业、牲畜业、杂货业、绸布业、皮毛业、生漆业、油盐调料业、渔业、干果业、蔬菜业、水果业、高利贷业、居间业等。西汉中后期,城市工商业有了更大的发展,商品种类增多,食品方面主要有粟、米、饼、鱼、猪、牛、羊、枣、桔、姜、韭、酒、盐、酱、醋、豉、果、菜等,熟食也进入市场,如"杨豚韭卵,狗臘马朘,煎鱼切肝,羊淹鸡寒,桐马酪酒,蹇捕胃脯,胹羔豆赐"① 等,可谓"熟食遍列";服饰方面有帛絮、细布、榻布、狐裘、貂皮、羊羔裘、鞋履等;烧料方面有薪、稿;交通工具有船、车、驾车的牛马等;生产原料有竹木、漆、丹砂、筋骨等;奴婢作为特殊商品,也在市场上出售;此外,还有丧葬用的棺椁,医疗治病用的各式药材,以及供达官贵族和富商巨贾消费的金银玉器、远方珍宝等,尤其是高级消费品的比重大增。② 《剑桥中国秦汉史:公元前221—公元220年》的作者认为:"这些货物包括:酒、腌菜和酱、皮革、羊和猪、谷物、船材、竹竿、轻便的两轮车、沉重的牛车、漆器、青铜器皿、木铁容器、染料……奴隶、腱和角、朱砂、丝织品、粗细布匹、生漆、麹糵、豆制品、干鱼、鲍鱼、枣、栗、貉和狐皮衣服、毡、蓆、果、菜等。"③ 此外,两汉时期的市场还是某些人求生、隐匿与交往的场所:"〔赵〕岐遂逃难四方,江、淮、海、岱,靡所不历。自匿姓名,卖饼北海市中。时安丘孙嵩年二十余,游市见岐,察非常人,停车呼与共载。"④

大城市工商业繁荣的一个根本原因,就是社会中上层消费需求的持续增长,从而促进了经济的发展;此外,交通条件的改善也是推动工业商繁荣的重要原因。⑤ 经济的发展推动了城市的发展,而城市的发展和其所具有的集聚性质,又促使工商业向城市尤其是向交通发达的中心城市聚集。虽然西汉的许多城市是为了满足统治者的政治、军事需要而建的,但这些城市一般都修建在交通便利的枢纽之地,其腹地的农业也较为发达,人口较多。一方面,由于城市聚集了相当数量的人口和大量的社会财富,在一定区域范围内形成了巨大的消费市场,由此形成的虹吸引力使工商业等经济要素向城市聚集;而统治者为了满足物质生活和精神文化生活的需要,也主动地发展城市工商业,尤其是官办工商业。汉代官办工商业规模巨大,且多集中在重要城市之中,成为城市的主要生产部门。另一方面,工商业也只能往城市聚集,尤其是往统治者和上层社会居住得较多的城市聚集——在广大农村,以家庭手工业和农业相结合的农耕经济使农民的基本生活能够实现自给自足,而对城市所生产的商品既缺乏消费的需要,也缺乏购买能力,因而城市工商业在农村寻找不到广

---

① 王利器:《盐铁论校注》,中华书局,1992年,第353页。
② 何一民:《中国城市史》,武汉大学出版社,2012年,第166—167页。
③ [英]崔瑞德、鲁惟一编,杨品泉等译:《剑桥中国秦汉史:公元前221—公元220年》,中国社会科学出版社,1992年,第618页。
④ 范晔:《后汉书》卷六十四《赵岐传》,中华书局,1965年,第2122页。"〔 〕"中的字为引者所补。
⑤ 张继海:《汉代城市社会》,社会科学文献出版社,2006年,第332页。

阔的市场，尤其是高档消费品和奢侈品的市场。相反，城市却是持有大量社会财富的统治者及其他财富持有者的聚集之地，随着西汉王朝的巩固，他们对奢侈生活的愿望也就日益强烈，因而刺激了工商业在城市中的发展，并带动了区域经济的流动。①

秦汉时期，以城市为中心的市场体系逐渐规范化、制度化，城市中的集市多用围墙圈起，四周设门。市区与住宅区分开，住宅区称为闾里，有里门与外界通行，有吏卒负责启闭。市区与住宅区合称市里。不同等级的城市，其市场的规格、体系也有所不同。国都的市，如秦朝的咸阳，两汉的长安与洛阳，其市场不仅规模较大，而且数量较多，一城之中往往有多个市场，以满足都城庞大人口的需要。各级地方城市的市，即郡治、县治和各诸侯王所在城市的市，规模相对较小，一般只有一个，少数城市则有两个。在秦汉时期的城市体系中，除都城和各级地方城市的市外，还有乡聚的市和军市。②"天下百郡千县，市邑万数。"③汉代乡邑和绝大多数小县城的自然经济色彩很浓，只有少数大城市的市场较为繁荣，商品经济发达。从西汉到东汉，中小城市的经济发展较为缓慢，到了东汉末年后，才发生了一定变化。

秦汉时期，边贸与对外贸易也有了巨大的发展。边贸多称关市、合市、和市、互市、胡市等，主要以西北边民与匈奴间的贸易为主，与乌桓、鲜卑等族的贸易次之。④汉王朝与西域各国的贸易有三种形式，一是官方使节贸易，二是关市贸易，三是民间商人自由贸易。⑤西汉中期以后，汉王朝与周边少数民族的贸易较为兴盛，《史记·匈奴列传》称："今帝即位，明和亲约束，厚遇，通关市，饶给之。匈奴自单于以下皆亲汉，往来长城下。汉使马邑下人聂翁壹奸兰出物与匈奴交，详为卖马邑城以诱单于。单于信之，而贪马邑财物，乃以十万骑入武州塞。……自是之后，匈奴绝和亲，攻当路塞，往往入盗于汉边，不可胜数。然匈奴贪，尚乐关市，嗜汉财物，汉亦尚关市不绝以中之。"⑥秦汉时期，民族间的民间贸易也颇为频繁，政府将小商贩非法出境交易的行为称为阑出，而官方的合法交易则称为合市、和市或关市，分定期的和临时的两种。汉代与匈奴常常举行互市。秦汉时期，中原民族与鲜卑族的贸易主要在宁城进行。1959至1960年在内蒙古发现了后汉时期的300多个鲜卑墓。发掘使大量埋葬的物品出土，其中包括青铜镜、漆器和后汉时代样式的陶器，以及上有汉字的绣花丝绸。⑦以上考古发现表明汉代胡汉之间的贸易往来较为频繁，大量内地的物品通过互市传入这些游牧地区。开通互市之前，周边少数

---

① 何一民：《中国城市史》，武汉大学出版社，2012年，第155页。
② 林甘泉：《中国经济通史·秦汉》，经济日报出版社，2007年，第376、379页。
③ 彭铎校正：《潜夫论笺校正》，中华书局，1985年，第120页。
④ 林甘泉：《中国经济通史·秦汉》，经济日报出版社，2007年，第393页。
⑤ 林甘泉：《中国经济通史·秦汉》，经济日报出版社，2007年，第397页。
⑥ 司马迁：《史记》卷一百一十《匈奴列传》，中华书局，1982年，第2904—2905页。
⑦ [英]崔瑞德、鲁惟一编，杨品泉等译：《剑桥中国秦汉史：公元前221—公元220年》，中国社会科学出版社，1992年，第480—481页。

第五章 秦汉魏晋南北朝时期城市经济的发展

民族"数犯障塞,且无宁岁。唯至互市,乃来靡服。苟欲中国珍货,非为畏威怀德"①。

军市也是汉代中原民族与北方民族官方贸易的重要方式。军市起源较早,战国李牧就将军市作为备边的重要方法:他"常居代雁门,备匈奴。以便宜置吏,市租皆输入莫府,为士卒费"②。西汉时期的军市对巩固边防具有重要的意义,冯唐曾论述过军市对打击匈奴的重要意义:"今臣窃闻魏尚为云中守,军市租尽以给士卒,出私养钱,五日一杀牛,以飨宾客军吏舍人,是以匈奴远避,不近云中之塞。"③

汉代国际贸易开始兴起,其中最出名的则为"丝绸之路"。汉武帝时期,张骞出使西域,开辟了通往中亚的新商路,以丝织品和黄金制品为主的商品通过西域向中亚、西亚及欧洲各国输出,而香料、毛织品等则从西方向中国输入。沿着北方丝绸之路,葡萄、石榴、芝麻、蚕豆、苜蓿等新物种引进中国。长安又成为国际性大城市,是著名的丝绸之路的起点、东方文明的中心,史称"西有罗马,东有长安"。汉王朝每年都要派出使团,多则达十余次,少时五六次,出使人数最多的达百余人,少则十余人。同时大批的西域商人也来到长安,长安设有专门接待外国商人的机构——蛮夷邸,主要接待大宛、康居、大胝、安息等国的商人。中外经济文化的交流促进了长安的繁荣。④ 虽然这条商路在两汉交替之际暂时中断,但后汉时因班超的再度经营而复通。

其时海上贸易也开始兴起。汉武帝征服南越以后,南海的贸易逐渐扩展到东南亚诸国和印度洋沿岸,这些国家以珠、玉、天青石、玻璃等物换取中国的黄金和丝织品。而岭南的番禺也成为当时南海最大的海港和国际性的贸易中心。公元166年,一个外国商人到达中国海岸,声称是大秦皇帝安敦的使者,他献给桓帝象牙、犀角、龟壳等物,当时中国海上贸易的影响力,由此可见一斑。⑤

第二节 魏晋南北朝时期城市经济的曲折发展

魏晋南北朝时期,大规模的战乱导致城市经济遭到了持续的严重破坏。与战争相应的是,魏晋南北朝时期进入了中国历史上的第二个寒冷期,自然气候条件的变化也对经济的发展产生了深刻的影响。先秦两汉时期大规模的开发与无数次战争的破坏,使黄河流域的自然生态环境遭到了严重的破坏,植被大量减少,黄土裸露,水土流失严重,水资源和动植物资源也呈下降态势。这些自然因素和人为导致的破

---

① 范晔:《后汉书》卷四十八《应邵传》,中华书局,1965年,第1609页。
② 司马迁:《史记》卷八十一《廉颇蔺相如传》,中华书局,1982年,第2449页。
③ 班固:《汉书》卷五十《冯唐传》,中华书局,1962年,第2314页。
④ 何一民:《中国城市史》,武汉大学出版社,2012年,第158页。
⑤ [英]崔瑞德、鲁惟一编,杨品泉等译:《剑桥中国秦汉史:公元前221—公元220年》,中国社会科学出版社,1992年,第619页。

坏使魏晋南北朝时期成为一个自然灾害频发的时期，也导致北方游牧民族不得不向南迁移，从而加剧了社会矛盾和冲突。① 与此同时，也有部分城市随着农牧文明的融合和南北经济的互动而出现新的发展趋势。此一时期，战争虽然对社会造成了巨大的破坏，但也推动了交通的发展，从而扩展了非战争时期城市间经济与文化的联系。城市作为交通网络上大大小小的空间结点，承担着区域内的物资、商品、人口和信息的流通、中转和集散作用。② 魏晋南北朝时期，农牧地区城市、南北地区城市因交通的发展而建立了广泛的经济联系；此外，边境城市间的互市及军市等，也有一定程度的发展。

魏晋南北朝时期，城市经济在不同时期也有一定程度的曲折发展。南、北城市因政治、经济和自然地理环境的不同，其发展程度和发展特点也有所不同。北方城市更多地体现了农牧文明的交融，带有胡汉杂糅的特色，其经济形态出现较大的包容性。而南方经济在一定时期也得到较大的开发，城市手工业和商业出现新的发展，特别是商业贸易较为兴盛。

一、北方城市经济的恢复与发展

此一时期，北方和南方都分别形成了一些重要的工商业都会，北方重要的工商业都会主要有洛阳、邺城。东汉时期，洛阳既是政治中心，也是商业贸易中心，是当时的国际性商业都市，商业贸易的发展也超过西汉时期。东汉末期，洛阳依然保持全国经济中心地位，各地物资、特产和奇珍异宝都在此汇集，"京邑贵人多寄宝货，因〔陈〕泰市奴婢，泰皆挂之于壁，不发其封，及征为尚书，悉以还之"③。东汉末，北方商人时常与政治势力勾结，以图谋发展。东海朐人糜竺"祖世货殖，僮客万人，资产钜亿。……先主转军广陵海西，竺于是进妹于先主为夫人，奴客二千，金银货币以助军资；于时困匮，赖此复振"④。由于政治的需要，商业贸易也得到发展。三国时期，曹操父子统一北方后，推广屯田制，采取了一系列措施发展经济，农业生产逐渐恢复，为城市经济的复苏打下了基础："帝以灭贼之要，在于积谷，乃大兴屯守，广开淮阳、百尺二渠，又修诸陂于颍之南北，万余顷。自是淮北仓庾相望，寿阳至于京师，农官屯兵连属焉。"⑤ 曹魏还实行十一商税，以促进商业的发展："关津所以通商旅，池苑所以御灾荒，设禁重税，非所以便民；其除池籞之禁，轻关津之税，皆复什一。"⑥ 魏晋以来，诸州县治所除官设市场之外，

---

① 武冠芳：《魏晋南北朝北方地区生态环境研究》，山西大学硕士学位论文，2009年。
② 陈刚：《六朝建康历史地理及信息化研究》，南京大学出版社，2012年，第80页。
③ 陈寿：《三国志》卷二十二《魏书·陈泰传》，中华书局，1982年，第638页。"〔〕"中的字为引者所补。
④ 陈寿：《三国志》卷三十八《蜀书·糜竺传》，中华书局，1982年，第969页。
⑤ 房玄龄等：《晋书》卷一《宣帝纪》，中华书局，1974年，第15页。
⑥ 陈寿：《三国志》卷二《魏书·文帝纪》，中华书局，1982年，第58页。

第五章
秦汉魏晋南北朝时期城市经济的发展

也存在着一些非官方市场。① 三国时期，洛阳的丝织业、制盐业、冶铁业等支柱性产业也有较大的发展，商业逐渐兴盛。其时，洛阳仍建有三个市场，金市在皇宫西边的大城内，马市和羊市分设在城东和城南旧址，仍设有类似东汉的市场管理机构和管理人员。到曹魏后期，洛阳又成为繁华都市。265年，司马炎废魏帝曹奂自立，为晋武帝，国号晋，史称西晋，仍以洛阳为都城。② 全国政权的统一，为经济的发展创造了条件。洛阳人口在西晋时期有较大增长，商业十分繁华，成为全国商业贸易中心，各地的珍贵商品在洛阳市场上都有出售，日常生活用品及生产工具等，应有尽有。洛阳经济的发展所产生的内聚力吸引了全国各地的商人，形成四方辐辏、客舍稠密的兴旺景象。其时，不少外国商人也来此贸易，如东方的马韩、辰韩、倭国，南方的扶南，西方的大宛、大秦、安息等，都有商人来西晋的洛阳开展贸易活动。西晋初期，国家富裕，城市中粮食储藏丰富。简文帝咸安元年（371）"十二月戊子，诏以京都有经年之储，权停一年之运"③。《晋书·食货志》曰，晋太康间，"世属升平，物流仓府，宫闱增饰，服玩相辉。于是王君夫、武子、石崇等更相夸尚，舆服鼎俎之盛，连衡帝室，布金埒之泉，粉珊瑚之树，物盛则衰，固其宜也。永宁之初，洛中尚有锦帛四百万，珠宝金银百余斛"④。

西晋时期，随着社会逐渐安定，城市经济一度有所恢复，如关中地区的经济有所发展，储粮较多，"是时天下无事，赋税平均，人咸安其业而乐其事"⑤，"关东饥，帝运长安粟五百万斛输于京师"⑥。与部分大中城市的衰落相比，个别地区在特定条件下，也有少数城市得到重建和发展。⑦ 三国时期，各国各在其统治范围内发展生产，巩固政权，为了统治的需要，分别对其政治中心城市邺城、许都、洛阳、成都、建业等进行大规模建设，从而促进了这些区域中心的发展。西晋建立后，洛阳作为西晋的都城，也得到进一步的大规模建设。因而三国西晋时期，在大多数城市走向衰落的情况下，少数区域性政治中心城市却得到发展，呈现畸形繁荣。⑧

十六国时期，部分政权的经济也有所发展。如前秦时期，在苻坚的经营下，北方城市中的工商业得到了发展："自永嘉之乱，庠序无闻，及坚之僭，颇留心儒学，王猛整齐风俗，政理称举，学校渐兴。关、陇清晏，百姓丰乐，自长安至于诸州，皆夹路树槐柳，二十里一亭，四十里一驿，旅行者取给于途，工商贸贩于道。"⑨ 张轨在凉州整顿货币后，经济也有了一定的发展："太府参军索辅言于轨曰：'古以

---

① 高敏：《中国经济通史·魏晋南北朝》，经济日报出版社，2007年，第841页。
② 何一民：《中国城市史》，武汉大学出版社，2012年，第184页。
③ 房玄龄等：《晋书》卷九《简文帝纪》，中华书局，1974年，第221页。
④ 房玄龄等：《晋书》卷二十六《食货志》，中华书局，1974年，第783页。
⑤ 房玄龄等：《晋书》卷二十六《食货志》，中华书局，1974年，第791页。
⑥ 房玄龄等：《晋书》卷一《宣帝纪》，中华书局，1974年，第9页。
⑦ 何一民：《中国城市史》，武汉大学出版社，2012年，第180页。
⑧ 何一民：《中国城市史》，武汉大学出版社，2012年，第180-181页。
⑨ 房玄龄等：《晋书》卷一百十三《苻坚载记》，中华书局，1974年，第2895页。

金贝皮币为货,息谷帛量度之秏。二汉制五铢钱,通易不滞。泰始中,河西荒废,遂不用钱。裂匹以为段数。缣布既坏,市易又难,徒坏女工,不任衣用,弊之甚也。今中州虽乱,此方安全,宜复五铢以济通变之会。'轨纳之,立制准布用钱,钱遂大行,人赖其利。"①

　　北魏时期城市商业文明有了巨大的发展。北魏贵族有许多商人,雁门繁畤人莫含"家世货殖,资累巨万"②。铸造钱币是北魏少数民族文明融入汉文明与北魏商业发展的重要表征,北魏孝庄帝时"用杨侃计,铸永安五铢钱"③。因市场发展,北魏大臣多求聚敛,在市场中谋取利益。如李崇"性好财货,贩肆聚敛,家资巨万,营求不息。子世哲为相州刺史,亦无清白状。邺洛市鄽,收擅其利,为时论所鄙"④。太宗永兴中"'……教行百工,饬成器用;教行商贾,阜通货贿;教行嫔妇,化治丝枲;教行臣妾,事勤力役。'自是民皆力勤,故岁数丰穰,畜牧滋息"⑤。

　　北魏政权从游牧文明走向农业文明,在平城郊野利用迁徙来的汉人和本部落的百姓从事农业生产,为城市的发展打下了基础,城市的手工业也有所发展:"太祖定中原,接丧乱之弊,兵革并起,民废农业。方事虽殷,然经略之先,以食为本,使东平公仪垦辟河北,自五原至于榆阳塞外为屯田。初,登国六年破卫辰,收其珍宝、畜产,名马三十余万、牛羊四百余万,渐增国用。既定中山,分徙吏民及徒何种人、工伎巧十万余家以充京都,各给耕牛,计口授田。天兴初,制定京邑,东至代郡,西及善无,南极阴馆,北尽参合,为畿内之田;其外四方四维置八部帅以监之,劝课农耕,量校收入,以为殿最。又躬耕籍田,率先百姓。自后比岁大熟,匹中八十余斛。是时戎车不息,虽频有年,犹未足以久赡矣。"⑥这些活动不仅适应了政权的发展需要,也成为魏晋南北朝时期北方少数民族政权"汉化"的重要表现,对后世中国经济发展产生了积极影响。⑦

　　北魏迁都洛阳后,由于政治中心的转移,以皇室为核心的高层次消费人口大增,对粮食、手工业品以及奢侈品的需求大增,从而促进了洛阳城市经济的发展,催生了洛阳经济的新模式,洛阳的一些商人采取了连锁经营的方式,如大商人刘宝,以洛阳为中心,建立了全国统一商号、统一定价的经营模式,成为北魏的第一富商。还有的商人十分注意利用社会舆论进行广告宣传,甚至利用女色招揽顾客。此外,商品交易中的契约文化也得到发展和推广,交易中的字据意识强化,立券买

---

① 房玄龄等:《晋书》卷八十六《张轨传》,中华书局,1974年,第2226页。
② 魏收:《魏书》卷二十三《莫含传》,中华书局,1974年,第603页。
③ 魏收:《魏书》卷七十七《高道穆传》,中华书局,1974年,第1716页。
④ 魏收:《魏书》卷六十六《李崇传》,中华书局,1974年,第1473页。
⑤ 魏收:《魏书》卷一百一十《食货志》,中华书局,1974年,第2850页。
⑥ 魏收:《魏书》卷一百一十《食货志》,中华书局,1974年,第2849—2850页。
⑦ 吴晓亮、曹宇:《北魏平城经济结构转型研究》,《云南民族大学学报》(哲学社会科学版),2012年第2期。

第五章 秦汉魏晋南北朝时期城市经济的发展

卖成为商事习俗。① 洛阳的市场也非常繁荣，有大市、小市以及各种专业市场等。其中，还有部分市场是按照居民职业和消费习惯分类设立的。此外，北魏各级地方城市普遍设有市场，县级小城中也有定期的集市。② 北魏时期，北方城市手工业已有了一定的发展：丝织业在北魏进占中原后有所发展；矿冶铸造业的发展水平和技术也有了提高；金银器皿制造业因统治者的需要而出现较大发展，其制造技术相当精湛；由政府掌握的造船业和制盐业发展较快。尤其值得注意的是，北魏与西域的贸易往来较为频繁，而且许多官员参与其中并获取利益。③

北齐时期，城市经济继续发展，手工业的发展是城市经济发展的重要推动力量，而商人势力的增长亦为城市经济发展的重要标志。在北齐政权中，商人的势力很大，与官府关系深厚，"祖珽执政……富商大贾多被铨擢，纵令进用人士，咸是粗险放纵之流"④ 北齐官员也参与商业和铸币活动，获利丰厚。《北齐书·王则传》："元象初，除洛州刺史。则性贪婪，在州取受非法，旧京取像，毁以铸钱，于时世号河阳钱，皆出其家。"⑤

北魏时期，随着北方的统一和政治的稳定，重要交通枢纽城市的经济也出现恢复和发展。五胡时代，姑臧是地区性的中心，北凉因之而繁荣，北魏攻陷姑臧后，获得了无数的珍宝。中山城是太行山东麓南来北往的交通要冲，商业贸易颇为发达。从汉代起，中山城的户口数就一直高于周围地区，五胡时代更是乌桓、鲜卑、丁零等族的云集之处，堪称太行山东麓的核心地区。中山城因贸易的兴旺而成为北魏经营山东、河北的据点。北魏定都平城后，以中山城及附近地区为对外的中转站，并将河北、山东广大地区联系起来。东北地区各少数民族也在龙城与密云之间与汉人杂居贸易。

北朝时期，北方社会相对比较稳定，农业生产有一定程度的恢复和发展，人口较前剧增，北方各地城市经济也由此得到恢复和发展。城市手工业仍以官府手工业为主，发展较快的有冶铁业、纺织业和制瓷业。由于战争随时都可能爆发，各国对铁兵器的需求增加，同时由于兴修水利工程，发展农业、其他手工业及修城筑室，铁工具的需求量增大，由此推动了冶铁铸造业的发展。《魏书》记载："其铸铁为农器、兵刃，在所有之。然以相州牵口冶为工，故常炼锻为刀，送于武库。"此一时期，北方的工匠已知炼灌钢法。冶铁业的发展和技术的进步，为纺织业等手工业和农业的发展提供了条件，从而推动了北方经济的发展。

北朝时期，纺织业有一定程度的发展，尤其是丝织业技术有很大进步，绢、

---

① 张承宗、魏向东：《魏晋南北朝商贸风俗研究》，殷宪、马志强《北朝研究》（第二辑），北京燕山出版社，2008年第2版，第351—352页。
② 张承宗、魏向东：《魏晋南北朝商贸风俗研究》，殷宪、马志强《北朝研究》（第二辑），北京燕山出版社，2008年第2版，第339—346页。
③ 韩国磐：《魏晋南北朝史纲》，人民出版社，1983年，第459—473页。
④ 李百药：《北齐书》卷十六《段孝言传》，中华书局，1972年，第215页。
⑤ 李百药：《北齐书》卷二十《王则传》，中华书局，1972年，第272页。

锦、绮等产品的产量大增，大规模的作坊也随之出现，如平城官办绫锦作坊的女工达千余人。一些官僚豪族也创办有丝织作坊，如北齐官僚毕义云"家有十余机织锦"①。此外，制瓷业、金银制造业、造船业、酿酒业等都有很大发展。手工业者成为城市居民的重要组成部分，如洛阳大市的十个里，其居住者"多诸工商货殖之民"，如延酤、治觞二里之人，多以酝酒为业；城北上高里的人则以制瓦为业。里中"千金比屋，层楼对出，重门启扇，阁道交通，迭相临望。金银锦绣，奴婢缇衣；五味八珍，仆隶毕口"②。此一时期，城市商业也逐渐活跃起来，如洛阳城内设有大市、四通市、小市、马市等，大市为最大市场，工商云集，十分繁华。邺城的商业也很发达，不少商人往来于洛、邺之间，"收擅其利"。北魏时期，北方地区同朝鲜半岛诸国及日本、中亚、西亚诸国的经济交往也很频繁，洛阳城内修有四夷馆和供外国人居住的四夷里，在洛阳城内长期居住的"胡商"达万余家。

东、西魏时期，北方城市经济因战乱而又变得萧条萎缩。但到北齐、北周后期，城市经济又出现新的发展，从而为隋朝的崛起和统一中国创造了一定的物质条件。③

二、南方城市经济的恢复与发展

早在春秋战国时期，南方的吴、楚、蜀等地的经济就有相当程度的发展。西汉时期，南方经济继续发展，并产生了成都、江陵、番禺、寿春等工商业较发达的经济都会。但总的讲来，南方的经济比北方落后，许多地区人口稀少，草木茂盛，沼泽遍地，农业生产较为落后。如东汉时王景为庐江太守，百姓初不知牛耕，王景乃"教用犁耕，由是垦辟倍多，境内丰给"④。三国时期，长江下游的江南地区和长江上游的西蜀地区，城市经济都有较大的发展，江南出现了一些规模较大的都市，如建业、武昌、樊口等。而西蜀地区的成都在汉代就是全国五都之一，在三国鼎立时期成为蜀汉政权的都城，从而得到更大发展。三国时期，南方的造船业、盐业、瓷器业、酿酒业、丝织业、制茶业等都有很大的发展，商业也较北方活跃。⑤

吴国建国后的50年间，境内未发生过大的战争，加上吴国统治者采取了一些发展经济的措施，故农业生产发展很快，出现"四野则畛畷无数，膏腴兼倍"的繁荣景象。城市手工业和商业也得到较大发展，如丝织业、冶炼铸造业、漆器业都较前有所发展，规模扩大，生产技术水平也有所提高。建业的手工业作坊规模相当大，仅官营丝织业的"织络"，其女工就由最初的"数不满百"发展到"乃有千数"。建业的造船业也十分发达，朝廷设有典船都尉官，负责监管建业等地的造船

---

① 李百药：《北齐书》卷四十七《毕义云传》，中华书局，1972年，第658页。
② 杨衒之撰，周祖谟校释：《洛阳伽蓝记校释》，中华书局，2010年，第145页。
③ 何一民：《中国城市史》，武汉大学出版社，2012年，第201页。
④ 范晔：《后汉书》卷七十六《王景传》，中华书局，1965年，第2466页。
⑤ 韩国磐：《魏晋南北朝史纲》，人民出版社，1983年，第97—99页。

第五章 秦汉魏晋南北朝时期城市经济的发展

业,所造大船可载 3000 多人。建业的商业贸易也很繁荣,沿秦淮河一带的市场,称"大市",是当时最繁华的地段,商肆鳞次栉比,往来客商络绎不绝。此外,还有小市十余处。建业的对外贸易也十分活跃,虽然三国鼎立,但仍货畅其流。秦淮河下游及长江边经常停泊的船就有上千只,"百舸争流,万商云集"。吴国的海上贸易较为发达,中外船队常往来于印度半岛各国及朝鲜半岛等国,促进了中外经济文化交流。

随着工商业的发展,江南一带的城市开始出现富商大贾,有的甚至"僮仆成军,闭门为市","商贩千艘,腐谷万庾"。左思《吴都赋》称建业"水浮陆行,方舟结驷。唱棹转毂,昧旦永日。开市朝而并纳,横阛阓而流溢。混品物而同廛,并都鄙而为一。士女伫眙,商贾骈坒。纨衣缔服,杂沓僮萃。轻舆案辔以经隧,楼船举帆而过肆。果布辐凑而常然,致远流离与珂珧。缉贿纷纭,器用万端。金镒磊砢,珠琲阑干。桃笙象簟,韬于筒中;蕉葛升越,弱于罗纨。……富中之甿,货殖之选。乘时射利,财丰巨万。竞其区宇,则并疆兼巷;矜其宴居,则珠服玉馔",形象生动地描写了建业城市经济的繁荣。这些记载虽有文学上的夸饰,但仍形象生动地描写了建业城市经济的空前盛况。东吴经过多年的发展,城市财富有了较大的积累,这从其灭亡时的储藏可见一斑:"世祖武皇帝太康元年,既平孙皓,纳百万而罄三吴之资,接千年而总西蜀之用,韬干戈于府库,破舟船于江壑,河滨海岸,三丘八薮,末耜之所不至者,人皆受焉。"[1]

蜀汉政权据长江上游,以沃野千里的天府之国为基础,与魏、吴抗衡,形成三足鼎立的局面。诸葛亮在治蜀期间,十分重视发展手工业和商业贸易,从而使成都经济在汉代的基础上又有了新的发展。蜀汉政权建立后,采取了一系列发展生产的措施,使成都平原的经济在汉代的基础上又有新发展。蜀汉时期,成都的织锦、麻布、漆器、铁器、竹器、皮革、机械等手工业相当发达,尤其是织锦业盛况空前。成都所产锦既美且多,成为蜀国政权的主要财政来源。诸葛亮曾说:"今民贫国虚,决敌之资,惟仰锦耳。"其时魏、吴两国的锦多由蜀供应,史称"魏则市于蜀,吴亦资西蜀"。蜀灭国后,府库中尚存锦、绮、绢各 200000 匹。成都的麻布业也很兴盛,被赞为"女工之业,覆衣天下"。成都的漆器、铁器、竹器等手工业久负盛名,在此时期也有较大发展,并远销各地。蜀汉时期,成都的商业相当繁荣,成为西南的经济中心。左思《蜀都赋》云:"带二江之双流,抗峨眉之重阻,水陆所凑,兼六合而交会焉。"[2] 十六国时期,成都曾为成汉都城,其间虽然也遭受过战乱,但相比之下,成都的社会经济大环境要好得多。[3]《晋书·李雄载记》曰:"时海内大乱,而蜀独无事,故归之者相寻。雄乃兴学校,置史官,听览之暇,手不释卷。其赋男丁岁谷三斛,女丁半之,户调绢不过数丈,绵数两。事少役稀,百姓富贵,闾

---

[1] 房玄龄等:《晋书》卷二十六《食货志》,中华书局,1974年,第783页。
[2] 杨慎:《全蜀艺文志》,线装书局,2003年,第8页。
[3] 何一民:《中国城市史》,武汉大学出版社,2012年,第196页。

门不闭，无相侵盗。"①

西晋建立后，南方的农业生产有了很大的发展，已经出现大量的剩余粮食和农产品，甚至可以接济北方。八王之乱发生后，时任尚书仓部令史的陈敏建议："'南方米谷皆积数十年，时将欲腐败，而不漕运以济中州，非所以救患周急也。'朝廷从之，以敏为合肥度支，迁广陵度支。"② 西晋的手工业也有较大发展，尤其是纺织、陶瓷、金银、造船、车马制造业发展较快。此外，西晋的商业也比曹魏时有所发展。③

当北方进入五胡十六国时期，东晋王朝所控制的南方社会环境相对稳定，特别是随着北方人口大量南迁，推动了南方农业、手工业发展，也促进了交通、水利的进步，导致商品经济有了迅速的发展，超过了前代以及同一时期的北方，对以后南方的经济崛起奠定了基础。④ 东晋南朝时期，南方的经济出现了飞跃。此一时期，南方经济发展的原因较多，除历朝统治者采取了若干措施来发展经济等原因外，大量北方人口南迁也是南方经济兴起的一个重要原因。东汉末到三国初年，北方发生连年战乱和灾荒，广大民众惨遭屠杀或被疾疫饥馑所吞没，剩余人口为了逃命奔向南方，从而使南方的人口大增。西晋末年，北方又发生战乱，随后陷入了长达130年之久的大混战时期，烽火遍地，干戈不息。西晋既亡，许多官员和北方成批的士族大家纷纷南迁。此后，随着战乱的加剧和不断扩大，北方的居民只要还有机会和力量逃命，也纷纷投奔南方。《晋书》称："洛京倾覆，中州士女，避乱江左者十六七。"⑤ 在东晋建立后的数十年间，数以百万计的北方人口迁到江淮流域、长江流域及闽粤地区。这些南迁的人口结构复杂，包括社会各阶层，他们带来了北方先进的文化和生产技术；另外，王室、官僚贵族、士族大家、大地主、大商人等还带来了他们所积累的大量财富，从而使这些地区原本较落后的经济得到较快的发展。⑥

农业方面，来自北方的农民成为开发南方的重要劳动力，他们带来北方的先进生产工具和技术，尤其是铁农具和牛耕技术迅速传播开来，积粪肥田技术和区种法等得到推广。南方的农业迅速由粗耕转变为精耕细作。由于这些地区自然条件优越，因而一旦引用先进工具和先进技术，发展起来就非常迅速。尤其是江南地区很快成为发达的经济区域。据《宋书》载，刘宋时期"江南之为国盛矣。……兵车勿用，民不外劳，役宽务简，氓庶繁息，至余粮栖亩，户不夜扃，盖东南之极盛也……民户育繁，将曩时一矣。地广野丰，民勤本业，一岁或稔，则数郡忘饥。会土带海傍湖，良畴亦数十万顷，膏腴上地，亩直一金，鄠、杜之间，不能比也。荆城跨南楚之富，扬部有全吴之沃。鱼盐杞梓之利，充仞八方；丝绵布帛之饶，覆衣

---

① 房玄龄等：《晋书》卷一百二十一《李雄载记》，中华书局，1974年，第3040页。
② 房玄龄等：《晋书》卷一百《陈敏传》，中华书局，1974年，第2614页。
③ 韩国磐：《魏晋南北朝史纲》，人民出版社，1983年，第140—145页。
④ 高敏：《中国经济通史·魏晋南北朝》，经济日报出版社，2007年，第807页。
⑤ 房玄龄：《晋书》卷六十五《王导传》，中华书局，1974年，第1746页。
⑥ 何一民：《中国城市史》，武汉大学出版社，2012年，第202—203页。

第五章
秦汉魏晋南北朝时期城市经济的发展

天下"①。引文虽略有一些夸张,但也反映出南方经济发展的大概情况,从而与北方的残破景象形成鲜明的对比。此外,成都平原和广东地区也有相当的发展。②

南方手工业的发展也十分迅速,尤其是官办手工业。从东晋到南朝,历代都设有管理官办手工业的工官,中央设有少府、将作大匠,其下又分设若干机构,名称虽大同小异,但职掌则一。除中央政府办有种类繁多、规模庞大的工场和作坊外,地方州郡政府也多设有规模不等的地方手工业作坊——作部。推动官办手工业迅速发展的原因较多,其中重要的因素有两点:一是统治者穷奢极欲,巨大的物质需求直接刺激官办手工业的发展。如宋明帝"奢费过度,务为彫伪。每所造制,必为正御三十副,御次、副又各三十,须一物辄造九十枚。天下骚然,民不堪命"③。南齐东昏侯宠爱贵妃潘氏,"织杂采珠为覆蒙,备诸雕巧"④。《晋书·李雄载记》曰:"更起仙华、神仙、玉寿诸殿,刻画雕彩……麝香涂壁,锦幔珠帘,穷极绮丽。絷役工匠,自夜达晓,犹不副速。"⑤ 二是战争频繁发生,也推动了军需品需求量的增加,军需品的种类增多,除刀、枪、剑、弓、弩等兵器外,还有甲胄、被服、战车、战船、旗帜、营帐等各种进攻性或防御性的军事用品,持续不断的需求量,推动着与之相关的官办手工业的发展。如冶炼铸造业、造船业、纺织业发展迅速,技术进步也很快。冶炼方面,发明了利用水力鼓风的水排,并能制造"横法钢""百炼钢"等各种钢材,所造刀剑"斫十五芒。观其铁色青激,光彩有异"。后又发明"灌钢"法,从而使炼钢技术跨上了一个新的台阶。东晋南朝时期南方造纸也有很大进步,造纸原料种类有所增加,不仅能制造麻纸,还能制造藤纸。纸的产量增多,质量提高,成本降低,纸的使用已十分普遍,成为主要的书写材料。此一时期,南方的造船业十分发达。刘宋时,荆州作部能在短时期内"装战舰数百千艘"⑥。陈朝华皎曾在湘州造金翅大舰两百艘。其时已能造载重两万斛的大船,船速也较前提高。特别是南齐祖冲之曾发明"千里船",能日行百余里。此外,制瓷、制盐、漆器等各种手工业都有较大的发展。⑦

这一时期,南方的商业较之北方和前代也有很大的发展。其原因有如下几方面。

一是农业、手工业的发展,提供了大量的商品,从而促进了商品经济的兴起。东晋时期农业得到较大发展,"元帝为晋王,课督农功,诏二千石长吏以入谷多少为殿最。其非宿卫要任,皆宜赴农"⑧。成帝"末年,天下无事,时和年丰,百姓

---

① 沈约:《宋书》卷五十四《沈昙庆传》,中华书局,1974年,第1540页。
② 何一民:《中国城市史》,武汉大学出版社,2012年,第203页。
③ 沈约:《宋书》卷八《明帝本纪》,中华书局,1974年,第170页。
④ 李延寿:《南史》卷五《齐本纪》,中华书局,1975年,第151页。
⑤ 萧子显:《南齐书》卷七《东昏侯本纪》,中华书局,1972年,第104页。
⑥ 李延寿:《南史》卷三十七《沈攸之传》,中华书局,1975年,第966页。
⑦ 何一民:《中国城市史》,武汉大学出版社,2012年,第204页。
⑧ 房玄龄等:《晋书》卷二十六《食货志》,中华书局,1974年,第791页。

乐业，谷帛殷阜，几乎家给人足矣"①。在中国古代农业社会里，政治性都市的发展往往需要一个广阔富饶的农业经济区域作为物资供应地，这一区域可以称为腹地。② 六朝都城建康的粮食供应主要依赖周围区域和吴会地区。③ 东晋的城市手工业也有了很大的提高，青瓷制造业、造船业有了巨大的发展，其他如制盐、金银器的制造也有较大提高，商业发达。④

二是北方人口南下，南方非生产性人口增多，对商品的需求量扩大，尤其是对奢侈品的需求量大增。北方动乱导致人口重心南移，对南方经济发展起到了有益的作用。侨州郡县的设置对招徕北方人口、安抚流民、促进生产等产生了巨大的现实作用，对促进当地经济的发展具有重要作用。⑤ 由于江南地区建立了政治中心，因而南方的非生产性人口大量增加，"征战运漕，朝廷宗庙，百官用度，既已殷广，下及工商流寓僮仆不亲农桑而游食者，以十万计"⑥。大量脱离生产的人口的聚集，既扩大了商品的需求量，促进了商业的发展，又扩大了商人的队伍，"舍本逐末"的人口骤增。《宋书·孔琳之传》云："明珠翠羽，无足而驰；丝罽文犀，飞不待翼，天下荡荡，咸以弃本为事。"⑦

三是南方社会相对比较安宁，政治上保持统一，故有利于商贩的来往。

四是南方水陆交通比较为发达，尤其是水上运输发展较快，南方江河湖泊纵横，造船业的发展为水上运输提供了有力工具，故水上交通较发达。《初学记·器物部·舟》云："宋孝武度六合，龙舟翔凤以下，三千四十五艘，舟航之盛，三代二京无比。"⑧

由于南方经济迅速发展，人口大量增加，城市也得到迅速发展。据不完全统计，此一时期内，中国共新设县城220个，其中四川、湖北、广东三省新增县城数量最多，分列前三名，而地处黄河下游的河南、河北、山东三省之新设县城合计仅及广东一省之半。这说明这一时期人口的大迁徙导致经济中心逐渐向南转移，城市分布也发生相应的变动。此一时期南方城市的发展除表现为城市数量的增加以外，还表现为城市规模的扩大，涌现出百万人口的特大城市和一批工商业较为发达的大中城市。⑨ 东晋时期，江州的发展水平大大超过了东吴，东晋时期江州农业发达，粮食充裕，基本上能够支撑荆州并维持上游地区的需要。⑩

南方城市经济在东晋南朝时期的发展程度由以下史料可见一斑："荆州资费岁

---

① 房玄龄等：《晋书》卷二十六《食货志》，中华书局，1974年，第792—793页。
② 陈刚：《六朝建康历史地理及信息化研究》，南京大学出版社，2012年，第197页。
③ 陈刚：《六朝建康历史地理及信息化研究》，南京大学出版社，2012年，第228页。
④ 韩国磐：《魏晋南北朝史纲》，人民出版社，1983年，第208—209页。
⑤ 陈刚：《六朝建康历史地理及信息化研究》，南京大学出版社，2012年，第105页。
⑥ 房玄龄等：《晋书》卷二十六《食货志》，中华书局，1974年，第791页。
⑦ 沈约：《宋书》卷五十六《孔琳之传》，中华书局，1974年，第1564页。
⑧ 徐坚：《初学记》卷二十五《器物部·舟》，中华书局，2004年第2版，第610页。
⑨ 何一民：《中国城市史》，武汉大学出版社，2012年，第205页。
⑩ 田余庆：《东晋门阀政治》，北京大学出版社，1989年，第116页。

第五章
秦汉魏晋南北朝时期城市经济的发展

钱三千万,布万匹,米六万斛,又以江、湘二州米十万斛给镇府;湘州资费岁七百万,布三千匹,米五万斛;南蛮资费岁三百万,布万匹,绵千斤,绢三百匹,米千斛,近代莫比也。寻给油络侠望车。"① 城市商业得到发展,"虞悰治家富殖,奴婢无游手,虽在南土,而会稽海味无不毕致焉"②。江南城市中聚积了大量财富,"萧赜聚钱,上库至五亿万,斋库亦出三亿万,金银布帛丝锦不可称计"③。财富向都城集中的现象还有外郡还资:在外地做官的人回到京师,带回大量的物资,如刘宋雍州刺史张兴世反京,还资三千万。齐豫章王萧嶷任荆州刺史返京,还资三千万。许多贫寒的宾客、僚属,也多趁外放之机"满载而归"。如梁朝萧子恪任雍州刺史,其宾客江中举等纳贿巨万。早在晋代,吴地的迎送钱就有数百万之巨。广州刺史负责海外贸易,有"城门一过三千万"的说法。荆州和益州的地方官吏,则利用少数民族不谙法律条文而课以重罚达到敛财的目的。而许多由地方搜刮而来的"还资"又被奉献给君主,以博其欢心。④

刘宋时期,江南的城市经济得到了进一步发展。在梁武帝时,江南城市经济达到了极盛,"江南之为国盛矣,虽南包象浦,西括邛山,至于外奉贡赋,内充府实,止于荆、扬二州。自汉氏以来,民户凋耗,荆楚四战之地,五达之郊,井邑残亡,万不余一也。自义熙十一年司马休之外奔,至于元嘉末,三十有九载,兵车勿用,民不外劳,役宽务简,氓庶繁息,至余粮栖亩,户不夜扃,盖东西之极盛也。既扬部分析,境极江南,考之汉域,惟丹阳会稽而已。自晋氏迁流,迄于太元之世,百许年中,无风尘之警,区域之内,晏如也"⑤。

南朝时南方的集市贸易遍及城乡,较前代明显进步。如建康的坊市制度被突破,市场打破了前朝后市的格局,在以秦淮河为中心的地区多处设有市场。而且还出现了各种专业市场,如马市、谷市、纱市等。⑥

南朝经常进行和市。所谓"和市",即官方低价向民间强买货物(以粮食为主)的办法。和市是一种剥夺,官府常购买了百姓的货物而不付钱。⑦ 但和市也在一定程度上显示了当时城市商业经济发展的情况,司马光在《资治通鉴》中引侯景之言一针见血地指出:"今日国家池苑,王公第宅,僧尼寺塔,及在位庶僚,姬姜百室,仆从数千,不耕不织,锦衣玉食;不夺百姓,从何得之!"⑧

官僚、地主、商人、高利贷四位一体,是我国古代商业资本发展的特点,魏晋南北朝时期尤为突出。三国时期,官僚贵族经商日趋活跃,西晋官僚经商谋利已成

---

① 萧子显:《南齐书》卷二十二《豫章文献王传》,中华书局,1972年,第407页。
② 萧子显:《南齐书》卷三十七《虞悰传》,中华书局,1972年,第655页。
③ 魏收:《魏书》卷九十八《萧昭业传》,中华书局,1974年,第2166—2167页。
④ 刘淑芬:《六朝的城市与社会》,台湾学生书局,1992年,第86—90页。
⑤ 沈约:《宋书》卷五十四《沈昙庆列传》,中华书局,1974年,第1540页。
⑥ 张承宗、魏向东:《魏晋南北朝商贸风俗研究》,殷宪、马志强《北朝研究》(第二辑),北京燕山出版社,2008年第2版,第339—340页。
⑦ 韩国磐:《魏晋南北朝史纲》,人民出版社,1983年,第377—378页。
⑧ 司马光:《资治通鉴》卷一百六十一《梁纪十七》"太清二年"条,中华书局,1956年,第4991页。

为风气；东晋南北朝时期，官僚经商更为普遍。此一时期，官僚的商业活动日趋多样化，有从事大规模长途贩运的，有公开设店经营商业的，还有经营邸舍或旅店的，以及囤积居奇、放高利贷、还资归资的，等等。官僚经商破坏了商品交换的某些原则，阻碍了私营商业的发展和生产力的进步，还败坏了吏治、侵蚀了封建政治体制。①

小　结

　　秦汉时期，全国形成了统一的国内市场，城市是市场的中心网络连接点。工商业和农业的发展，丰富了市场的商品种类。国内市场的活跃以及国际经济往来的增多，使秦汉城市的市场体系日趋完备。

　　秦汉时期，南北城市都得到了不同程度的发展。北方城市发展较早，较为发达，关中及黄河中下游地区的城市是全国的经济重心所在。南方城市有了一定的发展，出现了若干重要的经济中心城市。

　　魏晋南北朝时期，城市经济一度遭到严重的破坏。此时期的战争虽然给中国各地带来了巨大灾难，但同时也在客观上推动了中国社会、经济的变化，特别是大量北方人口南迁，经济重心南移，推动了南方经济的发展和南方城市的兴起，由此对中国历史产生了深远的影响。② 随着南方经济的发展，成都、夏口、建康等区域中心城市的经济得到进一步发展。

　　魏晋南北朝时期，各政权虽然延续了官府对城市工商业进行控制的传统，但与秦汉时期相比，由于中央集权的衰落，在一定时期和一定条件下，城市工商业也处于一个相对自由的发展状态，生产资料、生活资料以及奢侈品的生产和流通也有较大发展。日常生活资料仍然是这一时期最主要的商品，其种类最多，流通量也最大，生产资料次之，而奢侈品在整个社会的商品总量中所占比重不大，其产品主要集中在少数大城市之中，以满足上层社会的特殊需求。③

　　虽然战争造成短时期的经济阻隔，但在相对和平的时期，国内贸易和中外经济交流同样得到发展，城市成为南北贸易和中外贸易链条上的明珠，对推动南北贸易和中外贸易起到了巨大的推动作用，促进了文明的交流与融合。有研究者认为，从战国秦汉到魏晋南北朝，在中国社会经济中有这样一种变化：战国秦汉时期，城市经济是活跃的，一个城市往往是一个地区的经济中心；商人资本活跃，商人手里积累了大量的财富；流通中的商品，大多是各地的土特产，但也有不少货物是以商品生产的形式生产的。汉末以迄魏晋，随着社会环境的变化，活跃的交换经济停滞了，繁荣的城市经济衰竭了，人口汇集的城市被破坏了，金属货币停止使用了，布

---

①　高敏：《中国经济通史·魏晋南北朝》，经济日报出版社，2007 年，第 872—883 页。
②　何一民：《中国城市史》，武汉大学出版社，2012 年，第 209 页。
③　高敏：《中国经济通史·魏晋南北朝》，经济日报出版社，2007 年，第 814 页。

第五章
秦汉魏晋南北朝时期城市经济的发展

帛、谷物成为流通手段。城邑已不再是一方经济中心，而只不过是一个军事要地，一个堡垒。[①] 此一结论可能不完全正确，因为从魏晋南北朝三百余年间城市的发展演变来看，城市的军事功能虽然有所增强，但城市经济在经过短期的跌落后最终还是得到了强化，城市的本质决定了城市必然具备区域经济中心的功能。从长时段考察，魏晋南北朝时期无论是北方城市，还是南方城市，其经济都得到了不同程度的发展，并各有其特色。北方游牧民族统治者入主中原后，尽管将游牧文明的生产方式和生活方式带到中原地区，但最终还是要顺应农耕文明的发展需求，适应商品经济的发展需求，促进城市经济的发展，推动商业贸易的发展，使城市的经济功能得到强化。而南方城市则在北方人口、资源、技术等因素的推动下崛起，为隋唐时期南方城市经济的进一步发展奠定了坚实的基础。

[①] 何兹全：《读史集》，上海人民出版社，1982年，第79页。

第六章　秦汉魏晋南北朝时期的城市管理

先秦以来,随着城市行政等级体系的构建,城市在国家治理体系中所起的作用越来越重要。有研究者认为"政治和行政命令对中国城市的命运有着决定性的影响"①,中国都市是官吏们居住的地方,没有自治。而中国农村没有官吏,却有自治。② 历朝历代的统治者都是通过城市来实现对地区和国家的统治和管控。秦朝统一中国,建立了君主专制中央集权统治和以城市为结点的行政等级管理体系。虽然秦朝以及继承秦制的汉朝并未将城市独立出来,但国家行政管理主要在城市之中,以城市管理地区,管理农村。魏晋南北朝时期,城市管理在传承历史的基础上也发生了一定的变化,主要是北方游牧民族入主中原,导致游牧文明和中原农耕文明的碰撞、融合,从而使城市管理具有了时代的新特征。

第一节　秦汉时期的城市管理

中国古代城乡并非是一体化的,城市和乡村在管理体制方面也有很大区分,乡村基本上实行自治,而城市作为国家的统治据点,其管理被纳入君主专制中央集权体制之中,国家官僚制度体系与城市管理体系在宏观上具有重合性。秦汉时期建立了首都、郡、县三级城市行政等级体系,也就构成了城市管理体系的构架。城市管理的范围比较广泛,既有市政方面的管理,也有治安方面的管理,另外,还有对经济和风俗等方面的管理。在城市管理中,豪强、盗匪、风习和灾害是主要问题所在。此外,政治效率、生态环境、交通、能源、住房、种族和性别歧视、就业、贫困、犯罪、养老等问题也在城市管理中不可避免地出现。

一、秦汉时期城市行政管理体系

城市管理体系是官僚制度的核心部分之一。秦汉时期,对城市的管理集中体现

---

① 赵鼎新:《国家、战争与历史发展:前现代中西模式的比较》,浙江大学出版社,2015年,第149页。

② [日] 斯波义信著,布和译:《中国都市史》,北京大学出版社,2013年,前言。

第六章
秦汉魏晋南北朝时期的城市管理

了君主专制中央集权对城市的管控,其与同时代西方国家的治理体系相比具有明显的差别。秦汉所形成的城市行政管理都是以维护君主专制和中央集权制度为主要目的。秦汉时期,城市管理与乡村管理是两个不同的体系,乡村基本上实行的是自治,而城市则是君主专制中央集权的直接管控地方,每一个城市都被纳入君主专制中央集权体系之中,城市中的官员无一例外都是由皇帝任命,而不是如同一时期罗马帝国中城市行政长官是由市民选举产生的。研究城市管理机制是研究城市管理的关键。秦汉时期城市的管理者实际上也就是同一个行政区域的行政长官,城市管理机制大多数情况下同时也是该行政区划的行政管理机制。

秦汉城市分为三个层级,其中都城是第一层级。都城是国家的政治中枢,是皇帝治理国家的地方,因此对都城的管理乃国之大事。所有的城市管理中,都城的管理工作最为繁杂,也最为重要,"其科条制度所宜施行,在事者备为之禁,先京师而后诸夏"①。都城管理分为宫廷事务管理与都市事务管理。

秦汉时期,负责都城总管的是内史,内史一职秦代始设,掌治京师的所有事务,其地位相当于首都的市长。秦代还设有主爵中尉,掌列侯。景帝中元二年(前148),分置左、右内史,分辖都城。汉武帝太初元年(前104),右内史更名为京兆尹,属官有长安市、厨两令丞,另设有都水、铁官两长丞;左内史更名左冯翊,治所在长安,其地位相当于郡守,其属官有廪牺令丞尉,"又左都水、铁官、云垒、长安四市四长丞皆属焉"②。汉景帝时,主爵中尉更名为都尉,汉武帝太初元年(前104)再更名为右扶风,取扶助风化之意,既是官职,也是行政区划,其治所也在长安,分治内史右地,属官有掌畜令丞,另外,其下属还有右都水、铁官、厩、雍厨四长丞。"其京兆尹、左冯翊、右扶风三人,汉初都长安,皆秩中二千石,谓之三辅。"③ 三辅分别管理京师及附近地区,各有分工。京兆尹是汉代三辅中最重要的官职,既是地方行政官员,也是朝廷要员。京兆尹对京畿地区的管理尤其是对治安管理具有重要作用。④ 汉元鼎四年(前113),汉王朝增置三辅都尉、都尉丞各一人,京辅都尉治所在华阴、左辅都尉治所在高陵、右辅都尉治所在眉县,以加强对京师三辅的治安管理。

东汉建立后,都城从长安转移到洛阳,负责京师地区的行政长官则为河南尹,"中兴都洛阳,更以河南郡为尹,以三辅陵庙所在,不改其号,但减其秩"⑤。东汉时期,"司隶校尉董领京师及三辅、三河、弘农"⑥。司隶校尉负责包括七个州、郡在内的京畿地区的管理,并可以察举官员的违法行为,但也表扬他们有道德的

---

① 范晔:《后汉书》卷三《肃宗孝章帝纪》,中华书局,1965年,第135页。
② 班固:《汉书》卷十九《百官公卿表》,中华书局,1962年,第736页。
③ 《后汉书》志第二十八《百官》,中华书局,1965年,第3614页。
④ 李兴:《两汉京兆尹研究》,西北大学硕士学位论文,2012年。
⑤ 《后汉书》志第二十八《百官》,中华书局,1965年,第3614-3615页。
⑥ 范晔:《后汉书》卷二十五《鲁恭传》,中华书局,1965年,第880页。

举动。①

汉代城市的第二层级为郡级城市。汉代的郡有大小之分,郡守的地位因其所在郡的地位不同而不同,如汉元帝时"益三〔河〕大郡太守秩。户十二万为大郡。……三年夏,令三辅都尉、大郡都尉秩皆二千石"②。"每郡置太守一人,二千石,丞一人。郡当边戍者,丞为长史。王国之相亦如之。每属国置都尉一人,比二千石,丞一人。"③景帝中元二年(前148),郡守更名为太守。太守既是郡级行政区域的长官,也是郡城的主要管理者,其属官有丞,边疆地区的郡又设有长史,掌管兵马,秩皆六百石。郡设有郡尉,"掌佐守典武职甲卒,秩比二千石",其下属也有丞,"秩皆六百石"④。景帝中元二年,郡尉更名为都尉。此外,汉武帝初期各郡还置有关都尉、农都尉、属国都尉等。随着秦汉疆域的扩展,其郡县制行政体系也不断扩大,在边疆和少数民族地区建立了相应的郡、县机构以加强管理。由于许多郡远离京师,郡守在对地方事务进行处理时,经常不能在向朝廷汇报之后再做出决定,因而需要独立处理许多事务,负有做出最后决断的职权。⑤ 因而,郡的设置一方面使这些地区形成向心力,强化了中央政府和皇权对郡地的管控,但另一方面又因为这些地区远离中央政府,山高皇帝远,朝廷对这些地区的管控往往鞭长莫及,因而有研究者认为,"历届政府像它们的继任者一样,证明没有能力一方面把相当大的权力委托给郡使之具有生命力,同时又能大力保持地方对它们的忠诚以防止分裂主义"⑥。

西汉沿袭了前代的分封制,各诸侯王国设有相,其地位、职责与郡守相当,全面负责本地区的政务和军务。春天,他们要巡视自己管辖的各县;秋天,则派遣属员完成类似的工作;年终,他们把年度总结上报京城,同时举荐官员候选人。郡守的属员被组织成几个曹,分别负责地方的巡视、人口与耕地的登记、农业及养蚕业、税粮与谷仓、市场管理、驿站及信使、奏折的呈递、举贤荐能、军事装备、征兵、执法、收押刑徒和镇压匪盗,以及根据地方上的情况管理渡口和水渠、道路和桥梁、烽燧、土木工程及专卖事业。⑦

秦汉城市的第三层级是县级城市,县的官员主要有县令(长)、县丞、县尉等。万户以上的县为大县,设县令,万户以下的县为小县,设县长,秩千石至六百

---

① [英]崔瑞德、鲁惟一编,杨品泉等译:《剑桥中国秦汉史:公元前221—公元220年》,中国社会科学出版社,1992年,第542页。
② 班固:《汉书》卷九《元帝纪》,中华书局,1962年,第294页。
③ 《后汉书》志第二十八《百官》,中华书局,1965年,第3621页。
④ 班固:《汉书》卷十九《百官公卿表》,中华书局,1962年,第742页。
⑤ [英]崔瑞德、鲁惟一编,杨品泉等译:《剑桥中国秦汉史:公元前221—公元220年》,中国社会科学出版社,1992年,第171页。
⑥ [英]崔瑞德、鲁惟一编,杨品泉等译:《剑桥中国秦汉史:公元前221—公元220年》,中国社会科学出版社,1992年,第507页。
⑦ [英]崔瑞德、鲁惟一编,杨品泉等译:《剑桥中国秦汉史:公元前221—公元220年》,中国社会科学出版社,1992年,第544—545页。

第六章
秦汉魏晋南北朝时期的城市管理

石。① 县令（长）掌治其县的行政、民政，县令（长）之下有丞、尉，秩四百石至二百石，是为长吏。百石以下的官吏有斗食、佐史等，是为少吏。每年秋、冬两季，县官应根据实际情况修订人口、耕地、税收及各种费用的簿册，然后上交本郡太守，太守核实以后，将其与其他各县的材料汇总成一个报告，于年终上报朝廷。② 东汉建立后，县仍为基层行政管理单位，"每县、邑、道，大者置令一人，千石；其次置长，四百石；小者置长，三百石；侯国之相，秩次亦如之"③。"大县丞左右尉，所谓命卿三人。小县一尉一丞，命卿二人。"④ 此外，为了加强对县级官吏的监控，汉王朝也设置有对县令进行监督的官员——督邮，"监属县有三部，每部督邮书掾一人"⑤。东汉千余县令，中以洛阳令地位最高，其机构设置也最为庞大。洛阳令的地位十分微妙，非常难当，因为"他必须在皇亲、贵族、权臣居住的城市维持法律秩序，而这些人常常为所欲为。他控制着一座帝国的监狱。他的另一项特殊职责是通过孝廉左尉和孝廉右尉监视由郡、国推荐到京师的官员候选人"⑥。东汉时期在少数民族地区设有道，级别与县同，"凡县主蛮夷曰道"⑦，以加强管理。

据有关统计，汉代共有1587个县、道、国、邑，6622个乡，29635个亭。乡官是秦基层政权组织的行政人员。秦代广义的基层政权组织包括乡、亭、里、伍等，但严格说来，只有乡、里才具有基层政权性质。⑧ 汉代，县以下的基层政权结构大体上是十里为一亭，亭有长；十亭一乡，乡官有三老、有秩、啬夫、游徼。《后汉书·百官志》："乡置有秩、三老、游徼。本注曰：有秩，郡所署，秩百石，掌一乡人；其乡小者，县置啬夫一人。皆主知民善恶，为役先后，知民贫富，为赋多少，平其差品。三老掌教化。凡有孝子顺孙，贞女义妇，让财救患，及学士为民法式者，皆扁表其门，以兴善行。游徼掌徼循，禁司奸盗。又有乡佐，属乡，主民收赋税。"⑨ 并设有亭长，以禁盗贼。亭长一般是由退伍下来的士兵担任，掌握一定的武装。汉廷对三老等基层人员非常重视，如章帝"进幸邺，劳飨魏郡守令已下，至于三老、门阑、走卒，赐钱各有差"⑩。

学术界对秦汉时期的乡里制度有着不同的看法，但基本认可汉代基层管理制度沿袭秦代，县以下为自治，而县及县以上则为政府直接管理。县级及以上的官员由

---

① 肖爱玲：《西汉城市体系的空间演化》，商务印书馆，2012年，第232—233页。
② [英]崔瑞德、鲁惟一编，杨品泉等译：《剑桥中国秦汉史：公元前221—公元220年》，中国社会科学出版社，1992年，第546页。
③ 《后汉书》志第二十八《百官》，中华书局，1965年，第3622页。
④ 《后汉书》志第二十八《百官》章怀太子注引《汉官》，中华书局，1965年，第3623页。
⑤ 范晔：《后汉书》卷八十二《高获传》，中华书局，1965年，第2711页。
⑥ [英]崔瑞德、鲁惟一编，杨品泉等译：《剑桥中国秦汉史：公元前221—公元220年》，中国社会科学出版社，1992年，第543页。
⑦ 《后汉书》志第二十八《百官》，中华书局，1965年，第3623页。
⑧ 张金光：《秦乡官制度及乡、亭、里关系》，《历史研究》，1997年第6期。
⑨ 《后汉书》志第二十八《百官》，中华书局，1965年，第3624页。
⑩ 范晔：《后汉书》卷三《肃宗孝章帝纪》，中华书局，1965年，第143页。

皇帝直接任命，并由朝廷发放薪俸，郡、县两级的行政长官虽然要管辖公共行政区域内的所有事务，但其管理权是由朝廷授予的，其管理的重点和着力点仍然在城市之中。

秦汉时期郡守、县令的属官、属吏是直接参与行政管理的职员，他们的职能经历了从粗疏到细化的过程，尤其是属吏承担了基层行政中的大量具体事务，与下层民众联系最为密切，秦及汉初，国家通过对基层吏员的控制，来实现对基层社会的制度性管理，将其与以"三老"为中心的社会化管理相结合，基层小吏是国家控制乡里社会的基本工具。① 据相关文献记载，哀帝建平二年（5），汉朝的官员和吏员自佐史至丞相有130 285人，从而形成了宝塔式的行政官员管理体系。

西汉还保留了分封制度，汉初封国势力很大。汉代对诸侯王所辖城市的治理依照京师，"诸侯王，高帝初置，金玺盭绶，掌治其国。有太傅辅王，内史治国民，中尉掌武职，丞相统众官，群卿大夫都官如汉朝。景帝中五年令诸侯王不得复治国，天子为置吏，改丞相曰相，省御史大夫、廷尉、少府、宗正、博士官，大夫、谒者、郎诸官长丞皆损其员。武帝改汉内史为京兆尹，中尉为执金吾，郎中令为光禄勋，故王国如故。损其郎中令，秩千石；改太仆曰仆，秩亦千石。成帝绥和元年省内史，更令相治民，如郡太守，中尉如郡都尉"②。

西汉初期，诸侯王国由诸侯王与皇帝派去的官员共同治理。诸侯们拥有任命官员和征收赋税的权力，十分强势，并经常与朝廷派去的官员发生冲突，如"赵王彭祖……好法律，持诡辩以中人。……立五十余年，相、二千石无能满二岁，辄以罪去，大者死，小者刑，以故二千石莫敢治"③。诸侯王势力的坐大，使皇帝深感君主专制中央集权受到威胁。汉景帝后期，采纳晁错"削藩"的建议，拟削夺部分诸侯的封地，由此引发以吴王为首的"七国之乱"。景帝平定叛乱后，以此为契机，进一步加强中央集权，削弱诸侯王的权力。具体措施如下：一是收夺诸侯王的边郡、支郡为朝廷所有；二是推行"众建诸侯而少其力"的计划，使诸侯王由大化小，力量分散；三是削掉诸侯王对封国的管理权，诸侯王任免封国官吏和征收赋税的权力也被取消，诸侯王不能自治其国，无权过问封国的政事，诸侯王的辖地由皇帝派去的官员进行管理，故而诸侯王国与朝廷直接管理的郡很难区分④；四是改革诸侯王国的官制，改丞相为相，裁去御史大夫等官吏，使诸侯王彻底失去了政治权力，只能按朝廷规定的数额收取该国的租税作为俸禄。《史记·五宗世家》："五宗王世，汉为置二千石，去'丞相'，曰'相'，银印。诸侯独得食租税，夺之权。其后诸侯贫者或乘牛车也。"⑤ 经过一系列改革，诸侯王的权力大大削弱，诸侯王国

---

① 王俊梅：《秦汉郡县属吏研究》，中国人民大学博士学位论文，2008年。
② 班固：《汉书》卷十九《百官公卿表》，中华书局，1962年，第741页。
③ 司马迁：《史记》卷五十九《五宗世家》，中华书局，1982年，第2098页。
④ ［英］崔瑞德、鲁惟一编，杨品泉等译：《剑桥中国秦汉史：公元前221—公元220年》，中国社会科学出版社，1992年，第547页。
⑤ 司马迁：《史记》卷五十九《五宗世家》，中华书局，1982年，第2104页。

第六章
秦汉魏晋南北朝时期的城市管理

的城市也逐渐被纳入郡县城市行政等级体系之中。汉武帝时期,汉王朝进一步规定,凡是同姓诸侯王的儿子,不管他们是皇帝的第几代孙,没能世袭王国的,都封为侯;公主的封地,作为侯国传给其长子;同姓诸侯王的女儿成为乡或亭的公主,但她们的封地在其死亡后废除。公以下,最高级的贵族是位列二十等的列侯,低品级贵族一般没有封地。列侯分为三类:王族侯、对本朝有特殊贡献的功臣和外戚。每一位侯都能得到一块有一定户数的封地。后来这些侯按威望的高低又依次划为三等,即特进侯、朝廷侯和侍祠侯。侯不影响封地的行政管理,只从封地得到收入。管理他们家族事务的官员由中央政府指派。① 东汉时期也进行了分封,但只是食邑,没有行政权,封地管理仍然由朝廷派官员负责,"每国置相一人,其秩各如本县"②。

在汉代中后期和东汉,逐渐在郡之上出现了更大的地方行政单位——州。秦制每郡设置御史,以对各郡官员进行监察,强化君主专制中央集权。汉代沿其旧制,每郡设有御史,但不少郡的御史不能恪守职责,难以完成皇帝所交代的监察使命。因而汉文帝时始命丞相派员出刺各郡,进行巡察,以强化皇帝对地方的监控。汉武帝时,朝廷废除了形同虚设的诸郡监察御史,并将全国划为冀州、青州、兖州、徐州、扬州、荆州、豫州、益州、凉州、幽州、并州、交州、司州等十三部(州),每部(州)各设刺史一人,秩六百石,"假刺史印绶,有常治所。常以秋分行部,御史为驾四封乘传。到所部,郡国各遣一吏迎之界上"③。刺史的职权和任务明确规定为六个方面,即"奉诏六条察州",一是察"强宗豪右,田宅逾制,以强凌弱,以众暴寡";二是察"二千石不奉诏书,遵承典制,倍公向私,旁诏守利,侵渔百姓,聚敛为奸";三是察"二千石不恤疑狱,风厉杀人,怒则任刑,喜则任赏,烦扰苛暴,剥戮黎元,为百姓所疾,山崩石裂,妖祥讹言";四是察"二千石选署不平,苟阿所爱,蔽贤宠顽";五是察"二千石子弟恃怙荣势,请托所监";六是察"二千石违公下比,阿附豪强,通行货赂,割损政令"④。这六条规定为刺史行使权力提供了依据,又可以防止刺史滥用职权。此时的刺史仍然只是朝廷的派出官员,而非地方行政长官,主要职责是检核问事,强化皇权,澄清吏治。刺史设立之初,行政级别较低,但作为皇帝所派出的使臣,拥有比郡守更大的权力,因而刺史的设置逐渐制度化、固定化、属地化,刺史的权力不断增大,拥有了超越郡守的地方行政、军政、财政大权,因而到汉成帝绥和元年(前8),汉王朝不得不认可刺史在地方行政事务中的重要地位,将刺史改称州牧,将其职权进一步扩大,刺史始正式从监察官变为地方军事行政长官。州行政建置的设立,也改变了行政城市等级体系,州牧所在的州城成为郡级城市之上另一层级的城市,成为州行政区划范围内的政治中心城市,州牧也就成为州行政区划范围内城市的管理者。

---

① [英]崔瑞德、鲁惟一编,杨品泉等译:《剑桥中国秦汉史:公元前221—公元220年》,中国社会科学出版社,1992年,第547—548页。
② 《后汉书》志第二十八《百官》,中华书局,1965年,第3630页。
③ 班固:《汉书》卷六《武帝纪》,中华书局,1962年,第197页。
④ 《后汉书》志第二十八《百官》章怀太子注引《汉仪》,中华书局,1965年,第3617—3618页。

二、秦汉时期城市的经济管理

秦汉时期,由于君主专制中央集权制度的强化,城市经济的发展受到政府行政干预的极大影响。"名山大泽,盐铁钱布帛,五均赊贷,斡在县官。"① 正如有学者所言,"如果不涉及国家权威的种种作用,就不可能叙述汉代的社会和经济发展,因为它通过实施各种各样的财政政策对农业、商业和制造业施加了巨大的影响"②。

（一）主要的经济管理机构

秦汉时期,朝廷主要的经济管理机构有少府、将作大匠、司空等。

1. 少府

少府负责宫廷财政、工程、服务和供给,而且还掌控了若干官营工场。少府始置于战国,秦汉相沿,为九卿之一。汉武帝为了推进经济的发展,对少府机构做了调整:一是另设水衡都尉,接管原少府所管理的上林苑及铸造货币等事宜;二是将少府所辖斡官、盐官、铁官等改隶大司农;三是在各地陆续设置上官、三服官、铜官等机构,加强对官府手工业的管理;四是将少府的部分收入用于朝廷开支。少府的"属官有尚书、符节、太医、太官、汤官、导官、乐府、若卢、考工室、左弋、居室、甘泉居室、左右司空、东织、西织、东园匠等十（二）〔六〕官令丞,又胞人、都水、均官三长丞,又上林中十池监,又中书谒者、黄门、钩盾、尚方、御府、永巷、内者、宦者（七）〔八〕官令丞。诸仆射、署长、中黄门皆属少府"③。考工令主作器械,包括弓弩刀铠和祭祀、生活用器。

少府在各诸侯王国和地方郡县还大力兴办手工业,以满足宫廷和官府对各种器物和生活用品的需要。西汉前中期,汉王朝先后在郡县设置有工官10处。工官主要管理地方官营手工业,制造宫廷、官府用品或兵器;汉王朝设置工官的目的之一就是加强对地方经济的管理,强化君主专制中央集权。其中,设在蜀郡、广汉郡的工官主要制造贵重的漆器和金银器,每年各耗费约五百万,其管理严格,分工细致,产品制作精美。西汉王朝还在齐、陈留两郡设有服官,主要制作天子之服和后宫服饰。汉王朝另在重要的产铜区设置铜官,主掌铜矿的开采和冶炼;在近江海处设置楼船官,主要制造楼船;还在产橘地设置橘官,主管岁贡御橘;另外,还设有金官,主管采炼金矿;设珠官,主管采取珠玉;设羞官,主管帝王膳食原料。

西汉末年,王莽改少府为共工,但其性质并未发生大的变化。东汉,仍然设少府,为九卿之一,除掌宫中御衣、宝货、珍膳等外,东汉少府还设置有负责城市水利、园林管理等市政工程的多个官员。"孝武帝初置水衡都尉,秩比二千石,别主

---

① 班固:《汉书》卷二十四《食货志》,中华书局,1962年,第1182页。
② ［英］崔瑞德、鲁惟一编,杨品泉等译:《剑桥中国秦汉史:公元前221—公元220年》,中国社会科学出版社,1992年,第630—631页。
③ 班固:《汉书》卷十九《百官公卿表》,中华书局,1962年,第731页。

上林苑有离宫燕休之处，世祖省之，并其职于少府。每立秋貙刘之日，辄暂置水衡都尉，事讫乃罢之。少府本六丞，省五。又省汤官、织室令，置丞。又省上林十池监，胞人长丞，宦者、昆台、佽飞三令，二十一丞。又省水衡属官令、长、丞、尉二十余人。章和以下，中官稍广，加尝药、太官、御者、钩盾、尚方、考工、别作监，皆六百石。"①

2. 将作大匠

除少府外，将作大匠也是汉朝职掌宫室、宗庙、陵寝以及都城土木营建的重要机构。秦代，设有将作少府，汉代沿其制亦设其官，景帝中元六年（前144）更名为将作大匠，掌修作宗庙、路寝、宫室、陵园等木土工程，以及在都城主要道路上栽种桐、梓等绿化工程。汉代将作大匠下设"丞一人，六百石。左校令一人，六百石。本注曰：掌左工徒。丞一人。右校令一人，六百石。本注曰：掌右工徒，丞一人"②。

3. 司空

秦及西汉有司空之官，主管水利、土建工程，役使罪犯劳作，并负责徭役征发和追缴逋贷等事务。西汉末至东汉前期，陆续撤销京师及各郡县的司空部门，仅在三公中保留司空，而役使罪犯劳动的组织改称"作部"③。

4. 盐铁官和工官等

秦汉时期，随着中央集权的加强，官府对城市手工业的管理也进一步加强，其中一个重要表现就是官营手工业在城市手工业中占有绝对的统治地位。秦王朝和西汉王朝都设有多个机构以实现手工业的专业化生产和管理，官府掌控了相当部分手工业生产的原材料供应，特别是在盐、铁、酒等几个垄断行业更是如此。在专业化管理经济的官署中，最惹人注目的是34个盐官和48个铁官的官署。④ 诸侯王国区与汉郡区盐官数量之比为19：16，铁官数量之比为29：19，齐地的工、盐、铁官数量为22处，占全国的2/5强。⑤ 盐铁官负责盐铁的开采、生产和销售，盐铁官的设置对增加朝廷的财富和增强朝廷的宏观经济调控权起到了重要的作用。

国家对重要手工业部门的垄断和管控一方面有利于强化中央集权，但另一方面也带来了一些问题，尤其是盐、铁、酒专营所产生的问题更为突出，因而在汉代引起了反复的争论。汉武帝时期西汉王朝开创了国家控制盐铁的先河，"武帝使孔仅、东郭咸阳乘传举行天下盐铁，作官府收利，私家更不得铸铁煮盐"⑥。盐铁官营导致了严重的后果，一些大商人成为城市经济的控制者。虽然反对盐铁专营的呼声甚

---

① 《后汉书》志第二十八《百官》，中华书局，1965年，第3600页。
② 《后汉书》志第二十八《百官》，中华书局，1965年，第3610页。
③ 宋杰：《秦汉国家统治机构中的"司空"》，《历史研究》，2011年第4期。
④ [英]崔瑞德、鲁惟一编，杨品泉等译：《剑桥中国秦汉史：公元前221—公元220年》，中国社会科学出版社，1992年，第516页。
⑤ 肖爱玲：《西汉城市体系的空间演化》，商务印书馆，2012年，第193页。
⑥ 范晔：《后汉书》卷四《和帝纪》，中华书局，1965年，第168页。

高，但汉王朝最终未能放弃与国计民生息息相关的盐铁专营。

（二）官营手工业部门的强化

秦汉时期，官府手工业十分发达，无论从文献记载还是考古发现都可以看出，秦汉城市手工业基本上分为中央政府直接管辖、地方政府管辖和民营手工业三大系统。三大手工业系统所生产的产品不同，产品分布的地区也不一样。① 东汉时期，随着城市经济的发展，私营手工业得到了较大发展。

汉代城市手工业主要部门有冶铁、纺织、漆器、陶瓷制造等，其中冶铁业由国家垄断经营，而其他行业多为官营、民营并举。官营纺织作坊主要为皇家和官府织造服饰，工艺极为精细，而民营纺织主要为市场生产商品，工艺相对粗糙。汉代的漆器工艺水平极高，其产品主要供皇室和贵族、官员享用。两汉对酒类的管理控制体现了此一时期城乡经济发展的矛盾。西汉"初，广汉客私酤酒长安市，丞相〔吏〕逐去"②。王莽时期"初设六筦之令。命县官酤酒，卖盐铁器，铸钱，诸采取名山大泽众物者税之。又令市官收贱卖贵，赊贷予民，收息百月三。牺和置酒士，郡一人，乘传督酒利。禁民不得挟弩铠，徙西海"③。东汉时期也多禁酒，汉安二年（143）十月"丙午，禁沽酒，又贷王、侯国租一岁"④。永兴二年（154），"禁郡国不得卖酒，祠祀裁足"⑤。

两汉时期，朝廷在郡县设有多种官办制造业机构，全国有 10 个郡县设有称之为工官的工场。这些工官一般为地方的武库制造兵器，但广汉郡和成都郡则制造金银器和漆器等。20 世纪以来，我国在多个地方出土了蜀郡工官生产的漆器，制作十分精美，上面刻有产地名称。在山东的临淄和陈留郡的襄邑两地，设有为宫廷制造华丽丝织品和锦缎的官署——服官。临淄的三服官，每个机构拥有几千名工人。长安也设有东、西织室，专门为皇室、贵族织造被服。桂阳郡"金官"则负责冶炼黄金，丹阳郡的铜官负责开矿和铸铜（除铸钱）。两汉时期铜官数量相对较少，这表明当时铁器的使用增多，而对铜器的需要减少。庐江郡设有一个船厂——楼船官，负责制造战船。⑥

秦汉时期官府加强了对粮食的管理，秦代设有治粟内史，"掌谷货，有两丞。景帝后元年更名大农令，武帝太初元年更名大司农。属官有太仓、均输、平准、都内、籍田五令丞，斡官、铁市两长丞。又郡国诸仓农监、都水六十五官长丞皆属焉。骁粟都尉，武帝军官，不常置。王莽改大司农曰羲和，后更为纳言。初，斡官

---

① 中国社会科学院考古研究所：《中国考古学·秦汉卷》，中国社会科学出版社，2010年，第43页。
② 班固：《汉书》卷七十六《赵广汉传》，中华书局，1962年，第3205页。
③ 班固：《汉书》卷九十九《王莽传》，中华书局，1962年，第4118页。
④ 范晔：《后汉书》卷六《顺帝纪》，中华书局，1965年，第273页。
⑤ 范晔：《后汉书》卷七《孝桓帝纪》，中华书局，1965年，第299页。
⑥ [英] 崔瑞德、鲁惟一编，杨品泉等译：《剑桥中国秦汉史：公元前221—公元220年》，中国社会科学出版社，1992年，第622页。

属少府，中属主爵，后属大司农。"① 东汉时期，大司农卿"掌诸钱谷金帛诸货币。郡国四时上月旦见钱谷簿，其逋未毕，各具别之。边郡诸官请调度者，皆为报给，损多益寡，取相给足。丞一人，比千石。部丞一人，六百石。本注曰：部丞主帑藏。太仓令一人，六百石。本注曰：主受郡国传漕谷。丞一人。平准令一人，六百石。本注曰：掌知物贾，主练染，作采色。丞一人。导官令一人，六百石。本注曰：主舂御米，及作干糒。导，择也。丞一人。右属大司农。本注曰：郡国盐官、铁官本属司农，中兴皆属郡县。又有廪牺令，六百石，掌祭祀牺牲雁鹜之属。及洛阳市长、荥阳敖仓官，中兴皆属河南尹。余均输等皆省"②。

（三）对商业的多重管理

秦朝在统一中国的过程中不断加强对城市商业的管理。汉代承袭秦制，长期采取重农抑商的经济政策。一方面，农业是经济基础，关系国计民生，因而需要大力扶植农业的发展；另一方面，随着商品经济的发展，商人势力的增强，君主专制中央集权统治受到巨商大贾的威胁。特别是随着商品经济的发展，城市成为经济要素集中的空间，对于农业人口产生了一定的吸引力，弃农经商成为一种普遍的现象。"时天下侈靡趋末，百姓多离农亩。"③ 这对以农为本的君主专制中央集权统治造成了一定的冲击，动摇了国家的统治基础，因而抑商成为强化君主专制统治的重要措施之一。如晁错所言："民贫，则奸邪生。贫生于不足，不足生于不农，不农则不地著，不地著则离乡轻家，民如鸟兽，虽有高城深池，严法重刑，犹不能禁也。"④ 重农抑商的政策对城市商业经济的发展具有一定的限制作用，同时该政策还对城市中的商人采取了一些歧视性政策和法律。

汉武帝时期，朝廷进一步加强对城市经济的管控，桑弘羊为治粟都尉，"领大农，尽管天下盐铁。……置平准于京师"⑤。虽然朝廷实行抑商政策，但是汉代城市商品经济仍然有巨大的发展，抑商并非禁商，因而"今法律贱商人，商人已富贵矣；尊农夫，农夫已贫贱矣"⑥。西汉时期，朝廷常常以牺牲城市经济的办法来解决社会危机。

国家对商品经济进行管理和控制的主要手段就是课税：对登记商人的租和对出海捕鱼收益的租，这些都是取之于自然物产和工商业的利润。赋包括对成年人的人头税、算赋中的财产税和本来是代替劳役的更赋。对商人和奴隶的人头税是二算（240钱），为普通人的一倍。⑦

---

① 班固：《汉书》卷十九《百官公卿表》，中华书局，1962年，第731页。
② 《后汉书》志第二十六《百官》，中华书局，1965年，第3590—3591页。
③ 班固：《汉书》卷六十五《东方朔传》，中华书局，1962年，第2858页。
④ 班固：《汉书》卷二十四《食货志》，中华书局，1962年，第1131页。
⑤ 司马光：《资治通鉴》卷二十《汉纪十二》"元封元年"条，中华书局，1956年，第680页。
⑥ 班固：《汉书》卷二十四《食货志》，中华书局，1962年，第1133页。
⑦ [英]崔瑞德、鲁惟一编，杨品泉等译：《剑桥中国秦汉史：公元前221—公元220年》，中国社会科学出版社，1992年，第635—638页。

王莽时，力图设立更为严密的管理制度控制城市经济，"于长安及五都立五均官，更名长安东西市令及洛阳、邯郸、临淄、宛、成都市长皆为五均司市师。东市称京，西市称畿，洛阳称中，余四都各用东西南北为称，皆置交易丞五人，钱府丞一人。工商能采金银铜连锡登龟取贝者，皆自占司市钱府，顺时气而取之。又以《周官》税民：凡田不耕者为不殖，出三夫之税；城郭中宅不树艺者为不毛，出三夫之布；……工匠医巫卜祝及它方技商贩贾人坐肆列里区谒舍，皆各自占所为于其在所之县官，除其本，计其利，十一分之，而以其一为贡"①。此外，汉政府还采取措施鼓励经济的发展："诏有司问郡国所举贤良文学民所疾苦。议罢盐铁榷酤。"②政府还为办理丧葬或庆典的民众给予无息贷款，对以营业为目的的人给予10%利息的贷款。这些措施都是为了抑制商人和高利贷者而保护民众。虽然该政策在制度设计上是值得称赞的，但在执行时仍有许多尚待改进之处。民众对王莽的这些措施和其他经济改革极度不满，加速了他的垮台。③

汉代城市经济管理逐渐形成了一些规范，尤其是在对商人与管理者的违法行为治理方面取得了一些成功经验。东汉第五伦，由"鲜于褒荐之于京兆尹阎兴，兴即召伦为主簿。时长安铸钱多奸巧，乃署伦为督铸钱掾，领长安市。伦平铨衡，正斗斛，市无阿枉，百姓悦服"④。伦在职四年，迁蜀郡太守。"蜀地肥饶，人吏富实，掾史家资多至千万，皆鲜车怒马，以财货自达。伦悉简其丰赡者遣还之，更选孤贫志行之人以处曹任，于是争赇抑绝，文职修理。所举吏多至九卿、二千石，时以为知人。"⑤汉代一些商业管理的措施，对缓解局部地区的经济危机也起了一定的作用。东汉永和年间，"是时谷贵，县官经用不足，朝廷忧之"⑥。尚书张林主张采取西汉时期均输的方法来解决危机："谷所以贵，由钱贱故也。可尽封钱，一取布帛为租，以通天下之用。又盐，食之急者，虽贵，人不得不须，官可自鬻。又宜因交阯、益州上计吏往来，市珍宝，收采其利。"⑦

汉代官商关系一直处在复杂的博弈之中。孝文帝时期，将官商严格地区分开来，"贾人、赘婿及吏坐赃者皆禁锢不得为吏"⑧。汉武帝时期，为筹措军费而"用度不足，乃行一切之变，使犯法者赎罪，入谷者补吏，是以天下奢侈，官乱民贫，盗贼并起，亡命者众"⑨。汉武帝的政策导致了社会风气的败坏和商人力量的崛起，"察其所以然者，皆以犯法得赎罪，求士不得真贤，相守崇财利，诛不行之所致

---

① 班固：《汉书》卷二十四《食货志》，中华书局，1962年，第1180—1181页。
② 班固：《汉书》卷七《昭帝纪》，中华书局，1962年，第223页。
③ [英]崔瑞德、鲁惟一编，杨品泉等译：《剑桥中国秦汉史：公元前221—公元220年》，中国社会科学出版社，1992年，第646页。
④ 范晔：《后汉书》卷四十一《第五伦传》，中华书局，1965年，第1396页。
⑤ 范晔：《后汉书》卷四十一《第五伦传》，中华书局，1965年，第1398页。
⑥ 范晔：《后汉书》卷四十三《朱晖传》，中华书局，1965年，第1460页。
⑦ 范晔：《后汉书》卷四十三《朱晖传》，中华书局，1965年，第1460页。
⑧ 班固：《汉书》卷七十二《贡禹传》，中华书局，1962年，第3077页。
⑨ 班固：《汉书》卷七十二《贡禹传》，中华书局，1962年，第3077页。

第六章
秦汉魏晋南北朝时期的城市管理

也"①。城市中的商人在地方上具有很大的影响力,他们中的部分人也具有官吏身份,与官府有关部门可以分庭抗礼,如何武"兄弟五人,皆为郡吏,郡县敬惮之。武弟显家有市籍,租常不入,县数负其课。市啬夫求商捕辱显家,显怒,欲以吏事中商。武曰:'以吾家租赋繇役不为众先,奉公吏不亦宜乎!'武卒白太守,召商为卒吏,州里闻之皆服焉"②。汉代,不少商人发财后也拥有大量土地,相关记载较多,如《汉书·张禹传》:"禹为人谨厚,内殖货财,家以田为业。及富贵,多买田至四百顷,皆泾、渭溉灌,极膏腴上贾。它财物称是。禹性习知音声,内奢淫,身居大第,后堂理丝竹管弦。"③ 西汉时期,部分官吏也时常参与经商,商人、地主、官僚等出现融合的趋势,特别是世家大族拥有多种身份。

汉武帝时期,为了与匈奴作战,朝廷不得不对商人加大管控和征税力度。"昔孝武皇帝致诛胡、越,故权收盐铁之利,以奉师旅之费。"④ "匈奴浑邪王率众来降,汉发车二万乘。县官无钱,从民贳马。民或匿马,马不具。……及浑邪至,贾人与市者,坐当死者五百余人。"⑤ 为了让社会财富日益向朝廷集中,汉王朝也不得不对商人做出一些让步,并将部分大商人纳入国家管理体系之中,使其成为体系内管理盐铁的官员或市场管理者。如汉武帝重用的桑弘羊就出身于商人家庭。君主专制中央集权加强对城市经济的控制措施,也给一些官员的腐败提供了机会,由此对官员经商起到了推波助澜的作用,逐渐出现了官商合一的现象,一些官员因经商而暴富。"羲和置命士督五均六斡,郡有数人,皆用富贾。洛阳薛子仲、张长叔、临淄姓伟等,乘传求利,交错天下。因与郡县通奸,多张空簿,府藏不实,百姓俞病。"⑥ "光和中,黄门令王甫使门生于郡界辜榷官财物七千余万,彪发其奸,言之司隶。司隶校尉阳球因此奏诛甫,天下莫不惬心。"⑦ 掌握经济大权的均输官、盐铁官均是肥缺,因此也是最易产生腐败的官职。

汉代,国家给商人提供了兴起的机会,又要用最大的力量来抑制这一社会阶级。⑧ 西汉建立之初,采取了一些抑商政策,如"令贾人不得衣丝乘车,市井子孙不得宦为吏"⑨。商人之所以受到歧视,一方面是由于统治者出于政治与风化等方面的需要有意为之,正如桓谭所言:"贾人多通侈靡之物,罗纨绮绣,杂彩玩好,以淫人耳目,而竭尽其财。是为下树奢媒而置贫本也。求人之俭约富足,何可得乎?"⑩ 另一方面,商人囤积居奇,破坏市场秩序,造成城市社会问题,甚至影响

---

① 班固:《汉书》卷七十二《贡禹传》,中华书局,1962年,第3077页。
② 班固:《汉书》卷八十六《何武传》,中华书局,1962年,第3482页。
③ 班固:《汉书》卷八十一《张禹传》,中华书局,1962年,第3349页。
④ 范晔:《后汉书》卷四《孝和孝殇帝纪》,中华书局,1965年,第167页。
⑤ 司马迁:《史记》卷一百二十《汲黯传》,中华书局,1982年,第3109页。
⑥ 班固:《汉书》卷二十四《食货志》,中华书局,1962年,第1183页。
⑦ 范晔:《后汉书》卷五十四《杨震传》,中华书局,1965年,第1786页。
⑧ [英]崔瑞德、鲁惟一:《剑桥中国秦汉史:公元前221—公元220年》,中国社会科学出版社,1992年,第642页。
⑨ 范晔:《后汉书》卷二十八《桓谭传》章怀太子注,中华书局,1965年,第959页。
⑩ 范晔:《后汉书》卷二十八《桓谭传》章怀太子注引《东观汉记》,中华书局,1965年,第959页。

统治者的地位，统治者不得不对其采取限制措施。如西汉时"茂陵富人焦氏、贾氏以数千万阴积贮炭苇诸下里物"①，以致影响到朝廷的用度。东汉时期"富商大贾，多放钱货，中家子弟，为之保役，趋走与臣仆等勤，收税与封君比入，是以众人慕效，不耕而食，至乃多通侈靡，以淫耳目"②。汉朝限制和打击城市中的商人，用礼治等防止他们坐大，用告缗和增税来限制他们发展，用严刑来处罚囤积居奇等不法行为，从而使商人阶层在城市的发展受到很大制约。

(四) 对市场的管理

市场是城市商业的中心，是城市商业发展的产物。中国古代城市的交易受到时间的限制和政府较为严格的管制："日中为市，致天下之民，聚天下之货，交易而退，各得其所。""是以圣王域民，筑城郭以居之，制庐井以均之，开肆以通之，设庠序以教之。"③

随着商业的发展，城市的扩大，城市中的市场交易区也日渐扩大，并形成了市场管理制度。西汉城市中的市场都是由政府有计划地建立起来，由政府划分范围，并派官员管理。长安城内建有9个市场，"各方二百六十六步，六市在道西，三市在道东。凡四里为一市，致九州之人在突门。夹横桥大道，市楼皆重屋"④。其他各城市都设有市场，较著名的有洛阳市、宛市、成都市、临淄市、吴市、平阳市、邯郸市、会稽市、临邛市、淮阳市、淮南市、莲白市、陕市、谯市、槐市、荥阳市、小市、直市等。市场规划都较整齐，筑有围墙，开有市门，市场内多成十字街道，分行业而列肆。各市场都设有主管官员，按城市行政地位的高低设置不同的官职，长安的市设"市令"，其他城市设"市长"，其下又设有"市吏""市掾""市啬夫"等。各级市官负责市内商贾的登记，为较大宗的买卖所定契约加盖官印，检查交易是否有违禁行为，检查度量衡，平抑物价，检查商品，征收租税等。王莽改制时，曾将长安的东市令、西市令和洛阳、邯郸、临淄、宛、成都的市长改为"五均司市师"，其下分设交易丞、钱府丞，平抑物价，征收租税；各郡县也设司市，职掌与司市师相同。东汉时期市场管理制度和管理机构基本上沿袭西汉，并无大的变化。⑤ 长安九市，以东西市最大。商人登记后受到政府管理，其登记册称为市籍。有些城市因为对外贸易而繁荣，如姑臧和宁城。⑥

市场是工商业者活动的中心。城内的市是否繁荣是一个城市经济发展的标志。城市中的工商业活动历来为城市统治者所控制，这样一方面便于维护市场秩序，另一方面是便于收税。从西周开始，城市中的交易活动就必须在市中进行。汉代每日

---

① 班固：《汉书》卷九十《酷吏传》，中华书局，1962年，第3665页。
② 范晔：《后汉书》卷二十八《桓谭传》，中华书局，1965年，第958页。
③ 班固：《汉书》卷二十四《食货志》，中华书局，1962年，第1117页。
④ 何清谷校释：《三辅黄图校释》卷二，中华书局，2005年，第93页。
⑤ 何一民：《中国城市史》，武汉大学出版社，2012年，第167页。
⑥ 张继海：《汉代城市社会》，社会科学文献出版社，2006年，第14页。

第六章
秦汉魏晋南北朝时期的城市管理

开场的常设市,均设置在县以上的治区。汉代城内外的市都很繁荣。汉初,为恢复经济,政府出面在一些城市设立由官府统一控制的大型正规市场,在史料中称为大市。后来又有设置新市和复兴旧市的举措。市场一般为封闭的露天市场。长安东西市由于面积较大,各有东西和南北两条道路贯通全市,形成"井"字形。市吏治所设亭,旗亭也叫作市楼,在市井中央。罢市的时候举旌,东汉后改为击鼓。①

秦汉时期,各市都有市官,掌管市井的治教、政刑、量度、禁令等。② 一般县市的主官为市令,直属县令管辖,有市丞和市佐两个佐官。有些诸侯王国也在其所辖城市内设立市令,负责具体的市场管理事务。市场管理主要包括对设市地点的管理,对开市时间的管理,对商人的管理,对入市商品的管理,对价格的管理,对度量衡的管理,对交易契约的管理。市官要保证商品的质量,要制止欺诈行为,为了保证商品的价格合理,政府设有市师,市师每月评议商品价格,以平抑物价。

汉代城市白昼开市,夜间闭市。市场一般设在城市北部,但也有灵活安排在城内其他方位或者城外的。两汉具体负责城市管理的官员是市掾,其管理职责主要集中在钱币、质量、物价、度量衡及租税等方面。市场对于人们的日常生活有着重要意义,城市居民的日用品主要在市场上买卖,人们的生老病死与市场都分不开。同时城市也是三教九流混迹之所。西汉行刑在东市,东汉在马市。有时候募兵等社会活动也在市中举行。两汉城市中也有买卖奴婢的现象。③

(五)对边境市场的管理

两汉时期,中原民族与周边少数民族的物质交流是通过边疆城市中的市场交易完成的。如东汉时期设立的护乌桓校尉不只管理乌桓的事务,还负责鲜卑的事务,并与北方的少数民族在季节性的市场上做买卖,特别是买马。④ 汉代边疆市场的管理者多因贪利而受到地方百姓的怨愤,如"旧交阯土多珍产,明玑、翠羽、犀、象、玳瑁、异香、美木之属,莫不自出。前后刺史率多无清行,上承权贵,下积私赂,财计盈给,辄复求见迁代,故吏民怨叛"⑤。

汉代常平仓的设置最开始是为了供应边疆城市的军粮,"大司农中丞耿寿昌奏设常平仓,以给北边,省转漕"⑥,后来成为保障城市人口粮食供应的长期措施。公元前57年至公元前54年,政府以设立常平仓的方法尽力控制粮价。常平仓大多数设在边地。公元前44年,汉元帝下令废止常平仓和盐铁官,但事实证明,没有专卖政策国家的财政收入就得不到保证,于是在三年后的公元前41年,朝廷又将

---

① 周长山:《汉代城市研究》,人民出版社,2001年,第171—180页。
② 周长山:《汉代城市研究》,人民出版社,2001年,第180页。
③ 张继海:《汉代城市社会》,社会科学文献出版社,2006年,第249—250页。
④ [英]崔瑞德、鲁惟一编,杨品泉等译:《剑桥中国秦汉史:公元前221—公元220年》,中国社会科学出版社,1992年,第548页。
⑤ 范晔:《后汉书》卷三十一《贾琮传》,中华书局,1965年,第1111页。
⑥ 班固:《汉书》卷八《宣帝纪》,中华书局,1962年,第268页。

其予以恢复。①

（六）对货币的管理

货币是城市经济发展中不可缺少的因素，也是将城乡联系起来的一个中介：汉代的税制建立在现金的基础上，这表明那时的农民已深深地卷进了货币经济。② 货币管理问题是市场管理的重要方面。控制货币是国家控制城市经济的一个重要方面，因此一个政权对货币铸造、发行、流通乃至回收的控制，一直是一个值得关注的问题。币制对城市经济有着巨大的影响："日者有司以币轻多奸，农伤而末众，又禁〔兼〕并之涂，故改币以约之。"③

秦代统一货币为上币和下币两等。上币为黄金，以镒为单位，1 镒重 20 两。下币为铜钱，重 12 铢。汉代刘邦时期，改铸荚钱，重 3 铢。黄金依然通行，单位为斤。汉文帝又改铸四铢钱，被称为小半两，国家和地方都可铸造，重量不一，引发了货币的混乱。汉武帝时期，公元前 118 年，下令由上林三官即钟官、均输和辨铜令负责造五铢钱，严禁地方和私人仿造，五铢钱成为法定货币。王莽时期，进行币制改革，先铸造各种刀币为大钱，不久又废除刀币和五铢钱，另造二十八种货币，有黄金一种、银货二种、龟宝四种、贝货五种、钱货六种、布货十种。其中钱货和布货都是铜质的，统称"五物""六名""二十八品"。王莽的币制改革一共有五次，导致了市场的严重混乱。东汉初，重新铸造五铢钱。三国两晋时期，币制因为战乱而混乱，货币时造时废，民间有时用谷帛交易。④

西汉时期人们追逐利润，喜爱奢华，货币铸造业非常发达，私铸货币现象一度很普遍，人们舍本逐末，纷纷来到城市，农业生产受到了影响，元帝时，贡禹"言古者不以金钱为币，专意于农，故一夫不耕，必有受其饥者。今汉家铸钱，及诸铁官皆置吏卒徒，攻山取铜铁，一岁功十万人已上，中农食七人，是七十万人常受其饥也。……自五铢钱起已来七十余年，民坐盗铸钱被刑者众，富人积钱满室，犹亡厌足。民心（摇动）〔动摇〕商贾求利，东西南北各用智巧，好衣美食，岁有十二之利，而不出租税。农夫父子暴露中野，不避寒暑，捽屮杷土，手足胼胝，已奉谷租，又出稾税，乡部私求，不可胜供。故民弃本逐末，耕者不能半。贫民虽赐之田，犹贱卖以贾，穷则起为盗贼。何者？末利深而惑于钱也。"⑤ 于是面对这种情况，许多官员要求采取复古的办法，抑制商品经济，发展农业生产："是以奸邪不可禁，其原皆起于钱也。疾其末者绝其本，宜罢采珠玉金银铸钱之官，亡复以为

---

① ［英］崔瑞德、鲁惟一编，杨品泉等译：《剑桥中国秦汉史：公元前 221—公元 220 年》，中国社会科学出版社，1992 年，第 645—646 页。
② ［英］崔瑞德、鲁惟一编，杨品泉等译：《剑桥中国秦汉史：公元前 221—公元 220 年》，中国社会科学出版社，1992 年，第 640 页。
③ 班固：《汉书》卷六《武帝纪》，中华书局，1962 年，第 180 页。
④ 陈苏镇：《恢宏与古朴：秦汉魏晋南北朝的物质文明》，北京大学出版社，2009 年，第 52 页。
⑤ 班固：《汉书》卷七十二《贡禹传》，中华书局，1962 年，第 3075 页。

币。市井勿得贩卖，除其租铢之律，租税禄赐皆以布帛及谷。使百姓一归于农，复古道便。"①

西汉时期，货币制度具有多元形态，货币市场时常出现混乱，货币问题成为城市经济发展的一个大问题："孝文五年，为钱益多而轻，乃更铸四铢钱，其文为'半两'。除盗铸钱令，使民放铸。"② 后来武帝使用五铢钱，"五铢钱白金起，民为奸，京师尤甚"③。武帝还一度使用白鹿皮为货币："天子苑有白鹿，以其皮为币，以发瑞应，造白金焉。"④ 在地方上货币的使用也较为混乱："民用钱，郡县不同：或用轻钱，百加若干；或用重钱，平称不受。""市肆异用，钱文大乱。"⑤ 新莽时期，币制大乱是导致经济崩溃和政权颠覆的重要原因，其时，百姓使用安汉五铢钱，"以莽钱大小两行难知，又数变改不信，皆私以五铢钱市买。……莽患之"，于是下令"诸挟五铢钱，言大钱当罢者，比非井田制，投四裔"；"又遣谏大夫五十人分铸钱于郡国"⑥。货币的混乱导致"农商失业，食货俱废，民人至涕泣于市道。及坐卖买田宅奴婢，铸钱，自诸侯卿大夫至于庶民，抵罪者不可胜数"⑦。于是王莽造宝货五品，强行推广，然而，"百姓不从，但行小大钱二品而已。盗铸钱者不可禁，乃重其法，一家铸钱，五家坐之，没入为奴婢。吏民出入，持布钱以副符传，不持者，厨传勿舍，关津苛留。公卿皆持以入宫殿门，欲以重而行之"⑧。地皇元年（20），"是岁，罢大小钱，更行货布，长二寸五分，广一寸，直货钱二十五。货钱径一寸，重五铢，枚直一。两品并行。敢盗铸钱及偏行布货，伍人知不发举，皆没入为官奴婢"⑨。币制的混乱导致城市经济出现动荡，社会矛盾激化，最终成为王莽政权覆灭的原因之一。

东汉初年，长安货币市场混乱，"铸钱官奸轨所集，无能整齐理之者"⑩。光武帝刘秀废除王莽时期的货币，重新使用五铢钱，从此东汉货币走向稳定，经济逐步复苏。

三、秦汉时期城市社会与治安管理

（一）人口管理

早在战国时期，各国统治者就相继建立了比较完整的人口管理制度，对人口进

---

① 班固：《汉书》卷七十二《贡禹传》，中华书局，1962年，第3076页。
② 班固：《汉书》卷二十四《食货志》，中华书局，1962年，第1153页。
③ 班固：《汉书》卷九十《酷吏传》，中华书局，1962年，第3654页。
④ 司马迁：《史记》卷十二《孝武本纪》，中华书局，1982年，第457页。
⑤ 班固：《汉书》卷二十四《食货志》，中华书局，1962年，第1154页。
⑥ 班固：《汉书》卷九十九《王莽传》，中华书局，1962年，第4112—4118页。
⑦ 班固：《汉书》卷九十九《王莽传》，中华书局，1962年，第4112页。
⑧ 班固：《汉书》卷九十九《王莽传》，中华书局，1962年，第4122页。
⑨ 班固：《汉书》卷九十九《王莽传》，中华书局，1962年，第4163—4164页。
⑩ 刘珍等撰，吴树平校注：《东观汉记校注》卷十六《第五伦传》，中华书局，2008年，第683页。

行户籍管理。秦朝统一六国前后，建立了比较严密的户籍制度，人口登记十分严格。① 随着秦王朝统一事业的完成，郡县制在全国范围内全面实行，户籍制度更趋严密。西汉建立后，也加强了对户籍的管理。汉初，"民前或相聚保山泽，不书名数，今天下已定，令各归其县，复故爵田宅"②，实际上是一次在全国范围内清理与整顿户籍的行为。汉代郡守、县令的重要工作之一，就是对所辖区域内的人口进行登记。③ "案比"为汉代挨户调查、登记人口的一种制度，其基本目的虽在征收"人头税"和征发徭役，但实际上也有"养老怀幼"、安定社会秩序的客观作用。④

（二）社会救助管理

关心民众的福祉历来是中国古代政权合法性的重要体现之一，为此，建立社会保障体系和设立相关制度就成为国家进行社会管理的重要内容。西汉时期，标榜以仁义治天下的统治者对城市社会保障体系的建设十分重视，特别是对于那些需要救助的对象——哀夫老眊、寡、鳏、孤、独等——时常不定期地给予救济。元狩元年（前122），汉朝廷下令："嘉孝弟力田，哀夫老眊孤寡鳏独或匮于衣食，甚怜悯焉。……曰'皇帝使谒者赐县三老、孝者帛，人五匹；乡三老、弟者、力田帛，人三匹；年九十以上及鳏寡孤独帛，人二匹，絮三斤；八十以上米，人三石。有冤失职，使者以闻。县乡即赐，毋赘聚'。"⑤

元狩六年（前117），武帝"遣博士大等六人分循行天下，存问鳏寡废疾，无以自振业者贷与之"⑥。

元平元年（前74）"十一月壬子，立皇后许氏。赐诸侯王以下金钱，至吏民鳏寡孤独各有差"⑦。

甘露三年（前53），宣帝诏曰："乃者凤皇集新蔡，群鸟四面行列，皆乡凤皇立，以万数。其赐汝南太守帛百匹，新蔡长吏、三老、孝弟力田、鳏寡孤独各有差。赐民爵二级。毋出今年租。"⑧

初元元年（前46）夏四月，"赐宗室子有属籍者马一匹至二驷，三老、孝者帛，人五匹，弟者、力田三匹，鳏寡孤独二匹，吏民五十户牛酒"⑨。

初元二年（前47），元帝"行幸甘泉，郊泰畤。赐云阳民爵一级，女子百户牛酒"⑩。

---

① 林甘泉：《中国经济通史·秦汉》，经济日报出版社，2007年，第78页。
② 班固：《汉书》卷一《高帝纪》，中华书局，1962年，第54页。
③ 林甘泉：《中国经济通史·秦汉》，经济日报出版社，2007年，第80页。
④ 钱剑夫：《汉代"案比"制度的渊源及其流演》，《历史研究》，1988年第3期。
⑤ 班固：《汉书》卷六《武帝纪》，中华书局，1962年，第174页。
⑥ 班固：《汉书》卷六《武帝纪》，中华书局，1962年，第180页。
⑦ 班固：《汉书》卷八《宣帝纪》，中华书局，1962年，第239页。
⑧ 班固：《汉书》卷八《宣帝纪》，中华书局，1962年，第272页。
⑨ 班固：《汉书》卷九《元帝纪》，中华书局，1962年，第285页。
⑩ 班固：《汉书》卷九《元帝纪》，中华书局，1962年，第281页。

第六章
秦汉魏晋南北朝时期的城市管理

从以上相关历史资料的记载来看,西汉时期,政府对鳏、寡、孤、独等多以赏赐的形式予以经常性的救济,尤其是随着儒学的兴起,尊老观念在社会上普遍流行,政府进一步加强了对社会救助的管理,特别是对老年人的权益保障更为重视。①

东汉时期,国家对城市社会中的贫困人口也采取了相当的保障措施,史书对此多有记载。

建武六年(30),"给禀高年、鳏、寡、孤、独及笃癃、无家属贫不能自存者,如律。二千石勉加循抚,无令失职"②。

建武二十九年(53),"赐天下男子爵,人二级;鳏、寡、孤、独、笃癃、贫不能自存者粟,人五斛"③。

建武三十一年(55),"戊辰,赐天下男子爵,人二级;鳏、寡、孤、独、笃癃、贫不能自存者粟,人六斛。癸酉晦,日有食之"④。

建武中元二年(57),明帝继位,"赐天下男子爵,人二级;三老、孝悌、力田人三级;爵过公乘,得移与子若同产、同产子;及流人无名数欲自占者人一级;鳏、寡、孤、独、笃癃粟,人十斛"⑤。

永平二年(59),明帝幸辟雍,初行养老礼,授桓荣尚书,赐"爵关内侯,食邑五千户。三老、五更皆以二千石禄养终厥身。其赐天下三老酒人一石,肉四十斤。有司其存耆耋,恤幼孤,惠鳏寡,称朕意焉"⑥。

明帝永平十二年(69)"五月丙辰,赐天下男子爵,人二级,三老、孝悌、力田人三级,流民无名数欲占者人一级;鳏、寡、孤、独、笃癃、贫无家属不能自存者粟,人三斛"⑦。

明帝永平十七年(74),"其赐天下男子爵,人二级,三老、孝悌、力田人三级,流人无名数欲占者人一级;鳏、寡、孤、独、笃癃、贫不能自存者粟,人三斛;郎、从官视事十岁以上者,帛十匹。中二千石、二千石下至黄绶,贬秩奉赎,在去年以来皆还赎"⑧。

永平十八年(75),"冬十月丁未,大赦天下。赐民爵,人二级,为父后及孝悌、力田人三级,脱无名数及流人欲占者人一级,爵过公乘得移与子若同产子;鳏、寡、孤、独、笃癃、贫不能自存者粟,人三斛"⑨。

---

① 魏燕利:《汉代老龄权益保障初探》,西北师范大学硕士学位论文,2004年。
② 范晔:《后汉书》卷一《光武帝纪》,中华书局,1965年,第47页。
③ 范晔:《后汉书》卷一《光武帝纪》,中华书局,1965年,第81页。
④ 范晔:《后汉书》卷一《光武帝纪》,中华书局,1965年,第81页。
⑤ 范晔:《后汉书》卷二《显宗孝明帝纪》,中华书局,1965年,第96页。
⑥ 范晔:《后汉书》卷二《显宗孝明帝纪》,中华书局,1965年,第102—103页。
⑦ 范晔:《后汉书》卷二《显宗孝明帝纪》,中华书局,1965年,第114—115页。
⑧ 范晔:《后汉书》卷二《显宗孝明帝纪》,中华书局,1965年,第121页。
⑨ 范晔:《后汉书》卷三《肃宗孝章帝纪》,中华书局,1965年,第129页。

建初元年（76），"秋七月辛亥，诏以上林池籞田赋与贫人"①。

可以说，两汉时期有关社会救助的记载不绝于书，反映了当时政府对社会特殊群体的关注以及对相关管理的重视。

由于中国疆域广大，经常会有不同的地区受到自然灾害的影响，对这些遭受自然灾害的人们进行赈济也是国家的责任。秦汉时期，从中央政府到地方政府都相应地建立了救助机制与管理机制，与之相关的历史记载也有不少。西汉武帝时，"河内失火，烧千余家……发河内仓粟以振贫民"②。

建和元年（147）二月，"荆扬二州人多饿死，遣四府掾分行赈给"③。

延光元年（122），"京师及郡国二十七雨水，大风，杀人。诏赐压溺死者年七岁以上钱，人二千；其坏败庐舍、失亡谷食，粟，人三斛"④。

光和四年（181），"六月庚辰，雨雹。秋七月，河南言凤皇见新城，群鸟随之；赐新城令及三老、力田帛，各有差"⑤。

（三）城市治安管理

城市的统治者从来都十分重视对城市治安的管理。城市治安管理主要有对外保卫与对内治理两个方面。

都城是皇帝所在地，因而都城的治安管理是国家政治上的大事，受到历代统治者的高度重视。

都城治安管理是都城管理的重中之重，因而历朝统治者都采取了大量措施来保障都城的社会治安。秦汉时期，都城驻有重兵把守。秦及西汉设有卫尉负责宫门和宫中的警卫工作，卫尉为九卿之一，其属官有公车司马令、卫士令和宫门司马。东汉时期由光禄勋"掌宿卫宫殿门户，典谒署郎更直执戟，宿卫门户，考其德行而进退之。郊祀之事，掌三献。丞一人，比千石"⑥。秦另设有中尉，亦为九卿之一，负责宫殿以外、京城以内的警卫工作。汉武帝以后改中尉为执金吾，负责京城巡逻、捕盗、维持治安、护卫皇帝出行等工作，所属军队近7 000人。此外，西汉还设有城门校尉，掌管城门的驻军。汉代在城郭和城内大街设有楼亭，负责监视和搜捕盗贼，维持治安。

东汉时期，负责都城皇室安全与治安管理的主要官员有太尉、卫尉等。太尉是总管京师的军事长官，负责城市防卫。卫尉掌管近3 000名禁军，分别由七名司马率领，他们驻守洛阳南面的四座城门与北宫的三座宫门。卫兵们每天不分昼夜地分班环绕皇宫的城墙巡逻。卫尉下属的公车司马令，负责皇帝出行的车马，在公车门

---

① 范晔：《后汉书》卷三《肃宗孝章帝纪》，中华书局，1965年，第134页。
② 班固：《汉书》卷五十《汲黯传》，中华书局，1962年，第2316页。
③ 范晔：《后汉书》卷七《孝桓帝纪》，中华书局，1965年，第289页。
④ 范晔：《后汉书》卷五《孝安帝纪》，中华书局，1965年，第236页。
⑤ 范晔：《后汉书》卷八《孝灵帝纪》，中华书局，1965年，第345页。
⑥ 《后汉书》志第二十五《百官》，中华书局，1965年，第3574页。

第六章
秦汉魏晋南北朝时期的城市管理

前有专用车辆供其调遣。此外,东汉洛阳还设有城门校尉,率司马一名、门侯十二名,指挥守卫洛阳十二座城门的军队。由于这个官职十分重要,因此常授给皇帝的母系亲属。①

秦汉时期,随着君主专制中央集权的强化,以都城为中心,以各郡城、县城为结点的城市治安体系逐渐建立起来。

秦汉时期,都城及京畿地区为治安管理的重地,因都城人口众多,人员错杂,而难于治理,故都城治理多用严刑。② 为了防盗和强化社会风化,都城和郡县城都实行封闭式管理。和平时期,城门也实行朝启夜闭,夜晚有军士巡逻,城市内的居民一般不许夜晚出入城市。同时,对城市的居住区也实行里坊制封闭式管理,里坊都建有围墙和坊门,同样也实行朝启夜闭。两汉时期,都城的治安由长安令(东汉为洛阳令)、京兆尹(东汉为河南尹)、司隶校尉共同管理,三者之间既有分工,也有合作,共同处理扰乱京师公共秩序的犯罪活动。除此之外,京城内的公共场所还另设有一套专门的治安管理机构。两汉时期京师管理治安的官员地位比较特殊,不仅秩级高、属吏多,而且经常参与国家层面的政务。③ 而皇家陵墓的治安亦有专门的机构负责,主兵戎缉盗事。

郡城和县城的治安管理也十分重要。秦汉时期,郡设有都尉,负责所辖郡域内的地方治安,维持地方秩序。都尉与郡守同为郡级长官,职位仅次于郡守,其俸禄与郡守相同,有时低于郡守半级。郡守与都尉的管理权大致相当,各有其治所。西汉末年,全国范围内有都尉治所115处,主要设在地势险要之处或者交通要道,设都尉治所的城市,其面积和人口一般要小于郡城,甚至还可能小于县级城市。④

秦汉时期,郡级和县级城市的治安体系非常严密,几乎每个郡城和县城都修筑有高大的城墙,城墙将城区与周围的村庄和田野分开,因此,管理好城墙也是城市治安管理的重要内容。秦汉时期将一个县的辖区划分为若干乡,乡划分为若干亭,亭划分为若干里。在乡里,游徼负责治安,更为基层的则是亭长,两者共同负责维护辖区内的社会秩序。"旧时亭有两卒,其一为亭父,掌关闭扫除;一为求盗,掌逐捕盗贼也。"⑤ 在秦代,"十里一亭,十亭一乡。亭长,主亭之吏"⑥。《后汉书·任光传》章怀太子注引《续汉志》曰:"三老、游徼,郡所署也,秩百石,掌一乡人。其乡小者,县署啬夫一人,主知人善恶,为役先后,知人贫富,为赋多少。"⑦ 三老与县令、县丞、县尉等互相支撑,共同负责县域的城市管理。三老来自下层,

---

① [英]崔瑞德、鲁惟一:《剑桥中国秦汉史:公元前221—公元220年》,中国社会科学出版社,1992年,第542页。
② 张建军:《西汉京畿的酷吏》,《历史教学》,2005年第4期。
③ 谢彦明:《秦汉京师治安制度研究》,首都师范大学博士学位论文,2008年。
④ 肖爱玲:《西汉城市体系的空间演化》,商务印书馆,2012年,第196页。
⑤ 司马迁:《史记》卷一百四《田叔列传》,中华书局,1982年,第2780页。
⑥ 司马迁:《史记》卷八《高祖本纪》,中华书局,1982年,第341页。
⑦ 范晔:《后汉书》卷二十一《任光传》,中华书局,1965年,第751页。

《汉书·高帝纪》:"择乡三老一人为县三老,与县令、丞、尉以事相教。"① 一些官员免职或退休后也成为地方三老,如"翁孺既免,而与东平陵终氏为怨,乃徙魏郡元城委粟里,为三老,魏郡人德之"②。三老颇受上层统治者的重视,元狩六年(117)六月,武帝"谕三老孝弟以为民师,举独行之君子,征诣行在所"③。

里在春秋战国时期就开始出现,秦统一全国后,随着君主专制中央集权体制的形成,里成为管理下层民众的重要工具,在整个国家行政系统的链条中发挥着越来越重要的作用。④ 里的管理者为里正和父老。父老没有俸禄,负责调解纠纷、资助孤寡等,是当地民众的精神领袖,代表民众利益与官府打交道。⑤ 有汉一代,什伍制度只是停留在名目上,并未贯彻实施。伍长也是非常设的职位,只是在治安不好的地方承袭旧名、临时设置。⑥ 里监门由地位低下的人担任,负责里门的启闭,监督居民的日常生活。⑦ 里的社会功能是多方面的,其一,组织与协调生产;其二,管理户籍和征派赋役;其三,维护社会治安;其四,以儒家伦理教化民众,举办社戏。⑧ 在实际生活中,上至收赋税、征徭役,下至捕盗贼、行教化,这些繁杂的事务都是里正的职责。里正一般有一定的俸禄,但很低。里正在县令的管辖下履行公务,没有多大的决策权力。⑨ 秦汉时期的基层社会,除里正、父老在乡里日常性的治安管理中扮演重要角色外,宗族对地方社会也一直产生着影响。⑩ 西汉中后期,随着豪族势力日益壮大,里正的角色就越来越不好扮演了。

汉代都城是人口的聚集地,各阶层、各民族的人口汇聚于此,还有大量的外国人居住,成为国际性大都市。人口的聚集,既带来了城市的繁荣,同时也带来了治安管理上的诸多问题。困扰长安的治安问题,如打架、偷盗、绑架、抢劫、杀人等时有发生,且多为集体犯罪。官吏打击犯罪活动的方法,一种是招抚,一种是镇压。东汉都城洛阳的治安与长安相似。⑪ 东汉一些城市的大姓豪族势力很大,在社会事务中起到了很大的作用。⑫ 但也有一些豪族利用自己的势力为非作歹。东汉洛阳狱设置在洛阳县官署之内,由司隶校尉、河南尹与洛阳令共同管理,兼有中央政府"诏狱"和地方郡县监狱的职能,囚禁的对象包括各级官僚、贵族和平民百姓,其对朝廷政局影响甚大。⑬

---

① 班固:《汉书》卷一《高帝纪》,中华书局,1962年,第33页。
② 班固:《汉书》卷九十八《元后传》,中华书局,1962年,第4014页。
③ 班固:《汉书》卷六《武帝纪》,中华书局,1962年,第180页。
④ 周长山:《汉代城市研究》,人民出版社,2001年,第137页。
⑤ 周长山:《汉代城市研究》,人民出版社,2001年,第151—152页。
⑥ 周长山:《汉代城市研究》,人民出版社,2001年,第156页。
⑦ 周长山:《汉代城市研究》,人民出版社,2001年,第156—157页。
⑧ 周长山:《汉代城市研究》,人民出版社,2001年,第157—164页。
⑨ 周长山:《汉代城市研究》,人民出版社,2001年,第150页。
⑩ 刘玉:《秦汉乡亭治安研究》,首都师范大学硕士学位论文,2004年。
⑪ 张继海:《汉代城市社会》,社会科学文献出版社,2006年,第299—304页。
⑫ 张继海:《汉代城市社会》,社会科学文献出版社,2006年,第319页。
⑬ 宋杰:《东汉的洛阳狱》,《历史研究》,2007年第6期。

第六章
秦汉魏晋南北朝时期的城市管理

西汉中后期和东汉时期,城市管理机构与皇族贵戚及宗族豪强势力的博弈,成为城市管理中的突出问题,尤其是京畿一带的城市中居住着为数甚多的皇亲贵戚、达官贵人及地方豪强,他们在城市里拥有巨大的势力,称作豪民、豪右、豪宗、豪门等,或雅称为郡姓、大姓、名门、世族等,他们手下拥有大量宾客、奴婢、徒附、部曲等。① 他们既是地方治理的参与者,也时常是治安问题的制造者,如京畿一带的社会治安问题一般都与这些豪强有着千丝万缕的关系。《史记·田叔列传》称:"三河太守皆内倚中贵人,与三公有亲属,无所畏惮",故田仁上书称"宜先正三河以警天下奸吏。"② 有些诸侯也是城市麻烦的制造者,如梁孝王的儿子济东王刘彭离"骄悍,无人君礼,昏暮私与其奴、亡命少年数十人行剽杀人,取财物以为好。所杀发觉者百余人,国皆知之,莫敢夜行"③。宪王太子刘勃"私奸,饮酒,博戏,击筑,与女子载驰,环城过市,入牢视囚"④。江充被武帝任命为城市的管理者,打击豪强:"上以充为谒者,使匈奴还,拜为直指绣衣使者,督三辅盗贼,禁察逾侈。贵戚近臣多奢僭,充皆举劾。"⑤

在各级地方城市中,地方强宗大族是城市管理中的难题。"汉承战国余烈,多豪猾之民。其并兼者则陵横邦邑,桀健者则雄张闾里。"⑥ 但是,也有部分地方城市管理者不畏豪强而成功治理辖地,如尹翁归在治理东海郡时就是在解决了豪强问题后使郡县大治。其后,他在治理右扶风时如法炮制,同样使得扶风大治。西汉名臣杜延年任北地太守时"选用良吏,捕系〔击〕豪强,郡中清静。居岁余,上使谒者赐延年玺书,黄金二千斤,徙为西河太守,治甚有名"⑦。秦汉时期,除了任用能吏治理豪强外,政府还采取移民的手段处置他们:"太始元年春正月……徙郡国吏民豪桀于茂陵、云陵。"⑧ 此外,利用豪强治理地方也是一个抑制其骄横难制的好办法,如朱博治郡,"常令属县各用其豪桀以为大吏",并依据他们治理的政绩进行赏罚,"以是豪强慴服"⑨,达到了治理的目的。西汉后期,豪强势力依然强大,王莽时期对这些人采取剪除的政策:"王莽居摄,诛锄豪侠。"

东汉的豪强问题更为严重,这些豪强背后往往有皇族、外戚、贵族的支撑,他们的宾客也狐假虎威地成为城市管理的麻烦制造者,东汉阴太后的宾客在郡界多犯吏禁,"湖阳公主奴杀人西市,而与主共舆,出入宫省,逋罪积日,冤魂不报"⑩。治理这些豪强需要强吏和重典,否则难见成效。曹操曾以严厉治理豪强而成名,

---

① 陈苏镇:《恢宏与古朴:秦汉魏晋南北朝的物质文明》,北京大学出版社,2009年,第11—12页。
② 司马迁:《史记》卷一百四《田叔列传》,中华书局,1982年,第2781页。
③ 司马迁:《史记》卷五十八《梁孝王世家》,中华书局,1982年,第2088—2089页。
④ 司马迁:《史记》卷五十九《五宗世家》,中华书局,1982年,第2103页。
⑤ 班固:《汉书》卷四十五《江充传》,中华书局,1962年,第2177页。
⑥ 范晔:《后汉书》卷七十七《酷吏传》,中华书局,1965年,第2487页。
⑦ 班固:《汉书》卷六十《杜延年传》,中华书局,1962年,第2666页。
⑧ 班固:《汉书》卷六《武帝纪》,中华书局,1962年,第205页。
⑨ 班固:《汉书》卷八十三《朱博传》,中华书局,1962年,第3401页。
⑩ 范晔:《后汉书》卷二十六《蔡茂传》,中华书局,1965年,第907页

"太祖初入尉廨,缮治四门。造五色棒,县门左右各十余枚,有犯禁者,不避豪强,皆棒杀之。后数月,灵帝爱幸小黄门蹇硕叔父夜行,即杀之。京师敛迹,莫敢犯者"①。但在地方上,豪族的作用是双重的。东汉以后郡县属吏的大部分职位为豪族所把持。吏与豪族逐渐结合,国家在乡里社会中的权力逐渐私化,豪族化的小吏成为国家控制基层社会的中介。②

游侠也是汉代城市治安管理的难题之一,"布衣游侠剧孟、郭解之徒驰骛于闾阎,权行州域,力折公侯"③。长安人萬章字子夏,号称"城西萬子夏","为京兆尹门下督,从至殿中,侍中诸侯贵人争欲揖章,莫与京兆尹言者"④。与前代相比,汉代的侠客有所分化,一部分侠客成为有儒雅谦退之风的君子,如长安樊中子,槐里赵王孙,长陵高公子,西河郭翁中,太原鲁翁孺,临淮兒长卿,东阳陈君孺等,他们无害于城市治安;另一部分侠客则沦为盗贼之徒,如"北道姚氏,西道诸杜,南道仇景,东道赵他、羽公子,南阳赵调之徒"⑤,他们成为城市治安的危害者。

盗贼是城市管理中的重大问题。盗贼横行往往是经济问题导致的,如汉成帝永始二年(前15),"仓廪空虚,百姓饥馑,流离道路,疾疫死者以万数,人至相食,盗贼并兴"⑥,此外,盗贼横行也与城市中官吏"赋敛无度,酷吏并缘为奸"⑦ 有关。与治理豪强不同,地方官员对盗贼的打击从不手软,因为盗贼无后台,官员可以用任何强硬手段来加以治理,如薛宣"出为临淮太守,政教大行。会陈留郡有大贼废乱,上徙宣为陈留太守,盗贼禁止,吏民敬其威信"⑧。但当社会发生大动乱而出现统治危机时,盗贼横行,往往难以控制。西汉末年,城市中的盗贼问题日渐严重,如汉成帝时,"频阳县北当上郡、西河,为数郡凑,多盗贼"⑨;哀帝时,南郡江中多盗贼。西汉末,王莽治理官吏贪污问题而导致了更为严重的叛乱。两汉时,少数民族地区的城市中寇盗之流也不少。成帝时,朱博"迁犍为太守。先是,南蛮若兒数为寇盗,博厚结其昆弟,使为反间,袭杀之,郡中清"⑩。东汉时期,城市中的盗贼问题也不少,如东南地区尚多寇暴。

汉代对盗贼问题的治理主要依靠的是城市长官的能力和智慧,因而各地的政策有较大的差异。西汉时班伯为定襄太守,"乃召属县长吏,选精进掾史",分部收捕盗贼,"及它隐伏,旬日尽得。郡中震栗,咸称神明"⑪。东汉时,虞诩为朝歌长,"及到官,设令三科以募求壮士,自掾史以下各举所知,其攻劫者为上,伤人偷盗

---

① 陈寿:《三国志》卷一《魏书·武帝纪》,中华书局,1982年,第3页。
② 王俊梅:《秦汉郡县属吏研究》,中国人民大学博士学位论文,2008年。
③ 班固:《汉书》卷九十二《游侠传》,中华书局,1962年,第3698页。
④ 班固:《汉书》卷九十二《游侠传》,中华书局,1962年,第3705页。
⑤ 司马迁:《史记》卷一百二十四《游侠传》,中华书局,1982年,第3189页。
⑥ 班固:《汉书》卷八十三《薛宣传》,中华书局,1962年,第3393页。
⑦ 班固:《汉书》卷八十三《薛宣传》,中华书局,1962年,第3393页。
⑧ 班固:《汉书》卷八十三《薛宣传》,中华书局,1962年,第3387页。
⑨ 班固:《汉书》卷八十三《薛宣传》,中华书局,1962年,第3389页。
⑩ 班固:《汉书》卷八十三《朱博传》,中华书局,1962年,第3403页。
⑪ 班固:《汉书》卷一百《叙传》,中华书局,1962年,第486页。

者次之，带丧服不事家业为下。收得百余人，诩为飨会，悉贳其罪，使入贼中，诱令劫掠，乃伏兵以待之，遂杀贼数百人。又潜遣贫人能缝者，佣作贼衣，以采綖缝其裾为帜，有出市里者，吏辄禽之。贼由是骇散，咸称神明"①。但是，当这些能人干吏离开，盗贼问题又会死灰复燃。

第二节　魏晋南北朝时期的城市管理

魏晋南北朝是中国社会大动荡、大分裂的时期，因而在城市管理体系与机制上也发生了一定变化，尤其是在北方，随着游牧民族在中原建立政权，这个时期的城市管理出现了游牧文明与农耕文明碰撞融合的时代特征。

一、魏晋南北朝时期城市管理体系的变化

魏晋南北朝时期，城市管理体系因时代的变迁而出现了一些新的特点：如城市与军事的联系更加紧密，非和平时期军事管理成为常态。为了加强对城市居民的管理，各国政权都进一步强化和完善了里坊制度，并将里坊制与军事编制建立了一定的联系。因为战争频繁发生，城市管理出现了军事化和半军事化的趋势。"边外小县，所领不过百户，而令长皆以将军居之。"② 州作为汉代朝廷的派出机构，在此一时期进一步固定化、制度化和权力化。此时期各政权出现了军政合一的倾向，从而使城市管理的军事化色彩日益浓厚，地方行政长官往往也是军事长官，军政、民政、治安管理合一，同时管理机构交叉重叠的现象也十分突出。③ 南北朝时期，地方官员多任用当地人，这与汉代所采取的回避制有所不同。④

十六国时期，草原民族入主中原建立政权后，基本继承了中原王朝对城市和地方的管理模式，但是同时设置了胡汉双重管理体系，少数民族部落镇守军镇，按照原来的部落制度管理，而对以汉人为主的城市则按中原体制进行管理。北魏时期，统治者通过一系列变革逐步将"胡汉混居"的军镇改为州县。

北魏在汉化过程中，长时期采取胡汉双重体制，"昭成之即王位，已命燕凤为右长史，许谦为郎中令矣。余官杂号，多同于晋朝"⑤。宫廷中的官制不断变换，即使采取汉族官制，也多用鲜卑贵族子弟充任，"建国二年，初置左右近侍之职，无常员，或至百数，侍直禁中，传宣诏命。皆取诸部大人及豪族良家子弟仪貌端

---

① 范晔：《后汉书》卷五十八《虞诩传》，中华书局，1965年，第1867页。
② 魏收：《魏书》卷六十八《甄琛传》，中华书局，1974年，第1473页。
③ 任重、陈仪：《魏晋南北朝城市管理研究》，中国社会科学出版社，2003年，第83—88页。
④ ［日］中村圭尔：《六朝贵族制与官僚制》，［日］谷川道雄主编，李凭等译《魏晋南北朝隋唐史学的基本问题》，中华书局，2010年，第167页。
⑤ 魏收：《魏书》卷一百一十三《官氏志》，中华书局，1974年，第2971页。

严,机辩才干者应选。又置内侍长四人,主顾问,拾遗应对,若今之侍中、散骑常侍也"①。对于各方投靠来的部落则采取原来的酋长制管理,"其诸方杂人来附者,总谓之'乌丸',各以多少称酋、庶长,分为南北部,复置二部大人以统摄之。时帝弟觚监北部,子实君监南部,分民而治,若古之二伯焉"②。

北魏是草原民族南下所建立的政权,在持续战争的条件下,其早年的官制设置极不正规,长期沿用部落管理方式:"太祖登国元年,因而不改,南北犹置大人,对治二部。是年置都统长,又置幢将及外朝大人官。其都统长领殿内之兵,直王宫;幢将员六人,主三郎卫士直宿禁中者自侍中已下中散已上皆统之,外朝大人无常员,主受诏命外使,出入禁中,国有大丧大礼皆与参知,随所典焉。"③ 直到道武帝皇始元年(396),"始建曹省,备置百官,封拜五等;外职则刺史、太守、令长已下有未备者,随而置之"④。北魏在地方城市管理中依然采取中原旧制而略加改变,天赐二年(405),道武帝"又制诸州置三刺史,刺史用品第六者,宗室一人,异姓二人,比古之上中下三大夫也。郡置三太守,用七品者。县置三令长,八品者。刺史、令长各之州县,以太守上有刺史,下有令长,虽置而未临民"⑤。

北魏时,统治者对城市中的鲜卑族人进行专门的管理:"安帝统国,诸部有九十九姓。至献帝时,七分国人,使诸兄弟各摄领之,乃分其氏。自后兼并他国,各有本部,部中别族,为内姓焉。"⑥

北魏后期,为加强京师的保卫,"永安已后,远近多事,置京畿大都督,复立州都督,俱总军人"⑦。东魏时期,孝静帝进一步扩大京师的管辖范围,并增加了管理机构:"天平四年夏,罢六州都督,悉隶京畿,其京畿大都督仍不改焉。立府置佐。"⑧

东晋之后,南朝都城的管理体制也有变化。"宋世祖初,以南郡王义宣为丞相,而司徒府如故。"⑨ 尚书令"任总机衡",成为最为重要的行政官员,其下设"仆射、尚书,分领诸曹"⑩。设"太尉,一人。自上安下曰尉。掌兵事,郊祀掌亚献,大丧则告谥南郊"⑪;设"司空,一人。掌水土事,郊祀掌扫除陈乐器,大丧掌将校复土"⑫。

魏晋南北朝时期的地方城市体制延续东汉旧制,形成了州、郡、县三级城市行

---

① 魏收:《魏书》卷一百一十三《官氏志》,中华书局,1974年,第2791页。
② 魏收:《魏书》卷一百一十三《官氏志》,中华书局,1974年,第2791—2792页。
③ 魏收:《魏书》卷一百一十三《官氏志》,中华书局,1974年,第2792页。
④ 魏收:《魏书》卷一百一十三《官氏志》,中华书局,1974年,第2792页。
⑤ 魏收:《魏书》卷一百一十三《官氏志》,中华书局,1974年,第2794页。
⑥ 魏收:《魏书》卷一百一十三《官氏志》,中华书局,1974年,第3005页。
⑦ 魏收:《魏书》卷一百一十三《官氏志》,中华书局,1974年,第3004页。
⑧ 魏收:《魏书》卷一百一十三《官氏志》,中华书局,1974年,第2976—3014页。
⑨ 沈约:《宋书》卷三十九《百官志》,中华书局,1974年,第1218页。
⑩ 沈约:《宋书》卷三十九《百官志》,中华书局,1974年,第1235页。
⑪ 沈约:《宋书》卷三十九《百官志》,中华书局,1974年,第1218页。
⑫ 沈约:《宋书》卷三十九《百官志》,中华书局,1974年,第1219页。

第六章
秦汉魏晋南北朝时期的城市管理

政等级体系的格局。以州刺史、郡守、县令等为首的地方官僚机构组成了地方城市管理体系。在地方城市管理人员中,刺史自东汉以来就是最为重要的官员,乃一州的行政、军政长官,领有多个郡。《晋书·职官志》:"州置刺史,别驾、治中从事、诸曹从事等员。所领中郡以上及江阳、朱提郡,郡各置部从事一人,小郡亦置一人。又有主簿、门亭长、录事、记室书佐、诸曹佐、守从事、武猛从事等。凡吏四十一人,卒二十人。"① 对一些边远的郡县则给予特殊的配置,以加强军事控制或者对少数民族的监控:"诸州边远,或有山险,滨近寇贼羌夷者,又置弓马从事五十余人。徐州又置淮海,凉州置河津,诸州置都水从事各一人。凉、益州置吏八十五人,卒二十人。荆州又置监佃督一人。"②

南朝各政权仍设州,依然由刺史领受,每州各一人。刺史班子中有"别驾从事史、治中从事史、主簿、西曹书佐、祭酒从事史、议曹从事史、部郡从事史,自主簿以下,置人多少,各随州,旧无定制也。晋成帝咸康中,江州又有别驾祭酒,居僚职之上,而别驾从事史如故,今则无也。别驾、西曹主吏及选举事,治中主众曹文书事。西曹,即汉之功曹书佐也。祭酒分掌诸曹兵、贼、仓、户、水、铠之属。扬州无祭酒,而主簿治事。荆州有从事史,在议曹从事史下,大较应是魏、晋以来置也。今广州、徐州有月令从事,若诸州之曹史,汉旧名也"③,为辅助刺史进行管理的官吏。

州之下为郡,郡的长官为太守。魏晋时因"河南郡京师所在,则曰尹。诸王国则以内史掌太守之任,又置主簿、主记室、门下贼曹、议生、门下史、记室史、录事史、书佐、循行、干、小史、五官掾、功曹史、功曹书佐、循行小史、五官掾等员"④协助太守处理政务。"郡国户不满五千者,置职吏五十人,散吏十三人;五千户以上,则职吏六十三人,散吏二十一人;万户以上,职吏六十九人,散吏三十九人。郡国皆置文学掾一人。"⑤ "汉末及三国,多以诸部都尉为郡。晋成帝咸康七年,又省诸郡丞。宋太祖元嘉四年,复置。郡官属略如公府,无东西曹,有功曹史,主选举,五官掾,主诸曹事,部县有都邮、门亭长,又有主记史,催督期会,汉制也,今略如之。"⑥

魏晋时期最基层的城市依然是县,"县大者置令,小者置长",协助他们管理者"有主簿、录事史、主记室史、门下书佐、干、游徼、议生、循行功曹史、小史、廷掾、功曹史、小史书佐干、户曹掾史干、法曹门干、金仓贼曹掾史、兵曹史、吏曹、狱小史、狱门亭长、都亭长、贼捕掾等员"⑦。各县根据户数的多寡,所设

---

① 房玄龄等:《晋书》卷二十四《职官志》,中华书局,1974年,第745页。
② 房玄龄等:《晋书》卷二十四《职官志》,中华书局,1974年,第745—746页。
③ 沈约:《宋书》卷四十《百官志》,中华书局,1974年,第1257页。
④ 房玄龄等:《晋书》卷二十四《职官志》,中华书局,1974年,第746页。
⑤ 房玄龄等:《晋书》卷二十四《职官志》,中华书局,1974年,第746页。
⑥ 沈约:《宋书》卷四十《百官志》,中华书局,1974年,第1257页。
⑦ 房玄龄等:《晋书》卷二十四《职官志》,中华书局,1974年,第746页。

置的吏员也不同:"户不满三百以下,职吏十八人,散吏四人;三百以上,职吏二十八人,散吏六人;五百以上,职吏四十人,散吏八人;千以上,职吏五十三人,散吏十二人;千五百以上,职吏六十八人,散吏一十八人;三千以上,职吏八十八人,散吏二十六人。"① 县以下的基层,"百户置里吏一人,其土广人稀,听随宜置里吏,限不得减五十户。户千以上,置校官掾一人"②。亭长依然是重要的基层管理者,中央及地方官廨设门亭长之制,自汉迄晋宋未变。③ 东晋南朝时期,都尉依然是负责城市治安的长官。"晋江右洛阳县置六部都尉,余大县置二人,次县、小县各一人。宋太祖元嘉十五年,县小者又省之。"④

东晋南朝时期也设有军镇,"江左以来,将军则中、镇、抚、四镇以上或加大,余官则左右光禄大夫以上并得仪同三司,自此以下不得也"⑤。地方军镇设有东、南、西、北四征将军,还有四镇将军。

南北朝时期,还出现了"城主"一词。城主本来指的是一城的长官,如郡守、刺史等。在南北朝中期,城主不单指领兵镇守州、郡的刺史、太守,还指镇守戍城、垒城的最高长官,不论其身份是否为太守。⑥

北魏建立之初,为加强对城市基层的管理,统治者意欲将宗族组织纳入国家行政体系,而其最主要的职责就是敦促各族按照九品差调完成应纳的赋税和应服的徭役。⑦ 但是随着宗主督护制度的发展,其对国家财政政策的消极作用也显现出来了,最终导致其被三长制度所取代。不过,三长制度也给了宗主豪强相当优惠的政治、经济特权。⑧ 永明"三年,初令邻里党各置一长,五家为邻,五邻为里,五里为党。四年,造户籍。分置州郡,雍州、凉州、秦州、沙州、泾州、华州、岐州、河州、西华州、宁州、陕州、洛州、荆州、郢州、北豫州、东荆州、南豫州、西兖州、东兖州、南徐州、东徐州、青州、齐州、济州二十五州在河南;(湘)〔相〕州、怀州、(秦)〔汾〕州、东雍州、肆州、定州、瀛州、朔州、并州、冀州、幽州、平州、司州十三州在河北。凡分魏、晋旧司、豫、青、兖、冀、并、幽、秦、雍、凉十州地,及宋所失淮北为三十八州矣"⑨。

东汉时期,社是当时城市社会中重要的民间互助组织。《三国志·董卓传》:"时适二月社,民各在其社下。"⑩ 魏晋南北朝时期,城市依然存在"社"这种民间组织,如北海营陵人王修"年七岁丧母。母以社日亡,来岁邻里社,修感念母,哀

---

① 房玄龄等:《晋书》卷二十四《职官志》,中华书局,1974年,第746页。
② 房玄龄等:《晋书》卷二十四《职官志》,中华书局,1974年,第746—747页。
③ 周一良:《魏晋南北朝史札记》,中华书局,1985年,第371页。
④ 沈约:《宋书》卷四十《百官志》,中华书局,1974年,第1258页。
⑤ 沈约:《宋书》卷三十九《百官志》,中华书局,1974年,第1224页。
⑥ 刘淑芬:《六朝的城市与社会》,台湾学生书局,1992年,第365页。
⑦ 李凭:《北魏平城时代》,上海古籍出版社,2014年,第372页。
⑧ 李凭:《北魏平城时代》,上海古籍出版社,2014年,第395—404页。
⑨ 萧子显:《南齐书》卷五十七《魏虏传》,中华书局,1972年,第989页。
⑩ 陈寿:《三国志》卷六《魏书·董卓传》,中华书局,1982年,第174页。

甚。邻里闻之，为之罢社"①。南朝时期，刘裕因为家贫，"尝负刁逵社钱三万，经时无以还。逵执录甚严，王谧造逵见之，密以钱代还，由是得释"②。可见，社不仅具有祭祀的功能，还具备一定的组织、管理职能，在当时的城市社会生活中具有重要影响，有的组织管理还非常严密。但社与里在性质上还是有较大差别，社是民间性质的，而里则是官方性质的，是国家政权在城市社区的延伸。

有研究者通过对新出土简帛进行分析，认为魏晋南北朝时期城市对乡村的控制有所加强，城市管理趋于严密。从走马楼吴简看，"丘"的命名体现出一种地缘政治的自然状态，而"里"则带有人为区划的特征和时代风尚及习俗变迁的轨迹。秦汉简中多以里为最小的行政单位。走马楼吴简中丘与里完全是两种不同的管理系统。户籍管理以里为单位，缴纳各种赋税则以丘为单位。里注重对户籍的管理，而丘则与土地管理的联系更为密切。于振波认为：里是聚落居住区，丘是耕作区。三国孙吴时期，其社会基层组织基本沿袭了秦汉时期的乡里制度，但后来乡丘体制逐步崛起——人为区划的乡，统辖若干自然聚落的丘的模式应运而生，成为基层社会新的运行模式。③ 从以上的见解分析，可能丘更多地存在于乡村之中，而里存在于城市之中。北魏太和十年（486）以后，县以下的地方行政组织为邻、里、党三长制。北魏在迁都洛阳前后，在制度上一度发生过向西晋乡里制度复归的现象。而东魏、北齐时，城乡基层组织发生了局部的改革，都城洛阳不再实行三长制，而是建立了以里坊制为核心的乡里制度；在都城以外的州、郡、县也出现了乡里制度，有向西晋复归的倾向。此乃地方基层组织从三长制向乡里制转变的开始。④

二、魏晋南北朝时期城市的经济管理

国家对城市经济的强力控制，是中国传统社会经济的重要特点之一。魏晋南北朝时期，进入城市的少数民族政权承袭了中原政治文明的这个特点，同时，北方的汉族政权和偏安江南的中原政权也延续了这一特色。

（一）三国、西晋时期国家对城市经济的管理

三国时期，魏、蜀、吴进一步强化了国家政权对经济的管控，如曹魏的冶铁业主要由官府的手工业进行专营。⑤ 曹魏所属各州、郡、县的能工巧匠被集中在中、左、右三个手工作场中。⑥ 百工的地位较一般百姓低，而女工地位更低，他们在一定程度上对官府具有依附性，被强制性地规定在官办手工业作坊中劳作。三国时

---

① 陈寿：《三国志》卷十一《魏书·王修传》，中华书局，1982年，第345页。
② 沈约：《宋书》卷一《武帝本纪》，中华书局，1974年，第10页。
③ 宋超：《秦汉史论丛》，中国社会科学出版社，2012年，第378—398页。
④ 张金龙：《北魏洛阳里坊制度探微》，《历史研究》，1999年第6期。
⑤ 余鹏飞：《三国经济史》，河南大学出版社，1992年，第319页。
⑥ 余鹏飞：《三国经济史》，河南大学出版社，1992年，第345页。

期，蜀汉大力发展丝织业，其时，蜀汉范围内的丝织业分为三种类型：一是官营丝织业，由官府任命的锦官负责组织生产和管理，仅成都就有工官户76 000人；二是商人私营的丝织业。其时蜀汉地区的私营丝织业十分发达，但仍然受到官府的控制；三是作为农户副业的丝织业。蜀汉时期农户经营丝织业的人数虽然较多，但一般以栽桑养蚕为主。① 三国时期，蜀汉和曹魏一样实行盐铁酒专卖制度。曹魏政权稳定后，为了恢复和发展北方经济，对市场和商业贸易的管理有所放松，曹丕执政时期曾颁布《薄税令》："关津所以通商旅，池苑所以御灾荒，设禁重税，非所以便民；其除池籞之禁，轻关津之税，皆复什一。"②

西晋立国后，统治者加强了对市场的调控，建立了国家仓储设施，以应对经济危机和抑制商业，延续两汉重农抑商的传统："及晋受命，武帝欲平一江表。时谷贱而布帛贵，帝欲立平籴法，用布帛市谷，以为粮储。泰始二年，帝乃下诏曰：'夫百姓年丰则用奢，凶荒则穷匮，是相报之理也。故古人权量国用，取赢散滞，有轻重平籴之法。……更令国宝散于穰岁而上不收，贫弱困于荒年而国无备。豪人富商，挟轻资，蕴重积，以管其利。"③ 泰始四年（268），"乃立常平仓，丰则籴，俭则粜，以利百姓。五年正月癸巳，敕戒郡国计吏、诸郡国守相令长，务尽地利，禁游食商贩"④。

西晋时期为了抑制土地兼并，限制官员在城市中的住宅数量和对土地的占有额，实行官品制度，官员们依据品级的大小占有土地。《晋书·食货志》："及平吴之后，有司又奏：'诏书"王公以国为家，京城不宜复有田宅。今未暇作诸国邸，当使城中有往来处，近郊有刍藁之田"。今可限之，国王公侯，京城得有一宅之处。近郊田，大国田十五顷，次国十顷，小国七顷。城内无宅城外有者，皆听留之。'"⑤

（二）十六国与北朝时期各政权对城市经济的管理

十六国及北魏时期，中原王朝的重农抑商政策被少数民族政权所承袭。《晋书·慕容皝载记》："今中原未平，资畜宜广，官司猥多，游食不少，一夫不耕，岁受其饥"；"其耕而食，蚕而衣，亦天之道也。"⑥ 前燕慕容皝曾下令："农者，国之本也，而二千石长不遵孟春之令，惰农弗劝，宜以尤不修辟者措之刑法，肃厉属城。……百工商贾数，四佐与列将速定大员，余者还农。"⑦ 北魏时期，实行均田三长制以促进农业的发展，抑制土地兼并。《魏书·食货志》："初，百姓咸以为

---

① 余鹏飞：《三国经济史》，河南大学出版社，1992年，第326页。
② 陈寿：《三国志》卷二《魏书·文帝纪》，中华书局，1982年，第58页。
③ 房玄龄等：《晋书》卷二十六《食货志》，中华书局，1974年，第786页。
④ 房玄龄等：《晋书》卷二十六《食货志》，中华书局，1974年，第786页。
⑤ 房玄龄等：《晋书》卷二十六《食货志》，中华书局，1974年，第790页。
⑥ 房玄龄等：《晋书》卷一百九《慕容皝载记》，中华书局，1974年，第2824页。
⑦ 房玄龄等：《晋书》卷一百九《慕容皝载记》，中华书局，1974年，第2825页。

第六章
秦汉魏晋南北朝时期的城市管理

不若循常,豪富并兼者尤弗愿也。事施行后,计省昔十有余倍。于是海内安之。"①

北魏时期,城市手工业仍分为官营手工业和民营手工业,官府手工业占有主导地位。北魏在平城时期继承了汉代集中控制工匠的制度。②"世宗延昌三年春,有司奏长安骊山有银矿,二石得银七两,其年秋,恒州又上言,白登山有银矿,八石得银七两,锡三百余斤,其色洁白,有逾上品。诏并置银官,常令采铸。又汉中旧有金户千余家,常于汉水沙淘金,年终总输。后临淮王或为梁州刺史,奏罢之。其铸铁为农器、兵刃,在所有之,然以相州牵口冶为工,故常炼锻为刀,送于武库。"③北魏时期,重要的经济物资也由国家掌控:"自迁邺后,于沧、瀛、幽、青四州之境,傍海煮盐。沧州置灶一千四百八十四,瀛州置灶四百五十二,幽州置灶一百八十,青州置灶五百四十六,又于邯郸置灶四,计终岁合收盐二十万九千七百二斛四升。军国所资,得以周赡矣。"④

值得注意的是,北魏对中原民族与北方游牧民族的贸易采取放任态度。《魏书·食货志》:"又贸迁起于上古,交易行于中世。汉与胡通,亦立关市。今北人阻饥,命悬沟壑,公给之外,必求市易。彼若愿求,宜见听许。"⑤对城市中的游民,北魏统治者则采取劝督归农的方法,"然京师之民,游食者众,不加督劝,或芸耨失时。可遣明使检察勤惰以闻"⑥。

在商业税收方面,北方政权相对较轻,如北魏的商税规定,入市者人税一钱,店舍分五等课税。总的来说,北方政权的赋税名目较南朝为少。⑦北魏中后期,严禁官员参与商业活动。正光三年(522),魏肃宗"以牧守妄立碑颂,辄兴寺塔;第宅丰侈,店肆商贩,诏中尉端衡,肃厉威风,以见事纠劾,七品、六品,禄足代耕,亦不听锢贴店肆,争利城市"⑧。为了加强对货币的管理,北魏恢复了汉代五铢钱。孝庄帝时,杨侃以"时所用钱,人多私铸,稍就薄小,乃至风飘水浮,米斗几直一千",遂奏复五铢钱,"孝庄从之。乃铸五铢钱,如侃所奏"⑨。

北魏时期,朝贡贸易在商业中占有重要地位,受到国家的控制。北魏世宗时期,朝贡贸易数量巨大,出现了"蕃贡继路,商贾交入,诸所献贸,倍多于常。虽加以节约,犹岁损万计,珍货常有余,国用恒不足"这一国家难以承受的局面,邢峦指出:"若不裁其分限,便恐无以支岁。自今非为要须者,请皆不受。"⑩世宗接受了其建议。

---

① 魏收:《魏书》卷一百一十《食货志》,中华书局,1974年,第2856页。
② 逯耀东:《从平城到洛阳——拓跋魏文化转变的历程》,中华书局,2006年,第163页。
③ 魏收:《魏书》卷一百一十《食货志》,中华书局,1974年,第2857页。
④ 魏收:《魏书》卷一百一十《食货志》,中华书局,1974年,第2863页。
⑤ 魏收:《魏书》卷十八《拓跋孚列传》,中华书局,1974年,第425页。
⑥ 魏收:《魏书》卷七《高祖纪》,中华书局,1974年,第170页。
⑦ 韩国磐:《魏晋南北朝史纲》,人民出版社,1983年,第456页。
⑧ 魏收:《魏书》卷九《肃宗纪》,中华书局,1974年,第233—234页。
⑨ 魏收:《魏书》卷五十八《杨侃传》,中华书局,1974年,第1284页。
⑩ 魏收:《魏书》卷六十五《邢峦传》,中华书局,1974年,第1438页。

北齐时期，统治者放松了对城市手工业的控制，并适当减少官营手工业工匠，但是对手工业者仍然有诸多限制，如严禁私藏工匠、限制工匠婚配等。为了促进城市经济的发展，满足统治阶层和城市居民的生活需要，北齐政权多次对商业松绑，减少部分税赋等，甚至还开放酒禁。齐后主于武平六年（575）闰八月"辛巳，以军国资用不足，税关市、舟车、山泽、盐铁、店肆，轻重各有差，开酒禁"①。由于北齐政府对发展商业采取保护与支持的政策，甚至允许买官卖官，因而商人势力扩张很快，出现了官商合流的态势。《北齐书·段孝言传》："祖珽执政……富商大贾多被铨擢，纵令进用人士，咸是粗险放纵之流。"②北齐时期卖官鬻爵十分严重，导致商人与官员之间的关系变得更加复杂。"显祖即位，……遂因民贫富，为租输三等九品之制。千里内纳粟，千里外纳米；上三品户入京师，中三品入他州要仓，下三品入本州。"③北齐幼主时，"人力既殚，帑藏空竭"，"乃赐诸佞幸卖官。或得郡两三，或得县六七，各分州郡，下逮乡官亦多降中旨，故有敕用州主簿，敕用郡功曹。于是州县职司多出富商大贾，竞为贪纵，人不聊生"④。北齐官员还对城市商业进行骚扰，范阳涿人卢潜在淮南任官时，"诸商胡负官责息者，宦者陈德信纵其妄注淮南富家，令州县征责。又敕送突厥马数千匹于扬州管内，令土豪贵买之。钱直始入，便出敕括江、淮间马，并送官敕。由是百姓骚扰，切齿嗟怨。潜随事抚慰，兼行权略，故得宁靖"⑤。北齐时期，吏治腐败，官民争利，导致商人的财产得不到保障。《北齐书·高祖十一王传》载，高亮"字彦道，性恭孝，美风仪，好文学。为徐州刺史，坐夺商人财物免官"⑥。由此可见，北齐时期由于官吏长时期没有俸禄等制度性原因，城市商业管理十分混乱，城市商业的发展受到严重影响。

北周时期，统治者加强了对商业的控制力度，并增加商业税，试图利用经济手段来缓和城市居民的两极分化。《周书·韩褒传》："羌胡之俗，轻贫弱，尚豪富。豪富之家，侵渔小民，同于仆隶。故贫者日削，豪者益富。褒乃悉募贫人，以充兵士，优复其家，蠲免徭赋。又调富人财物以振给之。每西域商货至，又先尽贫者市之。于是贫富渐均，户口殷实。"⑦

（三）南北朝时期各政权对城市经济的管理

南朝政权延续了两汉时期君主专制中央集权统治掌控城市经济命脉的传统。刘宋王朝沿袭晋制，设立少府，管理手工业。⑧ 少府设"左尚方令、丞各一人。右尚方令、丞各一人。并掌造军器。秦官也，汉因之。于周则为玉府。晋江右有中尚方、

---

① 李百药：《北齐书》卷八《后主纪》，中华书局，1972年，第108页。
② 李百药：《北齐书》卷十六《段孝言传》，中华书局，1972年，第215页。
③ 魏收：《魏书》卷一百一十《食货志》，中华书局，1974年，第2852页。
④ 李百药：《北齐书》卷八《幼主纪》，中华书局，1972年，第113—114页。
⑤ 李百药：《北齐书》卷四十二《卢潜传》，中华书局，1972年，第556页。
⑥ 李百药：《北齐书》卷十《高祖十一王列传》，中华书局，1972年，第137页。
⑦ 令狐德棻等：《周书》卷三十七《韩褒传》，中华书局，1971年，第661页。
⑧ 韩国磐：《魏晋南北朝史纲》，人民出版社，1983年，第386页。

第六章 秦汉魏晋南北朝时期的城市管理

左尚方、右尚方,江左以来,唯一尚方。宋高祖践阼,以相府作部配台,谓之左尚方,而本署谓之右尚方焉。又以相府细作配台,即其名置令一人,丞二人,隶门下。世祖大明中,改曰御府,置令一人,丞一人。御府,二汉世典官婢作袭衣服补浣之事,魏、晋犹置其职,江左乃省焉。后废帝初,省御府,置中署,隶右尚方。汉东京太仆属官有考工令,主兵器弓弩刀铠之属,成则传执金吾入武库,及主织绶诸杂工。尚方令唯主作御刀绶剑诸玩好器物而已。然则考工令如今尚方,尚方令如今中署矣"①。

刘宋时期,为发展城市经济,统治者一度采取让利于民的政策:"自庐井毁制,农桑易业,盐铁妨民,货鬻伤治,历代成俗,流蠹岁滋。援拯遗弊,革末反本,使公不专利,氓无失业。二宫诸王,悉不得营立屯邸,封略山湖。太官池籞,宫停税入,优量省置。"②

由刘宋迄陈,南朝政权在总体上采取限制官员经商的政策。刘宋孝武帝时,"官私交市,务令优衷。其江海田池公家规固者,详所开弛。贵戚竞利,悉皆禁绝"③。《宋书·谢庄传》亦指出,其时"贵戚竞利,兴货廛肆者,悉皆禁制"④。齐、梁、陈亦多与此类似,史书具在,兹不赘引。

(四)魏晋南北朝时期各政权对市场的管理

魏晋南北朝时期,大多数政权基本上延续了秦汉以来的市场管理制度和法令法规。城市市场的内部结构与组织形式仍沿用前代的列肆制度,即经营同类商品的店铺,在指定区域内各自排成行列,这种行列称为列肆或市列。各类城市的市概由官设,故政府亦设置官吏对市场进行管理,魏晋时设有市长,东晋南朝则设有市令、市丞、市魁等,通称市司或司市。⑤南齐时期的东昏侯以市场管理取乐,"于苑中立市,太官每旦进酒肉杂肴,使宫人屠酤。潘氏为市令,帝为市魁,执罚,争者就潘氏决判"⑥。各州城、郡城、县城都分别设有市场,地方长官则为市场的最高管理者,对市场的运行负有最高责任。魏晋南北朝时期,市场基本设在城中,规模较大的城市往往有多个市场。部分大城市的市场规模可观,道路宽阔,交通顺畅;市场建有围墙、市门和市楼,市楼旗亭的形制一般都较高大,管理市场的官署即设在市楼内。大部分城市的市场皆定期开市,并实行启闭制。等级较高的城市,其市场类别也较为丰富:重要城市的市场分为大市、小市,大市多为官立,小市多为民立。草市在早期一般是自发形成的,但当人数超过七万后则多为政府接管。

魏晋南北朝还延续了前代的军市,各军市分别在重要的驻军地设立。南北朝时

---

① 沈约:《宋书》卷三十九《百官志》,中华书局,1974年,第1232页。
② 沈约:《宋书》卷二《高帝本纪》,中华书局,1974年,第33页。
③ 沈约:《宋书》卷六《孝武帝本纪》,中华书局,1974年,第112页。
④ 沈约:《宋书》卷八十五《谢庄传》,中华书局,1974年,第2169页。
⑤ 高敏:《中国经济通史·魏晋南北朝》,经济日报出版社,2007年,第835—837页。
⑥ 萧子显:《南齐书》卷七《东昏侯本纪》,中华书局,1972年,第104页。

期的关市也得到进一步发展,与汉代由中原王朝主导的关市不同,此一时期的关市是两个或多个政权共同设立的贸易场所。各类市场交易的商品除粮食、蔬菜、水果、水产、牲畜等生活物资外,铁器、图书、奴隶等也是买卖的对象,甚至地产和房产也可以在市场上进行交易。此一时期的市场管理具有治安功能,有固定的半武装人员执行巡逻任务。魏晋南北朝时期,市场成为城市中重要的公共空间,因而有时对死刑犯的处决也选在市场执行,以起到杀一儆百的效果。

南北朝时期的市场管理制度与汉代基本上没有多大差别,大多数城市中的市场是每天都进行交易,但也有部分市场定期开市,在固定的时间内进行交易。此一时期,由于统治者对市场实行封闭管理,市场有开市与罢市的管理规定,一般早上开市,日暮闭市。城市中有邸店供行商住宿,如同旅馆,利润丰厚。城市之中,市与里有着明确的界限,市门和市墙将市与里区分开来。市场之中交易所需要的度量衡由市场管理者统一提供,市场管理者不仅管理物价,督查币制,而且还提供交易凭证,如书券等,另外还负责征收交易税等。[1]

南朝时期,统治者对市场的管理存在着若干弊政。《隋书·食货志》:"晋自过江,凡货卖奴婢马牛田宅,有文券,率钱一万,输估四百入官,卖者三百,买者一百。无文券者,随物所堪,亦百分收四,名为散估。历宋齐梁陈,如此以为常。以此人竞商贩,不为田业,故使均输,欲为惩励。虽以此为辞,其实利在侵削。又都西有石头津,东有方山津,各置津主一人,贼曹一人,直水五人,以检察禁物及亡叛者。其获炭鱼薪之类过津者,并十分税一以入官。其东路无禁货,故方山津检察甚简。淮水北有大市百余,小市十余所。大市备置官司,税敛既重,时甚苦之。"[2] 刘宋时期实行和市政策,所谓和市即官府向百姓议价购买货物,该政策曾一度对城市商业的发展起到了促进作用。《宋书·武帝本纪》:"台府所须,皆别遣主帅与民和市,即时裨直,不复责租民求办。又停废房车牛,不得以官威假借。又以市税繁苦,优量减降。"[3] 但是和市很快变成了一种弊政,演变为官府对民间的摊派行为。南齐时期,政府不断加重对商人的盘剥,扰乱正常的市场秩序,如南齐统治者"诏折租布,二分取钱"[4],从而引起臣下的非议:"又司市之要,自昔所难。顷来此役,不由才举,并条其重赏,许以贾衒。前人增估求侠,后人加税请代,如此轮回,终何纪极?兼复交关津要,共相唇齿,愚野未闲,必加陵诳,罪无大小,横没赀载。"[5]

(五)南北朝时期各政权对货币的管理

东晋南朝时期,江南地区因市场发展水平不同而采用了不同的货币,从而形成

---

[1] 任重、陈仪:《魏晋南北朝城市管理研究》,中国社会科学出版社,2003年,第179—204页。
[2] 魏徵等:《隋书》卷二十四《食货志》,中华书局,1973年,第689页。
[3] 沈约:《宋书》卷三《武帝本纪》,中华书局,1974年,第54页。
[4] 萧子显:《南齐书》卷四十《武十七王传》,中华书局,1972年,第696页。
[5] 萧子显:《南齐书》卷四十《武十七王传》,中华书局,1972年,第697页。

第六章
秦汉魏晋南北朝时期的城市管理

了几个区域性市场。商品经济较为发达的有建康及荆、郢、江、湘、梁等州,这些地区使用钱币进行交易,而其余商品经济较为落后的地方则杂以谷帛交易。交州、广州等城市和地区的对外贸易较为发达,多以金银为货币。此外,"百姓或私以古钱交易,有直百五铢、五铢、女钱、太平百钱、定平一百、五铢雉钱、五铢对文等号。轻重不一"①。梁武帝时铸造了五铢钱,"肉好周郭,文曰'五铢',重如其文。而又别铸,除其肉郭,谓之女钱。二品并行"②,并颁下诏书,要求在新铸二钱之外,不许杂用他币。后来,梁朝在普通年间尽罢铜钱,更铸铁钱,导致"人以铁贱易得,并皆私铸。及大同已后,所在铁钱,遂如丘山,物价腾贵。交易者以车载钱,不复计数,而唯论贯。商旅奸诈,因之以求利,自破岭以东,八十为百,名曰东钱。江、郢已上,七十为百,名曰西钱。京师以九十为百,名曰长钱"③。该政策导致货币市场更为混乱。梁朝大同元年(546),"天子乃诏通用足陌。诏下而人不从,钱陌益少。至于末年,遂以三十五为百云"④。

南陈初年,"铁钱不行。始梁末又有两柱钱及鹅眼钱,于时人杂用,其价同,但两柱重而鹅眼轻。私家多熔钱,又间以锡铁,兼以粟帛为货"⑤。陈文帝"天嘉五年,改铸五铢。初出,一当鹅眼之十"⑥。后来陈宣帝"又铸大货六铢,以一当五铢之十,与五铢并行"⑦。宣帝死后,"遂废六铢而行五铢。竟至陈亡。其岭南诸州,多以盐米布交易,俱不用钱云"⑧。可见当时统治者对货币市场管理的规律还把握得不到位。整个南朝时期,只有少数时间的极个别杰出的官员才能较好地管控货币,使天下百姓受益,如南朝顾秀之善于管理货币市场,"汉川悉以绢为货,秀之限令用钱,百姓至今受其利"⑨。货币不统一,既是当时市场管理较为薄弱的表现,同时也是不同地区不同的经济发展水平所导致的后果。

此一时期,北方的币制更为混乱,一直是城市经济管理中难以解决的重要问题。北方鲜卑等游牧民族南下中原后,开始接受货币经济,但由于缺乏相关的管理经验,因而经常造成币制混乱现象。北魏时期,币制一度十分混乱,用钱稍薄,"在市铜价,八十一文得铜一斤,私造薄钱,斤余二百。既示之以深利,又随之以重刑,惧罪者虽多,奸铸者弥众。今钱徒有五铢之文,而无二铢之实,薄甚榆荚,上贯便破,置之水上,殆欲不沉"⑩。后来,北魏统治者铸永安五铢钱,统一了货币,从而使币制走向稳定。"齐神武霸定之初,承魏犹用永安五铢。"⑪但迁都邺以

---

① 魏徵等:《隋书》卷二十四《食货志》,中华书局,1973年,第689页。
② 魏徵等:《隋书》卷二十四《食货志》,中华书局,1973年,第689页。
③ 魏徵等:《隋书》卷二十四《食货志》,中华书局,1973年,第690页。
④ 魏徵等:《隋书》卷二十四《食货志》,中华书局,1973年,第689—690页。
⑤ 魏徵等:《隋书》卷二十四《食货志》,中华书局,1973年,第690页。
⑥ 魏徵等:《隋书》卷二十四《食货志》,中华书局,1973年,第690页。
⑦ 魏徵等:《隋书》卷二十四《食货志》,中华书局,1973年,第690页。
⑧ 魏徵等:《隋书》卷二十四《食货志》,中华书局,1973年,第690页。
⑨ 沈约:《宋书》卷八十一《刘秀之传》,中华书局,1974年,第2074页。
⑩ 魏收:《魏书》卷七十七《高道穆传》,中华书局,1974年,第1716页。
⑪ 魏徵等:《隋书》卷二十四《食货志》,中华书局,1973年,第690页。

后,统治者放松管理,"百姓私铸,体制渐别,遂各以为名。有雍州青赤,梁州生厚、紧钱、吉钱,河阳生涩、天柱、赤牵之称。冀州之北,钱皆不行,交贸者皆以绢布。神武帝乃收境内之铜及钱,仍依旧文更铸,流之四境。未几之间,渐复细薄,奸伪竞起"①。北齐初年"除永安之钱,改铸常平五铢,重如其文。其钱甚贵,且制造甚精"②。但不久又出现了币制混乱,"至乾明、皇建之间,往往私铸。邺中用钱,有赤熟、青熟、细眉、赤生之异。河南所用,有青薄铅锡之别。青、齐、徐、兖、梁、豫州,辈类各殊。武平已后,私铸转甚,或以生铁和铜。至于齐亡,卒不能禁"③。后周时期,币制管理也发生问题,"后周之初,尚用魏钱。及武帝保定元年七月,及更铸布泉之钱,以一当五,与五铢并行。时梁、益之境,又杂用古钱交易。河西诸郡,或用西域金银之钱,而官不禁。建德三年六月,更铸五行大布钱,以一当十,大收商估之利,与布泉钱并行。四年七月,又以边境之上,人多盗铸,乃禁五行大布,不得出入四关,布泉之钱,听入而不听出。五年正月,以布泉渐贱而人不用,遂废之。初令私铸者绞,从者远配为户。齐平已后,山东之人,犹杂用齐氏旧钱。至宣帝大象元年十一月,又铸永通万国钱。以一当十,与五行大布及五铢,凡三品并用"④。

  魏晋南北朝时期,总体来讲,货币市场经常处于混乱状态,体现了统治者城市经济管理水平的低下,这既与统治者的才智有关,也与国家政局的分裂、政治局面的混乱和农业社会经济结构有着直接的关系。

三、魏晋南北朝时期城市社会与治安管理

  魏晋南北朝时期,社会动乱不断,城市治安管理对城市来说具有特别的意义。中心城市的安全依然是城市安全防卫的重中之重。魏晋南北朝时期,司隶校尉负责监督中央和京畿官员,在都城治安方面也负有责任,对都城尤其是京畿的犯罪和违制行为都可进行纠察。

  曹魏时期,都城的治安与保卫系统有所加强,一度由中护军驻留京师,担任京师的治安保卫工作。此外,统治者又从中护军中选择亲信到地方州郡城市任职,这样就建立了一套从中央到地方的城市治安防护体系。其后,这一体制为南朝多个政权承袭,建康内外驻有大量的军队,设护军将军统帅。另外,北魏平城时期设立"八部"驻守京城内外;孝文帝迁都洛阳后,数十万中军屯驻在都城内外,由护军将军统领。中领军一般负责宫城的护卫。都官尚书是南北朝时期出现的掌管全国治安管理事务的行政机构,类似后来的刑部尚书。都官尚书负责监察百官和城郭治安,下辖城郭兵。四中郎将是从汉代开始就设立的一个官职,北魏孝文帝迁都后为

---

① 魏徵等:《隋书》卷二十四《食货志》,中华书局,1973年,第690—691页。
② 魏徵等:《隋书》卷二十四《食货志》,中华书局,1973年,第691页。
③ 魏徵等:《隋书》卷二十四《食货志》,中华书局,1973年,第691页。
④ 魏徵等:《隋书》卷二十四《食货志》,中华书局,1973年,第691页。

第六章
秦汉魏晋南北朝时期的城市管理

其设立固定的治所以拱卫京师。卫尉是秦代的官职,主要负责宫掖门户的防守和巡察。宋孝武帝重设卫尉卿,掌管宫门的戍守和启闭。东魏、北齐时设立城门寺,掌管京师门禁。西魏、北周时设城门中士、城门下士,掌管京城门禁。① 各个治安管理机构随着形势或时代的发展需要而有所变异。为了达到共同的治安目标,不同的机构往往联手而各有侧重。②

三国时期都城设有城门校尉,负责京城 12 座城门的管理。西晋时期,城门校尉统领牙门军屯驻诸门。东晋时废城门校尉,南北朝时又继续设立此职。东魏、北齐时设有司州牧,兼负城市治安之责。北周时设司隶下大夫,负责管理城市治安等。魏晋南北朝时期具体的市场管理机构,大体分为市令、市丞和市吏三级。③

魏晋南北朝时期,各政权承袭了汉代向各地派驻都尉,由其对边郡城市和内郡城市进行治安管理的制度。从事史随从刺史巡察州郡,也负有督察治安的职责。城局参军主要负责城防。在一些边疆地区或者少数民族地区设有校尉管理治安,如护羌、西戎、南蛮等校尉。"元康中,护羌校尉为凉州刺史,西戎校尉为雍州刺史,南蛮校尉为荆州刺史。及江左初,省南蛮校尉,寻又置于江陵,改南夷校尉曰镇蛮校尉。及安帝时,于襄阳置宁蛮校尉。"④

刘宋时期,统治者在少数民族地区设立军事管理机构,对南方的边疆地区进行管理。这些机构有的是承袭晋代旧制,有的是新设置的,主要有:"平越中郎将,晋武帝置,治广州,主护南越。南蛮校尉,晋武帝置,治襄阳。江左初省。寻又置,治江陵。宋世祖孝建中省。西戎校尉,晋初置,治长安。安帝义熙中又置,治汉中。宁蛮校尉,晋安帝置,治襄阳,以授鲁宗之。南夷校尉,晋武帝置,治宁州。江左改曰镇蛮校尉。四夷中郎校尉,皆有长史、司马、参军。魏、晋有杂号护军,如将军,今犹有镇蛮、安远等护军。镇蛮以加庐江、晋熙、西阳太守。安远以加武陵内史。"⑤

南齐时期,统治者在一些少数民族地区依然设有特殊的机构:"护南蛮校尉。府置佐史。隶荆州。晋、宋末省。建元元年,复置,三年,省。延兴元年置,建武省。护三巴校尉。宋置。建元二年,改为刺史。"⑥ "宁蛮校尉。府亦置佐史,隶雍州。平蛮校尉。永明三年置,隶益州。镇蛮校尉。隶宁州。护西戎校尉。护羌校尉。右四校尉,亦置四夷。平越中郎将。府置佐史,隶广州。"⑦

地方城市的日常治安通常由县尉负责,南北朝时期各县都设有县尉,下设行经途尉,负责城区的治安。城市内还有若干亭,每亭设立一个都亭长,监视行人,

---

① 任重、陈仪:《魏晋南北朝城市管理研究》,中国社会科学出版社,2003 年,第 48—51 页。
② 任重、陈仪:《魏晋南北朝城市管理研究》,中国社会科学出版社,2003 年,第 73—74 页。
③ 任重、陈仪:《魏晋南北朝城市管理研究》,中国社会科学出版社,2003 年,第 62—67 页。
④ 房玄龄等:《晋书》卷二十四《职官志》,中华书局,1974 年,第 747 页。
⑤ 沈约:《宋书》卷四十《百官志》,中华书局,1974 年,第 1255 页。
⑥ 萧子显:《南齐书》卷十六《百官志》,中华书局,1972 年,第 328 页。
⑦ 萧子显:《南齐书》卷十六《百官志》,中华书局,1972 年,第 328—329 页。

禁备盗贼，维持城市街区治安。有些监狱还建在都亭中，设立狱门亭长。①

魏晋南北朝时期，社会动荡，城市居民成分复杂，城市的治安较差。一些世家大族在城郊建立府邸、庄园，不接受地方官员的管辖，对城市管理提出了挑战。为维护城市治安，统治者设置了门禁制度等法规。南朝以五鼓破晓开启城门，黄昏关闭城门，在特殊情况下，可随时关闭城门。卫尉掌管京师城门的钥匙和城门开闭之权，地方州、郡、县的长官则直接控制城门的启闭。

此一时期，为了加强城市治安管理，统治者相继在秦汉城市治安管理的基础上，强化了以下方面的制度。

一是宵禁制度。始建于秦汉时期的持更制度，在南北朝时期得到了进一步的强化，统治者长期实行宵禁，夜晚巡逻，盘查行人。北魏统治者规定，一般百姓夜晚不得在城市中私游。北魏广陵王拓跋羽"先淫员外郎冯俊兴妻，夜因私游，为俊兴所击。积日秘匿，薨于府，年三十二"②。过所制度为魏晋南北朝时期所通行，用于验明身份。

二是武器管控制度。为了加强对城市治安的管理，统治者对武器和武库的管理非常严格，武将上朝不准携带武器进殿，平民在任何时候都不准携带武器。

三是禁盗制度。此一时期，统治者不仅沿袭了前代打击盗贼的常规手段，还实行连坐法，除盗贼本人受到处罚外，而还要株连家人。汉魏以来，城市之中建立了防盗机制，凡发现盗贼即鸣鼓报警，各州、郡、县城均修有谯楼，作瞭望站岗和报警之用。为了加强对盗贼的防范，统治者除规定按时启闭城门外，还要求有关人员对可疑者随时进行搜检。

盗贼与豪强是城市治理中的主要问题，对城市治安有着直接的影响。战乱之际，盗贼特别猖狂。汉末三国时期，治理盗贼成为城市管理者的重要职责："诏诸郡县治城郭，起谯楼，穿堑发渠，以备盗贼。"③ 刘焉"上书言米贼断道，不得复通，又托他事杀州中豪强王咸、李权等十余人，以立威刑"④。晋代"永宁之后，屡有变难，寇贼焱起，郡国皆以无备不能制，天下遂以大乱"⑤。动乱之下，大量流民沦为盗寇："秦州人邓定等二千余家，饥饿流入汉中，保于成固，渐为抄盗。"⑥

北魏时期，因为民族和阶级矛盾深刻，城市中的盗贼问题也非常严重，"国家居代，患多盗窃"⑦。打击盗贼是城市治理的重要内容。北魏李崇创造出了一个方法，即以城乡互动联防的方式，有效打击盗贼。北魏高祖时，李崇"以本将军除兖州刺史。兖土旧多劫盗，崇乃村置一楼，楼悬一鼓，盗发之处，双槌乱击。四面诸

---

① 任重、陈仪：《魏晋南北朝城市管理研究》，中国社会科学出版社，2003年，第72页。
② 魏收：《魏书》卷二十一《献文六王传》，中华书局，1974年，第551页。
③ 陈寿：《三国志》卷四十七《吴书·吴主传》，中华书局，1982年，第1144页。
④ 陈寿：《三国志》卷三十一《蜀书·刘焉传》，中华书局，1982年，第867页。
⑤ 房玄龄等：《晋书》卷四十三《山涛传》，中华书局，1974年，第1227页。
⑥ 房玄龄等：《晋书》卷五十七《张光传》，中华书局，1974年，第1564页。
⑦ 魏收：《魏书》卷六十八《甄琛传》，中华书局，1974年，第1514页。

第六章
秦汉魏晋南北朝时期的城市管理

村始闻者挝鼓一通,次复闻者以二为节,次后闻者以三为节,各击数千槌。诸村闻鼓,皆守要路,是以盗发俄顷之间,声布百里之内。其中险要,悉有伏人,盗窃始发,便尔擒送。诸州置楼悬鼓,自崇始也"①。南朝城市中的盗贼问题也较为严重,南梁江革"寻监吴郡。……百姓皆惧不能静寇;反省游军尉,民下逾恐。革乃广施恩抚,明行制令,盗贼静息,民吏安之"②。

魏晋南北朝时期,豪强问题一直是贯穿城市治理的难题,对城市居民的生命、财产安全造成极大威胁。"高密孙氏素豪侠,人客数犯法。民有相劫者,贼入孙氏,吏不能执。修将吏民围之,孙氏拒守,吏民畏惮不敢近。"③京城的豪强问题尤为严重,因此京城的治安管理历来是一大难题。曹魏时,"河南尹内掌帝都,外统京畿,兼古六乡六遂之士。其民异方杂居,多豪门大族,商贾胡貊,天下四(方)会,利之所聚,而奸之所生"④。

西晋,"时朝廷宽弛,豪右放恣,交私请托,朝野溷淆"⑤。朝廷也对豪强心怀疑忌:"宗族强盛,人情所归,帝疑惮之。"⑥不少地方官员对豪强也无可奈何,如山遐"为余姚令。时江左初基,法禁宽弛,豪族多挟藏户口,以为私附"⑦,而山遐却无力禁止。打击豪强是晋代地方官治理城市的重要职责之一,太兴元年(318)秋七月戊申,"诏曰:'二千石令长当祗奉旧宪,正身明法,抑齐豪强。'"⑧许多城市治理者以成功治理豪强而闻名,张辅初补蓝田令,不为豪强所屈。他击杀了当时西州大姓强弩将军庞宗的妇族护军赵浚之恶仆,一县称之。东莱掖人刘胤出为豫章太守,诛杀了当地的豪族莫鸿而界内肃然。

十六国时期,豪强横行,为百姓之患,严重威胁到政权的稳定,因而统治者多采取强硬措施打击豪强。如前秦时期王猛强行诛死贵戚强豪二十余人,才使得"百僚震肃,豪右屏气,路不拾遗,风化大行"⑨。张茂治理凉州,诱杀凉州大姓贾摹,"于是豪右屏迹,威行凉域"⑩。吕氏后凉政权也在城市治理中遭遇豪强问题,而不得不采取措施加以打击,吕"隆多杀豪望,以立威名,内外嚣然,人不自固"⑪。在北魏,"太宗以郡国豪右,大为民蠹,乃优诏征之"⑫。北魏统治者对豪右软硬兼施,如任城王拓跋云"留心政事,甚得下情。……廉谨自修,留心庶狱,挫抑豪

---

① 魏收:《魏书》卷六十六《李崇传》,中华书局,1974年,第1465—1466页。
② 姚思廉:《梁书》卷三十六《江革传》,中华书局,1973年,第525页。
③ 陈寿:《三国志》卷十一《魏书·王修传》,中华书局,1982年,第345页。
④ 陈寿:《三国志》卷二十一《魏书·傅嘏传》裴松之注引《傅子》,中华书局,1982年,第624页。
⑤ 房玄龄等:《晋书》卷四十七《傅玄传》,中华书局,1974年,第1329页。
⑥ 房玄龄等:《晋书》卷五十八《周玘传》,中华书局,1974年,第1573页。
⑦ 房玄龄等:《晋书》卷四十三《山涛传》,中华书局,1974年,第1230页。
⑧ 房玄龄等:《晋书》卷六《元帝纪》,中华书局,1974年,第150页。
⑨ 房玄龄等:《晋书》卷一百十三《苻坚载记》,中华书局,1974年,第2887页。
⑩ 房玄龄等:《晋书》卷八十六《张轨传》,中华书局,1974年,第2232页。
⑪ 房玄龄等:《晋书》卷一百二十二《吕隆载记》,中华书局,1974年,第3069页。
⑫ 魏收:《魏书》卷二十四《崔玄伯传》,中华书局,1974年,第622页。

强,群盗息止,州民颂之者千有余人"①。清河人崔宽善于与地方各阶层的人相处,又善于引导人们致富,在任职的军镇中树立了较高的威信。《魏书·崔宽传》:崔氏"诱接豪右、宿盗魁帅,与相交结,倾衿待遇,不逆微细。是以能得民庶忻心,莫不感其意气"②。北魏时,高绰也是一位干吏,《魏书·高允传》:"绰为政强直,不避豪贵,邑人惮之。"③ 北周时则有宇文神举不畏豪强,为史所称。北周高祖东伐并州,"平定甫尔,民俗浇讹,豪右之家,多为奸猾。神举励精为治,示以威恩,旬月之间,远迩悦服"④。

南朝的豪强问题依然严重,"县大姓虞氏千余家,请谒如市,前后令长莫能绝。……县南又有豪族数百家,子弟纵横,递相庇荫,厚自封植,百姓甚患之"⑤。《陈书·华皎传》:"王琳东下,皎随侯瑱拒之。琳平,镇湓城,知江州事。时南州守宰多乡里酋豪,不遵朝宪,文帝令皎以法驭之。"⑥

贵族的部曲也是城市治理中的一个毒瘤,三国时期,山阳昌邑人满宠"为郡督邮。时郡内李朔等各拥部曲,害于平民,太守使宠纠焉"⑦。北魏城市管理者的部曲也常常成为城市治理中的问题,元护手下的部曲"时为侵扰,城邑苦之",所以他在官员考核中未被评为良刺史。⑧

为加强城市治安,北魏在城市管理中深化了秦汉的里市制,建立坊市制,实行比较严格的"方割"治理,即将城市中的居民区加以分割,建立坊市制,从而对改善城市治安起到了较好的效果。吏称"自方割以来,众赋易办,实有大益"⑨。北魏坊市管理制度以平城和洛阳最为典型,洛阳共有里坊220个。⑩ "其郭城绕宫城南,悉筑为坊,坊开巷。坊大者容四五百家,小者六七十家。每南坊搜检,以备奸巧。"⑪ 每个里坊有管理者56人,其中里正8人、吏16人、门士32人。每一里坊都修有围墙和坊门,居民都在坊内居住,既可对外防御,同时也有利于对内部的管理。北魏统治者入主中原后,坊内均筑有用来监视的坊馆,以加强对居民的严密管制。⑫ 坊的设立,限制了百姓的自由流动,便于治安和户政管理。因此,里坊制度可谓开创了城市管理的历史新时期。"方割"法和坊市制将不同社会地位和职业的居民分开,从而打破了家族血缘关系,产生了良好的治理效果:"伏见洛京之制,居民以官位相从,不依族类。然官位非常,有朝荣而夕悴,则衣冠沦于厮竖之邑,

---

① 魏收:《魏书》卷十九《任城王传》,中华书局,1974年,第462页。
② 魏收:《魏书》卷二十四《崔宽传》,中华书局,1974年,第625页。
③ 魏收:《魏书》卷四十八《高允传》,中华书局,1974年,第1091页。
④ 令狐德棻等:《周书》卷四十《宇文神举传》,中华书局,1971年,第715页。
⑤ 姚思廉:《梁书》卷五十三《良吏传》,中华书局,1973年,第768页。
⑥ 姚思廉:《陈书》卷二十《华皎传》,中华书局,1972年,第271页。
⑦ 陈寿:《三国志》卷二十六《魏书·满宠传》,中华书局,1982年,第721页。
⑧ 魏收:《魏书》卷七十一《李元护传》,中华书局,1974年,第1586页。
⑨ 魏收:《魏书》卷三十三《公孙邃传》,中华书局,1974年,第786页。
⑩ 张金龙:《北魏洛阳里坊制度探微》,《历史研究》,1999年第6期。
⑪ 萧子显:《南齐书》卷五十七《魏虏传》,中华书局,1972年,第985页。
⑫ 刘淑芬:《六朝的城市与社会》,台湾学生书局,1992年,第424页。

臧获腾于膏腴之里。物之颠倒，或至于斯。古之圣王，必令四民异居者，欲其业定而志专。……分别士庶，不令杂居；伎作屠沽，各有攸处。"①

但里坊制也并非一劳永逸，同样会产生新的城市治理问题。《魏书·甄琛传》："今迁都已来，天下转广，四远赴会，事过代都，五方杂沓，难可备简，寇盗公行，劫害不绝，此由诸坊混杂，厘比不精，主司闇弱，不堪检察故也。"② 由于里坊管理者的官职较低，难以对里坊内的贵族、豪强等加以限制，"京邑诸坊，大者或千户、五百户，其中皆王公卿尹，贵势姻戚，豪猾仆隶，荫养奸徒，高门邃宇，不可干问。又有州郡侠客，荫结贵游，附党连群，阴为市劫，比之边县，难易不同。今难彼易此，实为未惬"③。"京邑诸坊，或七八百家，唯一里正、二史，庶事无阙，而况外州乎？"④ 甄琛任河南尹时，更一针见血地指出："六部里尉即攻坚之利器，非贞刚精锐，无以治之。今择尹既非南金，里尉铅刀而割，欲望清肃都邑，不可得也。里正乃流外四品，职轻任碎，多是下才，人怀苟且，不能督察，故使盗得容奸，百赋失理。"⑤

针对城市里坊制出现的问题，甄琛建议采取军事化管理方案："请取武官中八品将军已下干用贞济者，以本官俸恤，领里尉之任，各食其禄，高者领六部尉，中者领经途尉，下者领里正。不尔，请少高里尉之品，选下品中应迁之者，进而为之。则督责有所，辇毂可清。"⑥ 又奏请"以羽林为游军，于诸坊巷司察盗贼"⑦。虽然统治者最终并未同意对里坊进行军事管制，但还是将里坊管理者的地位和权力予以提高和加大，并认为"里正可进至勋品，经途从九品，六部尉正九品诸职中简取，何必须武人也？"⑧ 里坊管理者地位的提升，对于里坊管理起到了重要作用，于是京邑宁靖。北魏所建立的里坊制度对后世的城市管理产生了重要的影响，并得到推广。

小　结

秦汉时期城市管理形成了较为严密的治理结构，从上层到基层，均有较为严密的管理网络。管理者的选拔方式多种多样，大致与同一时期其他官员的选拔方式一致。城市管理者的个人能力和素质对城市的治理具有至关重要的作用。

秦汉时期城市治理思想逐步形成了儒家和法家两个派别，于是城市管理者也就有了循吏和酷吏的区分。随着儒家学说逐步成为汉代思想的主流，儒家的治理和教

---

① 魏收：《魏书》卷六十《韩显宗传》，中华书局，1974年，第1340—1341页。
② 魏收：《魏书》卷六十八《甄琛传》，中华书局，1974年，第1514页。
③ 魏收：《魏书》卷六十八《甄琛传》，中华书局，1974年，第1514页。
④ 魏收：《魏书》卷六十八《拓跋孝友传》，中华书局，1974年，第423页。
⑤ 魏收：《魏书》卷六十八《甄琛传》，中华书局，1974年，第1514页。
⑥ 魏收：《魏书》卷六十八《甄琛传》，中华书局，1974年，第1515页。
⑦ 魏收：《魏书》卷六十八《甄琛传》，中华书局，1974年，第1515页。
⑧ 魏收：《魏书》卷六十八《甄琛传》，中华书局，1974年，第1515页。

化思想在城市治理中逐渐占据了上风。但是，该时期法家的治理思想依然为许多官员所采用，在城市治理的实践中，儒、法两家的治理思想呈现出融汇合流的趋势，儒法并用、霸王杂之的治理方式成为汉代城市治理的发展趋势。随着汉代城市治理水平的提高和治理思想的进步，中央王朝对边疆城市的治理也得到加强，对传播中华文明具有重要的意义。

汉代的城市管理主要集中在城市治安、经济和社会等方面。其中，城市治安的管理与政治问题的关系尤为密切。豪强和盗贼是城市治安中最为重要的两个问题。这两个问题的产生与汉代的政治结构与社会发展密切相关。汉代统治者对城市经济的管理体现了"重本抑末"的特色，即对工业和商业进行限制。汉代统治者对城市社会风俗的引导体现了儒家的治理思想和治理目标，对中华文明的塑形起到了重要的作用。

魏晋南北朝时期，各统治者在城市管理方面继承了秦汉时期的管理体系，同时也产生了一些新的管理方式。其中，最为重要的创新就是里坊制度的确立，里坊成为城市基层管理的基本单位。此一时期，城市管理中的民族问题日益受到重视，随着民族融合进程的加快，城市管理者也越来越重视"夷夏欢悦"的管理局面与治理效果。

秦汉魏晋南北朝时期的城市管理与西方中世纪的城市管理有着明显的差异，体现出了中国城市的特色。欧洲中世纪城市的自治性与中国城市的政府主导性是影响中西方文明走向不同发展道路的重要因素。

第七章　秦汉魏晋南北朝时期的城市教育

先秦时期，城市集中了教育资源，主要的受教育者是城市中的贵族。周朝建立起了一套教育体系，推行六艺之教。春秋时期，礼崩乐坏，贵族教育也随之衰败，但私学教育发展起来，朝堂之上出现了百家争鸣的景象。各诸侯国为壮大国力，广招人才，促进了教育的发展；诸子百家在阐扬自己的政治、思想主张的同时也广收学徒，推动了大众教育的发展，培养了大批人才。

秦汉时期，我国教育的发展进入了一个新的阶段，秦代以吏为师，汉代则大兴儒学，并在都城及地方构建起了教育体系。两汉时期，除了官办教育外，私学也非常兴盛。

魏晋南北朝时期，儒学教育衰而复兴，教育成为促进民族融合的重要手段。此一时期，教育的多元性得到进一步发展，佛教文化成为教育内容之一，显示了文明碰撞与融合的时代特征。

第一节　秦汉时期的城市教育

在秦代中央集权的体制下，城市的发展开始进入一个新的阶段。秦汉时期，城市交通便利，人口集中，都城中聚集了大量官员、学者、胥吏等知识群体。因此，都城必然成为一国的教育高地。在地方上，秦代以吏为师，官员本身就兼有教师的身份，负有教育的责任；而汉代，除了官员本身就负有教育责任外，统治者还设有一套遍布郡邑的地方教育体系，从而全面推动了城市教育的发展，并对此后的中华文明产生了深远的影响。

一、秦汉时期的官方教育

秦代统一六国后，为了控制人们的思想，巩固统治，消除各诸侯国的文化影响，采取了焚书坑儒等政策，实行以吏为师的教育方针，希望将法家思想作为国家意识形态并融入人们的意识之中。法家作为治国手段，在特定的历史时期虽然非常管用，但毕竟"严而少恩"，制度缺乏弹性，又不能怀柔万民，再加上暴政，导致二世而亡。

汉代的城市教育在先秦的基础上有了进一步发展。西汉中期都城内设有太学，部分地方城市也设有学校，从而提高了教化功能。①

汉代中央的教育体系在承袭秦制的基础上又有所改革："博士，秦官。博通古今，秩皆六百石。孝武初置五经博士，后稍增至十四员。取聪明威重者一人为祭酒，主领焉。"② 武帝之后，中央博士弟子学员和学业科目不断增加，并延及地方郡国城市，"昭帝时举贤良文学，增博士弟子员满百人，宣帝末增倍之。元帝好儒，能通一经者皆复。数年，以用度不足，更为设员千人，郡国置《五经》百石卒史。成帝末，或言孔子布衣养徒三千人，今天子太学弟子少，于是增弟子员三千人。岁余，复如故。平帝时王莽秉政，增元士之子得受业如弟子，勿以为员，岁课甲科四十人为郎中，乙科二十人为太子舍人，丙科四十人补文学掌故云"③。王莽时期，五经博士领弟子三百六十人，六经三十博士，弟子一万八百人，主事高弟侍讲各二十四人。④ 博士在汉代不仅是皇帝的顾问，也是中央的教育人员。

儒家教育虽然受到了秦始皇文化专制政策的影响，但是很快就复兴起来了，在刘邦打败项羽后不久，"举兵围鲁，鲁中诸儒尚讲诵习礼乐，弦歌之音不绝"⑤。儒家教育的复兴不仅有地方文化传统的因素，也有统治者有意提倡的因素，所谓"延文学儒者数百人，而公孙弘以《春秋》白衣为天子三公，封以平津侯。天下之学士靡然乡风矣"⑥。

汉代教育体系以国都为中心，遍布地方城市："立大学以教于国，设庠序以化于邑。"⑦ 武帝在董仲舒的提议下"推明孔氏，抑黜百家。立学校之官，州郡举茂材孝廉"⑧，对汉代城市教育体系的创立和发展起到了巨大的推动作用。董仲舒向武帝建议成立太学，"故养士之大者，莫大（虐）〔虖〕太学；太学者，贤士之所关也，教化之本原也"⑨。他希望太学培养的人才成为"今之郡守、县令，民之师帅"⑩，那么国家和地方的治理就会有很大的改观。

汉代重视对宗室的教育，郡国置宗师，教化宗室子弟，可能还有监察的作用。"其为宗室，自太上皇以来族亲，各以世氏，郡国置宗师以纠之，致教训焉"⑪。汉平帝时期，下令有系统地对宗室进行教育，为宗室子弟延聘老师，并且明确规定了赏罚制度。

汉代不仅承袭了秦朝的博士制度，而且许多秦朝时期的博士也成为汉代学术的

---

① 肖爱玲：《西汉城市体系的空间演化》，商务印书馆，2012年，第201页。
② 范晔：《后汉书》卷四《和帝纪》，中华书局，1965年，第180页。
③ 班固：《汉书》卷八十八《儒林传》，中华书局，1962年，第3596页。
④ 钱穆：《国史大纲》，商务印书馆，1994年，第171页。
⑤ 司马迁：《史记》卷一百二十一《儒林列传》，中华书局，1982年，第3117页。
⑥ 司马迁：《史记》卷一百二十一《儒林列传》，中华书局，1982年，第3118页。
⑦ 班固：《汉书》卷二十二《礼乐志》，中华书局，1962年，第1032页。
⑧ 班固：《汉书》卷五十六《董仲舒传》，中华书局，1962年，第2525页。
⑨ 班固：《汉书》卷五十六《董仲舒传》，中华书局，1962年，第2512页。
⑩ 班固：《汉书》卷五十六《董仲舒传》，中华书局，1962年，第2512页。
⑪ 班固：《汉书》卷十二《平帝纪》，中华书局，1962年，第358页。

第七章
秦汉魏晋南北朝时期的城市教育

开创者,如济南人伏生,原来是秦博士。孝文帝时,"欲求能治尚书者,天下无有,乃闻伏生能治,欲召之。是时伏生年九十余,老,不能行,于是乃诏太常使掌故朝错往受之"①。这个资料也显示,汉文帝有寻求儒家教化的愿望。洛阳人贾谊"以能诵诗书属文称于郡中",被文帝召为博士。②

汉武帝时期,开始实行察举制度,"元光元年冬十一月,初令郡国举孝廉各一人"③。察举制度将选举制度与学术传承结合起来,导致儒家教育的兴盛和繁荣。两汉的察举,大体可以分为在先的贤良和后起的孝廉。后来孝廉成为唯一的察举项目,遂为定额。和帝时,五六十万人的大郡举孝廉二人,二十万人的小郡并有少数民族人口者亦举二人。④

汉代中央设有学官,以加强对教育的领导。公孙弘为学官的时候,为将儒家教化推行到社会中去,以建构稳定的社会秩序,提出"建首善自京师始,由内及外"的以京师为中心的儒家城市教育体系,以达到"开大明,配天地,本人伦,劝学修礼,崇化厉贤,以风四方,太平之原"⑤的目的。为此他借鉴古代的说法,请求设立为博士选举子弟的制度:"为博士官置弟子五十人,复其身。太常择民年十八已上,仪状端正者,补博士弟子。郡国县道邑有好文学,敬长上,肃政教,顺乡里,出入不悖所闻者,令相长丞上属所二千石,二千石谨察可者,当与计偕,诣太常,得受业如弟子。"⑥公孙弘提议建立以中央博士制度为核心的教育体系,提高教育质量,完善考核制度,明确赏罚,以提高教育的成效:"一岁皆辄试,能通一艺以上,补文学掌故缺;其高弟可以为郎中者,太常籍奏。即有秀才异等,辄以名闻。其不事学若下材及不能通一艺,辄罢之,而请诸不称者罚。"⑦成绩优异的,可以在中央和地方为官,"以文学礼义为官,迁留滞。请选择其秩比二百石以上,及吏百石通一艺以上,补左右内史、大行卒史;比百石已下,补郡太守卒史:皆各二人,边郡一人。先用诵多者,若不足,乃择掌故补中二千石属,文学掌故补郡属,备员。请着功令。佗如律令"⑧。这个建议得到了汉武帝的赞同,"自此以来,则公卿大夫士吏斌斌多文学之士矣。"⑨ 这一体制使学术教育与政治连为一体,为后世科举制度之先声,也使儒家教育依附于政治,实现了政治与教育的合一。

汉武帝还非常注重民间的教化,并在民间搜罗具有儒家君子品行的人来充实官员队伍,元狩六年(前117)六月,"遣博士大等六人分循行天下,存问鳏、寡、

---

① 司马迁:《史记》卷一百二十一《儒林列传》,中华书局,1982年,第3124页。
② 班固:《汉书》卷四十八《贾谊传》,中华书局,1962年,第2221页。
③ 班固:《汉书》卷六《武帝纪》,中华书局,1962年,第160页。
④ 钱穆:《国史大纲》,商务印书馆,1994年,第172—173页。
⑤ 司马迁:《史记》卷一百二十一《儒林列传》,中华书局,1982年,第3119页。
⑥ 司马迁:《史记》卷一百二十一《儒林列传》,中华书局,1982年,第3119页。
⑦ 司马迁:《史记》卷一百二十一《儒林列传》,中华书局,1982年,第3119页。
⑧ 司马迁:《史记》卷一百二十一《儒林列传》,中华书局,1982年,第3119页。
⑨ 司马迁:《史记》卷一百二十一《儒林列传》,中华书局,1982年,第3119—3120页。

废、疾，无以自振业者贷与之。谕三老孝弟以为民师，举独行之君子，征诣行在所"①。如菑川薛人公孙弘年四十余，长于《春秋》，遂召为博士。

汉成帝阳朔二年（前23）九月，下令扩大博士规模，充实太学，儒家教育得到进一步拓展，"丞相、御史其与中二千石、二千石杂举可充博士位者，使卓然可观"②。西汉末年，儒学教育更为兴盛，硕学大儒受到地方普遍的尊重，如楚人龚胜和龚舍号称"两龚"，少皆好学，龚舍通五经，以《鲁诗》教授。他们辞官回家后"郡二千石长吏初到官皆至其家，如师弟子之礼"③。

西汉武帝时期，儒家学说逐渐取得统治地位，分治各经的学者教授门徒，并担任各级官吏，成为整合、传播中华文明的主体。

自从西汉统治者将教育与政治联系起来后，儒家教育成为学子进入仕途的敲门砖，硕学鸿儒的门生、故吏成为官僚系统中的主干，各家弟子秉受师承，显达者或为帝王师。汉代太子的教育多以儒家为主，"皇太子年十二，通《论语》《孝经》"④。河内轵人张禹小时候"数随家至市，喜观于卜相者前"，后来无师自通，及长，"至长安学，从沛郡施雠受《易》，琅邪王阳、胶东庸生问《论语》，既皆明习，有徒众，举为郡文学"，后来被荐为太子之师，讲授《论语》。⑤当时讲授《论语》的有夏侯胜、王阳、萧望之、韦玄成等，张禹博采众长，得到了"欲为《论》，念张文"的美誉。孔光是孔子十四世孙，习《尚书》，在宣帝时成为太子之师。

两汉时期，通经成为读书人的晋身之阶，治《易》的焦延寿受到梁王的资助而成为地方官，居官时"盗贼不得发。爱养吏民，化行县中"⑥。其学生京房除精通《周易》外，还"好钟律，知音声。初元四年以孝廉为郎"⑦。鲁人夏侯始昌通五经，以《齐诗》《尚书》教授。在董仲舒、韩婴死后，夏侯始昌受到了武帝的重视。东海下邳人翼奉治《齐诗》，与萧望之、匡衡同师，受到元帝的重视。东海戚人马宫"治《春秋》严氏，以射策甲科为郎，迁楚长史，免官。后为丞相史司直"⑧。魏郡繁阳人杜邺师从张敞之子张吉学问，得其家藏书，以孝廉以郎。他擅长小学，"故世言小学者由杜公"⑨。

儒家的教育也逐渐向诸侯王国渗透，如沛郡相人薛广德"以《鲁诗》教授楚国，龚胜、舍师事焉"⑩。汉景帝时，因为窦太后好《老子》，对辕固生等儒士非常不满，景帝为保护辕固生，将他安排到清河王那里，任清河王太傅。燕人韩生在文

---

① 班固：《汉书》卷六《武帝纪》，中华书局，1962年，第180页。
② 班固：《汉书》卷十《成帝纪》，中华书局，1962年，第313页。
③ 班固：《汉书》卷七十二《龚胜传》，中华书局，1962年，第3084页。
④ 班固：《汉书》卷七十一《疏广传》，中华书局，1962年，第3039页。
⑤ 班固：《汉书》卷八十一《张禹传》，中华书局，1962年，第3347页。
⑥ 班固：《汉书》卷七十五《京房传》，中华书局，1962年，第3160页。
⑦ 班固：《汉书》卷七十五《京房传》，中华书局，1962年，第3160页。
⑧ 班固：《汉书》卷八十一《马宫传》，中华书局，1962年，第3365页。
⑨ 班固：《汉书》卷八十五《杜邺传》，中华书局，1962年，第3479页。
⑩ 班固：《汉书》卷七十一《薛广德传》，中华书局，1962年，第3046页。

第七章
秦汉魏晋南北朝时期的城市教育

帝时为博士,景帝时为常山王太傅。

汉代郡国等地方城市的教育均纳入中央体制,由中央统一安排。

中央的博士也可以出任地方官。《汉书·萧望之传》:"选博士谏大夫通政事者补郡国守相,以望之为平原太守。望之雅意在本朝,远为郡守,内不自得。"① 由博士担任地方官,自然对地方教育的发展起到了积极的作用。汉代诸郡也设有学官,培养了一些人才,如涿郡高阳人王尊"少孤,归诸父,使牧羊泽中。尊窃学问,能史书",后来"事师郡文学官,治《尚书》《论语》,略通大义"②。又如东海兰陵人萧望之"好学,治《齐诗》,事同县后仓且十年。以令诣太常受业,复事同学博士白奇,又从夏侯胜问《论语》《礼服》。京师诸儒称述焉"③。

许多儒生学成后成为地方官员,这对儒学教育在地方的发展具有积极的意义。如冯野王"受业博士,通《诗》",上书愿试为长安令。宣帝非常惊奇,后来任命他为栎阳令,又迁夏阳令。元帝时,"迁陇西太守,以治行高,入为左冯翊",其后因治理贪污而"京师称其威信,迁为大鸿胪"④。汝南上蔡人翟方进"好学,为郡文学",其后"欲西至京师受经。母怜其幼,随之长安,织屦以给方进读,经博士受《春秋》。积十余年,经学明习,徒众日广,诸儒称之。以射策甲科为郎"⑤。勃海人隽不疑"治《春秋》,为郡文学,进退必以礼,名闻州郡"⑥。琅邪皋虞人王吉"少(时)〔好〕学明经,以郡吏举孝廉为郎。……迁云阳令"⑦。济阴定陶人魏相"少学《易》,为郡卒史,举贤良,以对策高第,为茂陵令"⑧。鲁国蕃人眭弘"少时好侠,斗鸡走马",后来师从嬴公习《春秋》,"以明经为议郎,至符节令"⑨。

教育的发展改变了地方城市的社会和政治结构,一些儒学世家成为高门大族。如东海人匡衡以文学就官京师,还当过丞相,后来他的儿子"咸亦明经,历位九卿。家世多为博士者"⑩。硕学鸿儒的门生故吏互相荐举,形成连带关系。淮阳阳夏人鼓宣"治《易》,事张禹,举为博士,迁东平太傅",后来张禹做了皇帝的老师,遂推荐他"为右扶风,迁廷尉,以王国人出为太原太守"⑪。

汉代早期教育具有多元化色彩。如颖川人贾山"故魏王时博士弟子也",但因所学庞杂,"不能为醇儒"⑫。钜鹿东里人路温舒从小以放羊为生,长大后学习律令,成为狱小吏,后来"又受《春秋》,通大义。举孝廉,为山邑丞,坐法免,复

---

① 班固:《汉书》卷七十八《萧望之传》,中华书局,1962年,第3274页。
② 班固:《汉书》卷七十六《王尊传》,中华书局,1962年,第3226—3227页。
③ 班固:《汉书》卷七十八《萧望之传》,中华书局,1962年,第3271页。
④ 班固:《汉书》卷七十九《冯野王传》,中华书局,1962年,第3302页。
⑤ 班固:《汉书》卷八十四《翟方进传》,中华书局,1962年,第3411页。
⑥ 班固:《汉书》卷七十一《隽不疑传》,中华书局,1962年,第3035页。
⑦ 班固:《汉书》卷七十二《王吉传》,中华书局,1962年,第3058页。
⑧ 班固:《汉书》卷七十四《魏相传》,中华书局,1962年,第3133页。
⑨ 班固:《汉书》卷七十五《眭弘传》,中华书局,1962年,第3153页。
⑩ 班固:《汉书》卷八十一《匡衡传》,中华书局,1962年,第3347页。
⑪ 班固:《汉书》卷七十一《彭宣传》,中华书局,1962年,第3051页。
⑫ 班固:《汉书》卷五十一《贾山传》,中华书局,1962年,第2327页。

为郡吏"①。梁成安人韩安国"徙睢阳。尝受《韩子》、杂说邹田生所。事梁孝王,为中大夫"②。

道家的教育在汉代也得到了发展,成都隐士严君平在市场上卖卜,每日在得到足够的自养之资后,遂"闭肆下帘而授《老子》。博览亡不通,依老子、严周之指著书十余万言"③。著名文学家扬雄小时候曾随其治学,后来名震京师,并多次推荐严君平,严氏皆不为所动。其后"杜陵李强素善雄,久之为益州牧,喜谓雄曰:'吾真得严君平矣。'"④赵陉城人田叔"学黄老术于乐巨公"⑤。

两汉时期,除儒、道、法诸家之学在城市教育中受到重视之外,其他学说的教育事业也在城市中得到发展,如临菑人宋邑仓公在县城里教授医学,因材施教,培养了包括诸侯王太医在内的许多医生。

儒学是通往仕途的敲门砖,因此,一些学有专长的世家子弟也开始抛弃家学而转攻儒学。如齐人楼护本为医学世家子弟,从小跟随父亲在长安做医生,"出入贵戚家。护诵医经、本草、方术数十万言,长者咸爱重之",后来大家看他聪颖过人,劝他学习经学,他学成后,当了许多年的京兆尹,甚得名誉。⑥

汉代是中国古代封闭型城市发展的第一个高峰。汉代城市的发展路径单一,并逐渐被纳入一个大的政治体系中,发展特色也受到了抑制。汉代中小城市的农业色彩浓厚,大城市虽较为繁荣,但是易受政治风波的干扰而不够稳定。汉代城市在汉武帝后普遍具有文化教育职能⑦,汉代的文吏合流对城市的政治、经济、文化产生了巨大的影响,在精神方面维持了帝国的统一。

西汉末王莽崇尚经学,在其执政期间,今文经学与古文经学之争较为深入,纬学也繁荣起来。两汉之际,社会再次陷入动乱,典文残落,教育事业受到挫折。东汉建立后,统治者将儒家怀柔之术作为治国方针,访儒雅,采求阙文,补缀漏逸,一时间,许多战乱时期怀协图书遁逃林薮的知识分子,纷纷云聚京师,著名的有范升、陈元、郑兴、杜林、鞬宏、刘昆、桓荣等。光武帝随后恢复了博士制度,允许学者们各以家法教授,共设立了十四个经学博士:"《易》有施、孟、梁丘、京氏,《尚书》欧阳、大小夏侯,《诗》齐、鲁、韩,《礼》大小戴,《春秋》严、颜",其规模超越了西汉。⑧

此外,光武帝还重修了太学、辟雍等,并依照古礼行事:"笾豆干戚之容,备之于列,服方领习矩步者,委它乎其中。"⑨明帝即位后,"亲行其礼。天子始冠通

---

① 班固:《汉书》卷五十一《路温舒传》,中华书局,1962年,第2367页。
② 班固:《汉书》卷五十二《韩安国传》,中华书局,1962年,第2394页。
③ 班固:《汉书》卷七十二《王贡两龚鲍传》,中华书局,1962年,第3056页。
④ 班固:《汉书》卷七十二《王贡两龚鲍传》,中华书局,1962年,第3056—3057页。
⑤ 班固:《汉书》卷三十七《田叔传》,中华书局,1962年,第1981页。
⑥ 班固:《汉书》卷九十二《游侠传》,中华书局,1962年,第3706—3707页。
⑦ 张继海:《汉代城市社会》,社会科学文献出版社,2006年,第263页。
⑧ 范晔:《后汉书》卷七十九《儒林列传》,中华书局,1965年,第2545页。
⑨ 范晔:《后汉书》卷七十九《儒林列传》,中华书局,1965年,第2545页。

第七章
秦汉魏晋南北朝时期的城市教育

天,衣日月,备法物之驾,盛清道之仪,坐明堂而朝群后,登灵台以望云物,袒割辟雍之上,尊养三老五更",并亲自讲经说法,与儒生相互问难,"冠带缙绅之人,圜桥门而观听者盖亿万计"①。之后,明帝派儒家名师教授功臣和外戚的子孙,并为他们设立校舍,还让匈奴人入学,出现了"自期门羽林之士,悉令通《孝经》章句"的盛况。②

在东汉官方的教育体系中,太傅占有重要的地位。"太傅,上公一人。本注曰:掌以善导,无常职。世祖以卓茂为太傅,薨,因省。其后每帝初即位,辄置太傅录尚书事,薨,辄省。"③

太子是未来的国君,因此,对太子的教育历来受到统治者的重视。西汉由太子太傅及太子少傅负责对太子的教育,设太子太傅一人,中二千石,"礼如师,不领官属"④。太子少傅,"二千石,亦以辅导为职,悉主太子官属"⑤。太子的老师不但精通儒学,而且有的还有经世之才,如萧望之等。

东汉初期的皇子们应该都受到了很好的儒家教育,如明帝在做皇子的时候,"十岁能通《春秋》,光武奇之。……十九年立为皇太子。师事博士桓荣,学通《尚书》"⑥。章帝亦因雅好儒术而得到明帝的器重。和帝"幸东观,览书林,阅篇籍,博选术蓺之士以充其官"⑦。安帝"年十岁,好学史书,和帝称之,数见禁中"⑧。安帝时期,孔子的地位和其家乡曲阜的城市地位均获得提升,"祀孔子及七十二弟子于阙里,自鲁相、令、丞、尉及孔氏亲属、妇女、诸生悉会,赐褒成侯以下帛各有差"⑨。

东汉学术之重心在京师太学,学术与政治之关锁则为经学,盖以通经义、励名行为仕宦之途径,而致身通显也。⑩ 中央的官学——太学在东汉时期很繁荣,一些少数民族人士也可与汉人一样入学。汉代太学的目标就是培养合格的官员,以维护国家的统一与社会的稳定。太学的学生多来自贵族子弟或由地方推荐,经过训练的学生多半留在都城的宫内充当廷臣或侍从。经过一定时期的考核后,他们在"适当时候就能得到官职。他们的前程由于晋升、调动或降职而大有希望或毁掉;有时他们会照常规升迁,有时则可以破格。对官员的才能和表现每年度要上报"⑪。

东汉建立后,虽然很快恢复了中央的教育机构——太学,但全国城市教育体制

---

① 范晔:《后汉书》卷七十九《儒林列传》,中华书局,1965年,第2545页。
② 范晔:《后汉书》卷七十九《儒林列传》,中华书局,1965年,第2545—2546页。
③ 《后汉书》志第二十四《百官》,中华书局,1965年,第3556页。
④ 《后汉书》志第二十七《百官》,中华书局,1965年,第3606页。
⑤ 《后汉书》志第二十七《百官》,中华书局,1965年,第3608页。
⑥ 范晔:《后汉书》卷二《显宗孝明帝纪》,中华书局,1965年,第95页。
⑦ 范晔:《后汉书》卷四《孝和孝殇帝纪》,中华书局,1965年,第188页。
⑧ 范晔:《后汉书》卷五《孝安帝纪》,中华书局,1965年,第203页。
⑨ 范晔:《后汉书》卷五《孝安帝纪》,中华书局,1965年,第238页。
⑩ 陈寅恪:《唐代政治史述论稿》,上海古籍出版社,1997年,第71页。
⑪ [英]崔瑞德、鲁惟一编,杨品泉等译:《剑桥中国秦汉史:公元前221—公元220年》,中国社会科学出版社,1992年,第502页。

没有马上恢复，所谓"然教化未流洽者，礼乐未具，群下无所诵说，而庠序尚未设之故也"①。东汉时期，太学教育进一步成熟，学生规模扩大，顺帝更修黉舍，造构二百四十房、一千八百五十室，至桓帝时太学生达三万人。②

明帝时期，儒家教育有了进一步发展，自皇太子、诸王侯及功臣子弟，莫不受经。此外，统治者还专门为四姓小侯开立学校，置五经师。所谓四姓小侯，指外戚樊氏、郭氏、阴氏、马氏诸子弟。明帝亲御讲堂，命皇太子、诸王说经，考核他们的学习情况。

在儒家教育的内容上，章帝时期在白虎堂校订五经，是一个重大的事件。章帝下诏对西汉以来儒家的教育发展史进行回顾，指出"汉承暴秦，褒显儒术，建立五经，为置博士"，但是学派众多，"其后学者精进，虽曰承师，亦别名家"，宣帝时又增加了"大、小夏侯《尚书》，后又立京氏《易》。至建武中，复置颜氏、严氏《春秋》，大、小戴《礼》博士"③，出现了教育内容庞杂而且不统一的现象。所以刘秀在建立东汉后，感到"五经章句烦多，议欲减省"，至永平元年，"长水校尉儵奏言，先帝大业，当以时施行。欲使诸儒共正经义，颇令学者得以自助"，于是章帝召集大夫、博士、议郎、郎官及诸生、诸儒在白虎观讨论五经同异，亲自"称制临决"，最终形成了著名的《白虎通义》。④ 白虎观会议既是一次统一儒家教育内容的努力，也是一次进一步统一思想的尝试，在学术史、教育史以及政治史上都是一个重要的历史事件。

章帝时期，古文经学派得到了一定的重视，"令群儒选高才生，受学左氏、谷梁《春秋》，古文《尚书》，《毛诗》，以扶微学，广异义焉"⑤。安帝时"诏选三署郎及吏人能通古文《尚书》《毛诗》《谷梁春秋》各一人"⑥。这不仅使儒家教育内容进一步得到拓展，而且对扩大统治的基础也有积极意义。汉安帝时，又组织学者对五经及百家之书进行了一次校对："诏谒者刘珍及五经博士，校定东观五经、诸子、传记、百家蓺术，整齐脱误，是正文字。"⑦

东汉邓太后称制时，非常重视对子弟的教育："太后诏征和帝弟济北、河间王子男女年五岁以上四十余人，又邓氏近亲子孙三十余人，并为开邸第，教学经书，躬自监试。"⑧ 她曾对从兄河南尹邓豹、越骑校尉邓康说，她之所以这样做，"实以方今承百王之敝，时俗浅薄，巧伪滋生，五经衰缺，不有化导，将遂陵迟，故欲褒崇圣道，以匡失俗"，希望以文德教化的方式来改变贵族子弟"温衣美饭，乘坚驱

---

① 班固：《汉书》卷二十二《礼乐志》，中华书局，1962年，第1035页。
② 钱穆：《国史大纲》，商务印书馆，1994年，第177—178页。
③ 范晔：《后汉书》卷三《肃宗孝章帝纪》，中华书局，1965年，第137—138页。
④ 范晔：《后汉书》卷三《肃宗孝章帝纪》，中华书局，1965年，第137—138页。
⑤ 范晔：《后汉书》卷三《肃宗孝章帝纪》，中华书局，1965年，第145页。
⑥ 范晔：《后汉书》卷五《孝安帝纪》，中华书局，1965年，第237页。
⑦ 范晔：《后汉书》卷五《孝安帝纪》，中华书局，1965年，第215页。
⑧ 范晔：《后汉书》卷十《皇后纪》，中华书局，1965年，第428页。

第七章
秦汉魏晋南北朝时期的城市教育

良,而面墙术学,不识臧否"的窘境,以杜绝祸败。①

儒家教育对宫廷中的妇女也是开放的。邓太后"自入宫掖,从曹大家受经书,兼天文、算数",她非常刻苦,"昼省王政,夜则诵读",又"患其谬误,惧乖典章,乃博选诸儒刘珍等及博士、议郎、四府掾史五十余人,诣东观雠校传记",还让"中官近臣于东观受读经传,以教授宫人,左右习诵,朝夕济济"②,在后宫形成了读书风气。

邓太后称制时期,京师教育有所懈怠,但在大臣樊准、徐防的建议下,"公卿妙简其选,三署郎能通经术者,皆得察举"③,人文蔚起。安帝时,京师的教育出现了衰落的景象:"博士倚席不讲,朋徒相视怠散,学舍颓敝,鞠为园蔬,牧儿荛竖,至于薪刈其下。"④ 顺帝即位后增修校舍:"凡所造构二百四十房,千八百五十室。试明经下第补弟子,增甲乙之科员各十人,除郡国耆儒皆补郎、舍人。"⑤ 之后,梁太后令"大将军下至六百石,悉遣子就学,每岁辄于乡射月一飨会之,以此为常"⑥。东汉自此出现了游学的盛况,京师的儒生一度达到三万人。但此时的学习风气浮华,又出现了党锢之祸,"高名善士多坐流废"⑦,各派之间的竞争不择手段,甚至"有私行金货,定兰台漆书经字,以合其私文"⑧ 的学术造假行为。于是灵帝于熹平四年诏诸儒"正定五经,刊于石碑,为古文、篆、隶三体书法以相参检,树之学门,使天下咸取则焉"⑨,即熹平石经。

东汉统治者对公卿子弟的教育也非常重视。汉顺帝时,左雄"奏征海内名儒为博士,使公卿子弟为诸生。有志操者,加其俸禄。及汝南谢廉,河南赵建,年始十二,各能通经,雄并奏拜童子郎。于是负书来学,云集京师"⑩。

东汉中后期政治虽然腐败,但儒学教育依然繁荣,并对当时的政治、社会产生了重要的影响。如"诏长乐少府桓郁侍讲禁中"⑪,召请一些儒家大师来朝廷讲学;皇帝还经常亲临太学,对太学的博士弟子进行赏赐,如"赐博士员弟子在太学者布,人三匹"⑫,"太学行礼,车驾幸永福城门,临观其仪,赐博士以下各有差"⑬。

顺帝时期,重修太学,太学新成后,"诏试明经者补弟子,增甲乙之科,员各

---

① 范晔:《后汉书》卷十《皇后纪》,中华书局,1965年,第428页。
② 范晔:《后汉书》卷十《皇后纪》,中华书局,1965年,第424页。
③ 范晔:《后汉书》卷七十九《儒林列传》,中华书局,1965年,第2546—2547页。
④ 范晔:《后汉书》卷七十九《儒林列传》,中华书局,1965年,第2547页。
⑤ 范晔:《后汉书》卷七十九《儒林列传》,中华书局,1965年,第2547页。
⑥ 范晔:《后汉书》卷七十九《儒林列传》,中华书局,1965年,第2547页。
⑦ 范晔:《后汉书》卷七十九《儒林列传》,中华书局,1965年,第2547页。
⑧ 范晔:《后汉书》卷七十九《儒林列传》,中华书局,1965年,第2547页。
⑨ 范晔:《后汉书》卷七十九《儒林列传》,中华书局,1965年,第2546—2547页。
⑩ 范晔:《后汉书》卷六十一《左雄传》,中华书局,1965年,第2020—2021页。
⑪ 范晔:《后汉书》卷四《孝和孝殇帝纪》,中华书局,1965年,第168页。
⑫ 范晔:《后汉书》卷四《孝和孝殇帝纪》,中华书局,1965年,第187页。
⑬ 范晔:《后汉书》卷九《孝献帝纪》,中华书局,1965年,第375页。

十人。除京师及郡国耆儒年六十以上为郎、舍人、诸王国郎者百三十八人"①。

东汉末年中央教育的规模也不断扩大,光和元年(178)"置鸿都门学",受到儒家教化的人员不断被送到中央,"初令郡国举孝廉,限年四十以上,诸生通章句,文吏能笺奏,乃得应选;其有茂才异行,若颜渊、子奇,不拘年齿"②。

东汉时,儒学仍是读书人进入仕途的敲门砖,《后汉书·孝顺孝冲孝质帝纪》:"令郡国举明经,年五十以上、七十以下诣太学。自大将军至六百石,皆遣子受业,岁满课试,以高第五人补郎中,次五人太子舍人。又千石、六百石、四府掾属、三署郎、四姓小侯先能通经者,各令随家法,其高第者上名牒,当以次赏进。"③统治者到太学或在宫殿中对儒生进行考核,进而予以提拔、奖掖或升迁,成为东汉政治生活中必不可少的工作。《后汉书·孝灵帝纪》:"试太学生年六十以上百余人,除郎中、太子舍人至王家郎、郡国文学吏。"④《后汉书·孝献帝纪》:"试儒生四十余人,上第赐位郎中,次太子舍人,下第者罢之。"⑤对那些没有应试成功的也给予出路,"其依科罢者,听为太子舍人"⑥。经学既为入仕之条件,于是又有所谓累世公卿。累世经学与累世公卿的存在,造成士族的传袭势力,积久遂成门第。⑦

儒家教育的繁荣使东汉末年形成了一个庞大的儒学群体,而游学和评议的风气又使儒者结成了一个共同体,成为一种政治势力,他们与宦官的矛盾冲突非常激烈,最终酿成了党锢之祸。从教育的角度看,党锢之祸固然显示了这一时期官方和私人教育的高度发展,但党锢之祸本身对教育也是一次很大的打击。

从东汉末年到西晋建立之初,城市中出现了"学者-官员和地方权贵联盟集团所支持的几个区域性的'国家'",其基础已在"前几世纪儒家教育和文官制度的发展中形成,这种教育和制度从土地所有者及强大氏族中吸收了很大一部分学者-官员"⑧。

总之,东汉时期,儒家教育盛况空前,尤其是古文经列入学官后,教育内容有所扩大,儒学更臻繁荣。太学中,除皇子以外,王公贵戚乃至匈奴贵族都能接受教育,地方教育也有所发展。东汉末年,游学风气盛行。东汉都城洛阳成为全国学者向往的地方,他们纷纷游学到此,并将其所学传播到全国,如南阳宛人卓茂"元帝时学于长安,事博士江生,习《诗》《礼》及历算,究极师法,称为通儒",乡人"爱慕欣欣焉"⑨。扶风平陵人鲁恭,十五岁的时候与母亲在太学居住,"习《鲁

---

① 范晔:《后汉书》卷六十一《左雄传》,中华书局,1965年,第2020—2021页。
② 范晔:《后汉书》卷六《孝顺孝冲孝质帝纪》,中华书局,1965年,第261页。
③ 范晔:《后汉书》卷六《孝顺孝冲孝质帝纪》,中华书局,1965年,第281页。
④ 范晔:《后汉书》卷八《孝灵帝纪》,中华书局,1965年,第338页。
⑤ 范晔:《后汉书》卷九《孝献帝纪》,中华书局,1965年,第374页。
⑥ 范晔:《后汉书》卷九《孝献帝纪》,中华书局,1965年,第376页。
⑦ 钱穆:《国史大纲》,商务印书馆,1994年,第185页。
⑧ [英]崔瑞德、鲁惟一编,杨品泉等译:《剑桥中国秦汉史:公元前221—公元220年》,中国社会科学出版社,1992年,第862页。
⑨ 范晔:《后汉书》卷二十五《卓茂传》,中华书局,1965年,第869页。

诗》，闭户讲诵，绝人闲事，兄弟俱为诸儒所称，学士争归之"①。其弟鲁丕也是一个非常刻苦的学者，他与其他学者不同，杜绝交游，一心向学，"遂兼通五经，以《鲁诗》《尚书》教授，为当世名儒。后归郡，为督邮、功曹，所事之将，无不师友待之"②。两汉时，为郡守所赏识的人可以被派遣到京师学习，蜀郡成都人杨终"为郡小吏，太守奇其才，遣诣京师受业，习《春秋》。显宗时，征诣兰台，拜校书郎"③。

二、汉代的私人教育

西汉建立后，一些隐匿于民间的学者开始复出，一些诸侯也有较高的儒家文化素养，常与这些学者交游受教，如"楚元王交字游，高祖同父少弟也。好书，多材艺。少时尝与鲁穆生、白生、申公俱受《诗》于浮丘伯。伯者，孙卿门人也。及秦焚书，各别去"④。

汉代初期城市中的私人教育也常常与政治有关，西汉早中期还有百家之风，有些诸侯养士，招纳宾客，如淮南王刘安为人好书，鼓琴，颇有政治野心，"行阴德拊循百姓，流名誉。招致宾客方术之士数千人"，受到汉武帝的喜爱，"以安属为诸父，辩博善为文辞，甚尊重之"⑤。

城市中的一些诸侯爱好学术，对保存学术典籍起到了一定的作用。其中最有代表性的是景帝时的河间献王刘德，他修学好古，实事求是，喜从民间收集书籍，重新抄写好后，自己留下原本，以抄本予人。为得到好书，他加"金帛赐以招之。繇是四方道术之人不远千里，或有先祖旧书，多奉以奏献王者，故得书多，与汉朝等"⑥。与淮南王不同的是，他所得的书多为先秦古文旧书，如《周官》《尚书》《礼经》《礼记》《孟子》《老子》等，"皆经传说记，七十子之徒所论"⑦。他还"学举六艺，立毛氏《诗》、左氏春秋《博士》"⑧。而淮南王"所招致率多浮辩"⑨。因为献王雅好儒术，"修礼乐，被服儒术，造次必于儒者。山东诸儒（者）〔多〕从而游"⑩。

城市中私人教育与官方教育多相互呼应，一方面，私人教育所培养的人才后来被朝廷征为博士、太守，从而推动了儒家官学的发展；另一方面，具有官方身份的

---

① 范晔：《后汉书》卷二十五《鲁恭传》，中华书局，1965年，第873页。
② 范晔：《后汉书》卷二十五《鲁丕传》，中华书局，1965年，第883页。
③ 范晔：《后汉书》卷四十八《杨终传》，中华书局，1965年，第1597页。
④ 班固：《汉书》卷三十六《楚元王传》，中华书局，1962年，第1921页。
⑤ 班固：《汉书》卷四十四《淮南厉王刘长传》，中华书局，1962年，第2145页。
⑥ 班固：《汉书》卷五十三《景十三王传》，中华书局，1962年，第2410页。
⑦ 班固：《汉书》卷五十三《景十三王传》，中华书局，1962年，第2410页。
⑧ 班固：《汉书》卷五十三《景十三王传》，中华书局，1962年，第2410页。
⑨ 班固：《汉书》卷五十三《景十三王传》，中华书局，1962年，第2410页。
⑩ 班固：《汉书》卷五十三《景十三王传》，中华书局，1962年，第2410页。

学者私人授徒，又促进了私学的兴起。两汉时期，官学、私学与政治和教化相联系，从而埋下了东汉豪门大族门生故吏遍天下的隐患。除官办学校外，城市中民间授徒讲学和游学的风气也很盛行。如汉成帝时，四川什邡人杨宣"教授弟子以百数"；顺帝时新都人杨厚"授门徒三千人"。东汉时楼望"世称儒宗，诸生著录九千余人"；颖容在荆州"聚徒千余人"。由此可见汉代城市私人教育之盛。

　　西汉官学与城市私学形成了良性互动，如鲁人申公就是一个既在官学中任职，又兴办过私学的人物。汉初，高祖到鲁地时，"申公以弟子从师入见高祖于鲁南宫。吕太后时，申公游学长安，与刘郢同师"①。后来申公成为楚王刘郢太子刘戊的老师，因为刘戊不好学，故楚王刘郢死后，申公回到了鲁地老家兴办私学，"弟子自远方至受业者百余人。申公独以《诗经》为训以教，无传，疑者则阙不传"②。申公弟子为博士者十余人，但不慕荣利，谢绝宾客，"独王命召之乃往"③。

　　汉代城市中私学的发展，可从宣帝的经历中考见一斑。宣帝幼年流落民间，掖庭令张贺以私钱供其读书。后来他娶了徐广汉的女儿，又"受《诗》于东海澓中翁，高材好学"④。也就是说，宣帝在流落民间时就已受到了很好的儒家教育。

　　西汉时期，随着儒学取得主导地位，私学愈加繁荣。如陈留东昏人刘昆在平帝时受施氏《易》于沛人戴宾，王莽统治时期，其门下弟子常有五百余人。他利用古代的礼仪施行教育，"每春秋飨射，常备列典仪，以素木瓠叶为俎豆，桑弧蒿矢，以射'菟首'"，以至于"每有行礼，县宰辄率吏属而观之"⑤。

　　东汉私学发达，父子相传，遂成家学，从而出现了一些精通儒学的世家大族。南阳西鄂人张衡"世为著姓。祖父堪，蜀郡太守。衡少善属文，游于三辅，因入京师，观太学，遂通五经，贯六艺"，但是他过于高傲，因感于"自王侯以下，莫不逾侈"，遂作《二京赋》以讽谏⑥。颖川颖阴人荀淑是荀卿的十一世孙。"当世名贤李固、李膺等皆师宗之"，"有子八人：俭，绲，靖，焘，汪，爽，肃，专，并有名称，时人谓〔之〕'八龙'"⑦。陈留东昏人刘昆，光武帝欲召其为孝廉，他不愿去，就跑到江陵办私学，光武帝即拜他为江陵令，他治理江陵很有效果，"仁化大行，虎皆负子度河"⑧。他的儿子刘轶，"传昆业，门徒亦盛"⑨。

　　世家大族中最有代表性的就是杨震家族，杨震号称"关西孔子"，"少好学，受欧阳《尚书》于太常桓郁，明经博览，无不穷究。诸儒为之语曰：'关西孔子杨伯

---

① 司马迁：《史记》卷一百二十一《儒林列传》，中华书局，1982年，第3120—3121页。
② 司马迁：《史记》卷一百二十一《儒林列传》，中华书局，1982年，第3121页。
③ 司马迁：《史记》卷一百二十一《儒林列传》，中华书局，1982年，第3120—3122页。
④ 班固：《汉书》卷八《宣帝纪》，中华书局，1962年，第237页。
⑤ 范晔：《后汉书》卷七十九《儒林列传》，中华书局，1965年，第2550页。
⑥ 范晔：《后汉书》卷五十九《张衡传》，中华书局，1965年，第1897页。
⑦ 范晔：《后汉书》卷六十二《荀淑传》，中华书局，1965年，第2049页。
⑧ 范晔：《后汉书》卷七十九《儒林列传》，中华书局，1965年，第2550页。
⑨ 范晔：《后汉书》卷七十九《儒林列传》，中华书局，1965年，第2550页。

第七章 秦汉魏晋南北朝时期的城市教育

起。'"① 他的第二个儿子杨秉"少传父业,兼明京氏《易》,博通书传,常隐居教授"②,后来出任豫、荆、徐、兖四州刺史,迁任城相,以廉洁著称。其孙杨赐"少传家学,笃志博闻。常退居隐约,教授门徒,不答州郡礼命"③。"自震至彪,四世太尉,德业相继,与袁氏俱为东京名族云。"④

东汉时,儒家各经学门派均得到发展。在《易》学方面,南阳人洼丹世传孟氏《易》。在《尚书》方面,乐安千乘人欧阳歙"自欧阳生传伏生《尚书》,至歙八世,皆为博士。歙既传业,而恭谦好礼让。王莽时,为长社宰。更始立,为原武令",几经迁转,所到之处皆"推用贤俊,政称异迹"⑤,其所授学生也有数百人。济阴定陶人张驯"少游太学,能诵《春秋左氏传》。以大夏侯《尚书》教授"⑥。在《春秋》方面,河南密人侯霸,字君房,"成帝时,任霸为太子舍人",家富而"不事产业。笃志好学,师事九江太守房元,治《谷梁春秋》,为元都讲"⑦。山阳东缗人丁恭"习公羊《严氏春秋》。恭学义精明,教授常数百人",后来官至谏议大夫、博士、少府等,一度是刘秀的重要顾问,"诸生自远方至者,著录数千人,当世称为大儒"⑧。苍梧广信人陈元,"父钦,习《左氏春秋》,事黎阳贾护,与刘歆同时而别自名家。王莽从钦受《左氏》学,以钦为厌难将军。元少传父业,为之训诂"⑨。东汉学者不仅承袭了西汉以来学而优则仕的传统,而且在社会中形成了很大的势力。与西汉不同的是,东汉学者的地域分布更为广泛,这也是儒家教育自西汉以来不断扩展的结果。

东汉儒家学者依然派系林立,各派学生动辄百千人,远远超过了西汉时期的规模。

琅邪东武人伏湛是伏生的后代,"性孝友,少传父业,教授数百人"⑩,王莽时为绣衣执法,进入东汉后,依然活跃。北海安丘人牟融"少博学,以大夏侯《尚书》教授,门徒数百人,名称州里"⑪,他担任丰令时因县无狱讼而被课为州郡之最。

退则隐居教授,进则为官教化,此乃两汉知识分子的常态。江夏竟陵人刘昆"官居阳城山,精学教授。举贤良方正,稍迁南阳太守、宗正、太常"⑫。巴郡阆中

---

① 范晔:《后汉书》卷五十四《杨震传》,中华书局,1965年,第1759页。
② 范晔:《后汉书》卷五十四《杨震传》,中华书局,1965年,第1769页。
③ 范晔:《后汉书》卷五十四《杨震传》,中华书局,1965年,第1775页。
④ 范晔:《后汉书》卷五十四《杨震传》,中华书局,1965年,第1790页。
⑤ 范晔:《后汉书》卷七十九《儒林列传》,中华书局,1965年,第2555页。
⑥ 范晔:《后汉书》卷七十九《儒林列传》,中华书局,1965年,第2558页。
⑦ 范晔:《后汉书》卷二十六《侯霸传》,中华书局,1965年,第901页。
⑧ 范晔:《后汉书》卷七十九《儒林列传》,中华书局,1965年,第2578页。
⑨ 范晔:《后汉书》卷三十六《陈元传》,中华书局,1965年,第1229-1230页。
⑩ 范晔:《后汉书》卷二十六《伏湛传》,中华书局,1965年,第893页。
⑪ 范晔:《后汉书》卷二十六《牟融传》,中华书局,1965年,第915页。
⑫ 范晔:《后汉书》卷七十五《刘昆传》,中华书局,1965年,第2431页。

人谯玄"少好学,能说《易》《春秋》。仕于州郡"①。平陵人王嘉"以明经射策甲科为郎",后来出任过京兆尹、御史大夫和丞相。② 琅邪东武人师丹治《诗》,事匡衡,东汉时"复补博士,出为东平王太傅"③。

从以上史料来看,东汉儒学传授者的地域分布不再局限于西汉的齐鲁、燕赵一带,其分布更为广泛,私学得到进一步发展,儒学影响力更大,而且涌现了一大批名儒,成为天下儒生的楷模和崇拜对象。

除了儒家教育外,东汉时期其他门类的学术教育也有所发展。颍川阳翟人郭躬出身于官宦世家,他的父亲郭弘精通律令,"太守寇恂以弘为决曹掾,断狱至三十年,用法平。诸为弘所决者,退无怨情,郡内比之东海于公"④。郭躬继承了父亲的学术,"讲授徒众常数百人"⑤。颍川长社人钟皓"为郡著姓,世善刑律。皓少以笃行称,公府连辟,为二兄未仕,避隐密山,以诗律教授门徒千余人"⑥。还有学习黄老之术的,如扶风茂陵人耿弇"父况,字侠游,以明经为郎,与王莽从弟伋共学老子于安丘先生,后为朔调连率"⑦。总的来说,东汉私学教育中不仅有儒学教育,还有蒙学教育、法律教育、技能教育等方面的内容。⑧

东汉末年,儒家经学出现了融合的趋势,经师也不再死守一经,甚至古文经与今文经之间的矛盾也有所调和,如曹褒"博物识古,为儒者宗。十四年,卒官。作《通义》十二篇,演经杂论百二十篇,又传《礼记》四十九篇,教授诸生千余人,庆氏学遂行于世"⑨。有的人所学颇杂,《后汉书·李固传》章怀太子注引《谢承书》称李固曰:"固改易姓名,杖策驱驴,负笈追师三辅,学五经,积十余年。博览古今,明于风角、星算、《河图》、谶纬,仰察俯占,穷神知变。每到太学,密入公府,定省父母,不令同业诸生知是郃子。"⑩扶风茂陵人马融是将作大匠马严的儿子,其为人美辞貌,京兆挚恂以儒术教授,因欣赏马融才华,不仅倾囊以授,而且将其招为女婿,最终将其培养成一名贯通今古文经学的儒家大师。

东汉最能代表儒学融合趋势的人物是郑玄。郑玄,字康成,北海高密人。其早年在太学受业,先后"师事京兆第五元先,始通京氏《易》《公羊春秋》《三统历》《九章算术》。又从东郡张恭祖受《周官》《礼记》《左氏春秋》《韩诗》、古文《尚书》"等,后来又"以山东无足问者,乃西入关,因涿郡卢植,事扶风马融"⑪,终成打通今古文经学的一代鸿儒。郑玄学成后回到家乡,学徒已达数千人。

---

① 范晔:《后汉书》卷八十一《谯玄传》,中华书局,1965年,第2666页。
② 班固:《汉书》卷八十六《王嘉传》,中华书局,1962年,第3488页。
③ 班固:《汉书》卷八十六《师丹传》,中华书局,1962年,第3503页。
④ 范晔:《后汉书》卷四十六《郭躬传》,中华书局,1965年,第1543页。
⑤ 范晔:《后汉书》卷四十六《郭躬传》,中华书局,1965年,第1543页。
⑥ 范晔:《后汉书》卷六十二《钟皓传》,中华书局,1965年,第2064页。
⑦ 范晔:《后汉书》卷十九《耿弇传》,中华书局,1965年,第703页。
⑧ 高宗留:《秦汉教育研究——以蒙学、法律、技能为中心》,苏州大学硕士学位论文,2008年。
⑨ 范晔:《后汉书》卷三十五《曹褒传》,中华书局,1965年,第1205页。
⑩ 范晔:《后汉书》卷六十三《李固传》,中华书局,1965年,第2073页。
⑪ 范晔:《后汉书》卷三十五《郑玄传》,中华书局,1965年,第1207页。

第七章
秦汉魏晋南北朝时期的城市教育

东汉时期,各郡县城市及周边地区的教育也有所发展,受到教育的儒家子弟到地方做官后即兴办教育,如赵岐为皮氏长官,"抑强讨奸,大兴学校"①。南阳人宋均"好经书,每休沐日,辄受业博士,通《诗》《礼》",后到辰阳做官,那里的人们信巫鬼而少学术,于是"为立学校,禁绝淫祀,人皆安之"②。陈留外黄人爰延"清苦好学,能通经教授"③,后为县令所征。东平宁阳人刘梁,桓帝时"除北新城长","大作讲舍,延聚生徒数百人,朝夕自往劝诫,身执经卷,试策殿最,儒化大行。此邑至后犹称其教焉"④。

广东番禺大姓龙、傅、尹、董氏等在公孙述时,与郡功曹谢暹保境安民,受到光武的嘉奖。桓帝时,番禺郡人尹珍师从"汝南许慎、应奉受经书图纬,学成,还乡里教授,于是南域始有学焉"⑤。蜀郡成都人张霸七岁通《春秋》,后来师从长水校尉樊鯈受严氏《公羊春秋》,遂博览五经。"诸生孙林、刘固、段著等慕之,各市宅其旁,以就学焉"⑥。他后来担任会稽太守,推荐了许多名士,对郡中的学风有很大的影响,"郡中争厉志节,习经者以千数,道路但闻诵声"⑦。

东汉时,儒学在南方少数民族地区也得到传播。东汉桓帝时,武陵蛮詹山等四千余人反叛,朝廷以应奉才堪将帅,拜为武陵太守。应奉收降叛众后,"于是兴学校,举仄陋,政称变俗"⑧,将儒家教育推广到了这些少数民族地区。汉献帝时,天下大乱,桓晔"避地会稽,遂浮海客交阯,越人化其节,至闾里不争讼"⑨。

东汉时期,中央政府对周边少数民族的教育问题也非常重视。除明帝时让匈奴贵族进入太学学习外,东汉末年,因凉州地区的羌人不断反抗,东汉政权一边武力镇压,一边兴办教育,采取怀柔措施。《后汉书·盖勋传》:"凉州寡于学术,故屡致反暴。今欲多写《孝经》,令家家习之,庶或使人知义。"⑩

东汉末年,刘表在荆州"招诱有方,威怀兼洽,其奸猾宿贼更为效用,万里肃清,大小咸悦而服之。关西、兖、豫学士归者盖有千数,表安慰赈赡,皆得资全。遂起立学校,博求儒术,綦母闿、宋忠等撰立五经章句,谓之后定。爱民养士,从容自保"⑪。在刘表的经营下,荆州的城市经济得到发展,士人麇集,战略地位也有所提升。

总之,自光武帝平定天下后,统治者对儒学教育非常重视,经过不断的提倡,儒学的风气不断繁盛,城市中出现"其服儒衣,称先王,游庠序,聚横塾者,盖布

---

① 范晔:《后汉书》卷六十四《赵岐传》,中华书局,1965年,第2122页。
② 范晔:《后汉书》卷四十一《宋均传》,中华书局,1965年,第1411页。
③ 范晔:《后汉书》卷四十八《爰延传》,中华书局,1965年,第1618页。
④ 范晔:《后汉书》卷八十《文苑传》,中华书局,1965年,第2639页。
⑤ 范晔:《后汉书》卷八十六《西南夷传》,中华书局,1965年,第2845页。
⑥ 范晔:《后汉书》卷三十六《张霸传》,中华书局,1965年,第1241页。
⑦ 范晔:《后汉书》卷三十六《张霸传》,中华书局,1965年,第1241页。
⑧ 范晔:《后汉书》卷四十八《应奉传》,中华书局,1965年,第1608页。
⑨ 范晔:《后汉书》卷三十七《桓晔传》,中华书局,1965年,第1260页。
⑩ 范晔:《后汉书》卷五十八《盖勋传》,中华书局,1965年,第1880页。
⑪ 范晔:《后汉书》卷七十四《刘表传》,中华书局,1965年,第2421页。

之于邦域矣。若乃经生所处，不远万里之路，精庐暂建，赢粮动有千百，其耆名高义开门受徒者，编牒不下万人"①的城市教育景象。但儒学的繁荣也造成了"专相传祖，莫或讹杂。至有分争王庭，树朋私里，繁其章条，穿求崖穴，以合一家之说"②的争鸣与混乱情况。扬雄所谓"今之学者，非独为之华藻，又从而绣其鞶帨"，"诡诡之学，各习其师"③，造成了儒家的进一步分裂。这种学术的竞争按理说对学术的发展是有一定好处的，但是因为当时的儒学与政治利益紧密相关，遂造成"观成名高第，终能远至者，盖亦寡焉"的结果。④东汉末年，政治腐败，"君道秕僻，朝纲日陵，国隙屡启"⑤，一些有抱负的大儒在这样的情况也无能为力，而多年形成的学术、政治门阀势力则成为东汉分裂势力的温床。

第二节 魏晋南北朝时期的城市教育

魏晋南北朝时期，一方面，以城市为中心的教育因战乱而受到打击；但另一方面，教育，尤其是皇族和贵族的教育，对国家政权的建立和稳定具有非常重要的意义，所以又在某种程度上得到了发展。可以说，教育是此一时期影响草原政体与农业政体之关系最重要的因素，草原政体擅长军事，农业政体则长于组织、文化、人口和积累⑥，而教育对于这两种文明的相互学习又起到了关键作用。因此，在统治者的倡导下，此一时期城市中的教育往往得到了一定的发展。同时，在草原文明、中原农耕文明与外来佛教文明的碰撞融合中，此一时期的城市教育呈现出了教学内容多元化、民间和官方教育并行的局面。

总的来说，魏晋南北朝时期，中国教育趋向多样化、细致化，这从中央到地方的教育中都有所反映。在中央的教学体系中，魏晋南北朝一改汉代单一的太学之制，变为国子学、太学并立的双轨教育制度；首立庙学制度，首置书、算、律三种单科教学机构，首创四门之学，首开"玄""史""文""阴阳"官学制度。地方城市的私学教育，其内容包括儒、释、玄、科技、史学、艺术等，体现了多元性。私学家们的学术方向和学术追求主导着新兴学科的发展方向，而儒学仍然是官私学教育的主要内容，为经学由汉学向唐学乃至宋学的发展架起了桥梁。⑦

---

① 范晔：《后汉书》卷七十九《儒林列传》，中华书局，1965年，第2588页。
② 范晔：《后汉书》卷七十九《儒林列传》，中华书局，1965年，第2588页。
③ 范晔：《后汉书》卷七十九《儒林列传》，中华书局，1965年，第2588—2589页。
④ 范晔：《后汉书》卷七十九《儒林列传》，中华书局，1965年，第2588—2589页。
⑤ 范晔：《后汉书》卷七十九《儒林列传》，中华书局，1965年，第2589页。
⑥ 赵鼎新：《国家、战争与历史发展：前现代中西模式的比较》，浙江大学出版社，2015年，第106页。
⑦ 黄清敏：《魏晋南北朝教育制度述论》，福建师范大学博士学位论文，2003年。

第七章
秦汉魏晋南北朝时期的城市教育

一、魏晋时期的城市教育

魏晋时期，国家教育因受到战乱的冲击而式微。自魏晋以来，教授多由浅陋之人充当，虽号为博士，而语近轻忽。① 曹魏时期，曹操发布《建学令》，以加强城市教育，"令郡国各修文学，县满五百户置校官，选其乡之俊造而教学之，庶几先王之道不废，而有以益于天下"②。

魏文帝时期，为延揽人才，恢复了察举制度："初令郡国口满十万者，岁察孝廉一人；其有秀异，无拘户口。"③ 此外，又恢复对孔子的祭祀，并命人在孔庙之外"广为室屋以居学者"④，进一步提倡儒学教育。同时，下诏选举儒生和有才干的文吏进入政府任职："其令郡国所选，勿拘老幼；儒通经术，吏达文法，到皆试用。有司纠故不以实者。"⑤ 曹丕热爱文学，好延揽儒生，对儒家教育的发展起到了推动作用。

魏文帝时中央恢复了太学和博士制度。之后，太学博士发展很快，从黄初元年的数百人，发展到太和、青龙年间的千余人，后来"郎官及司徒领吏二万余人，虽复分布，见在京师者尚且万人"，但是当时太学规模的扩大与时人避役有关，太学教学质量也较为低下，"诸博士率皆粗疏，无以教弟子"。⑥

魏明帝时期，统治者明确提出："申敕郡国，贡士以经学为先。"⑦ 这已与曹操时期唯才是举的政策大异其趣。

魏少帝时恢复了讲经制度，还扩大了博士的任取范围，"其郎吏学通一经，才任牧民，博士课试，擢其高第者，亟用"⑧。

曹魏时期，中央太学将培养的一些人才输送到民族地区，对促进少数民族儒学教育的发展起到了很大的作用，加速了草原文明和中原文明的融合。如曹魏时期牵招"通河西鲜卑附头等十余万家"，"夷虏大小，莫不归心"，"招乃简选有才识者，诣太学受业，还相授教，数年中庠序大兴"⑨。

董卓之乱后，曹操秉政的时期，已初步恢复地方教育，"使郡县立教学之官"⑩。曹丕即位后，进一步恢复了地方教育，"兴复辟雍，州立课试，于是天下之士，复闻庠序之教"⑪；明帝时期，在高柔的建议下，对中央博士制度进行了整改，

---

① 周一良：《魏晋南北朝史札记》，中华书局，1985 年，第 417—418 页。
② 陈寿：《三国志》卷一《魏书·武帝纪》，中华书局，1982 年，第 24 页。
③ 陈寿：《三国志》卷二《魏书·文帝纪》，中华书局，1982 年，第 77 页。
④ 陈寿：《三国志》卷二《魏书·文帝纪》，中华书局，1982 年，第 78 页。
⑤ 陈寿：《三国志》卷二《魏书·文帝纪》，中华书局，1982 年，第 79 页。
⑥ 陈寿：《三国志》卷十三《魏书·孙叔然传》，中华书局，1982 年，第 420—421 页。
⑦ 陈寿：《三国志》卷三《魏书·明帝纪》，中华书局，1982 年，第 94 页。
⑧ 陈寿：《三国志》卷三《魏书·明帝纪》，中华书局，1982 年，第 97 页。
⑨ 陈寿：《三国志》卷二十六《魏书·牵招传》，中华书局，1982 年，第 732 页。
⑩ 陈寿：《三国志》卷二十四《魏书·高柔传》，中华书局，1982 年，第 687 页。
⑪ 陈寿：《三国志》卷二十四《魏书·高柔传》，中华书局，1982 年，第 687 页。

当时博士迁除之限过长，高柔认为"宜随学行优劣，待以不次之位"①。

城市中，民间儒学的教育也发展起来，"是时长安有宿儒栾文博者，门徒数千，德林亦就学，始精《诗》《书》"②。

曹魏时期，随着人口的流动，儒家教育在四周进一步扩展。"邴原……在辽东，一年中往归原居者数百家，游学之士，教授之声，不绝。"③ 一些地方虽然受到了动乱的打击，但平息之后继续恢复教育，如高密县"承黄巾残破之后，修复城邑，崇学校，设庠序，举贤才，显儒士"④。

曹魏时期，城市私学教授之风依然盛行。由于社会动乱，许多人不做官而以授学为己任，在北方保存了文化火种。钜鹿人张臶，养志不仕，"并州牧高幹表除乐平令，不就，徙循常山，门徒且数百人"⑤。颍川人钟皓"温良笃慎，博学诗律，教授门生千有余人"⑥。江夏竟陵人刘焉是汉鲁恭王之后裔，"后以师祝公丧去官。居阳城山，积学教授"⑦。

南方孙吴政权下的城市教育也有所发展。孙权十分注重对王子的教育，"立都讲祭酒，以教学诸子"⑧。孙休于永安元年（258）"按旧置学官，立五经博士，核取应选，加其宠禄。科见吏之中及将吏子弟有志好者，各令就业。一岁课试，差其品第，加以位赏"⑨。其时，孙吴之地也多有儒学爱好者，孙瑜"宾客诸将多江西人，瑜虚心绥抚，得其欢心。……济阴人马普笃学好古，瑜厚礼之，使二府将吏子弟数百人就受业，遂立学官，临飨讲肄"⑩。阚泽是推动儒学在江南传播的一个重要人物，他考虑到"经传文多，难得尽用，乃斟酌诸家，刊约《礼》文及诸注说以授二宫，为制行出入及见宾仪，又著《乾象历注》以正时日。每朝廷大议，经典所疑，辄咨访之"，因传播儒学有功而"封都乡侯"⑪。一些北方儒者也因战乱来到东吴，如诸葛瑾本琅邪诸县人，后徙阳都。其"少游京师，治《毛诗》《尚书》《左氏春秋》"⑫。后来成为东吴的重要谋臣。

刘备所在的蜀国地区，城市教育也有一定的发展。四川一带的地理环境相对封闭，一些文化人因躲避战乱而逃到这里，如南阳人许慈"师事刘熙，善郑氏学，治

---

① 陈寿：《三国志》卷二十四《魏书·高柔传》，中华书局，1982年，第687页。
② 陈寿：《三国志》卷十一《魏书·胡昭传》，中华书局，1982年，第365页。
③ 陈寿：《三国志》卷十一《魏书·邴原传》，中华书局，1982年，第350页。
④ 陈寿：《三国志》卷十二《魏书·崔琰传》，中华书局，1982年，第371页。
⑤ 陈寿：《三国志》卷十一《魏书·张臶传》，中华书局，1982年，第361页。
⑥ 陈寿：《三国志》卷十三《魏书·钟繇传》裴松之注引《先贤行状》，中华书局，1982年，第391页。
⑦ 陈寿：《三国志》卷三十一《蜀书·刘焉传》，中华书局，1982年，第865页。
⑧ 陈寿：《三国志》卷四十七《吴书·吴主传》，中华书局，1982年，第1136页。
⑨ 沈约：《宋书》卷十四《礼志》，中华书局，1974年，第357页。
⑩ 陈寿：《三国志》卷五十一《吴书·孙瑜传》，中华书局，1982年，第1206页。
⑪ 陈寿：《三国志》卷五十三《吴书·阚泽传》，中华书局，1982年，第1249页。
⑫ 陈寿：《三国志》卷五十二《吴书·诸葛瑾传》，中华书局，1982年，第1232页。

第七章
秦汉魏晋南北朝时期的城市教育

《易》《尚书》、三礼、《毛诗》《论语》。建安中，与许靖等俱自交州入蜀"①。义阳新野人来敏"善《左氏春秋》，尤精于《仓》《雅》训诂，好是正文字。先主定益州，署敏典学校尉，及立太子，以为家令"②。刘备入蜀后也带来了不少人才，对教育产生了积极影响。如梓潼涪人尹默"远游荆州，从司马德操、宋仲子等受古学。皆通诸经史，又专精于《左氏春秋》，自刘歆《条例》，郑众、贾逵父子、陈元、（方）服虔注说，咸略诵述，不复按本"③，后来跟随刘备到益州，被封为劝学从事，及立太子，以《左氏春秋》授后主。巴蜀本地学者则以谯周为代表。谯周"研精六经，尤善书札。颇晓天文，而不以留意；诸子文章非心所存，不悉遍视也"④。

两晋十六国时期，中央和地方教育都有所发展。西晋建立后，"自士已上子弟，为之立太学以教之，选明师以训之，各随其才优劣而授用之"⑤。王恂在担任河南尹时，"建立二学，崇明五经"⑥。西晋时期，中央不仅恢复了太学，还创立了国子学，对后世产生了很大的影响。其设置及发展情况如下："晋初承魏制，置博士十九人。及咸宁四年，武帝初立国子学，定置国子祭酒、博士各一人，助教十五人，以教生徒。……元帝末，增《仪礼》、春秋《公羊》博士各一人，合为十一人。后又增为十六人，不复分掌五经，而谓之太学博士也。孝武太元十年，损国子助教员为十人。"⑦ 国子学的设立既是当时社会阶级进一步分化的反映，也是太学自身的某些缺陷导致的。晋武帝泰始八年（272），太学生达七千余人，武帝诏曰："已试经者留之，其余遣还郡国。大臣子弟堪受教者，令入学。"⑧

晋代对太子的教育设有专门的机构，太子太傅、太子少傅等官员对太子也有教育训导的责任，此外惠帝元康元年（291），又设置太子詹事。"及愍怀建官，乃置六傅，三太、三少，以景帝讳师，故改太师为太保，通省尚书事，詹事文书关由六傅。然自元康之后，诸傅或二或三，或四或六，及永康中复不置詹事也。自泰安已来置詹事，终孝怀之世。渡江之后，有太傅少傅，不立师保。"⑨

西晋地方官员大多在郡县城市中大办教育，如范甯在豫章"大设庠序，遣人往交州采磬石，以供学用，改革旧制，不拘常宪。远近至者千余人，资给众费，一出私禄。并取郡四姓子弟，皆充学生，课读五经。又起学台，功用弥广"⑩。高平昌邑人虞溥在鄱阳内史任中，大修庠序，广招学徒，"具为条制。于是至者七百余人。

---

① 陈寿：《三国志》卷四十二《蜀书·许慈传》，中华书局，1982年，第1022—1023页。
② 陈寿：《三国志》卷四十二《蜀书·来敏传》，中华书局，1982年，第1025页。
③ 陈寿：《三国志》卷四十二《蜀书·尹默传》，中华书局，1982年，第1026页。
④ 陈寿：《三国志》卷四十二《蜀书·谯周传》，中华书局，1982年，第1027页。
⑤ 房玄龄等：《晋书》卷四十七《傅玄传》，中华书局，1974年，第1318—1319页。
⑥ 房玄龄等：《晋书》卷九十三《外戚传》，中华书局，1974年，第2411页。
⑦ 房玄龄等：《晋书》卷二十四《职官志》，中华书局，1974年，第736页。
⑧ 沈约：《宋书》卷十四《礼志》，中华书局，1974年，第356页。
⑨ 房玄龄等：《晋书》卷二十四《职官志》，中华书局，1974年，第742页。
⑩ 房玄龄等：《晋书》卷七十五《范甯传》，中华书局，1974年，第1988页。

溥乃作诰以奖训之"①。

西晋城市中的民间私学也有发展，束皙"辞疾罢归，教授门徒。年四十卒，元城市里为之废业"②。庐江人杜夷"世以儒学称，为郡著姓。……闭门教授，生徒千人"③。续咸"师事京兆杜预，专《春秋》、郑氏《易》、教授常数十人"④。天水人杨轲"少好《易》，长而不娶，学业精微，养徒数百"⑤。

东晋偏安江左，教育受到打击。东晋开国，王导就建议设立学校，发展教育，尤其是皇族和贵族的教育，"兴复道教，择朝之子弟并入于学，选明博修礼之士而为之师，化成俗定，莫尚于斯"⑥，得到了皇帝的采纳。东晋成帝时，重立太学，但是士大夫多讲老庄之学，对儒学兴趣不大。

两晋时期，城市教育深入发展，妇女也受到熏染，如"武元杨皇后……善书，姿质美丽，闲于女工"⑦，文明王皇后年八岁，"诵《诗》《论》，尤善丧服"⑧。

但东晋时期城市教育依然发展迟缓，"自大晋中兴，肇基江左，崇明学校，修建庠序，公卿子弟，并入国学。寻值多故，训业不终"⑨。

魏晋时期的战乱，使国家对武学教育非常重视。汉代就有定期的演武礼仪，《宋书·礼志》："汉仪，立秋日，郊礼毕，始扬威武，斩牲于郊，以荐陵庙，名曰䝙刘"⑩。曹魏承袭了这个做法，"以立秋择吉日大朝车骑，号曰治兵。上合礼名，下承汉制"⑪。到了魏文帝和魏明帝时期，治兵东郊。晋武帝"皆自临宣武观，大阅众军，然不自令进退也"⑫。自惠帝以后，其礼废。元帝太兴四年（321），"诏左右卫及诸营教习，依大习仪作雁羽仗"⑬。成帝咸和中，"诏内外诸军戏兵于南郊之场，故其地因名斗场。自后蕃镇桓、庾诸方伯往往阅习"⑭。

总之，两晋的儒学因社会环境的原因有衰退的一方面，但又有总结各家之说并吸入玄学的倾向。同时，城市教育日益多元化，妇女教育、武学教育等日益发展。但应当指出的是，无论是秦汉时期还是魏晋时期，城市中的教育依然是有着严格等级的，不入品流的普通大众依然很难受到教育，只有皇家子孙、世家大族和官宦子弟等有才有机会受到教育。

---

① 房玄龄等：《晋书》卷八十二《虞溥传》，中华书局，1974年，第2140页。
② 房玄龄等：《晋书》卷五十一《束皙传》，中华书局，1974年，第1434页。
③ 房玄龄等：《晋书》卷九十一《儒林传》，中华书局，1974年，第2353页。
④ 房玄龄等：《晋书》卷九十一《儒林传》，中华书局，1974年，第2355页。
⑤ 房玄龄等：《晋书》卷九十四《隐逸传》，中华书局，1974年，第2449页。
⑥ 房玄龄等：《晋书》卷六十五《王导传》，中华书局，1974年，第1748—1751页。
⑦ 房玄龄等：《晋书》卷三十一《后妃传》，中华书局，1974年，第952页。
⑧ 房玄龄等：《晋书》卷三十一《后妃传》，中华书局，1974年，第950页。
⑨ 沈约：《宋书》卷十四《礼志》，中华书局，1974年，第365页。
⑩ 沈约：《宋书》卷十四《礼志》，中华书局，1974年，第368页。
⑪ 沈约：《宋书》卷十四《礼志》，中华书局，1974年，第368页。
⑫ 沈约：《宋书》卷十四《礼志》，中华书局，1974年，第369页。
⑬ 沈约：《宋书》卷十四《礼志》，中华书局，1974年，第369页。
⑭ 沈约：《宋书》卷十四《礼志》，中华书局，1974年，第662页。

第七章
秦汉魏晋南北朝时期的城市教育

在魏晋南北朝时期，城市是民族文化交流的中心。十六国时期，居住在北方城市中的部分少数民族亦受汉族相当之教育。北方世家大族未获南迁者，率与胡人合作。① 此一时期，许多少数民族政权汉化较深，民族融合趋势进一步加强。一些少数民族人士受到了良好的汉族文化教育，但也保有一些北方民族的遗风，如刘元海的儿子刘和，"雄毅美姿仪，好学凤成，习《毛诗》《左氏春秋》、郑氏《易》。"② 刘聪"年十四，究通经史，兼综百家之言，《孙吴兵法》靡不诵之。工草隶，善属文，著述怀诗百余篇、赋颂五十余篇"③，其学识受到西晋士人的赞赏，"弱冠游于京师，名士莫不交结，乐广、张华尤异之也"④。刘曜"读书志于广览，不精思章句，善属文，工草隶"⑤。

十六国时期的许多政权都重视发展教育，如石勒创设大小学博士，石勒"立太学，简明经善书吏署为文学掾，选将佐子弟三百人教之"⑥，还"增置宣文、宣教、崇儒、崇训十余小学于襄国四门，简将佐豪右子弟百余人以教之"⑦。又命郡国立学官，"每郡置博士祭酒二人，弟子百五十人，三考修成，显升台府"⑧。石季龙颇慕经学，"遣国子博士诣洛阳写石经，校中经于秘书。国子祭酒聂熊注《谷梁春秋》，列于学官"⑨。在陈郡阳夏人袁瑰的建议下，"下书令诸郡国立五经博士"，"复置国子博士、助教"⑩。刘曜"立太学于长乐宫东，小学于未央宫西，简百姓年二十五已下十三已上，神志可教者千五百人，选朝贤宿儒明经笃学以教之。以中书监刘均领国子祭酒。置崇文祭酒，秩次国子"⑪。慕容皝"亲临东庠考试学生，其经通秀异者，擢充近侍"⑫。慕容俊雅好文籍，"立小学于显贤里以教胄子"⑬。慕容宝"为太子，砥砺自修，敦崇儒学，工谈论，善属文，曲事垂左右小臣，以求美誉"⑭。慕容德称帝后"建立学官，简公卿已下子弟及二品士门二百人为太学生"⑮，还"大集诸生，亲临策试"⑯。以致钱穆先生以为："五胡杂居内地，已受相当汉化。但彼辈所接触者，乃中国较旧之经学传统，而非代表当时朝士名流之清谈玄

---

① 钱穆：《国史大纲》，商务印书馆，1994年，第254—261页。
② 房玄龄等：《晋书》卷一百一《刘元海载记》，中华书局，1974年，第2652页。
③ 房玄龄等：《晋书》卷一百二《刘聪载记》，中华书局，1974年，第2657页。
④ 房玄龄等：《晋书》卷一百二《刘聪载记》，中华书局，1974年，第2657页。
⑤ 房玄龄等：《晋书》卷一百三《刘曜载记》，中华书局，1974年，第2683页。
⑥ 房玄龄等：《晋书》卷一百四《石勒载记》，中华书局，1974年，第2720页。
⑦ 房玄龄等：《晋书》卷一百四《石勒载记》，中华书局，1974年，第2729页。
⑧ 房玄龄等：《晋书》卷一百五《石勒载记》，中华书局，1974年，第2751页。
⑨ 房玄龄等：《晋书》卷一百六《石季龙载记》，中华书局，1974年，第2774页。
⑩ 房玄龄等：《晋书》卷一百六《石季龙载记》，中华书局，1974年，第2769页。
⑪ 房玄龄等：《晋书》卷一百三《刘曜载记》，中华书局，1974年，第2688页。
⑫ 房玄龄等：《晋书》卷一百九《慕容皝载记》，中华书局，1974年，第2826页。
⑬ 房玄龄等：《晋书》卷一百十《慕容俊载记》，中华书局，1974年，第2940页。
⑭ 房玄龄等：《晋书》卷一百二十四《慕容宝载记》，中华书局，1974年，第3093页。
⑮ 房玄龄等：《晋书》卷一百二十七《慕容德载记》，中华书局，1974年，第3168页。
⑯ 房玄龄等：《晋书》卷一百二十七《慕容德载记》，中华书局，1974年，第3170页。

理……慕容氏于五胡中受汉化最深。"①

苻坚在都城"修学官，召郡国学生通一经以上充之，公卿已下子孙并遣受业"，他还"亲临太学，考学生经义优劣，品而第之"②。苻坚反对正统经学外的其他学派，"禁《老》、《庄》、图谶之学"，对周围的人施展力所能及的教育，"中外四禁、二卫、四军长上将士，皆令修学。课后宫，置典学，立内司，以授于掖庭，选阉人及女隶有聪识者署博士以授经"③。他任用王猛，在地方兴学："自永嘉之乱，庠序无闻，及坚之僭，颇留心儒学，王猛整齐风俗，政理称举，学校渐兴。"④

姚苌"下书令留台诸镇各置学官，勿有所废，考试优劣，随才擢叙"⑤。姚兴时期，其治下的城市儒学大盛，当时"天水姜龛、东平淳于岐、冯翊郭高等皆耆儒硕德，经明行修，各门徒数百，教授长安，诸生自远而至者万数千人"⑥。姚兴为满足统治需要还大力发展律学教育，"立律学于长安，召郡县散吏以授之。其通明者还之郡县，论决刑狱。若州郡县所不能决者，谳之廷尉。兴常临谘议堂听断疑狱，于时号无冤滞"⑦。四川的李雄也"兴学校，置史官，听览之暇，手不释卷"⑧。冯跋政权也营建太学，"以长乐刘轩、营丘张炽、成周翟崇为博士郎中，简二千石已下子弟年十五已上教之"⑨。张轨"征九郡胄子五百人，立学校，始置崇文祭酒，位视别驾，春秋行乡射之礼"⑩。吕光称王后，"立泮宫，增高门学生五百人"⑪。沮渠蒙逊也非常注重儒学的教育，平酒泉后"筑陆沉观于西苑，躬往礼焉，号'玄处先生'，学徒数百，月致羊酒。牧犍尊为国师，亲自往拜，命官属以下皆北面受业焉"⑫。

十六国时期的动乱对城市教育的发展起到了很大的破坏作用，但是，十六国时期的一些君王崇尚儒学，又在一定程度上恢复和发展了教育。总的来说，永嘉之乱后，形成了以邺城、中山为轴心的汉文化中心地区。⑬

---

① 钱穆：《国史大纲》，商务印书馆，1994年，第279—280页。
② 房玄龄等：《晋书》卷一百十三《苻坚载记》，中华书局，1974年，第2888页。
③ 房玄龄等：《晋书》卷一百十三《苻坚载记》，中华书局，1974年，第2897页。
④ 房玄龄等：《晋书》卷一百十三《苻坚载记》，中华书局，1974年，第2895页。
⑤ 房玄龄等：《晋书》卷一百十六《姚苌载记》，中华书局，1974年，第2971页。
⑥ 房玄龄等：《晋书》卷一百十六《姚苌载记》，中华书局，1974年，第2979页。
⑦ 房玄龄等：《晋书》卷一百十七《姚兴载记》，中华书局，1974年，第2979—2980页。
⑧ 房玄龄等：《晋书》卷一百二十一《李雄载记》，中华书局，1974年，第3040页。
⑨ 房玄龄等：《晋书》卷一百二十五《冯跋载记》，中华书局，1974年，第3132页。
⑩ 房玄龄等：《晋书》卷八十六《张轨传》，中华书局，1974年，第2222页。
⑪ 房玄龄等：《晋书》卷八十七《凉武昭王李玄盛传》，中华书局，1974年，第2259页。
⑫ 魏收：《魏书》卷五十二《刘昞传》，中华书局，1974年，第1160页。
⑬ 李凭：《北魏平城时代》，上海古籍出版社，2014年，第406页。

第七章
秦汉魏晋南北朝时期的城市教育

二、南北朝时期的城市教育

（一）南朝城市教育

南朝刘宋建立后，统治者对官方教育非常重视，在继承前朝教育制度的基础上又有所发展，并在都城中"博延胄子，陶奖童蒙，选备儒官，弘振国学。主者考详旧典，以时施行"①。之后"穆帝、孝武并权以中堂为太学。宋文帝元嘉二十二年四月，皇太子讲《孝经》通，释奠国子学，如晋故事"②。南齐高帝建元四年（482）"修建教学，精选儒官，广延国胄"③。

刘宋时期对武学教育非常重视，"太祖在位，依故事肆习众军，兼用汉、魏之礼。其后以时讲武于宣武堂"④。这对当时军队战斗力的提高具有重要意义。元嘉"十九年，立国子学，以本官领国子博士。皇太子讲《孝经》，承天与中庶子颜延之同为执经"⑤。刘宋时期学官建置也有变迁，"自宋世若不置学，则助教唯置一人，而祭酒、博士常置也"⑥。

除儒学外，玄学、史学、文学教育皆有发展，刘宋统治者"开馆于鸡笼山，聚徒教授，置生百余人。会稽朱膺之、颖川庾蔚之并以儒学，监总诸生。时国子学未立，上留心艺术，使丹阳尹何尚之立玄学，太子率更令何承天立史学，司徒参军谢元立文学，凡四学并建"⑦。

刘宋时期，城市中的私人教授依然兴盛，如何尚之"立宅南郭外，置玄学，聚生徒"，时人谓之南学。⑧ 徐湛之"门生千余人，皆三吴富人之子，姿质端妍，衣服鲜丽"⑨。

城市教育中的多元化体现在人们对老庄、儒学、佛教的兼容态度上，如周续之"通五经并纬候，名冠同门，号曰'颜子'。既而闲居读《老》《易》，入庐山事沙门释慧远"⑩。

地方郡县城市教育也有发展，如慧度"布衣蔬食，俭约质素，能弹琴，颇好《庄》《老》。禁断淫祀，崇修学校"⑪。

南齐政权建立后，将朝廷贵族的教育放在了首位，"今遐迩一体，车轨同文，

---

① 沈约：《宋书》卷三《武帝本纪》，中华书局，1974年，第58页。
② 沈约：《宋书》卷十七《礼志》，中华书局，1974年，第485页。
③ 萧子显：《南齐书》卷二《高帝本纪》，中华书局，1972年，第38页。
④ 沈约：《宋书》卷十四《礼志》，中华书局，1974年，第369页。
⑤ 沈约：《宋书》卷六十四《何承天传》，中华书局，1974年，第1705页。
⑥ 沈约：《宋书》卷三十九《百官志》，中华书局，1974年，第1228页。
⑦ 沈约：《宋书》卷九十三《隐逸传》，中华书局，1974年，第2293—2294页。
⑧ 沈约：《宋书》卷六十六《何尚之传》，中华书局，1974年，第1734页。
⑨ 沈约：《宋书》卷七十一《徐湛之传》，中华书局，1974年，第1844页。
⑩ 沈约：《宋书》卷九十三《隐逸传》，中华书局，1974年，第2280页。
⑪ 沈约：《宋书》卷九十二《良吏传》，中华书局，1974年，第2265页。

宜高选学官,广延胄子"①。之后,再次立学,对皇子的教育也有所加强,但地方城市学校始终没有得到重视。

南齐的一些贵族也热心于教育,设立学馆,并受到统治者的支持,如刘瓛"少笃学,博通五经。聚徒教授,常有数十人"②,竟陵王萧子良亲往修谒,还表请朝廷为其建立学馆。吴苞,字天盖,濮阳鄄城人,好儒学,善"三礼"及《老》《庄》。宋泰始中,过江聚徒教学,为南齐的教育事业做出了一定贡献。

南齐时佛学教育在城市中也有发展,如竟陵王萧子良好佛法,"使孝嗣及庐江何胤掌知斋讲及众僧"③。南齐时期还重视对外的文化交流,促进了中原与周边少数民族教育的发展。

但是总的来说,东晋宋齐时期的教育发展依然是缓慢而迟滞的,正如前人所评:"迄于宋、齐,国学时或开置,而劝课未博,建之不及十年,盖取文具,废之多历世祀,其弃也忽诸。乡里莫或开馆,公卿罕通经术,朝廷大儒,独学而弗肯养众,后生孤陋,拥经而无所讲习,三德六艺,其废久矣。"④

南梁时期,江南经济发展水平达到了南朝时期的高峰,其前期社会也较为安定,梁武帝大力提倡教育,重视人才,开国之初,就设馆延集学者:"于宫城西立士林馆,延集学者。"⑤"置五经博士各一人,广开馆宇,招内后进。"⑥ 国子学也出现了前所未有的盛况,遇有大儒讲学时,"学众满堂,观者重沓"⑦。

梁武帝对太子的教育十分重视,"太子生而聪睿,三岁受《孝经》《论语》,五岁遍读五经,悉能讽诵"⑧。梁武帝还派人到地方办学,天监四年(505),"分遣博士祭酒,到州郡立学"⑨。吏部尚书姚察对梁朝重视儒学教育一事评价说:"贺玚、严植之徒,遭梁之崇儒重道,咸至高官,稽古之力,诸子各尽之矣。"⑩梁武帝不仅崇尚儒学,重视教育,而且在用人上打破了士庶的界限,不拘一格擢用人才。

南朝梁武帝时期,城市中民间私人教育也较为兴盛,如许懋"十四入太学,受《毛诗》,旦领师说,晚而覆讲,座下听者常数十百人"⑪。东莞莒人臧盾,"幼从征士琅邪诸葛璩受五经,通章句。璩学徒常有数十百人"⑫。一些穷苦人的孩子也能受到教育,如吕僧珍"起自寒贱。始童儿时,从师学"⑬。

---

① 萧子显:《南齐书》卷三《武帝本纪》,中华书局,1972年,第50页。
② 萧子显:《南齐书》卷三十九《刘瓛传》,中华书局,1972年,第677页。
③ 萧子显:《南齐书》卷四十四《徐孝嗣传》,中华书局,1972年,第772页。
④ 姚思廉:《梁书》卷四十八《儒林传》,中华书局,1973年,第661页。
⑤ 姚思廉:《梁书》卷三《武帝本纪》,中华书局,1973年,第87页。
⑥ 姚思廉:《梁书》卷四十八《儒林传》,中华书局,1973年,第662页。
⑦ 姚思廉:《陈书》卷二十四《袁宪传》,中华书局,1972年,第312页。
⑧ 姚思廉:《梁书》卷八《昭明太子传》,中华书局,1973年,第165页。
⑨ 姚思廉:《梁书》卷四十八《儒林传》,中华书局,1973年,第662页。
⑩ 姚思廉:《梁书》卷四十八《儒林传》,中华书局,1973年,第681页。
⑪ 姚思廉:《梁书》卷四十《许懋传》,中华书局,1973年,第575页。
⑫ 姚思廉:《梁书》卷四十二《臧盾传》,中华书局,1973年,第599页。
⑬ 姚思廉:《梁书》卷十一《吕僧珍传》,中华书局,1973年,第211页。

第七章 秦汉魏晋南北朝时期的城市教育

私人教育不仅传授儒学，还包括老庄之学与佛学，体现了私人教育的多元化发展趋势。如吴兴乌程人太史叔明"善《庄》《老》，兼治《孝经》《礼记》，其三玄尤精解，当世冠绝，每讲说，听者常五百余人"①。

此一时期，在私人讲学中，各家学派还有激烈的争论，对各家学说的竞争、融合与发展起到了推进作用，如庾承先讲《老子》，"远近名僧，咸来赴集，论难锋起，异端竞至"②。吴郡人皇侃"性至孝，常日限诵《孝经》二十遍，以拟《观世音经》。""所撰《论语义》十卷，与《礼记义》并见重于世，学者传焉。"③ 可见当时佛学的教育与传播也是非常广泛的，从而引发了儒释之竞争。

梁武帝后期崇信佛教，因此推动了佛学教育的发展："高祖大弘佛教，亲自讲说；太子亦崇信三宝，遍览众经。乃于宫内别立慧义殿，专为法集之所。招引名僧，谈论不绝。太子自立三谛、法身义，并有新意。"④ "高祖方锐意释氏，天下咸从风而化。"⑤

南陈开国后，儒学教育在宫廷中有所恢复和发展，如陈后主为太子时，"出太学，讲《孝经》"⑥。汝南安城人周弘正"累迁国子博士。时于城西立士林馆，弘正居以讲授，听者倾朝野焉"⑦。儒学在地方教育和家庭教育中也有所发展，如吴郡盐官人顾越"所居新坡黄冈，世有乡校，由是顾氏多儒学焉"⑧。此一时期，都城建康依然是教育中心，贺德基"世传《礼》学。祖文发，父淹，仕梁俱为祠部郎，并有名当世。德基少游学于京邑"⑨。"沈文阿……治三礼、三传。察孝廉，为梁临川王国侍郎，累迁兼国子助教、五经博士。"⑩ "沈洙……治三礼、《春秋左氏传》。精识强记，五经章句，诸子史书，问无不答。"⑪ "戚衮……游学京都，受三礼于国子助教刘文绍。"⑫

佛学教育在陈朝依然非常繁荣，陈高祖如梁武帝一样，主持法会，参加佛教仪式，"诏出佛牙于杜姥宅，集四部设无遮大会，高祖亲出阙前礼拜"⑬，甚至捐身佛寺，其佞佛程度，可见一斑。

总之，在三国两晋时期，儒学教育因受战乱的影响和玄学的冲击而呈衰颓之

---

① 姚思廉：《梁书》卷四十八《儒林传》，中华书局，1973年，第679页。
② 姚思廉：《梁书》卷五十一《处士传》，中华书局，1973年，第753页。
③ 姚思廉：《梁书》卷四十八《儒林传》，中华书局，1973年，第680—681页。
④ 姚思廉：《梁书》卷八《昭明太子传》，中华书局，1973年，第166页。
⑤ 姚思廉：《梁书》卷十二《韦叡传》，中华书局，1973年，第225页。
⑥ 姚思廉：《陈书》卷六《后主本纪》，中华书局，1972年，第112页。
⑦ 姚思廉：《陈书》卷二十四《周弘正》，中华书局，1972年，第307页。
⑧ 姚思廉：《陈书》卷三十三《儒林传》，中华书局，1972年，第445页。
⑨ 姚思廉：《陈书》卷三十三《儒林传》，中华书局，1972年，第442页。
⑩ 姚思廉：《陈书》卷三十三《儒林传》，中华书局，1972年，第434页。
⑪ 姚思廉：《陈书》卷三十三《儒林传》，中华书局，1972年，第436页。
⑫ 姚思廉：《陈书》卷三十三《儒林传》，中华书局，1972年，第440页。
⑬ 姚思廉：《陈书》卷二《高祖本纪》，中华书局，1972年，第34页。

势，致使这个时期的"公卿士庶，罕通经业矣"①。到了南朝时期，"宋、齐之间，国学时复开置"②，已有所恢复。在梁武帝时，儒学复兴达到了高峰，他在都城中"开五馆，建国学，总以五经教授，经各置助教云。武帝或纡銮驾，临幸庠序，释奠先师，躬亲试胄，申之宴语，劳之束帛，济济焉斯盖一代之盛矣"③ 而到了陈朝，儒学又走向了衰微，只是承袭了梁代的一些余绪而已。

陈朝时期，儒、释、道各家教育出现了合流的情况，如徐孝克"遍通五经，博览史籍，亦善属文"，后来他"居于钱塘之佳义里，与诸僧讨论释典，遂通三论。每日二时讲，旦讲佛经，晚讲礼传，道俗受业者数百人"④。沈德威"侍太子讲礼传。寻授太学博士，转国子助教。每自学还私室以讲授，道俗受业者数十百人，率常如此"⑤。南徐州刺史梁邵陵王纶"自讲《大品经》，令枢讲《维摩》《老子》《周易》，同日发题，道俗听者二千人"⑥。在此风气下，受教育者也能享受到儒、释、道多方面的教育，如扶风郿人马枢"六岁，能诵《孝经》《论语》《老子》。及长，博极经史，尤善佛经及《周易》《老子》义"⑦。

可见，南陈的教育虽然因为战乱和朝廷短祚而没有大的发展，但是该时期的教育显示出了一种多元合流与"夷夏"之辨消融的态势，这是两晋南朝以来中外文化与国内南北文化交流融合的结果。

（二）北朝城市教育

元魏统治者先受慕容氏影响，自拓跋珪时就已在都城立太学，置五经博士，有生员千余人，后增至三千。拓跋嗣信用崔浩，至拓跋焘时又征用卢元、高允等，文化渐盛。天兴四年（401），道武帝还"集博士儒生比众经文字，义类相从，凡四万余字，号曰《众文经》"⑧。北魏帝王多受到汉化教育，如道武帝少年时代生活在前秦长安，就受到过良好的儒家教育。明元帝"兼资文武，礼爱儒生，好览史传，以刘向所撰《新序》《说苑》于经典正义多有所阙，乃撰《新集》三十篇，采诸经史，该洽古义云"⑨。此外，他还创造新字，"初造新字千余"⑩。

北魏教育始于平城时代，世祖太武皇帝拓跋焘"起太学于城东，祀孔子，以颜回配"⑪。道武帝拓跋珪"立学官，置尚书曹"⑫。北魏都城依然设有国子学和太学。

---

① 姚思廉：《陈书》卷三十三《儒林传》，中华书局，1972年，第433页。
② 姚思廉：《陈书》卷三十三《儒林传》，中华书局，1972年，第433—434页。
③ 姚思廉：《陈书》卷三十三《儒林传》，中华书局，1972年，第433页。
④ 姚思廉：《陈书》卷二十六《徐孝克传》，中华书局，1972年，第337页。
⑤ 姚思廉：《陈书》卷三十三《儒林传》，中华书局，1972年，第442页。
⑥ 姚思廉：《陈书》卷十九《马枢传》，中华书局，1972年，第264页。
⑦ 姚思廉：《陈书》卷十九《马枢传》，中华书局，1972年，第264页。
⑧ 李延寿：《北史》卷一《魏本纪》，中华书局，1974年，第21页。
⑨ 李延寿：《北史》卷一《魏本纪》，中华书局，1974年，第35页。
⑩ 李延寿：《北史》卷二《魏本纪》，中华书局，1974年，第42页。
⑪ 李延寿：《北史》卷二《魏本纪》，中华书局，1974年，第42页。
⑫ 沈约：《宋书》卷九十五《索虏传》，中华书局，1974年，第2322页。

第七章
秦汉魏晋南北朝时期的城市教育

"高祖即位，文明太后临朝……洛阳虽经破乱，而旧《三字石经》宛然犹在，至熙与常伯夫相继为州，废毁分用，大至颓落。"①

北魏统治者非常重视吸收汉族文化，文明太后身体里虽然流淌着北燕王族的血液，但受到过良好的汉族文化教育。"太后性聪达，自入宫掖，粗学书计。及登尊极，省决万机。"② 文明太后曾为皇子们设置了学习文化的学馆。孝文帝热衷学习汉族文化，好读书，五经之义，史传百家，无不精研，且好为文章。他们对儒家传统教育尤为重视，起到了良好的示范作用。世宗时期，孙惠曾上书要求整理、校对儒家经典，后来在崔光的主持下一度对东汉石经进行了再次校勘。自东汉末年中原丧乱以后，学术的重心自京师之太学移转于地方豪族，学术本身虽有变迁，然其与政治之关锁仍遵循着东汉以来通经义、励名行以致从政之一贯轨辙。此点在北方，即所谓"山东"地区尤为显著。③

北魏在统治稳定后，开始大力兴办学校。高祖孝文帝曾让李彪和元澄等"置四门博士四十人，其国子博士、太学博士及国子助教，宿已简置"④。又"绍诸州举秀才，先尽才学"⑤。之后，元道"请学令并制，早敕施行，使选授有依，生徒可准"⑥，将教育与官员的选拔结合起来。其后，世宗宣武帝又"置国子，立太学，树小学于四门"⑦，中央教育机构更臻完善。

北魏统治者重视学习儒家经典，吸收了许多儒家学者和汉族大臣，使儒学教育在北朝有了进一步发展，北方儒学传统得以延续，并逐步发展出一些与南方不同的特点。如陈奇"爱玩经典，博通坟籍，常非马融、郑玄解经失旨，志在著述五经。始注《孝经》《论语》，颇传于世，为搢绅所称"⑧。上党长子人李玄纪、李业兴父子"并以儒学举孝廉。……后乃博涉百家，图纬、风角、天文、占候无不详练，尤长算历"⑨。

地方城市的儒学教育也较为发达，显祖献文帝时期，"初立乡学，郡置博士二人、助教二人、学生六十人"⑩。而且将教育纳入地方官的考核范围，对地方教育的发展起到了促进作用。范阳郡裴延俊"命主簿郦恽修起学校，礼教大行，民歌谣之。在州五年，考绩为天下最"⑪。崔游"熙平末，转河东太守。……太学旧在城内，游乃移置城南闲敞之处，亲自说经，当时学者莫不劝慕，号为良守"⑫。在北

---

① 魏收：《魏书》卷八十三《外戚传》，中华书局，1974年，第1819页。
② 魏收：《魏书》卷十三《文成文明皇后冯氏传》中华书局，1974年，第328页。
③ 陈寅恪：《唐代政治史述论稿》，上海古籍出版社，1997年，第71页。
④ 魏收：《魏书》卷五十六《郑道昭传》，中华书局，1974年，第1241页。
⑤ 魏收：《魏书》卷七《高祖纪》，中华书局，1974年，第168页。
⑥ 魏收：《魏书》卷五十六《郑道昭传》，中华书局，1974年，第1241页。
⑦ 魏收：《魏书》卷八《世宗纪》，中华书局，1974年，第204页。
⑧ 魏收：《魏书》卷八十四《儒林传》，中华书局，1974年，第1846页。
⑨ 魏收：《魏书》卷八十四《儒林传》，中华书局，1974年，第1861页。
⑩ 魏收：《魏书》卷六《显祖纪》，中华书局，1974年，第127页。
⑪ 魏收：《魏书》卷六十九《裴延俊传》，中华书局，1974年，第1529页。
⑫ 魏收：《魏书》卷五十七《崔游传》，中华书局，1974年，第1276页。

魏末年，儒学教育依然受到重视，羊深请求废帝"诏天下郡国，兴立儒教。考课之程，咸依旧典"①。

北魏统治者对孔子等儒家先贤的祭祀也日益隆重。世祖时期，"起太学于城东，祀孔子，以颜渊配"②。世祖拓跋焘重视贵族教育，对私人教育深恶痛绝，主张百工传授子弟，各守其业，"制自王公已下至于卿士，其子息皆诣太学。其百工伎巧、驺卒子息，当习其父兄所业，不听私立学校。违者师身死，主人门诛"③。

北朝时期，城市私学对培养人们的生存技能、传播文化知识和促进社会发展进步有着不可低估的作用。私学对于改变社会风气，提高社会道德水准也有作用。而且从某种程度上说，此一时期私学教育的作用远大于官学，在教育史上具有重要的地位。④北朝时期，城市中私人教育非常兴盛，如张伟"学通诸经，讲授乡里，受业者常数百人"⑤。武邑人刘兰"为中山王英所重。英引在馆，令授其子熙、诱、略等。兰学徒前后数千，成业者众"⑥。从刘兰的经历中可见，当时许多的大臣亲王都开馆办学，不仅教授家族子弟，而且招收外姓子弟，对教育的发展起到了很大的作用。该时期私学教育的内容非常广泛，不仅有传统的儒学教育，还有玄学、文学、科技、医学、艺术乃至佛学等。总之，此一时期的教育内容包罗万象，进一步打破了汉代以来儒家独尊的局面，对后世产生了积极的影响。

总体上看，北魏城市的儒学教育有了很大的发展，甚至可以说在一定程度上复兴了北方的儒学。"太祖初定中原，虽日不暇给，始建都邑，便以经术为先，立太学，置五经博士生员千有余人。"⑦孝文帝迁都洛阳后，"于是斯文郁然，比隆周汉"⑧。世宗时，"天下承平，学业大盛"⑨。但是从孝昌帝开始，北魏陷入混乱，"海内淆乱，四方校学所存无几"，"及迁都于邺，国子置三十六人。至于兴和、武定之世，寇难既平，儒业复光矣"⑩。北魏接受了以儒学为核心的封建文化教育方式，在其统治北中国近一个半世纪中，其教育的特点是"以经术为先"。这主要体现在皇帝们带头学习儒家经典，祭祀孔子，极为重视专门讲授儒学的中央官学，延揽和重用儒学人才等。⑪

佛教在北魏也得到发展，佛学教育繁荣，如元熙为"信佛法，自出家财，在诸

---

① 魏收：《魏书》卷七十七《羊深传》，中华书局，1974年，第1705页。
② 魏收：《魏书》卷四《世祖纪》，中华书局，1974年，第71页。
③ 魏收：《魏书》卷四《世祖纪》，中华书局，1974年，第97页。
④ 陈英：《魏晋南北朝私学的历史地位》，殷宪、马志强《北朝研究》（第一辑），北京燕山出版社，2008年第2版，第318—321页。
⑤ 魏收：《魏书》卷八十四《儒林传》，中华书局，1974年，第1844页。
⑥ 魏收：《魏书》卷八十四《儒林传》，中华书局，1974年，第1851页。
⑦ 魏收：《魏书》卷八十四《儒林传》，中华书局，1974年，第1841页。
⑧ 魏收：《魏书》卷八十四《儒林传》，中华书局，1974年，第1842页。
⑨ 魏收：《魏书》卷八十四《儒林传》，中华书局，1974年，第1842页。
⑩ 魏收：《魏书》卷八十四《儒林传》，中华书局，1974年，第1843页。
⑪ 马志强：《北朝儒学教育刍谈》，殷宪、马志强《北朝研究》（第一辑），北京燕山出版社，2008年第2版，第234—235页。

第七章
秦汉魏晋南北朝时期的城市教育

州镇建佛图精舍，合七十二处，写一十六部一切经。延致名德沙门，日与讲论，精勤不倦，所费亦不赀"①。

在草原文明与中原文明融合之下的教育，培养了一些具有双重气质的儒者，如燕郡蓟人平鉴"受学于徐遵明，不为章句，虽崇儒业，而有豪侠气"②。

北魏城市教育亦体现出儒、释、道合流的趋势，许多学者兼治诸学，并广为讲授。如卢景裕注《周易》《尚书》《孝经》《礼记》《老子》，"又好释氏，通其大义"③。王公贵戚也多兼治儒、释、道三家之学，如元愉"招四方儒学宾客严怀真等数十人，馆而礼之。所得谷帛，率多散施。又崇信佛道，用度常至不接"④。

总之，北魏政权在顺应草原文明与中原文明融合的趋势下，大力发展儒家教育，创设学制、兴修学校、增设学员，吸收大量的儒家知识分子进入政权。又在中央和地方城市中大力办学，将儒家教育与官员的选拔及考课联系起来，对农牧文明的融合产生了积极的作用。与此同时，北魏的教育又是多元化的，这主要表现在私人办学的繁荣以及在教育内容上儒、释、道合流的趋势等方面，从而反映了这个时期多元文明从碰撞到融合的趋势。北魏时期，儒学独尊的局面进一步被打破，经学受到民间玄学的改造。此外，北魏统治者还创造了一些有意义的学习和教学方法，限于篇幅，此不赘述。

北齐时期，依然重视都城中国家教育体系的恢复和发展。齐高祖早年重视儒学和儒生，对皇子的儒学教育也非常重视，"虽庠序之制有所未遑，而儒雅之道遽形心虑。魏天平中，范阳卢景裕同从兄礼于本郡起逆，高祖免其罪，置之宾馆，以经教授太原公以下。……及天保、大宁、武平之朝，亦引进名儒，授皇太子诸王经术"⑤。齐高祖以后的各位统治者对皇子的教育也莫不踵继前武，延请大儒，不遗余力。河间郑人邢峙"游学燕、赵之间，通三礼、《左氏春秋》。天保初，郡举孝廉，授四门博士，迁国子助教，以经入授皇太子"⑥。

文宣帝时期，"诏郡国修立黉序，广延髦俊，敦述儒风。其国子学生亦仰依旧铨补，服膺师说，研习《礼经》。往者文襄皇帝所运蔡邕石经五十二枚，即宜移置学馆，依次修立"⑦。

北齐时期，境内的私人教育依然较为兴盛。当时儒学名师众多，学徒甚盛，渤海南皮人李铉学成后"教授乡里，生徒恒至数百。燕、赵间能言经者，多出其门"⑧。平原人张买奴"经义该博，门徒千余人。诸儒咸推重之，名声甚盛"⑨。中

---

① 魏收：《魏书》卷八十三《外戚传》，中华书局，1974年，第1819页。
② 李百药：《北齐书》卷二十六《平鉴传》，中华书局，1972年，第371页。
③ 魏收：《魏书》卷八十四《儒林传》，中华书局，1974年，第1860页。
④ 魏收：《魏书》卷二十二《孝文五王传》，中华书局，1974年，第590页。
⑤ 李百药：《北齐书》卷四十四《儒林传》，中华书局，1972年，第582页。
⑥ 李百药：《北齐书》卷四十四《儒林传》，中华书局，1972年，第589页。
⑦ 李百药：《北齐书》卷三《文宣帝纪》，中华书局，1972年，第53页。
⑧ 李百药：《北齐书》卷四十四《儒林传》，中华书局，1972年，第585页。
⑨ 李百药：《北齐书》卷四十四《儒林传》，中华书局，1972年，第588页。

山北平人张雕"负箧从师,不远千里。遍通五经,尤明三传,弟子远方就业者以百数,诸儒服其强辨"①。

北齐的教育内容和教育门派多延自北魏,但有粗疏之弊。北周的统治者多来自陇西集团,河陇士族具有崇尚武功、敦崇儒学、多本地地方官和下层士族等特点,但思想较为开放。② 总的来看,北齐时代的儒学教育依然不是很理想,"齐氏司存,或失其守,师、保、疑、丞皆赏勋旧,国学博士徒有虚名,唯国子一学,生徒数十人耳。……胄子以通经仕者唯博陵崔子发、广平宋游卿而已,自外莫见其人"③。

北周时期,统治者非常重视儒学,太祖"崇尚儒术,明达政事,恩信被物,能驾驭英豪,一见之者,咸思用命"④。北周太祖还改武游园为道会苑,立露门学,置生员七十二人。"太祖置学东馆,教诸将子弟,以深为博士。深经学通赡,每解书,尝多引汉、魏以来诸家义而说之。"⑤

北周统治者非常重视儒家教育,重视吸收汉族知识分子,"虽遗风盛业,不逮魏、晋之辰,而风移俗变,抑亦近代之美也"⑥。北周还出现了一批儒家学者,他们教授徒众,促进了城市私学的繁荣。

总之,北周的统治者虽重视儒学,但也有其时代局限,所谓"近代守一经之儒,多暗于时务。……近代之政,先法令而后经术"⑦。所以单就儒学自身来说,并没有超越前代的成就,其地位反倒有一定的下降。

北周城市的其他教育事业也有所发展。周武帝虽然一度灭佛,但该时期从总体上说,儒、释、道合流的趋势继续加强。统治者的某些过激行为虽然会影响历史发展的进程,但历史发展的潮流却是无法阻挡的。

此一时期,家庭教育也是城市教育中的重要内容。从总体上说,魏晋南北朝的世家大族尤为重视家庭教育,如关西杨氏长盛不衰的原因之一就是家族内部的良好教育和修养。⑧ 累族共居,同灶共食,是北方世族的一个特色。而家族共同饮食,也是维系北方世族累世同居的一个原因。而另一个维持中原世族累世同居的原因,则是世代相传的家教。自魏晋门第社会形成后,门第之中上自父兄,下至弟子,有两个共同的愿望:一则希望门中子弟具有孝友的德行,家族成员和睦相处;一则希望能有较高的文化修养,以经史传家。前者是家风,后者是家学,二者合并而言则为家教。⑨ 因为世家大族同财共居,需要延续文化和血脉,而自从汉末离乱以来,

---

① 李百药:《北齐书》卷四十四《儒林传》,中华书局,1972年,第594页。
② 薛金玉、张晓连:《试论魏晋时期的河陇士族》,殷宪、马志强《北朝研究》(第一辑),北京燕山出版社,2008年第2版,第276—277页。
③ 李百药:《北齐书》卷四十四《儒林传》,中华书局,1972年,第582页。
④ 令狐德棻等:《周书》卷二《文帝纪》,中华书局,1971年,第37页。
⑤ 令狐德棻等:《周书》卷四十五《儒林传》,中华书局,1971年,第811—812页。
⑥ 令狐德棻等:《周书》卷四十五《儒林传》,中华书局,1971年,第806页。
⑦ 令狐德棻等:《周书》卷四十五《儒林传》,中华书局,1971年,第818—819页。
⑧ 徐美莉:《试论南北朝时期弘农杨氏之兴衰》,殷宪、马志强《北朝研究》(第一辑),北京燕山出版社,2008年第2版,第282—284页。
⑨ 逯耀东:《从平城到洛阳——拓跋魏文化转变的历程》,中华书局,2006年,第112—114页。

第七章
秦汉魏晋南北朝时期的城市教育

典章制度与学术文化的传授就不再完全控制在太学博士手中，父子相传便成为一条重要的途径。中原的高门士族如崔氏、高氏等，河西的李冲家族等都是如此。[1] 南北朝时期城市中的人们聚族而居，为保持家族的发展，家族教育日益受到重视，并涌现了《颜氏家训》等重要的成果。此一时期，规模较小的家族对教育也非常重视，教育成败对其社会地位关系重大，正如陈寅恪所言："魏晋之际虽一般社会有巨族、小族之分，苟小族之男子以才器著闻，得称为'名士'者，则其人之政治及社会地位即与巨族之子弟无所区别，小族之女子苟能以礼法特见尊重，则亦可与高门通婚，非若后来士族之婚宦二事专以祖宗官职高下为惟一之标准者也。此点关系两晋、南北朝士族问题之全部。"[2]

小　结

秦汉时期，中华文明以儒家为主干的底色基本确定，在这个过程中，城市教育也得到了空前的发展。尤其是儒家教育，其在与政治充分结合后，进一步推动了城市中宫廷、官府与地方民间私人教育的空前发展。到了东汉时期，儒学与政治上的门第和经济上的豪强趋于融合，成为门阀制度的滥觞。伴随着儒家各派形成和发展，以儒家思想为核心的民间私人教育也日臻繁荣。与此同时，其他各学派的教育在社会中也有一定的影响。

魏晋南北朝时期，城市教育呈现出了多元化的新趋势。儒家的教育在统治者的大力提倡与地方士族的努力之下，得到了一定程度的复兴。儒学因其能为皇权提供合法性而受到统治者的提倡，无论是汉族统治者，还是少数民族统治者，概莫能外。此一时期，法家、佛教、道教在城市教育中也占据着重要的地位。魏晋南北朝时期，教育与选举制度（如察举制、中正制及正处在萌芽中的科举制度）充分结合，使得国家政权与士大夫及大家族牢牢地黏合在一起，为统一的隋唐帝国奠定了人才基础。

---

[1] 李凭：《北魏平城时代》，上海古籍出版社，2014年，第406—407页。
[2] 陈寅恪：《唐代政治史述论稿》，上海古籍出版社，1997年，第69—70页。

结　语

一、秦汉魏晋南北朝城市的兴衰

秦汉时期是中国城市发展的一个转折期。日本学者曾总结道：四千多年的中国都市史在时间上可以整齐地划分为二，前半部分为邑制都市时期，后半部分为县制都市时期。[①] 秦代统一六国后，形成了以都城咸阳为首位城市，以郡级治所为二级城市，以县级治所为三级城市的区域城市行政等级体系。在经济上，秦朝对城市实行高度管控；在文化上，推行同化政策，以吏为师，并将咸阳打造成为"神圣之都"。这些都对后世产生了巨大的影响，为中国城市文明奠定了基本底色。秦汉都城以及作为地方行政中心的郡城和县城，包括各乡、聚、亭、邑等聚落形态，共同构成了这一时期的城市体系。

秦朝的暴政导致秦末大起义。这是一场发生于城市的权力更替战争，秦末起义的领导者和骨干主要来源于城市，而且起义的目标和战场也多集中于城市，起义最终成为一场城市阶层的权力转移战争。秦末起义和随之而来的楚汉之争对城市造成了毁灭性的破坏。秦朝建立的郡县城市体系也出现了倒退。西汉初年，统治者实行郡县与分封两种城市体系并行的制度，分封城市体系卷土重来。

随着西汉政权的建立和社会秩序的稳定，汉代的城市逐渐得到恢复和发展。一方面，城市数量有所增加；另一方面，三级城市体系得以进一步巩固。汉武帝时期，对内大一统，对外开疆拓土，城市因之有了巨大的发展。东汉时期，城市出现新的发展，但因为国力衰退，统治者采取对内收缩的战略，城市数量有所减少。两汉时期，长安和洛阳先后成为全国城市体系的中心，同时也是全国的政治中心、经济中心、文化中心和对外交往中心，是当时的国际性大都市。长安与洛阳分别代表了汉代中国城市文明的两种特色，具有不同的布局特征和文化底蕴，体现了两汉城市在不同地域和不同发展阶段的不同特色。在两汉末年的动乱中，两大城市都遭到毁灭性破坏。

魏晋南北朝时期，战争、动乱和自然灾害导致这个时期的城市遭到了极大的破坏，全国范围内的城市都受到了冲击。但这个时期也是中国历史上城市建设的一个

[①] ［日］斯波义信著，布和译：《中国都市史》，北京大学出版社，2013年，第3页。

高峰期，出于军事防卫以及炫耀享乐等原因，城市得到空前的发展。城市建设成为农耕文明传播的重要方式与内容。这个时期城市的兴建也是文明融合的方式之一。罗马帝国崩溃后，新的游牧民族破坏了罗马的城市结构，但没有积极建设新的城市，从而使欧洲的城市文明长期停滞。而中国的游牧民族进入中原后，不仅重新建造了国都，而且积极学习农耕文化，为统一的隋唐帝国奠定了坚实的基础。在这一历史发展路径的选择上，不同文明间的包容互鉴或针锋相对，成为中西方走上不同发展道路的关键性因素。

二、秦汉魏晋南北朝城市制度的变迁

秦汉时代，经过反复整合，郡县制度成为国家权力结构体系和城市体系的基础，而分封制度则成为重要的补充。这个时期中华文明在对外开拓的过程中，还出现了属国和都护府等形式的外服城市体系。这样，就形成了多元一统的具有中华文明特色的制度文明和城市体系，并产生了具有深远意义的影响。这一城市体系与罗马帝国的一体多元有着显著的不同。

秦朝以法家思想治国，但很快遭到失败。汉初，统治者采用黄老之术治理国家，促进了国家的休养生息。由于儒家思想比较适合中国的政治、社会环境，因此汉武帝时儒家思想开始取代黄老之学，成为官方意识形态，从而增强了国人的文化认同感和国家的凝聚力，弥补了国家机器控制能力不足的问题，这也是大一统局面在中国得以维持的关键。而欧洲则在国家与宗教的合作和竞争中四分五裂，再也不能恢复昔日罗马时代大一统的辉煌。[1]

国家大一统对城市行政等级体系和城市的地理分布、建设规模产生了巨大的影响，对城市的空间形态和城市的建筑布局也有重要影响。汉代城市体系以郡县制为基础，实行郡国并行制。汉武帝时期，随着疆土的开拓，郡县体系不断扩展，出现了"道"这一建置，是少数民族地区的政治中心。东汉时期，州从一个虚化的行政单位走向实体，成为州郡县城市体系中的一环。汉武帝即位后，诸侯体系逐渐削弱，属国城市体系随着国力的兴衰而有所变迁，到了东汉时期，诸侯体系基本名存实亡，诸侯城市多成为诸侯的食邑，成为州郡县城市体系的补充。

魏晋南北朝时期城市体系的变迁，主要表现为州、郡、县城市体系的完全建立和进一步巩固。该时期出现了具有时代特色的军镇城市体系，封国体系和属国体系也出现了新的变化。这一时期，随着国家的分裂，南北各地出现了多个政治中心城市，部分政权的城市体系中出现了州郡县与军镇双重结构。不过，郡县城市体系与军镇城市体系在南北方都有出现。在北方，诸侯城市体系依然存在，但具有游牧民族的特点。此一时期，佛教成为连接南北城市体系以及属国城市体系的重要因素，体现了这个时期文明碰撞与融合的特点。

---

[1] 赵鼎新：《国家、战争与历史发展：前现代中西模式的比较》，浙江大学出版社，2015年，第90页。

秦汉时期的城市类型主要有政治中心、经济都会、军事重镇以及文化、祭祀中心等。此外,还有一些具有专门功能的城市,如仓储中心和在皇帝陵墓附近设置的卫星城市陵县等。秦汉时期城市的数量多随着国家政局的变迁而有所变化,秦朝奠定了这一时期全国城市数量的基础,西汉中期全国城市数量达到最高峰,东汉时期则有所下降。秦汉时期重要的城市多分布在关中和东部的黄河中下游地区,体现了这一时期政治和经济上的某些特点。西汉末期城市的朝向和总体布局发生了巨大变化——从东西向转向了南北向,而城市宫殿的布局则具有历史的延续性,变化不大。

魏晋南北朝时期,城市的类型出现了新的变化,尤其是坞堡和军镇的出现,具有鲜明的时代特征。城市建筑的空间布局出现了转折性的变化,这主要表现在城市范围的空前扩张和城市规划更加适应战争与战略的需要等方面。此一时期,中心城市在文明的碰撞、融合中确立了呈中轴线对称布局的空间形态,并对后世产生了巨大的影响。围绕中轴线,城市的宫殿、市场、住宅呈现出新的布局形态。城市空间尤其是都城空前扩大,布局更为封闭,体现了这个时期的特点。佛教寺院成为这个时期的一道城市风景。中国以行政中心为基准的城市布局与古罗马以广场和商业中心为基准的布局形态不同,体现了中西不同的城市文明特色。

秦汉时期的城市管理实践,主要体现为儒家的循吏和法家的酷吏这两种不同的管理风格在政治生活中的整合。同时,统治者通过对边郡城市的治理,使中原文明尤其是儒家的礼仪风俗开始传播到了边疆地区。中国古代实行城乡一体化管理,国家官僚制度体系与城市管理体系在宏观上是重合的。秦汉以来,建立了以三级城市体系为中心,以诸侯和属国管理体系为补充的多元一体管理制度,由此形成了城市管理体系的构架。这一时期,城市管理形成了较为严密的治理结构,从上层到基层,均有较为严密的管理网络。秦汉时期,城市管理者的选拔方式多种多样,并大致与同一时期其他官员的选拔方式一致。这一时期的城市管理,人治色彩浓厚,管理者的个人能力和素质对城市的治理具有至关重要的作用。秦汉时期逐步形成了儒、法两派城市治理思想,同时也产生了循吏和酷吏的区分。随着儒家逐步成为汉代思想的主流,儒家的治理和教化思想在城市治理中逐渐占据上风。但是,法家的治理思想依然为许多官员所采用,在城市治理的实践中,儒法两家呈现出融汇合流的趋势。儒法并用、"霸王杂之"的治理方式成为汉代城市治理的发展趋势。随着汉代城市治理水平的提高和治理思想的进步,边疆城市的治理更加井然有序,这对传播中华文明具有重要的意义。

汉代城市治理的主要内容有治安、市政、经济和风俗等四个方面。其中,城市治安管理与政治的关系最为密切。豪强和盗贼是城市治安管理中最为重要的两个问题。这两个问题与汉代的权力结构及政治生态密切相关。汉代的城市经济管理体现了浓厚的重农思想,国家对工商业采取限制措施。汉代的市政管理范围颇广,几乎涉及城市各阶层日常生活的方方面面。汉代的城市社会风俗管理,体现了儒家的治理思想和治理目标。

魏晋南北朝时期城市的管理制度有所变化。总的来说，这一时期城市在管理体系与机制上的变化，是与政治、经济及社会的变动相适应的。在管理思想上，这一时期依然以儒、法两家为主。这一时期城市管理的内容主要有治安管理、市场管理等。该时期的城市管理多体现出文明碰撞与融合的时代特征。魏晋南北朝时期，城市管理一方面继承了秦汉时期的制度和管理体系，另一方面也创立了新的管理方式与社会治理制度。其中，最为重要的创新就是设立了里坊制度，里坊后来成为城市基层管理的基本单位。魏晋南北朝时期，城市管理思想多元化，法家管理思想一度受到统治者的青睐。随着文明融合进程的加快，儒家的管理思想越来越受到重视。同时，随着民族融合趋势的加强，统治者在城市管理中越来越重视"夷夏欢悦"的管理局面和治理效果。

三、秦汉魏晋南北朝城市物质文化的变迁

秦汉时期，国家统一，社会稳定，生产得到恢复和发展，人口数量达到了历史空前的水平，同时，出于政治的需要，人口还发生了大规模的移动。魏晋南北朝时期，战乱一度导致人口锐减，为躲避战祸，出现了规模庞大的人口迁移，城市人口的成分也日益复杂。秦汉时期中华文明具有强大的辐射力，随着政治、经济的发展，人口分化为多个阶层；教育的发展，使人们的文化素质有所提高；察举制度则导致了城乡人口和不同阶层人口的流动。秦汉时期，人口最多时达6 000多万，是中国历史上人口较多的时期之一。

关于该时期城市人口的比例，学术界有不同的看法。一些日本学者对此做出了较高的估计，其原因在于这些学者将居住在城郭中的农民也算为城市人口。秦汉城市均有城郭，一些学者认为，城郭是两汉占主导地位的聚落形态。西汉时期，城郭的修建达到了高峰。城郭主要是出于安全的考虑而修建的，因此对城郭的修治成为官吏的日常政务之一。[①] 在汉代，城郭被中原民族视为自身的文化特征，以区别于周边的少数民族。[②] 边民多居住在城郭内，而在城外耕牧。[③] 但出于生存压力，西汉时期就有人越出城郭逃居野外，故政府多对城外的野居者进行惩罚。东汉时期，在城外居住的主要有隐居者和农业屯垦者，如经营坞堡的地主，坞小而坚固，军事色彩较浓，具有一定的屏障作用。此外，还有到城外躲避战乱的人等。[④] 据保守估计，秦汉时期的城市人口应占总人口的百分之三十以上。

秦汉时期城市的人口流动很大，主要有两个流动方向：一个方向是从各地向都城移动。这一方面是统治者出于弱枝强干的统治需要而主导的，另一方面则是都城作为政治、经济、文化中心的巨大吸引力引发的。秦汉时期人口流动的另一个方向

---

① 张继海：《汉代城市社会》，社会科学文献出版社，2006年，第29—31页。
② 张继海：《汉代城市社会》，社会科学文献出版社，2006年，第36页。
③ 张继海：《汉代城市社会》，社会科学文献出版社，2006年，第35页。
④ 张继海：《汉代城市社会》，社会科学文献出版社，2006年，第91—94页。

就是边疆。这其实是统治者开疆拓土的必然结果。从阶级的角度看,秦汉时期城市主要的人口可分为统治者和普通人民。统治者主要是官吏、贵族、军队及其附属人员等。普通人可分为工商业者、农民及流动人口等。城市中的人们依然在里巷中聚族而居。随着对外交流的活跃,秦汉时期中华文明对周边地区以及其他国家产生了很大的吸引力,使得城市人口中的民族成分日趋复杂。

魏晋南北朝时期的城市人口也处在一个移动和大变动的时期。此一时期,周边少数民族入主中原城市,佛教信奉者在城市中大量存在,来自周边地区和其他国家的人在城市人口中也占有一定的比例。在战乱中,城市成为人们的避风港,各种不同文化背景的人们在城市中共同生活,在经济、文化和风俗等方面互相融合。该时期城市人口数量虽然受战乱影响而大幅减少,但城乡人口的比例却较秦汉时期有所提高,而且城市人口出现了大迁移和大变动,逃避战乱成为人口迁移的主要原因,此外,被迫迁移也是这一时期人口流动的重要原因。如胜利者将战败者所管辖的人口迁移到自己的重要城市中,这样一方面便于监督控制,另一方面有利于增强自己的实力,这种情况已成为该时期城市人口迁移的常态。该时期人口迁移的主要方向为中原人口向南方、河北及东北地区移动。魏晋南北朝时期城市人口成分也异常复杂。首先,周边少数民族进入中原,成为中原城市人口的一分子,尤其是中心城市,还有许多外国人。其次,城市人口的文化背景也较为复杂。如随着佛教的传播,佛教信奉者成为城市人口的重要组成部分。各种文明在城市这个异质空间中碰撞、融合、发展,是贯穿于这个时期中国城市历史的主题,也是以汉族为主体的多元的中华民族由分散、接触、冲撞,走向交流、混杂与融合,最终形成一体的过程。①

秦汉时期,随着国家的统一,全国性市场也建立起来,北方和南方城市经济都得到了不同程度的发展。秦汉时期,城市成为市场间的联络结点。工商业和农业的发展,丰富了市场上的产品种类。东、西、南、北以及中外的交流使得城市中的市场日趋完备。秦汉时期,南北城市都得到了不同程度的发展。北方城市发展较早,较为发达,关中以及黄河中下游地区的城市是全国的经济重心所在。南方城市也有了一定的发展,出现了若干重要的经济中心城市。秦汉时期,政府对城市经济的控制日趋严密,对市场进行了严格的管理。国家控制着城市中重要的手工业和国家的盐铁资源,并逐步对大商人采取限制政策。城市经济的发展与全国性市场体系的形成,为中华文明对周边地区发挥辐射作用奠定了物质基础。

魏晋南北朝时期,虽然战乱导致城市经济和物质文明遭受严重的破坏,但战乱也推动了中原文明重心的转移,使南方城市的经济得到发展,建康、番禺、夏口等中心区域城市得到开发。北方中原城市虽然遭到毁灭性破坏,但随着南北文明的融合,城市经济也逐渐繁荣起来。周边城市的经济,则随着政权的兴衰而不断地变化。政府控制城市工商业发展的传统,在魏晋南北朝时期仍得到延续。南北贸易和

---

① 罗贤佑:《关于中国民族史研究的几点思考》,《烟台大学学报》(哲学社会科学版),2014年第5期。

中外贸易也得到空前的发展，城市成为南北及中外贸易链条上的明珠，对推动南北及中外贸易起到了巨大的作用，促进了文明的交流与融合。总体而言，首先，魏晋南北朝的城市交通有了一定的发展，扩展了城市之间的联系。城市作为交通网络上大大小小的层次性空间结点，承担着区域内的物资、商品、人口和信息的流通、中转和集散作用。[①] 其次，南北方城市均获得了一定程度的发展。不同政权的城市在经济上有着广泛的联系，而且设有互市、军市等，促进了经济的交流和城市的发展。同时，城市也是中外经济交流中重要的中转站，在促进中外交流与合作方面发挥了重要作用。

四、秦汉魏晋南北朝城市风俗与精神文明

秦汉时期，城市居民的物质生活、精神生活均发生了变迁，社会风俗也随着以儒家文化为主干的中华文明的形成与传播而发生了改变。儒家的礼治、墨家的游侠、民间的巫风、上层社会的奢侈，都与此一时期社会风俗的形成息息相关。秦汉时期，城市居民的物质文化生活多受自然地理条件的影响，因此，不同的地域往往有不同的风习。此一时期，城市居民的物质生活还带有等级礼治的色彩，人们的衣、食、住、行皆显示了各自不同的社会等级和社会地位。城市居民在日常生活交往中形成了城市社会的风俗文化，同时，这一风俗文化又受到政治生活的影响，城市社会风俗文化的形成实为上层社会提倡的大传统与下层社会风行的小传统共同作用的结果。随着儒家思想受到统治者的提倡，儒家的礼乐教化对城市社会风俗的影响日益加深，如孝道、互助、厚葬等风习，皆有浓厚的儒家色彩。不过，民间社会的小传统依然顽强地在城市社会中生存、延续，如占卜、巫术、侠义精神等仍有较为肥沃的社会土壤。在节日习俗和日常生活中，民间的惯习得以充分表达。秦汉统治者十分重视对民风的引导，为维护统治，一些有作为的帝王对养士、游侠、厚葬等风气进行过治理，同时又提倡仁义，反对商人追求厚利。这些政策均对城市社会产生了深刻的影响。可以说，中国传统城市社会中所带有的具有鲜明中华文明特色的风习，在秦汉时期已逐渐形成。

魏晋南北朝时期，城市社会风俗在文明的碰撞、融合下发生了巨大的变化。首先，在物质生活中，人们的衣、食、住、行等方面充满了胡风和外来文明的色彩。城市社会中的儒家礼俗因战乱的冲击和儒家的衰落而出现了崩溃，老庄之学及隐逸之风盛行。外来文明与中原文明在城市中碰撞、融合，城市风俗"华夷"混杂，佛教成为城市社会的重要内容。在民俗方面，"汉化"和"胡化"随着政权的此消彼长而互有盈缩，但"汉化"始终是历史发展的主流，同时，佛教的礼俗也逐步成为人们日常生活的一部分，城市居民的社会风俗在文明的碰撞、融合中形成了新的面貌。魏晋南北朝时期，城市居民的物质生活发生了巨大的变迁，北方游牧民族的饮

---

① 陈刚：《六朝建康历史地理及信息化研究》，南京大学出版社，2012年，第80页。

食习惯、衣着打扮以及日常生活用品受到中原民族的喜爱，中原民族的物质文明也融入游牧文明之中。中原民族的占卜、巫术、风角等社会习俗对少数民族有着很大的吸引力，佛教文明也将这些富有神秘主义色彩的文化作为其宣传佛法的途径之一。此一时期，人们在城市中聚族而居的习惯依然存在，儒家的伦理精神在其中起到了巨大的作用。民族之间的通婚越来越普遍，并成为民族融合的重要途径。

秦汉时期的城市，尤其是都城，逐渐成为祭祀文化的中心。秦汉时期的祭祀场所逐渐从以前的名山大川转入城市，都城成为最重要的祭祀场所。这一变化体现了君主专制中央集权社会中皇权的至高无上和统治者期望实现"大一统"的美好愿望。对祭祀权的掌握，也成为帝王标榜合法性的重要依据。东汉时期，佛教与道教等日后影响中国文化发展的两大宗教在城市中得到发展，其影响也日益壮大起来。在汉代城市中，各种神秘文化的势力很大，官方对所谓的"淫祠"进行了治理。城市教育得到了空前的发展，尤其是儒家教育逐渐与政治相结合，从而推动了宫廷、官府与城市民间儒学教育的发展。到了东汉时期，儒学与政治上的门第和经济上的豪强趋于融合，成为门阀制度的滥觞。伴随着儒家各派的形成和发展，以儒家思想为核心的民间私人教育有了空前的发展。同时，城市社会中的其他各学派如黄老之学、律学、医学等的教育也有一定的市场。汉代也是我国艺术发展史上的一个重要时期，城市中各种艺术空前繁荣，歌赋、舞蹈、书法等艺术得到极大的发展，并对后世产生了巨大的影响。

魏晋南北朝时期，城市是精神文明的中心。中国传统的祭祀文化也在文明的碰撞、融合中发生了变迁，明堂问题一直是南北方各政权争论不休的议题。佛教和道教成为城市社会中的重要精神信仰。国之大事，在祀与戎。魏晋南北朝的祭祀礼仪，既有对前代祭祀文化的继承，又有所变革，尤为重要的是加入了许多游牧文化的因子。这一阶段遂成为我国祭祀文化发展的重要时期。总的来说，魏晋南北朝在祭祀文化方面的变迁如下：一是随着部分统治者对儒家文化的重视，孔子的祭祀地位有了很大的提高；二是都城作为政治中心，在祭祀文化中的地位也得到了进一步的提升，祭祀文化对加强集权和强化城市作为社会中心的功能也起到了很大的推动作用；三是随着民族与文明融合进程的加快，中原地区的传统祭祀方式受到少数民族政权的推崇。在城市宗教信仰中，佛教与道教得到空前的发展。在文明的融合中，儒家与佛教、道教从对立逐渐走向融合，以儒、释、道为基本内容的中华文明主流文化基本形成。城市中的各种神秘文化信仰，仍受到人们的喜爱，但也受到城市统治者越来越严格的管制。

学术界常常争论，南朝和北朝，谁对隋唐制度的影响更大一些。一般而言，人们对南朝历史的兴趣比对北朝历史的兴趣更大一些，关注也更多一些，究其原因，不外北朝的文化成就逊于南朝。其实，从制度层面而言，北朝不论是对当时的历史发展,还是对隋唐的历史发展,其影响都远远超过南朝。① 而从城市文明发展变迁的角度看,魏晋南北朝时期,不光是南北文明,中外文明的各种因素都在城市中碰撞、融合,为中华文明注入了新鲜的血液。草原政体和农业政体在适应地理环境方面,在生产方式、组织方式上,各有其自身的比较优势,它们互相学习模仿,并在竞争与交流中融合。② 因此,我们在讨论这一时期的文明时,又何必拘执于南方或北方呢?

---

① 周一良:《周昙〈咏史诗〉中的北朝》,《魏晋南北朝史论集续编》,北京大学出版社,1991年,第203页。
② 赵鼎新:《国家、战争与历史发展:前现代中西模式的比较》,浙江大学出版社,2015年,第103页。

附 录

表一 秦汉城市遗址考古情况一览表

名称		今址	性质	形制	考古遗存
秦汉都城城址	咸阳	今陕西咸阳市以东	秦都城	有无郭城还在争论，南北约6700米，东西约7200米。宫殿区在都城的高亢之地，北宫为咸阳宫，南宫为甘泉宫。手工业作坊区和居民区邻近渭水。秦孝公迁都咸阳后，开始在咸阳城南部的渭河南岸营建宗庙，为都城布局的一个重大变化	咸阳宫遗址，甘泉宫遗址，章台遗址，阿房宫前殿遗址，秦上林苑遗址，制陶、冶铸等手工业遗址，墓地等
	长安	今西安西北郊	西汉、东汉末、西晋、前赵、前秦、后秦、西魏、北周都城	近方形，周长25014.83米，城墙底部宽约16米，现存最高处约10米，四角有角楼。长安城共有12座城门，与其中8座城门连接的8条大街将城内分为11区	长乐宫遗址、未央宫遗址、桂宫遗址、北宫遗址、明光宫遗址、建章宫遗址、甘泉宫遗址、上林苑遗址、武库遗址及市场、手工业作坊遗址等
	洛阳	今洛阳市以东	汉魏都城	略呈不规则的南北长方形，南北九里，东西六里，故而有文献称之为"九六城"。宫殿区占三分之一以上，形成南宫和北宫南北对峙的格局。重要礼制建筑如北郊兆域位于城北，圜丘、灵台、明堂、辟雍、太学在城南，人口较为密集的居民区如上商里位于城东北角，马市设于城东，南市设于城南	灵台、明堂、辟雍、太学、官府建筑等遗址

续表

	名称	今址	性质	形制	考古遗存
黄河中下游（关中及关东地区）郡国城址	临淄齐国故城	山东临淄区齐都镇	西周晚期至汉代齐国都城，汉武帝元朔二年除为郡，临淄成为郡治所在	分大小两城，大城东西约4000米，南北约4500米，小城在大城西南，东西1400米，南北2200米。大、小城共有11座城门。两城内有10条交通干道，与城门相通，将全城分割为一个个近似方形的区域	桓公台、铸币作坊、铜镜铸造作坊、炼铁作坊等遗址
	夏县禹王城	山西夏县禹王乡	战国魏前期都城安邑城	城分大、中、小三部分，大城平面近似梯形，北窄南宽；中城在大城西南部，略呈方形；小城在大城中央，为长方形	铸铁遗址等
	邯郸大北城	河北邯郸市区的西半部、西南部	战国时期赵国都城、汉代赵国都城	大北城为郭城，其西南有三座品字形宫城。大北城城墙呈不规则的长方形，城内地势西北高东南低	温明殿遗址，"铸箭炉""皇姑庙""梳妆楼""插箭岭"等遗址、烧陶作坊、铸铁作坊、铸铜作坊等遗址和汉代及其以后的墓葬
	曲阜鲁国故城汉城	山东曲阜	西周至汉代鲁国都城	周代的鲁国故城平面呈不规则的长方形，汉城位于周代鲁国故城内西南部，呈长方形，东西2500米，南北1500米，周长8410米。有7座城门	城内东北部有大规模宫殿建筑群，有周公庙、冶铁遗址等
	章丘东平陵故城	山东章丘市龙山镇	汉代济南郡治东平陵县故址	平面呈正方形，边长约1900米，周长7500米。相传有城门12座	冶铁、制陶作坊遗址等
	高密城阴城	山东高密市西南	战国时齐国的重要城市，秦代在此设胶西郡，西汉文帝时设胶西国，宣帝更名为高密国，建武十三年属北海郡	长方形，东西1950米，南北1850米，有城门6座，中、南部多建筑基址，居住区在东南和东北部	冶铁、铸铜遗址等

续表

	名称	今址	性质	形制	考古遗存
黄河中下游（关中及关东地区）县邑城址	洛阳汉河南县城	河南洛阳市西郊小屯村	县署	近方形，周长约5720米，墙基宽6.3米左右	房址、仓囷、水井等西汉遗迹，冶铁、烧窑遗址
	襄汾赵康古城	山西襄汾县赵康镇东	晋之"聚""故绛都"，西汉初年的临汾县故城	近长方形，周长约8480米。城内北部正中有一座小城址	南城垣遗存、汉代建筑基址和墓葬
	临潼栎阳故城	陕西临潼县武屯镇关庄和玉宝屯一带	秦都、汉代临时都城	长方形，东西约2500米，南北约1600米。城内有13条道路。大型建筑遗址在故城中部，手工业作坊在城内东南、东北部	秦汉建筑遗址、一般居址和手工业作坊15处
	咸阳长陵邑	陕西咸阳市渭城区韩家湾乡怡魏村	陵邑	长方形，南、北、西三面有墙，东面无墙，北墙长1300米，西墙长2200米，南墙长1245米，三墙各有一个门	汉代建筑遗址、砖瓦、汉代墓葬区
	房山窦店古城	北京市房山区窦店乡	大城为战国燕国中都、汉代涿郡良乡县城故址	近方形，有内外两道城墙，外面一道城墙东西约1230米，南北约960米，周长4500米。里面一道城墙东西约1100米，南北约860米。城西北有北魏修筑的小城	冶铁、铸铜遗址，六边形水道，汉代砖室墓
	盱眙东阳故城	江苏盱眙县东阳乡	县级城市，秦东阳县治。西汉为临淮郡东阳县，东汉时隶属下邳国、广陵郡、临淮郡	东西两城并列，呈方形，正南北向，东城保存较好，西城破坏严重，面积合计约150万平方米	秦始皇二十六年诏书铜权、半两钱、五铢钱和秦汉砖瓦等
	临潼新丰故城	陕西临潼县新丰镇沙河村南	是刘邦为其父修建的府邸，同时置县，按照沛之丰邑的形制修建	略作长方形，东西600米，南北670米	秦代大型建筑群基址等
	商水扶苏城	河南商水县扶苏村	似为西汉汝南郡之阳城	由内外两城组成，外城东西800米，南北500米。内城坐落在外城中北部，平面呈方形	战国铸铁遗址1处，西汉砖瓦窑6座，汉至宋墓多座

续表

	名称	今址	性质	形制	考古遗存
长江中下游地区的郡国城址①	云梦楚王城	湖北云梦城关	楚王城为楚之安陆城、秦及汉初之安陆县、汉江夏郡治	云梦楚王城近似刀型，东西最长2050米，南北最宽1200米。城址四角均有高台建筑	战国时期楚墓和秦汉时期的墓葬
长江中下游地区的县邑城址	宜城楚皇城	湖北宜城东南	春秋时鄢的都邑，楚昭王时曾迁都于此，秦汉时属南郡	略呈长方形，周长6380米	紫禁城、烽火台、散金坡、跑马堤、金银冢等
	蕲春罗州古城	湖北蕲春县漕河镇西北	西周时为蕲国，东周时属楚，秦属南郡，西汉时为蕲春县，属江夏郡，北齐时置齐昌郡，后称罗州	不规则圆角长方形，中轴线走向约为20度。汉代城墙为不规则的方形	汉代城墙、唐宋城墙
	龙山里耶古城	湖南湘西自治州龙山县里耶镇西水北岸	秦代的迁陵县城	长方形，南北210.4米，东西残长103～107米	井台遗迹、简牍37000余枚
	赤壁土城	湖北赤壁市新店镇土城村蟠河北岸	大城应是楚国一处地方城邑，小城应是西汉一座县城	由战国时期的大城和西汉时期的小城组成。小城在大城西南部。西汉城址呈南北向长方形，周长1449米	六座夯土建筑基址

---

① 目前发现的郡国城址主要有安徽寿县寿春故城（秦汉九江郡治）、荆州郢城（南郡治郢县）、鼎城索县故城（汉武陵郡治）、云梦楚王城（秦安陆县、汉江夏郡治）、湖南长沙楚城（汉长沙国、郡治临湘城）等。

续表

	名称	今址	性质	形制	考古遗存
北方长城沿线地带的郡国城址	磴口包尔陶勒盖古城	内蒙古磴口县城西北	汉朔方郡三封县城	大小城相套，有两重城垣。内城呈方形，边长180米	防御性建筑遗迹、城墙、绳纹板瓦、筒瓦、卷云纹和几何纹瓦当、铁铤、铜镞、钱币等
	包头麻池古城	包头市南郊麻池乡	北城是战国时期赵国九原城，秦代置九原郡，西汉时置五原郡，为五原郡治。南城是汉五原郡五原县城	分南北两城，呈南北相接的斜吕字形，北城东西720米，南北690米；南城东西640米，南北660米	城门、筒瓦、板瓦、五铢钱、铁甲片、铁铲和铜镞等
	和林格尔土城子古城	内蒙古和林格尔县城北	定襄郡治成乐县，魏晋至北魏时鲜卑族拓跋部建都于此，名盛乐	不规则多边形，东西1550米，南北2250米。由南、北、中三个不同时期的城址构成	建筑遗迹、陶窑遗址等
	宁城外罗城古城	辽宁宁城县西南	西汉右北平郡治	有大、中、小三城，一般称大城为外罗城，中城为黑城，小城为花城。外罗城最大，平面为东西长方形，东西1800米，南北800米。黑城平面为长方形，东西810米，南北540米。花城平面呈南北长方形，东西残存约200米，南北约280米	钱范作坊遗址等
	宝坻秦城	天津宝坻县石桥乡辛务屯村南	战国时右北平郡治	不规则四边形，城址总面积近50万平方米	城墙、房址等

续表

	名称	今址	性质	形制	考古遗存
北方长城沿线地带的县邑与属国城址	磴口补隆淖古城	内蒙古磴口东北	汉临戎县故城	长方形	土台、兵器库遗址、兵器作坊遗址等
	托克托哈拉板申西古城与东古城	内蒙古托克托县城北偏西	蒙恬所筑四十四城之一	西古城平面形制不规则，东古城平面呈方形，城东北有方形小城	砖瓦、兵器、钱币、印章等
	呼和浩特美岱二十家子古城	内蒙古呼和浩特市郊二十家子村西滩村东	安陶县城或者武皋县城	城分内外，外城近方形，内城呈回字形	官署、仓储、窖穴、窑址和冶铁等遗址
	呼和浩特塔布陀罗海古城	内蒙古呼和浩特东北	西汉云中郡武泉县故址	城址近方形，有大小两城，小城在大城北部正中	兵营、民居等遗址
	卓资三道营古城	内蒙古卓资县三道营乡东南	初步推断为西汉定襄郡之武要县故城	古城分东西两城，东城约为唐以后增筑。西城分南北两部分，城墙有马面，平面多为长方形，瓮城平面基本为正方形，西北角楼和西南角楼平面呈圆角方形	院落遗址、高台、建筑基址、砖瓦陶片、钱币、兵器等
	神木大保当古城	陕西神木县大保当镇附近	可能为汉代上郡属国治龟兹县城	城址平面呈五边形，分南北两部分	制陶作坊区、坟墓、建筑基址、水井等遗址
边远地区的城邑	汉居延县城	河西走廊以北的居延泽	汉武帝时为张掖郡居延县；东汉安帝时，改为居延属国；建安末年，设西海郡，城称西海城	城址平面呈方形，周长1205米，有瓮城	建筑遗址等
	瓜州汉冥安县城	甘肃省瓜州县桥子乡南坝村东南	汉代敦煌郡冥安县	有新、老两城，老城近方形，西北城角有小城；新城在老城西北，地势较高，呈方形	汉代陶片、铁器、五铢钱及汉魏墓葬
	瓜州锁阳古城	甘肃省瓜州县桥子乡南坝村南	东汉冥安县城	古城分内、外两城	角墩、马面、圆形土台等
	海晏三角城	青海省海晏县青海湖东北的金银滩上	汉末王莽辅政时所设西海郡故址	近方形，布局上有一条中轴线	货币、瓦当、碑座、石虎

229

续表

	名称	今址	性质	形制	考古遗存
边远地区的城邑	若羌楼兰故城	新疆维吾尔自治区巴音郭楞蒙古自治州若羌县罗布泊西北岸	楼兰为西汉时期西域三十六国之一,王莽天凤四年更名鄯善	城址呈不规则方形,总面积10.8万平方米	土台、佛塔、官署、居民房屋遗址和木简、纸文书、货币等
	于田圆沙古城	新疆于田县北塔克拉玛干沙漠中心	属西汉扜弥国	古城为不规则形	墓葬、陶器、石器、铜铁小件和料珠等
	桓仁五女山城	辽宁省桓仁县东北	高句丽初期都城	山城占据了整个山峰的顶部,西、南、北三面以悬崖为障,东侧、东南侧山势稍缓,在半山腰砌石城墙	墓葬、石器、陶瓷器、铁器、铜器、玉器、货币等
	集安国内城	吉林省集安市区	琉璃明王至长寿王400余年间为高句丽都城	城址平面略呈方形	铭文瓦当、石斧、石刀等
	云阳旧县坪古城	重庆云阳旧县坪	汉晋六朝朐忍县城故址	面积约100万平方米	汉代陶钵、记事木牍、朐忍令景云碑等
	武夷山城村汉城	福建省武夷山市兴田镇城村西南	闽王城	平面呈不规则长方形,周长2896米,面积约48万平方米	夯土台基、烽火台遗址、建筑材料、铁器、"河内工官"铜弩机、制陶作坊等
	广州番禺城	广州市中心	南越国都	布局仿效西汉长安	御苑、殿址、木简、大型石筑蓄水池、造船遗址等

资料来源：中国社会科学院考古研究所《中国考古学·秦汉卷》，中国社会科学出版社，2010年，第33—296页。

表二　西汉都尉治所城市表

郡名	都尉治所	都尉名称	郡名	都尉治所	都尉名称
太原郡	广武	都尉治	天水郡	勇士	属国都尉治满福
东郡	东阿	都尉治	天水郡	獂道	骑都尉治密艾亭
陈留郡	外黄	都尉治	安定郡	参䜌	主骑都尉治
山阳郡	单父	都尉治	安定郡	三水	属国都尉治
泰山郡	卢	都尉治	北地郡	富平	北部都尉治神泉障
汝南郡	女阴	都尉治	北地郡	富平	浑怀都尉治塞外浑怀障
九江郡	历阳	都尉治	北地郡	上河	农都尉

续表

郡名	都尉治所	都尉名称	郡名	都尉治所	都尉名称
沛郡	蕲	都尉治	上郡		匈归都尉治塞外匈归障
魏郡	魏	都尉治	上郡	高望	北部都尉治
钜鹿郡	下曲阳	都尉治	上郡	龟兹	属国都尉治
常山郡	南行唐	都尉治	上郡	望松	北部都尉治
清河郡	贝丘	都尉治	西河郡		南部都尉治塞外敌翁龙、埤是
涿郡	安平	都尉治	西河郡	美稷	属国都尉治
渤海郡	高成	都尉治	西河郡	增山	北部都尉治
平原郡	乐陵	都尉治	西河郡	虎猛	西部都尉治
千乘郡	蓼城	都尉治	五原郡	蒱泽	属国都尉治
济南郡	於陵	都尉治	五原郡	成宜	中部都尉治原高①
琅邪郡	姑幕	都尉治	五原郡	成宜	西部都尉治田辟
东海郡	费	都尉治	五原郡	稒阳	东部都尉治
临淮郡	盱眙	都尉治	五原郡	受降城	受降都尉治
会稽郡	钱唐	西部都尉治	云中郡	陶林	东部都尉治
会稽郡	回浦	南部都尉治	云中郡	桢林	西部都尉治
会稽郡	鄞	东部都尉治	云中郡	北舆	中部都尉治
丹阳郡	歙	都尉治	犍为郡	汉阳	都尉治
豫章郡	新淦	都尉治	越巂郡	定莋	都尉治
定襄	武进	西部都尉治	牂柯郡	夜郎	都尉治
定襄	武皋	中部都尉治	牂柯郡	进桑	南部都尉治
定襄	武要	东部都尉治	金城郡	允吾	金城都尉
雁门郡	沃阳	西部都尉治	金城郡	广武	广武都尉
雁门郡	平城	东部都尉治	金城郡	龙支	西部都尉
代郡	高柳	西部都尉治	金城郡	令居	护羌校尉
代郡	马城	东部都尉治	武威郡	休屠	都尉治熊水障
代郡	且如	中部都尉治	武威郡	休屠	北部都尉治休屠城
上谷	宁	西部都尉治	张掖郡	日勒	都尉治泽索谷
上谷	女祁	东部都尉治	张掖郡	番和	农都尉治
渔阳郡	要阳	都尉治	张掖郡	居延	都尉治
右北平郡	赘	都尉治	张掖郡	居延	肩水都尉治
辽西郡	柳城	西部都尉治	张掖郡	居延	张掖属国都尉治
辽西郡	交黎	东部都尉治	张掖郡	居延	居延属国都尉治

---

① 《汉书》卷二十八下《地理志》作"原高",据改。

续表

郡名	都尉治所	都尉名称	郡名	都尉治所	都尉名称
辽东郡	无虑	西部都尉治	张掖郡	居延	张掖都尉治
辽东郡	侯城	中部都尉治	张掖郡	居延	张掖农都尉治
辽东郡	武次	东部都尉治	张掖郡	居延	居延农都尉治
京兆尹	华阴	京辅都尉治	酒泉郡	会水	北部都尉治东偃泉障
左冯翊	高陵	左辅都尉治	酒泉郡	会水	东部都尉治东不障
右扶风	郿	右辅都尉治	酒泉郡	乾齐	西部都尉治西不障
弘农郡	武关	弘农都尉治	敦煌郡	敦煌	中部都尉治步广候官
河东郡		河东都尉治	敦煌郡	广至	宜禾都尉治昆仑障
河内郡		河内都尉治	敦煌郡	龙勒	都尉治
河南郡		河南都尉治	朔方郡	窳浑	西部都尉治
南阳郡	邓	都尉治	朔方郡	渠搜	中部都尉治
南郡	夷陵	都尉治	朔方郡	广牧	东部都尉治
汉中郡	褒中	都尉治	乐浪郡	昭明	南部都尉治
广汉郡	绵竹	都尉治	乐浪郡	不而	东部都尉治
广汉郡	阴平道	北部都尉治	郁林郡	领方	都尉治
蜀郡	旄牛	西部都尉治	交趾郡	麊泠	都尉治
蜀郡	青衣	东部都尉治	合浦郡	朱庐	都尉治
巴郡	鱼复	都尉治	九真郡	无切	都尉治
陇西郡	临洮	南部都尉治			

资料来源：肖爱玲《西汉城市体系的空间演化》，商务印书馆，2012年，第197—199页。

表三　西汉西域各属国城市表

国名	都城	位置	城市数	户口	人口	备注
婼羌		去长安六千三百里		四百五十	千七百五十	
鄯善国（本名楼兰）	扜泥城	去长安六千一百里		千五百七十	万四千一百	
且末国	且末城	去长安六千八百二十里		二百三十	千六百一十	
小宛国	扜零城	去长安七千二百一十里		百五十	千五十	
精绝国	精绝城	去长安八千八百二十里		四百八十	三千三百六十	
戎卢国	卑品城	去长安八千三百里		二百四十	千六百一十	

续表

国名	都城	位置	城市数	户口	人口	备注
扜弥国	扜弥城	去长安九千二百八十里		三千三百四十	二万四十	
渠勒国	鞬都城	去长安九千九百五十里		三百一十	二千一百七十	
于阗国	西城	去长安九千六百七十里		三千三百	万九千三百	
皮山国	皮山城	去长安万五十里		五百	三千五百	
乌秅国	乌秅城	去长安九千九百五十里		四百九十	二千七百三十三	
蒲犁国	蒲犁谷	去长安九千五百五十里		六百五十	五千	
依耐国		去长安万一百五十里		一百二十五	六百七十	
无雷国	卢城	去长安九千九百五十里		一千	七千	
难兜国		去长安万一百五十里		五千	三万一千	
罽宾国	循鲜城	去长安万二千二百里				不属都护
乌弋山离国		去长安万二千二百里				不属都护
安息国	番兜城	去长安万一千六百里				不属都护
大月氏国	监氏城	去长安万一千六百里	五翕侯分别治：和墨城、双靡城、护澡城、薄茅城、高附城	十万	四十万	不属都护
康居国	王冬治乐越匿地，到卑阗城	去长安万二千三百里	有小王五，分治苏薤城、附墨城、窳匿城、罽城、奥鞬城	十二万	六十万	不属都护
大宛国	贵山城	去长安万二千五百五十里	别邑七十余城	六万	三十万	
桃槐国		去长安万一千八十里		七百	五千	

续表

国名	都城	位置	城市数	户口	人口	备注
休循国	鸟飞谷	去长安万二百一十里		三百五十八	千三十	
捐毒国	衍敦谷	去长安九千八百六十里		三百八十	千一百	
莎车国	莎车城	去长安九千九百五十里		二千三百三十九	万六千三百七十三	
疏勒国	疏勒城	去长安九千三百五十里		千五百一十	万八千六百四十七	
尉头国	尉头谷	去长安八千六百五十里		三百	二千三百	
乌孙国	赤谷城	去长安八千九百里		十二万	六十三万	
姑墨国	南城	去长安八千一百五十里		三千五百	二万四千五百	
温宿国	温宿城	去长安八千三百五十里		二千二百	八千四百	
龟兹国	延城	去长安七千四百八十里		六千九百七十	八万一千三百一十七	
乌垒	与都护同治			百一十	千二百	
渠犁				百三十	千四百八十	
尉犁国	尉犁城	去长安六千七百五十里		千二百	九千六百	
危须国	危须城	去长安七千二百九十里		七百	四千九百	
焉耆国	员渠城	去长安七千三百里		四千	三万二千一百	
乌贪訾离国	于娄谷	去长安万三百三十里		四十一	二百三十一	
卑陆国	天山东乾当国	去长安八千六百八十里		二百二十七	千三百八十七	
卑陆后国	番渠类谷	去长安八千七百一十里		四百六十二	千一百三十七	
郁立师国	内咄谷	去长安八千八百三十里		百九十	千四百四十五	
单桓国	单桓城	去长安八千八百七十里		二十七	百九十四	
蒲类国	天山西疏榆谷	去长安八千三百六十里		三百二十五	二千三十二	

续表

国名	都城	位置	城市数	户口	人口	备注
蒲类后国		去长安八千六百三十里		百	千七十	
西且弥国	天山东于大谷	去长安八千六百七十里		三百三十二	千九百二十六	
东且弥国	天山东兑虚谷	去长安八千二百五十里		百九十一	千九百四十八	
劫国	天山东丹渠谷	去长安八千五百七十里		九十九	五百	
狐胡国	车师柳谷	去长安八千二百里		五十五	二百六十四	
山国		去长安七千一百七十里		四百五十	五千	
车师前国	交河城	去长安八千一百五十里		七百	六千五十	
车师后国	务涂谷	去长安八千九百五十里		五百九十五	四千七百七十四	
车师都尉国				四十	三百三十三	
车师后城长国				百五十四	九百六十	

资料来源：班固《汉书》卷九十六《西域传》，中华书局，1962年，第3875—3922页。

表四 东汉郡县列表

序号	郡名	沿革	城市数量	户口	人口	备注
1	河南尹	秦三川郡，高帝更名。世祖都洛阳，建武十五年改曰河南尹	二十一城	二十万八千四百八十六（永和五年）	百一万八百二十七	
2	河内郡	高帝置。洛阳北百二十里	十八城	十五万九千七百七十	八十万一千五百五十八	
3	河东郡	秦置。洛阳西北五百里	二十城	九万三千五百四十三	五十七万八千八百三	
4	弘农郡	武帝置。其二县，建武十五年属。洛阳西南四百五十里	九城	四万六千八百一十五	十九万九千一百一十三	
5	京兆尹	秦内史，武帝改。其四县，建武十五年属。洛阳西九百五十里	十城	五万三千二百九十九	二十八万五千五百七十四	
6	左冯翊	秦属内史，武帝分，改名。洛阳西六百八十八里	十三城	三万七千九十	十四万五千一百九十五	
7	右扶风	秦属内史，武帝分，改名	十五城	万七千三百五十二	九万三千九百一十一	

续表

序号	郡名	沿革	城市数量	户口	人口	备注
8	颍川郡	秦置。洛阳东南五百里	十七城	二十六万三千四百四十	百四十三万六千五百一十三	
9	汝南郡	高帝置。洛阳东南六百五十里	三十七城	四十万四千四百四十八	二百一十万七百八十八	
10	魏郡	高帝置。洛阳东北七百里	十五城	十二万九千三百一十	六十九万五千六百六	
11	钜鹿郡	秦置。建武十三年省广平国，以其县属。洛阳北千一百里	十五城	十万九千五百一十七	六十万二千九十六	
12	勃海郡	高帝置。洛阳北千六百里	八城	十三万二千三百八十九	百一十万六千五百	
13	陈留郡	武帝置。洛阳东五百三十里	十七城	十七万七千五百二十九	八十六万九千四百三十三	
14	东郡	秦置。去洛阳八百余里	十五城	十三万六千八十八	六十万三千三百九十三	
15	泰山郡	高帝置。洛阳东千四百里	十二城	八千九百二十九	四十三万七千三百一十七	
16	山阳郡	故梁，景帝分置。洛阳东八百一十里	十城	十万九千八百九十八	六十万六千九百一十	
17	济阴郡	故梁，景帝分置。洛阳东八百里	十一城	十三万三千七百一十五	六十五万七千五百五十四	
18	东海郡	高帝置。洛阳东千五百里	十三城	十四万八千七百八十四	七十万六千四百一十六	
19	广陵郡	景帝置为江都，武帝更名。建武中省泗水国，以其县属。洛阳东一千六百四十里	十一城	八万三千九百七	四十一万百九十	
20	平原郡	高帝置。洛阳北一千三百里	九城	十五万五千五百八十八	百万二千六百五十八	
21	东莱郡	高帝置。洛阳东三千一百二十八里	十三城	十万四千二百九十七	四十八万四千三百九十三	
22	南阳郡	秦置。洛阳南七百里	三十七城	五十二万八千五百五十一	二百四十三万九千六百一十八	
23	南郡	秦置。洛阳南一千五百里	十七城	十六万二千五百七十	七十四万七千六百四	
24	江夏郡	高帝置。洛阳南千五百里	十四城	五万八千四百三十四	二十六万五千四百六十四	
25	零陵郡	武帝置。洛阳南三千三百里	十三城	二十一万二千二百八十四	百万一千五百七十八	
26	桂阳郡	高帝置。上领山。在洛阳南三千九百里	十一城	十三万五千二十九	五十万一千四百三	

续表

序号	郡名	沿革	城市数量	户口	人口	备注
27	武陵郡	秦昭王置，名黔中郡，高帝五年更名。洛阳南二千一百里	十二城	四万六千六百七十二	二十五万九百一十三	
28	长沙郡	秦置。洛阳南二千八百里	十三城	二十五万五千八百五十四	百五万九千三百七十二	
29	九江郡	秦置。洛阳东一千五百里	十四城	八万九千四百三十六	四十三万二千四百二十六	
30	丹阳郡	秦鄣郡，武帝更名。洛阳东二千一百六十里。建安十三年，孙权分新都郡	十六城	十三万六千五百一十八	六十三万五百四十五	
31	庐江郡	文帝分淮南置。建武十三年省六安国，以其县属。洛阳东一千七百里	十四城	十万一千三百九十二	四十二万四千六百八十三	
32	会稽郡	秦置。本治吴，立郡吴，乃移山阴。洛阳东三千八百里	十四城	十二万三千九十	四十八万一千一百九十六	
33	吴郡	顺帝分会稽置。洛阳东三千二百里	十三城	十六万四千一百六十四	七十万七百八十二	
34	豫章郡	高帝置。洛阳南二千七百里	二十一城	四十万六千四百九十六	百六十六万八千九百六	
35	汉中郡	秦置。洛阳西千九百九十里	九城	五万七千三百四十四	二十六万七千四百二	
36	巴郡	秦置。洛阳西三千七百里	十四城	三十一万六百九十一	百八万六千四百一十九	
37	广汉郡	高帝置。洛阳西三千里	十一城	十三万九千八百六十五	五十万九千四百三十八	
38	蜀郡	秦置。洛阳西三千一百里	十一城	三十万四百五十二	五十三万五千四百七十六	
39	犍为郡	武帝置。洛阳西三千二百七十里。刘璋分立江阳郡	九城	十三万七千七百一十三	四十一万一千三百七十八	
40	牂柯郡	武帝置。洛阳西五千七百里	十六城	三万一千五百二十三	二十六万七千二百五十三	
41	越巂郡	武帝置。洛阳西四千八百里	十四城	十三万一百二十	六十二万三千四百一十八	
42	益州郡	武帝置。故滇王国。洛阳西五千六百里。诸葛亮表有耽文山、泽山、司弥瘗山、娄山、辟龙山，此等并皆未详所在县	十七城	二万九千三十六	十一万八百二十	

续表

序号	郡名	沿革	城市数量	户口	人口	备注
43	永昌郡	明帝永平十二年分益州置。洛阳西七千二百六十里	八城	二十三万一千八百九十七	百八十九万七千三百四十四	
44	陇西郡	秦置。洛阳西二千二百二十里	十一城	五千六百二十八	二万九千六百三十七	
45	汉阳郡	武帝置，为天水，永平十七年更名。在洛阳西二千里	十三城	二万七千四百二十三	十三万一百三十八	
46	武都郡	武帝置。洛阳西一千九百六十里	七城	二万一百二	八万一千七百二十八	
47	金城郡	昭帝置。洛阳西二千八百里	十城	三千八百五十八	万八千九百四十七	
48	安定郡	武帝置。洛阳西千七百里	八城	六千九十四	二万九千六十	
49	北地郡	秦置。洛阳西千一百里	六城	三千一百二十二	万八千六百三十七	
50	武威郡	故匈奴休屠王地，武帝置。洛阳西三千五百里	十四城	万四十二	三万四千二百二十六	
51	张掖郡	故匈奴昆邪王地，武帝置。洛阳西四千二百里。献帝分置西郡	八城	六千五百五十二	二万六千四十	
52	酒泉郡	武帝置。洛阳西四千七百里	九城	万二千七百六		
53	敦煌郡	武帝置。洛阳西五千里	六城	七百四十八	二万九千一百七十	
54	西海郡	献帝建安末置	一城	一千五百六十	四千七百三十三	
55	上党郡	秦置。洛阳北千五百里	十三城	二万六千二百二十二	十二万七千四百三	
56	太原郡	秦置	十六城	三万九百二	二十万一百二十四	
57	上郡	秦置	十城	五千一百六十九	二万八千五百九十九	
58	西河郡	武帝置。洛阳北千二百里也	十三城	五千六百九十八	二万八百三十八	
59	五原郡	秦置为九原，武帝更名	十城	四千六百六十七	二万二千九百五十七	
60	云中郡	秦置	十一城	五千三百五十一	二万六千四百三十	
61	定襄郡	高帝置	五城	三千一百五十三	万三千五百七十一	

续表

序号	郡名	沿革	城市数量	户口	人口	备注
62	雁门郡	秦置。洛阳北千五百里	十四城	三万一千八百六十二	二十四万九千	
63	朔方郡	武帝置。《魏志》曰："建安二十年省云中、定襄、五原、朔方，置一县领其民，合以为新兴郡。"	六城	千九百八十七	七千八百四十三	
64	涿郡	高帝置。洛阳东北千八百里	七城	十万二千二百一十八	六十三万三千七百五十四	
65	广阳郡	高帝置，为燕国，昭帝更名为郡。世祖省并上谷，永元八年复	五城	四万四千五百五十	二十八万六百	
66	代郡	秦置。洛阳东北二千五百里。干宝《搜神记》曰："代城始筑，立板干，一旦亡西南板，四五十里于泽中自立，结苇为外门，因就营筑焉，故其城周圆三十五丈，为九门，故城处呼之以为东城。"	十一城	二万一百二十三	十二万六千一百八十八	
67	上谷郡	秦置。洛阳东北三千二百里	八城	万三百五十二	五万一千二百四	
68	渔阳郡	秦置。洛阳东北二千里	九城	六万八千四百五十六	四十三万五千七百四十	
69	右北平郡	秦置。洛阳东北二千三百里	四城	九千一百七十	五万三千四百七十五	
70	辽西郡	秦置。洛阳东北三千三百里	五城	万四千一百五十	八万一千七百一十四	
71	辽东郡	秦置。洛阳东北三千六百里	十一城	六万四千一百五十八	八万一千七百一十四	
72	玄菟郡	武帝置。洛阳东北四千里	六城	一千五百九十四	四万三千一百六十三	
73	乐浪郡	武帝置。洛阳东北五千里	十八城	六万一千四百九十二	二十五万七千五十	
74	南海郡	武帝置。洛阳南七千一百里	七城	七万一千四百七十七	二十五万二千八百八十二	
75	苍梧郡	武帝置。洛阳南六千四百一十里	十一城	十一万一千三百九十五	四十六万六千九百七十五	
76	郁林郡	秦桂林郡，武帝更名。洛阳南六千五百里	十一城			
77	合浦郡	武帝置。洛阳南九千一百九十一里	五城	二万三千一百二十一	八万六千六百一十七	

续表

序号	郡名	沿革	城市数量	户口	人口	备注
78	交趾郡	武帝置，即安阳王国。洛阳南万一千里	十二城			
79	九真郡	武帝置。洛阳南万一千五百八十里	五城	四万六千五百一十三	二十万九千八百九十四	
80	日南郡	秦象郡，武帝更名。洛阳南万三千四百里。王范《交广春秋》曰："交州治嬴陵县，元封五年移治苍梧广信县，建安十五年治番禺县。诏书以州边远，使持节，并七郡皆授鼓吹，以重威镇。"	五城	万八千二百六十三	十万六百七十六	

资料来源：《后汉书·郡国志》，中华书局，1965年，第3389—3533页。

表五　东汉侯国列表

序号	国名	沿革	城市数量	户数	人数	备注
1	梁国	高帝改。其三县，元和元年属。洛阳东南八百五十里	九城	八万三千三百	四十三万一千二百八十三	
2	沛国	秦泗水郡，高帝改。洛阳东南千二百里	二十一城	二十万四百九十五	二十五万一千三百九十三	
3	陈国	高帝置为淮阳，章和二年改。洛阳东南七百里	九城	十一万二千六百五十三	百五十四万七千五百七十二	
4	鲁国	高后改。本属徐州，光武改属豫州	六城	七万八千四百四十七	四十一万一千五百九十	
5	常山国	高帝置。建武十三年省真定国，以其县属	十三城	九万七千五百	六十三万一千一百八十四	
6	中山国	高祖置。洛阳北一千四百里	十三城	九万七千四百一十二	六十五万八千一百九十五	
7	安平国	故信都，高帝置。明帝名乐成，延光元年改。洛阳北二千里	十三城	九万一千四百四十	六十五万五千一百一十八	
8	河间国	文帝置，世祖省属信都，和帝永元二年复故。洛阳北二千五百里	十一城	九万三千七百五十四	六十三万四千四百二十一	
9	清河国	高帝置。桓帝建和二年改为甘陵。洛阳北千二百八十里	七城	十二万三千九百六十四	七十六万四百一十八	

续表

序号	国名	沿革	城市数量	户数	人数	备注
10	赵国	秦邯郸郡，高帝改名。洛阳北千一百里	五城	三万二千七百一十九	十八万八千三百八十一	
11	东平国	故梁，景帝分为济东国，宣帝改。洛阳东九百七十五里	七城	七万九千一十二	四十四万八千二百七十	
12	任城国	章帝元和元年，分东平为任城。洛阳东千一百里	三城	三万六千四百四十二	十九万四千一百五十六	
13	济北国	和帝永元二年，分泰山置。洛阳东千一百五十里	五城	四万五千六百八十九	二十三万五千八百九十七	
14	琅邪国	秦置。建武中省城阳国，以其县属。洛阳东一千五百里	十三城	二万八百四	五十七万九百六十七	
15	彭城国	高祖置为楚，章帝改。洛阳东千二百二十里	八城	八万六千一百七十	四十九万三千二十七	
16	下邳国	武帝置为临淮郡，永平十五年更为下邳国。洛阳东千四百里	十七城	十三万六千三百八十九	六十一万一千八十三	
17	郯国	高帝置。洛阳东千五百里	十三城	十四万八千七百八十四	七十万六千四百一十六	
18	济南国	故齐，文帝分。洛阳东千八百里	十城	七万八千五百四十四	四十五万三千三百八	
19	乐安国	高帝西平昌置，为千乘，永元七年更名。洛阳东千五百二十里	九城	七万四千四百	四十二万四千七十五	
20	北海国	景帝置。建武十三年省淄川、高密、胶东三国，以其县属	十八城	十五万八千六百四十一	八十五万三千六百四	
21	齐国	秦置。洛阳东千八百里	六城	六万四千四百一十五	四十九万一千七百六十五	

资料来源：《后汉书·郡国志》，中华书局，1965年，第3426—3476页。

表六　北魏州郡县城市体系表

序号	州名	郡名	建制沿革	县数	户数	人口
1	司州①	魏尹	故魏郡，汉高祖置，二汉属冀州，晋属司州，天兴中属相州。天平初改为尹	领县十三	一十二万二千六百一十三	四十三万八千二十四
		阳平郡	魏文帝黄初二年分魏置，治馆陶城	领县八	四万七千四百四十四	十六万二千七十五
		广平郡	汉武帝为平干国，宣帝改为广平国。后汉建武中省，属钜鹿。魏文帝黄初二年复，改治曲梁城	领县六	二万三千七百五十	十万三千四百三
		汲郡	晋武帝置，治枋头	领县六	二万九千八百八十三	十万二千九百九十七
		广宗郡	太和十一年立，寻罢，孝昌中复	领县三	一万三千二百六十二	五万五千八百九十七
		东郡	秦置，治滑台城。晋改为濮阳，后复。天兴中置兖州，太和十八年改	领县七	三万五百二十一	十万七千七百一十七
		北广平郡	永安中分广平置	领县三	一万六千六百九十一	九万一千一百四十八
		林虑郡	永安元年置	领县四	一万三千八百二十一	五万二千三百七十二
		顿丘郡	晋武帝置	领县四	一万七千二十二	八万七千六百一十三
		濮阳郡	晋置，天兴中属兖州，太和十一年属齐州，孝昌末又属西兖。天平初属	领县四	一万八千六百六十四	五万五千五百一十二
		黎阳郡	孝昌中分汲郡置，治黎阳城	领县三	一万一千九百八十	五万四百五十七
		清河郡	汉高帝置	领县四	二万六千三十三	十二万三千六百七十

① 司州：治邺城，魏武帝国于此。太祖天兴四年置相州。天平元年迁都改。领郡十二，县六十五，户三十七万一千六百七十五，口一百四十五万九千八百三十五。

续表

序号	州名	郡名	建制沿革	县数	户数	人口
2	定州①	中山郡	汉高帝置，景帝三年改为国，后改	领县七	五万二千五百九十二	二十五万五千二百四十一
		常山郡	汉高帝置，曰恒山郡，文帝讳恒，改为常山，后汉建武中省真定郡属焉。孝章建初中为淮阳，永元二年复	领县七	五万六千八百九十	二十四万八千六百二十二
		钜鹿郡	秦置，后汉建武中省广平国属焉	领县三	二万七千一百七十二	十三万二百三十九
		博陵郡	汉桓帝置	领县四	二万七千八百一十二	十三万五千七十
		北平郡	孝昌中分中山置，治北平城	领县三	一万三千三十四	六万五千一百二
3	冀州②	长乐郡	汉高帝置，为信都郡，景帝二年为广川国，明帝更名乐成，安帝改曰安平，晋改	领县八	三万五千六百八十三	十四万三千一百四十五
		勃海郡	汉高帝置，世祖初改为沧水郡，太和二十一年复	领县四	三万七千九百七十二	十四万四百八十二
		武邑郡	晋武帝置	领县五	二万九千七百七十五	十四万四千五百七十九
		安德郡	太和中置，寻并勃海，中兴中复	领县四	二万二千二百一十六	六万八千三百九十六

---

① 定州：太祖皇始二年置安州，天兴三年改。领郡五，县二十四，户一十七万七千五百一，口八十三万四千二百七十四。

② 冀州：后汉治高邑，袁绍、曹操为冀州，治邺，魏、晋治信都，晋世邵续治厌次，慕容垂治信都。皇始二年平信都，仍置。领郡四，县二十一，户十二万五千六百四十六，口四十六万六千六百一。

续表

序号	州名	郡名	建制沿革	县数	户数	人口
4	并州①	太原郡		领县十	四万五千六	二十万七千五百七十八
		上党郡	秦置，治壶关城，前汉治长子城，董卓作乱，治壶关城，慕容俊治安民城，后迁壶关城。皇始元年迁治安民。真君中复治壶关。有白马祠、刘公祠、上党关、石井关、天井关	领县五	二万五千九百三十七	十万四千四百七十五
		乡郡	石勒分上党置武乡郡，后罢，延和二年置	领县四	一万六千二百一十	五万五千九百六十一
		乐平郡	后汉献帝置，真君九年治太原，孝昌二年复，治沾城	领县三	一万八千二百六十七	六万八千一百五十九
		襄垣郡	建义元年置，治襄垣城	领县四	七千五百一十三	三万六千五百六十七
5	瀛州②	高阳郡	晋置高阳国，后改	领县九	三万五百八十六	十四万一百七
		章武郡	晋置章武国，后改	领县五	三万八千七百五十四	十六万二千八百七十
		河间郡	汉文帝置河间国，后汉光武并信都，和帝永元三年复，晋仍为国，后改	领县四	三万五千八百九	十四万八千五百六十五
6	殷州③	赵郡	秦邯郸，汉高帝为赵国，景帝又为邯郸，后汉建武中复，后改	领县五	三万一千八百九十九	十四万八千三百一十四
		钜鹿郡	永安二年分定州钜鹿置，治旧杨城	领县四	一万三千九百九十七	五万八千五百四十九
		南赵郡	太和十一年为南钜鹿，属定州，十八年属相州，后改。孝昌中属	领县六	三万二千四十六	十五万一百一十三

---

① 并州：汉、晋治晋阳，晋末治台壁，后治晋阳。皇始元年平，仍置。领郡五，县二十六，户十万七千九百八十三，口四十八万二千一百四十。

② 瀛州：太和十一年分定州河间、高阳，冀州章武、浮阳置，治赵都军城。领郡三，县十八，户十万五千五百四十九，口四十五万一千五百四十二。

③ 殷州：孝昌二年分定、相二州置，治广阿。领郡三，县十五，户七万七千九百四十三，口三十五万七千一十六。

续表

序号	州名	郡名	建制沿革	县数	户数	人口
7	沧州①	浮阳郡	太和十一年分勃海、章武置，属瀛州，景明初并章武，熙平二年复	领县四	二万六千八百八十	九万八千四百五十八
		乐陵郡	晋为国，后改	领县四	二万四千九百九十八	八万五千二百八十四
		安德郡	中兴初分乐陵置，太昌初罢，天平初复，治般界	领县四	一万九千九百二十五	六万八千一百三十七
8	肆州②	永安郡	后汉建安中置新兴郡，永安中改	领县五	二万二千七百四十八	十万四千一百八十五
		秀容郡	永兴二年置，真君七年并肆卢、敷城二郡属焉	领县四	一万一千五百六	四万七千二十四
		雁门郡	秦置，光武建武十五年罢，二十七年复。天兴中属司州，太和十八年属	领县二	六千三百二十八	三万四百三十四
9	幽州③	燕郡	故燕，汉高帝为燕国，昭帝改为广阳郡，宣帝更为国，后汉光武并上谷，和帝永元年六年复为广阳郡，晋改为国，后改	领县五	五千七百四十八	二万二千五百五十九
		范阳郡	汉高帝置涿郡，后汉章帝改	领县七	二万六千八百四十八	八万八千七百七
		渔阳郡	秦始皇置。真君七年并北平郡属焉	领县六	六千九百八十四	二万九千六百七十

---

① 沧州：熙平二年分瀛、冀二州置，治饶安城。领郡三，县十二，户七万一千八百三，口二十五万一千八百七十九。

② 肆州：治九原。天赐二年为镇，真君七年置州。领郡三，县十一，户四万五百八十二，口十八万一千六百三十三。

③ 幽州：治蓟城。领郡三，县十八，户三万九千五百八十，口十四万五千三十六。

续表

序号	州名	郡名	建制沿革	县数	户数	人口
10	晋州①	平阳郡	晋分河东置。真君四年置东雍州，太和十八年罢，改置	领县五	一万五千七百三十四	五万八千五百七十一
		北绛郡	孝昌三年置。治绛	领县二	一千七百四十	六千二百九十二
		永安郡	建义元年置。治永安城	领县二	二千九百三十二	一万五千四十
		北五城郡	兴和二年置	领县三	二百一十二	八百六十四
		定阳郡	兴和四年置	领县三	四百九十八	一千九百四十一
		敷城郡	天平四年置	领县一	九十	三百五十九
		河西郡	天平四年置	领县一	二百五十六	一千一百四十四
		五城郡	天平中置	领县三	四百一十一	一千六百一十八
		西河郡	旧汾州西河民，孝昌二年为胡贼所破，遂居平阳界，还置郡	领县三	一千七百六十一	四千九百九十七
		冀氏郡	建义元年割平阳郡置	领县二	一千三百二	五千三百一十六
		南绛郡	建义初置。治会交川	领县二	八百三十六	二千九百九十一
		义宁郡	建义元年置，治孤远城	领县四	二千四百七十八	八千四百六十六
11	怀州②	河内郡	汉高帝置	领县四	九千九百五	四万二千六百一
		武德郡	天平初分河内置	领县四	一万一千八百三十五	五万五千七百一十四

---

① 晋州：孝昌中置唐州，建义元年改。治白马城。领郡十二，县三十一，户二万八千三百四十九，口十万三十九。

② 怀州：天安二年置，太和十八年罢，天平初复。领郡二，县八，户二万一千七百四十，口九万八千三百一十五。

续表

序号	州名	郡名	建制沿革	县数	户数	人口
12	建州①	高都郡	永安中置	领县二	六千四百九十九	二万七千六百三十五
		长平郡	永安中置。治玄氏城	领县二	五千四百一十二	二万二千七百七十八
		安平郡		领县二	五千六百五十八	一万九千五百五十七
		泰宁郡	孝昌中置，及县	领县四	一千三百三十五	五千三百三十
13	汾州②	西河郡	汉武帝置，晋乱罢。太和八年复。治兹氏城	领县三	五千三百八十八	二万五千三百八十八
		吐京郡	真君九年置。孝昌中陷，寄治西河	领县二	三百八十四	一千五百一十三
		五城郡	正平二年置，孝昌中陷，寄治西河	领县三	二百五十七	一千一百一
		定阳郡	旧属东雍州，延兴四年分属焉。孝昌中陷，寄治西河	领县二	七百九十七	三千二百八
14	东雍州③	邵郡	皇兴四年置邵上郡，太和中并河内，孝昌中改复	领县四	五十二	一百五十八
		高凉郡		领县二	四千四百四十五	二万一千八百五十三
		正平郡	故南太平，神䴥元年改为征平，太和十八年复	领县二	一千七百四十四	八千三百八十九
15	安州④	密云郡	皇始二年置。治提携城	领县三	二千二百三十一	九千一十一
		广阳郡	延和元年置益州，真君二年改为郡	领县三	二千八	八千九百一十九
		安乐郡	延和元年置交州，真君二年罢州置	领县二	一千一百六十六	五千二百一十九

---

① 建州：慕容永分上党置建兴郡，真君九年省，和平五年复。永安中罢郡置州。治高都城。领郡四，县十，户一万八千九百四，口七万五千三百。

② 汾州：延和三年为镇，太和十二年置州。治蒲子城。孝昌中陷，移治西河。领郡四，县十，户六千八百二十六，口三万一千二百一十。

③ 东雍州：世祖置，太和中罢，天平初复。领郡三，县八，户六千二百四十一，口三万四百。

④ 安州：皇兴二年置，治方城，天平中陷，元象中寄治幽州北界。领郡三，县八，户五千四百五，口二万三千一百四十九。

续表

序号	州名	郡名	建制沿革	县数	户数	人口
16	义州①	五城郡	永安中置，属司州，天平中属北豫州，武定五年属	领县三	二千一百	一万七千六十九
		泰宁郡	兴和中置	领县三	二百二十八	一千一百二十七
		新安郡	兴和中置	领县三	三百九十四	一千五百九十五
		渑池郡	兴和中置	领县三	一百六十六	八百二十八
		恒农郡	兴和中置	领县三	九十三	五百四十三
		宜阳郡	兴和中置	领县三	一百六十九	六百八十六
		金门郡	兴和中置	领县一	二百七十八	一千二百一十七
17	南汾州②	北吐京郡		领县四	八十八	三百五十一
		西五城郡		领县三	二百四十七	一千一百一十八
		南吐京郡		领县一	三十二	七十三
		西定阳郡		领县一	四十二	一百四十
		定阳郡		领县一	五十四	一百九十
		北乡郡		领县二	二百九	七百五十九
		五城郡		领县二	二百一十四	八百八十四
		中阳郡		领县二	四百六十八	一千六百三十七
		龙门郡		领县二	五百七十八	二千四百九十六

---

① 义州：兴和二年置，寄治汲郡陈城。领郡七，县十九，户三千四百二十八，口一万六千七百六十四。
② 南汾州：领郡九，县十八，户一千九百三十二，口七千六百四十八。

续表

序号	州名	郡名	建制沿革	县数	户数	人口
18	南营州①	昌黎郡	永兴中置	领县三	五百九	二千六百五十八
		辽东郡	永熙中置	领县二	五百六十五	二千六百三十四
		建德郡	永熙中置	领县二	一百七十八	八百一十四
		营丘郡	天平四年置	领县三	五百一十二	二千七百二十七
		乐良郡	天平四年置	领县一	四十九	二百三
19	东燕州②	平昌郡	孝昌中陷,天平中置	领县二	四百五十	一千七百一十三
		上谷郡	天平中置	领县二	九百四十二	三千九十三
		遍城郡	武定元年置	领县二	三百七十四	一千五百一十三
20	营州③	昌黎郡	晋分辽东置,真君八年并冀阳属焉	领县三	二百一	九百一十八
		建德郡	真君八年置。治白狼城	领县三	二百	七百九十三
		辽东郡	秦置,后罢。正光中复。治固都城	领县二	一百三十一	八百五十五
		乐良郡	前汉武帝置,二汉、晋曰乐浪,后改,罢。正光末复。治连城	领县二	二百一十九	一千八
		冀阳郡	真君八年并昌黎,武定五年复	领县二	八十九	二百九十六
		营丘郡	正光末置	领县二	一百八十二	七百九十四
21	平州④	辽西郡	秦置	领县三	五百三十七	一千九百五
		北平郡	秦置	领县二	四百三十	一千八百三十六

---

① 南营州:孝昌中营州陷,永熙二年置。寄治英雄城。领郡五,县十一,户一千八百一十三,口九千三十六。

② 东燕州:太和中分桓州东部置燕州,孝昌中陷,天平中领流民置。寄治幽州宣都城。领郡三,县六,户一千七百六十六,口六千三百一十七。

③ 营州:治和龙城。太延二年为镇,真君五年改置。永安末陷,天平初复。领郡六,县十四,户一千二十一,口四千六百六十四。

④ 平州:晋置。治肥如城。领郡二,县五,户九百七十三,口三千七百四十一。

续表

序号	州名	郡名	建制沿革	县数	户数	人口
22	恒州①	代郡	秦置，孝昌中陷，天平二年置	领县四		
		善无郡	天平二年置	领县二		
		梁城郡	天平二年置	领县二		
		繁畤郡	天平二年置	领县二		
		高柳郡	永熙中置	领县二		
		北灵丘郡	天平二年置	领县二		
		内附郡	天平二年置			
		灵丘郡	天平二年置			
23	朔州②	大安郡		领县二		
		广宁郡		领县二		
		神武郡		领县二		
		太平郡		领县三		
		附化郡		领县四		
24	云州③	盛乐郡	永熙中置	领县二		
		云中郡	秦置	领县二		
		建安郡	永熙中置	领县二		
		真兴郡	永熙中置	领县三		
25	蔚州④	始昌郡	永安中置	领县二		
		忠义郡	永安中置	领县二		
		附恩郡	天平中置	领县三		
26	显州⑤	定戎郡	永安中置。治瓜城	领县二		
		建平郡	永安中置，州治	领县二		
		真君郡	天平中置，治东多城			
		武昌郡	武定四年置，治团城			

---

① 恒州：天兴中置司州，治代都平城，太和中改。孝昌中陷，天平二年置，寄治肆州秀容郡城。领郡八，县十四。
② 朔州：本汉五原郡，延和二年置为镇，后改为怀朔，孝昌中改为州。后陷，今寄治并州界。领郡五，县十三。
③ 云州：旧置朔州，后陷，永熙中改，寄治并州界。领郡四，县九。
④ 蔚州：永安中改怀荒、御夷二镇置，寄治并州邬县界。领郡三，县七。
⑤ 显州：永安中置。治汾州六壁城。领郡四，县四。

续表

序号	州名	郡名	建制沿革	县数	户数	人口
27	廓州①	广安郡	武定元年置			
		永定郡	武定元年置			
		建安郡	武定元年置			
28	武州②	吐京郡	武定八年置	领县二		
		齐郡	武定元年置，州治	领县二		
		新安郡	武定元年置			
29	西夏州③	太安郡				
		神武郡				
30	宁州④	武康郡	武定四年置，治东多城			
		灵武郡	武定元年置			
		初平郡	武定元年置			
		武定郡	武定元年置			
31	灵州	阙	太延二年置薄骨律镇，孝昌中改，后陷关西。天平中置，寄治汾州隰城县界	阙		
32	兖州⑤	泰山郡	汉高帝置	领县六	二万六千八百	九万一千八百七十三
		鲁郡	秦置，为薛郡，高后改为鲁国。皇兴中改	领县六	一万五千一百六十	四万七千三百二十九
		高平郡	故梁国，汉景帝分为山阳国，武帝改为郡，晋武帝更名	领县四	一万一千一百二十四	二万五千八百九十六
		任城郡	后汉孝章帝分东平为任城国，晋永嘉后罢，神龟元年分高平置	领县三	八千五十	二万一千七百八十九
		东平郡	故梁国，汉景帝分为济东国，武帝改为大河郡，宣帝为东平国。后汉、晋仍为国，后改	领县七	二万七百五十二	六万一千八百一十
		东阳平郡	故东平地，刘义隆置，寻罢。刘骏复，魏因之。治平陆城	领县五	六千一百四十六	一万八千九十四

---

① 廓州：武定元年置。治肆州敷城界郭城。领郡三。
② 武州：武定元年置。治雁门川，武定三年始立州城。领郡三，县四。
③ 西夏州：寄治并州界。领郡二。
④ 宁州：兴和中置，寄治汾州介休城。领郡四。
⑤ 兖州：后汉治山阳昌邑，魏、晋治廪丘，刘义隆治瑕丘，魏因之。领郡六，县三十一，户八万八千三十二，口二十六万六千七百九十一。

续表

序号	州名	郡名	建制沿革	县数	户数	人口
33	青州①	齐郡	秦置	领县九	三万八百四十八	八万二千一百
		北海郡	汉景帝置，治平寿城	领县五	一万七千五百八十七	四万六千五百四十九
		乐安郡	汉高帝为千乘国，后汉和帝更名乐安国，晋改	领县四	五千九百一十六	一万三千二百三十九
		勃海郡	故临淄地，刘骏置，魏因之	领县三	五千二百七十九	一万三千七百五
		高阳郡	故乐安地，刘义隆置，魏因之	领县五	六千三百二十二	一万七千六百六十七
		河间郡	刘义隆置，魏因之	领县六	五千八百三十	一万四千八百一十八
		乐陵郡	故千乘地，刘义隆置，魏因之	领县五	七千九百七十一	一万八千五百一十五
34	齐州②	东魏郡	刘骏置，魏因之。治历城。后徙台城	领县九	一万九千一百三十	七万三千五百七十
		东平原郡	刘裕置，魏因之。治梁邹	领县六	一万三千九百二十九	四万四百三
		东清河郡	刘裕置，魏因之。治盘阳城	领县七	六千八百一十	二万二千五百七十四
		广川郡	刘裕置，魏因之	领县三	三千九百四十五	一万三千四百七十二
		济南郡	汉文帝为济南国，景帝为郡，后汉建武中复为国，晋改	领县六	二万一十七	六万八千八百二十
		太原郡	刘义隆置，魏因之	领县四	一万三千五百六十	五万八百二十三

---

① 青州：后汉治临淄，司马德宗治东阳，魏因之。领郡七，县三十七，户七万九千七百五十三，口二十万六千五百八十五。
② 齐州：治历城。刘义隆置冀州，皇兴三年更名。领郡六，县三十五，户七万七千三百七十八，口二十六万九千六百六十二。

续表

序号	州名	郡名	建制沿革	县数	户数	人口
35	郑州①	许昌郡	天平元年分颖川置	领县四	二万五千三百二十七	十万四千四百六十三
		颖川郡	秦置，汉高改曰韩国，寻复	领县三	二万二千四十四	十万五千九百九
		阳翟郡		领县二	一万四千八百二	六万三千八百七十
36	济州②	济北郡	汉和帝置	领县三	九千四百六十七	二万九千三百九十九
		平原郡	汉高帝置。皇始中属冀州，太和十一年分属，武泰初立南冀州，永安中罢州	领县四	二万二千二百五十	五万九千四百三十七
		东平郡	泰常中置，太和末罢，建义中复。治秦城	领县二	八千八百九十六	二万五千一百三
		南清河郡	晋泰宁中分平原置。治茌城	领县三	一万一百三十五	一万三千九百八十五
		东济北郡	孝昌三年置	领县三	二千四百六十四	六千六百七十八
37	光州③	东莱郡	汉高帝置	领县四	一万九千一百九十五	六万二千四百十四
		长广郡	晋武帝置。治胶东城	领县六	一万五千八百三十三	五万一千五百六十七
		东牟郡		领县四	一万七百四十八	四万七千三百三十八
38	梁州④	阳夏郡	孝昌四年分东郡、陈留置。治雍丘城	领县五	一万六千五百四十九	六万三千五百五十九
		开封郡	天平元年分陈留置。治开封城	领县二	八千二百七	三万六千六百二
		陈留郡	汉武帝置，太和十八年罢，孝昌中复	领县三	一万九千六百一十二	八万二千七百四十二

① 郑州：天平初置颖州，治长社城。武定七年改治颖阴城。领郡三，县九，户六万二千一百七十三，口二十七万四千二百四十二。
② 济州：治济北碻磝城。泰常八年置。领郡五，县十五，户五万三千二百一十四，口十四万五千二百八十四。
③ 光州：治掖城。皇兴四年分青州置，延兴五年改为镇，景明元年复。领郡三，县十四，户四万五千七百七十六，口十六万九百五十。
④ 梁州：天平初置。治大梁城。领郡三，县十，户四万三千八百一十九，口十八万一千九百三。

253

续表

序号	州名	郡名	建制沿革	县数	户数	人口
39	豫州①	汝南郡	汉高帝置	领县八	一万五千八百八十九	三万七千六百十一
		颍川郡	太和六年置	领县三	八千三百九十六	二万六百四十
		汝阳郡		领县三	七千二百五十四	一万五千二百四十五
		义阳郡	永安三年置郢州，天平四年罢州置	领县五	一千七百九十	四千五百九十五
		新蔡郡	晋置，孝昌中陷，后复。治石母台	领县三	一千九百一十七	四千七百七十八
		初安郡	延兴二年置，孝昌中陷，后复	领县四	二千二十六	五千九百二十二
		襄城郡	晋武帝置，治襄城	领县三	一千四百四十六	四千六十三
		城阳郡	太和三年置，后罢，武定初复	领县五	五百四十六	一千三百八十八
		广陵郡	兴和中分东豫州置	领县五	一千九百六	三千二百二十四
40	北豫州②	广武郡	天平初分荥阳置。治中左城	领县五	一万五千五百九十六	七万四千五百一十九
		荥阳郡		领县五	二万一千四百七十二	九万二千三百一十
		成皋郡	天平元年分荥阳置	领县二	三千六百六十	一万五千七百四十

① 豫州：刘义隆置司州，治悬瓠城。皇兴中改。领郡九，县三十九，户四万一千一百七十二，口九万六千九百一十六。

② 北豫州：后汉治谯，魏治汝南安城，晋治项。司马德宗置司州。泰常中复，治虎牢，太和十九年罢，置东中府，天平初罢，改复。领郡三，县十二，户四万七百二十八，口十八万二千五百五十一。

续表

序号	州名	郡名	建制沿革	县数	户数	人口
41	徐州①	彭城郡	汉高帝置楚国，宣帝改，后复为楚国，后汉章帝更名彭城国，晋改	领县六	六千三百三十九	二万三千八百四十一
		南阳平郡	治沛南界，后寄治彭城	领县三	三千七十一	六千三百五十八
		蕃郡	孝昌三年置，元象二年并彭城，武定五年复	领县三	四千三百九十二	一万八千八百四十二
		沛郡	故秦泗水郡，汉高帝更名，后汉为国，后改	领县三	四千四百一十九	一万二千二百七十八
		兰陵郡	晋置，后罢。武定五年复，治承城	领县四	七千四百二十四	一万五千七百七十六
		北济阴郡	刘骏置，魏因之。治单父城	领县三	八千五百四十六	二万一千九百八十八
		砀郡	孝昌二年置，治下邑城	领县二	三千六百二十一	八千七百五十四
42	西兖州②	沛郡	兴和二年置，治孝昌城	领县三	七千五百七十一	二万三百一十四
		济阴郡		领县四	二万九千八百三十六	八万三千五百八十
43	南兖州③	陈留郡		领县五	六千二百三十	一万六千七百四十九
		梁郡	故秦砀郡，汉高帝为梁国，后改。治梁国城	领县二	一万三千五十九	二万五千九百九十五
		下蔡郡	太和十九年置，孝昌中陷，兴和中复	领县四	三千三百六十二	七千九百一十三
		谯郡	二汉县，属沛，晋以为郡。太昌中陷，武定中复	领县三	五千一百三十二	一万二千九百九十一
		北梁郡		领县二	八千二百三十一	四万一千七百三十八
		沛郡	延昌中置，正光中陷，后复。治黄杨城	领县二	一千八百四十八	四千五百六十五
		马头郡	司马德宗置，魏因之。正光中陷，天平中复。治建平城	领县三	一千九百六十八	五千五百二十八

---

① 徐州：后汉治东海郡，魏、晋治彭城。领郡七，县二十四，户三万七千八百一十二，口十万八千七百八十七。

② 西兖州：孝昌三年置，治定陶城，后徙左城。领郡二，县七，户三万七千四百七，口十万三千八百九十四。

③ 南兖州：正光中置。治谯城。领郡七，县二十一，户三万七千一百三十，口十一万五千五百三十九。

续表

序号	州名	郡名	建制沿革	县数	户数	人口
44	广州①	南阳郡		领县二	七千四百八十九	二万六千七百二十八
		顺阳郡	太和中置县，后改	领县二	二千四十五	七千二百五十二
		定陵郡	永安中置	领县三	三千六百九十	八千七百五十六
		鲁阳郡	太和十一年置镇，十八年改为荆州，二十二年罢，置	领县二	二百四十五	七百七十五
		汝南郡	永安元年置。治符垒城	领县二	七百八十三	二千三百四十四
		汉广郡	永安中置	领县二	六千二百	八千一十七
		襄城郡	晋置	领县二	八千二百四十四	四万二千八百七十八
45	胶州②	东武郡	永安二年置	领县三	八千六百一十七	一万八千七百五十七
		高密郡	汉文帝为胶西国，宣帝更为高密国，后汉并北海，晋惠帝复，刘骏并北海。延昌中复	领县五	七千五百五	一万六千一百五十三
		平昌郡	魏文帝置，后废，晋惠帝复	领县六	一万四百四十	二万五千四百七十二
46	洛州③	洛阳郡	天平初置	领县二	三千六百五十九	一万五千七十二
		河阴郡	元象二年置	领县一	二千七百六十七	一万四千七百一十五
		新安郡	天平初置	领县三	四百九十	一千九百一十一
		中川郡	天平初置	领县二	二千七十八	八千二百二十五
		河南郡	秦置三川守，汉改为河南郡。后汉、晋为尹，后罢。司马德宗置，后罢。太宗复，太和中迁都，为尹，天平初改	领县一	三千六百四十二	一万四千七百一十五
		阳城郡	孝昌二年置	领县三	三千四十三	一万一千八百八十三

---

① 广州：永安中置。治鲁阳。武定中陷，徙治襄城。领郡七，县十五，户二万八千六百九十六，口九万六千七百五十。

② 胶州：永安二年置。治东武陵。领郡三，县十四，户二万六千五百六十二，口六万三百八十二。

③ 洛州：太宗置，太和十七年改为司州，天平初复。领郡六，县十二，户一万五千六百七十九，口六万六千五百二十一。

续表

序号	州名	郡名	建制沿革	县数	户数	人口
47	南青州①	东安郡	二汉县,晋惠帝置	领县三	四千六百四十	一万六千五百五十一
		东莞郡	晋武帝置	领县三	九千六百二十	二万六千五百六
		义塘郡	武定七年置,治黄郭城	领县三	七百六十四	二千二百六十五
48	北徐州②	东泰山郡	皇兴三年分泰山置,属兖州,永安中属	领县三	五千七	一万六千三百八十一
		琅邪郡	秦置,后汉建武中省城阳国,以其县属	领县二	九千七百七十四	二万三千七百四十四
49	北扬州③	陈郡	汉高帝置,为淮阳国,后汉章帝更名陈国,晋初并梁国,后复,改	领县四	三千二十四	七千六百六十九
		南顿郡	晋惠帝置	领县四	二千五百二十	七千二百六十五
		汝阴郡	晋武帝置,太和十八年为东郢州,后罢。治社亭城	领县三	一千七百九十四	八千四百九十八
		丹杨郡		领县四	二千一百四十四	七千九百三十一
		陈留郡	武定六年置,及县	领县四	三百六十七	七百七十五
50	东楚州④	宿豫郡		领县四	一千六百五十五	七千三百七
		高平郡	治大徐城	领县四	九百二十	三千九十六
		淮阳郡	萧衍置,魏因之	领县四	一千六百一十七	七千二百一十七
		晋宁郡	萧衍置,魏因之	领县四	一千二百二十二	五千二十三
		安远郡	武定七年改萧衍安远戍置。治安远城	领县二	五百八十	二千三百八十二
		临沭郡	萧衍置,魏因之	领县二	五百三十五	二千一百七十五

---

① 南青州:治团城。显祖置,为东徐州,太和二十二年改。领郡三,县九,户一万五千二十四,口四万五千三百二十二。

② 北徐州:永安二年置。领郡二,县五,户一万四千七百八十一,口四万一百二十五。

③ 北扬州:天平二年置。治项城。领郡五,县十九,户九千八百四十五,口三万二千一百三十九。

④ 东楚州:司马德宗置宿豫郡。高祖初,立东徐州,后陷,世宗初,改为镇,后陷。武定七年复改。为宿豫郡。领郡六,县二十,户六千五百三十一,口二万七千一百三十二。

续表

序号	州名	郡名	建制沿革	县数	户数	人口
51	东徐州①	下邳郡		领县六	一千一百四十八	三千七百三十九
		武原郡	武定八年分下邳置	领县三	二千八百一十七	二万五十五
		郯郡	秦置，汉高改为东海，后汉为国，晋复，武定八年改。治郯城	领县四	一千二百一十九	三千三百八
		临清郡	孝昌三年置盱眙郡，武定八年改	领县三	一千五百一十七	三千五百六十三
52	海州②	东彭城郡	萧衍置，魏因之	领县三	八百	三千四百六十九
		东海郡	萧衍改置北海郡，武定七年复	领县四	一千二百四十二	五千九百四
		海西郡	萧鸾置东海郡，武定七年改置	领县三	八百六十	三千九百五十
		沭阳郡	萧衍置僮阳郡，武定七年改	领县四	一千三百九十七	七千五百八十三
		琅邪郡		领县三	三百五十六	一千三百七十一
		武陵郡		领县二	二百二十三	七百三十三
53	东豫州③	汝南郡	孝昌三年陷，武定七年复	领县五	一千六百二十九	六千四百八十二
		东新蔡郡		领县四	二百四十七	六百七十七
		新蔡郡	孝昌中陷，武定七年复	领县二	四百六十五	一千五百一十三
		弋阳郡	孝昌三年陷，武定七年复	领县一	一百三十七	五百三十三
		长陵郡	萧衍置，魏因之	领县三	三百八十七	一千三百六十三
		阳安郡		领县一	二十二	一百三十一

---

① 东徐州：孝昌元年置，永熙二年州郡陷，武定八年复。治下邳城。领郡四，县十六，户六千二百八十一，口三万六百六十五。

② 海州：刘子业置青州，武定七年改。治龙沮城。领郡六，县十九，户四千八百七十八，口二万二千二百一十。

③ 东豫州：太和十九年晋治广陵城。孝昌三年陷，武定七年复。领郡六，县十六，户三千九十九，口一万一千二十一。

续表

序号	州名	郡名	建制沿革	县数	户数	人口
54	义州		萧衍置，武定七年内属		二百一十五	三百二十二
55	颍州①	汝阴、弋阳二郡	萧衍置双头郡县，魏因之	领县七	一千六百六十五	六千七十八
		北陈留、颍川二郡	萧衍为陈州，武定七年改置	领县五	三百五十一	一千二百七十二
		财丘、梁兴二郡	萧衍置，魏因之	领县四	二百八十三	一千六十九
		西恒农、陈南二郡	萧衍置，魏因之	领县三	二百三十二	八百六十四
		东郡、汝南二郡	治牛心丘	领县二	一百四十七	六百二十一
		清河、南阳二郡	萧衍置，魏因之	领县三	一百三十二	五百五十五
		东恒农郡	萧衍置，魏因之	领县三	一百一十九	四百四十
		新蔡、南陈留二郡	萧衍置，魏因之	领县一	三百五十七	一千二百四十二
		荥阳、北通二郡	萧衍置，魏因之	领县四	一百七十七	四百七十二
		汝南、太原二郡	萧衍置，魏因之	领县四	八十七	四百六
		新兴郡	萧衍置，魏因之	领县四	一百一十二	三百二十四

---

① 颍州：孝昌四年置，武泰元年陷，武定七年复。领郡二十，县四十，户三千六百一，口一万三千三百四十三。

续表

序号	州名	郡名	建制沿革	县数	户数	人口
56	谯州①	南谯郡	司马昌明置，魏因之	领县四	四百七十六	一千七百三十四
		汴郡	萧衍置，魏因之	领县二	二百五十三	八百二十九
		龙亢郡	萧衍置，魏因之	领县二	三百三十三	一千六十六
		蕲城郡	萧衍置，魏因之	领县二	三百二十四	七百六
		下蔡郡	萧衍颍川郡，武定六年改置	领县二	三百四十	八百七十八
		临涣郡	萧衍置，魏因之	领县三	七百九	二千六十二
		蒙郡	萧衍置，魏因之	领县二	一百八十一	五百四十六
57	北荆州②	伊阳郡	武定二年置。治伏流城。后陷，寄治州城	领县一	四十八	二百八十三
		新城郡	天平中置。治孔城。后陷，徙治州城	领县二	三百三十一	一千四百八十四
		汝北郡	孝昌三年置。治阳仁城。天平二年罢，武定元年复。移治梁崔坞。五年陷，□年复。治杨志坞	领县五	五百五十四	二千二百八十九
58	阳州③	宜阳郡	孝昌初置，属□州，天平初属	领县三		
		金门郡	天平初置	领县四		
59	南司州④	齐安郡	正始元年置	领县三		
		义阳郡	魏文帝置，后罢，晋武帝复	领县二		
		宋安郡	刘彧置，魏因之	领县二		

---

① 谯州：景明中置涡阳郡，孝昌中陷，武定七年复置州，治涡阳城。领郡七，县十七，户二千六百一十七，口七千八百二十一。
② 北荆州：武定二年置。领郡三，县八，户九百三十三，口四千五十六。
③ 阳州：天平初置，寻陷，武定初复。领郡二，县七。
④ 南司州：刘彧置司州，正始元年改为郢州，孝昌三年陷，萧衍又改为司州，武定七年复，改置。领郡三，县七。

续表

序号	州名	郡名	建制沿革	县数	户数	人口
60	楚州①	彭、沛二郡		领县三		
		马头郡		领县二		
		沛郡		领县三		
		安定郡		领县四		
		广梁郡		领县一		
		鲁郡	萧衍置，魏因之	领县三		
		北谯郡	治阴陵城	领县二		
		济阳郡		领县四		
		北阳平郡		领县二		
		钟离、陈留二郡		领县五		
61	合州②	汝阴郡	州治	领县二		
		南顿郡		领县二		
		南梁郡		领县二		
		北梁郡		领县二		
		南谯郡		领县二		
		庐江郡		领县三		
		西汝南郡		领县二		
		北陈郡		领县二		

---

① 楚州：萧衍置北徐州，武定七年改。治钟离城。领郡十二，县二十九。
② 合州：萧衍置，魏因之。治合肥城。领郡八，县十七。

续表

序号	州名	郡名	建制沿革	县数	户数	人口
62	霍州①	安丰郡	治洛步城	领县一		
		平原郡		领县一		
		北颍川郡		领县三		
		梁兴郡		领县一		
		陈郡		领县三		
		北陈郡	治卫山城	领县一		
		扶风郡	治乌溪城			
		北沛郡		领县五		
		南陈郡	州治	领县二		
		新蔡郡		领县三		
		岳安郡		领县二		
		边城郡	治麻步山	领县一		
		西边城郡		领县三		
		西沛郡		领县三		
		淮南郡		领县三		
		乐安郡		领县三		
		南颍川郡		领县一		
63	睢州②	淮阳郡	武定六年置	领县二		
		谷阳郡	治谷阳城。太和中置镇，世宗开置平阳郡。孝昌中陷，武定六年复，改	领县二		
		睢南郡	萧衍置沛郡，武定六年改	领县二		
		南济阴郡	治竹邑城。孝昌中陷，萧衍为睢州，武定五年复	领县二		
		临潼郡	治临潼城。孝昌中陷，武定六年置	领县四		
64	南定州③	弋阳郡	州治	领县二		
		汝阴郡	治汝阴城	领县一		
		安定郡		领县一		
		新蔡郡	治新蔡城	领县一		
		北建宁郡		领县二		

① 霍州：萧衍置，魏因之。领郡十七，县三十六。
② 睢州：萧衍置潼州，武定六年平，改置。治取虑城。领郡五，县十二。
③ 南定州：萧衍置，魏因之。治蒙笼城。领郡五，县七。

续表

序号	州名	郡名	建制沿革	县数	户数	人口
65	西楚州①	汝阳郡	萧衍置，魏因之	领县一		
		仵城郡	萧衍置，魏因之	领县二		
		城阳郡	萧衍置，魏因之	领县四		
66	蔡州②	新蔡郡	治四望城	领县二		
		汝南郡	治白马涧	领县二		
67	西淮州③	淮川郡	州治	领县二		
68	谯州④	高塘郡	治高塘城	领县四		
		临徐郡	治葛城	领县三		
		南梁郡		领县四		
		新昌郡	州治	领县四		
69	扬州⑤	梁郡	州治	领县二		
		淮南郡		领县三		
		北谯郡	永平元年置	领县二		
		陈留郡		领县二		
		北陈郡		领县一		
		边城郡		领县二		
		新蔡郡		领县二		
		安丰郡		领县二		
		下蔡郡		领县二		
		颍川郡		领县三		
70	淮州⑥	盱眙郡	治盱眙城	领县三		
		山阳郡	治山阳城	领县二		
		淮阴郡		领县三		
		阳平郡	治阳平城	领县一		
71	仁州⑦	临淮郡		领县二		

① 西楚州：萧衍置，魏因之。治楚城。领郡三，县七。
② 蔡州：治豫州鲖阳县新蔡城。领郡二，县四。
③ 西淮州：萧衍置，魏因之。治豫州界白苟堆。领郡一，县二。
④ 谯州：萧衍置，魏因之。治新昌城。领郡四，县十五。
⑤ 扬州：后汉治历阳，魏治寿春，后治建业。晋乱，置豫州，刘裕、萧道成并同之。景明中改，孝昌中陷，武定中复。领郡十，县二十一。
⑥ 淮州：萧衍置，魏因之。治淮阴城。领郡四，县九。
⑦ 仁州：萧衍置，魏因之。治赤坎城。领郡一，县二。

续表

序号	州名	郡名	建制沿革	县数	户数	人口
72	光州①	北光城郡	光城州治	领县二		
		弋阳郡		领县二		
		梁安郡		领县二		
		南光城郡		领县二		
		宋安郡	治大城	领县二		
73	南朔州②	梁郡		领县一		
		新蔡郡		领县一		
		边城郡	治石头城	领县一		
		义阳郡		领县一		
		新城郡	治新城。有关城	领县一		
		黄川郡		领县一		
74	南建州③	高平郡		领县四		
		新蔡郡		领县二		
		陈留郡		领县三		
		鲁郡		领县二		
		南陈郡		领县二		
		光城郡		领县三		
		清河郡		领县一		
75	南郢州④	定城郡		领县二		
		边城郡		领县一		
		光城郡	治赤石城	领县一		
76	沙州⑤	建宁郡		领县一		
		齐安郡		领县一		

---

① 光州：萧衍置，魏因之。治光城。领郡五，县十。
② 南朔州：萧衍置，魏因之。治齐坂城。领郡六，县六。
③ 南建州：萧衍置，魏因之。治高平。领郡七，县十七。
④ 南郢州：萧衍置，魏因之。治赤石关。领郡三，县四。
⑤ 沙州：萧衍置，魏因之。治白沙关城。领郡二，县二。

续表

序号	州名	郡名	建制沿革	县数	户数	人口
77	北江州①	义阳郡		领县一		
		齐昌郡		领县一		
		新昌郡		领县一		
		梁安郡	治建昌城	领县一		
		光城郡		领县一		
		齐兴郡		领县一		
78	湘州②	安蛮郡		领县一		
		梁宁郡		领县一		
		永安郡		领县一		
79	汴州③	沛郡		领县三		
		临淮郡		领县一		
80	财州		武定八年置。治豫州铜县固始城			
81	雍州④	京兆郡	秦为内史，汉高帝为渭南郡，武帝为京兆尹，后汉因之，属司隶，魏改属	领县八		
		冯翊郡	故秦内史，汉高帝二年更名河上郡，九年复为内史，武帝为左内史，后为左冯翊，后改	领县六		
		扶风郡	故秦内史，汉高帝二年更名为中地郡，九年复为内史，武帝为右内史，太初中更名主爵都尉，为右扶风，后改。世祖真君年中并始平郡属焉	领县五		
		咸阳郡		领县五		
		北地郡	魏文帝分冯翊之役祤置	领县七		
82	岐州⑤	平秦郡	太延二年置	领县三		
		武都郡	太延年置	领县三		
		武功郡	太和十一年分扶风置	领县二		

---

① 北江州：萧衍置，魏因之。治鹿城关。领郡六，县六。
② 湘州：萧衍置，魏因之。治大治关城。领郡三，县三。
③ 汴州：萧衍置，魏因之。治汴城。领郡二，县四。
④ 雍州：汉改曰凉，治汉阳郡陇县，后治长安。领郡五，县三十一。
⑤ 岐州：太和十一年置。治雍城镇。领郡三，县八。

续表

序号	州名	郡名	建制沿革	县数	户数	人口
83	秦州①	天水郡	汉武帝置，后汉明帝改为汉阳郡，晋复	领县四		
		略阳郡	晋武帝分天水置	领县五		
		汉阳郡	真君七年分天水置	领县三		
84	南秦州②	天水郡	真君七年置	领县三		
		汉阳郡	真君五年置	领县二		
		武都郡	汉武帝置	领县四		
		武阶郡		领县三		
		修城郡		领县四		
		仇池郡		领县二		
85	南岐州③	固道郡	延兴四年置			
		广化郡				
		广业郡				
86	东益州④	武兴郡		领县四		
		仇池郡		领县二		
		槃头郡		领县二		
		广长郡		领县二		
		广业郡		领县二		
		梓潼郡		领县二		
		洛丛郡		领县二		
87	益州⑤	东晋寿郡	司马德宗置，魏因之	领县四		
		西晋寿郡		领县一		
		新巴郡	司马德宗置，魏因之	领县一		
		南白水郡		领县二		
		宋熙郡		领县二		
88	巴州	阙		阙		

---

① 秦州：治上封城。领郡三，县十二。
② 南秦州：真君七年置仇池镇，太和十二年为渠州，正始初置。治洛谷城。领郡六，县十八。
③ 南岐州：领郡三。
④ 东益州：治武兴。领郡七，县十六。
⑤ 益州：正始中置。领郡五，县十。

续表

序号	州名	郡名	建制沿革	县数	户数	人口
89	梁州①	晋昌郡		领县三		
		襄中郡		领县三		
		安康郡	刘准置，魏因之	领县二		
		汉中郡	秦置	领县三		
		华阳郡		领县三		
90	南梁州	阙		阙		
91	东梁州②	金城郡		领县一	二百八十六	
		安康郡		领县一	六百一十八	
		魏明郡		领县二	三百一十八	
92	泾州③	安定郡	汉武帝置，太和十一年罢石堂郡，以其县属	领县五		
		陇东郡		领县三		
		新平郡	后汉献帝建安中置	领县四		
		赵平郡		领县二		
		平凉郡		领县二		
		平原郡		领县一		
93	河州④	金城郡	汉昭帝置，后汉建武十三年□陇西，孝明复	领县二		
		武始郡	晋分陇西置	领县三		
		洪和郡		领县三		
		临洮郡	二汉、晋县，属陇西。真君六年改置	领县三		
94	渭州⑤	陇西郡	秦置	领县二		
		南安阳郡		领县二		
		广宁郡		领县二		

① 梁州：萧衍梁、秦二州，正始初改置。领郡五，县十四。
② 东梁州：领郡三，县四，户一千二百二十二。
③ 泾州：治临泾城。领郡六，县十七。
④ 河州：真君六年置镇，后改。治枹罕。领郡四，县十四。
⑤ 渭州：领郡三，县六。

续表

序号	州名	郡名	建制沿革	县数	户数	人口
95	原州①	高平郡		领县二		
		长城郡		领县二		
96	凉州②	武安郡		领县一	三百七十三	
		临杜郡		领县二	三百八十九	
		建昌郡		领县三	六百五十七	
		番和郡		领县二	一百三十九	
		泉城郡		领县一	七十二	
		武兴郡		领县三	三百八十五	
		武威郡	汉武帝置	领县二	三百四十	
		昌松郡		领县三	三百九十七	
		东泾郡		领县一	一百九十一	
		梁宁郡		领县二	三百三十一	
97	鄯州	阙		阙		
98	瓜州	阙		阙		
99	华州③	华山郡		领县五		
		澄城郡	真君七年置	领县五		
		白水郡	太和二年分澄城置	领县三		
100	北华州④	中部郡		领县四	八千九百二十四	
		敷城郡		领县三	五千六百七十二	
101	豳州⑤	西北地郡	秦昭王置	领县三		
		赵兴郡	真君二年置	领县五		
		襄乐郡	太和十一年置	领县二		

① 原州：太延二年置镇，正光五年改置，并置郡县。治高平城。领郡二，县四。
② 凉州：汉置，治陇。神䴥中为镇，太和中复。领郡十，县二十，户三千二百七十三。
③ 华州：太和十一年分秦州之华山、澄城、白水置。领郡三，县十三。
④ 北华州：太和十五年置东秦州，后改。治杏城。领郡二，县七，户一万四千五百九十六。
⑤ 豳州：皇兴二年为华州，延兴二年为三县镇，太和十一年改为班州，十四年为邠州，二十年改焉。领郡三，县十。

续表

序号	州名	郡名	建制沿革	县数	户数	人口
102	夏州①	化政郡	太和十二年置	领县二		
		阐熙郡	太和十二年置	领县二		
		金明郡	真君十二年置	领县三		
		代名郡	太安二年置	领县二		
103	东夏州②	遍城郡	太和元年置	领县二		
		朔方郡	汉武帝置	领县三		
		定阳郡	二汉县，属上郡，太安中改置	领县二		
		上郡	秦置	领县二		
104	泰州③	河东郡	秦置。治蒲坂	领县五		
		北乡郡		领县二		
105	陕州④	恒农郡	前汉置，以显祖讳，改曰"恒"	领县三		
		西恒农郡		领县一		
		渑池郡		领县二		
		石城郡	正始二年置县，后改	领县一		
		河北郡		领县四		
106	洛州⑤	上洛郡	晋武帝置	领县二		
		上庸郡	皇兴四年置东上洛，永平四年改	领县二		
		魏兴郡	太延五年置	领县一		
		始平郡	景明元年置	领县一		
		苌和郡	景明元年置	领县一		

---

① 夏州：赫连屈孑所都，始光四年平，为统万镇，太和十一年改置。治大夏。领郡四，县九。
② 东夏州：延昌二年置。领郡四，县九。
③ 泰州：神䴥元年置雍州，延和元年改，太和中罢，天平初复，后陷。领郡三，县七。
④ 陕州：太和十一年置。治陕城。八年罢，天平初复。后陷。领郡五，县十一。
⑤ 洛州：太延五年置荆州，太和十一年改。治上洛城。领郡五，县七。

续表

序号	州名	郡名	建制沿革	县数	户数	人口
107	荆州①	南阳郡	秦置	领县十		
		顺阳郡	魏分南阳置，曰南乡，司马衍更名，魏因之	领县五		
		新野郡	晋惠帝置	领县三		
		东恒农郡	太和中置	领县六		
		汉广郡		领县二		
		襄城郡		领县九		
		北清郡		领县二		
		恒农郡		领县四		
108	襄州②	襄城郡	萧道成置，魏因之。治赭阳城	领县六		
		舞阴郡	孝昌中置	领县二		
		南安郡	太和十三年置郢州，十八年改为南中府，天平初罢府置，后陷	领县四		
		期城郡	孝昌中置	领县四		
		北南阳郡	孝昌中置，为宣义郡，后改。州治	领县二		
		建城郡	太和十八年置，景明末罢郡置戍，永熙二年复	领县二		
109	南襄州③	西淮郡		领县二		
		襄城郡		领县二		
		北南阳郡		领县一		
110	南广州④	襄城郡		领县一		
		鲁阳郡		领县二		
		高昌郡		领县一		
		南阳郡		领县一		
		襄城郡		领县二		
111	郢州⑤	安阳郡		领县四		
		城阳郡		领县三		
		汝南郡		领县一		

① 荆州：后汉治汉寿，魏、晋治江陵，太延中治上洛，太和中治穰城。领郡八，县四十一。
② 襄州：孝昌中置。领郡六，县二十。
③ 南襄州：领郡三，县五。
④ 南广州：领郡五，县七。
⑤ 郢州：领郡三，县八。

续表

序号	州名	郡名	建制沿革	县数	户数	人口
112	南郢州①	北遂安郡		领县一		
		冯翊郡		领县四		
		江夏郡		领县二		
		□子郡		领县四		
		香山郡		领县二		
		永安郡		领县二		
		新平郡		领县二		
		永安郡		领县二		
		宕郡		领县三		
		宜民郡		领县三		
		南遂安郡		领县一		
		□□郡		领县三		
113	析州②	修阳郡		领县二		
		固郡		领县三		
		朱阳郡		领县二		
		南上洛郡		领县二		
		析阳郡		领县二		

资料来源：魏收《魏书》卷一百六《地形志》，中华书局，1974年，第2456—2643页。

---

① 南郢州：领郡十二，县二十九。
② 析州：领郡五，县十一。

表七　刘宋城市体系表

序号	州名	建制沿革	郡数	县数	户数	人口	备注
1	扬州	前汉刺史未有所治，后汉治历阳，魏、晋治寿春，晋平吴治建业。成帝咸康四年，侨立魏郡，领肥乡、元城二县，后省元城。又侨立广川郡，领广川一县，宋初省为县，隶魏郡。江左又立高阳、堂邑二郡，高阳领北新城、博陆二县，堂邑，领堂邑一县，后省堂邑并高阳，又省高阳并魏郡，并隶扬州，寄治京邑。文帝元嘉十一年省，以其民并建康。孝建元年，分扬州之会稽、东阳、新安、永嘉、临海五郡为东扬州。大明三年罢州，以其地为王畿，以南台侍御史部诸郡，如从事之部传焉，而东扬州直云扬州。八年，罢王畿，复立扬州，扬州还为东扬州。前废帝永光元年，省东扬州并扬州。顺帝升明三年，改扬州刺史曰牧。	领郡十	领县八十	十四万三千二百九十六	一百四十五万五千六百八十五	
2	南徐州	晋永嘉大乱，幽、冀、青、并、兖州及徐州之淮北流民，相率过淮，亦有过江在晋陵郡界。晋成帝咸和四年，司空郗鉴又徙流民之在淮南者于晋陵诸县，其徙过江南及留在江北者，并立侨郡县以司牧之。徐、兖二州或治江北，江北又侨立幽、冀、青、并四州。安帝义熙七年，始分淮北为北徐，淮南犹为徐州。后又以幽、冀合徐，青、并合兖。武帝永初二年，加徐州曰南徐，而淮北但曰徐。文帝元嘉八年，更以江北为南兖州，江南为南徐州，治京口，割扬州之晋陵、兖州之九郡侨在江南者属焉，故南徐州备有徐、兖、幽、冀、青、并、扬七州郡邑。《永初二年郡国志》又有南沛、南下邳、广平、广陵、盱眙、钟离、海陵、山阳八郡。南沛、广陵、海陵、山阳、盱眙、钟离割属南兖，南下邳并南彭城，广平并南泰山。	领郡十七	领县六十三	七万二千四百七十二	四十二万六百四十	去京都水二百四十，陆二百
3	徐州	后汉治东海郯县，魏、晋、宋治彭城。明帝世，淮北没寇，侨立徐州，治钟离。泰豫元年，移治东海朐。后废帝元徽元年，分南兖州之钟离、豫州之马头，又分秦郡之顿丘、梁郡之谷熟、历阳之酂，立新昌郡，置徐州，还治钟离。	旧领郡十二，今领郡三	旧领县三十四，今领县九	二万三千四百八十五	十七万五千九百六十七	彭城去京都水一千三百六十，陆一千

续表

序号	州名	建制沿革	郡数	县数	户数	人口	备注
4	南兖州	中原乱，北州流民多南渡，晋成帝立南兖州，寄治京口。时又立南青州及并州，武帝永初元年，省并并南兖。文帝元嘉八年，始割江淮间为境，治广陵。《永初郡国》领十四郡。南高平、南平昌、南济阴、南濮阳、南泰山、济阳、南鲁七郡，今并属徐州。又有东燕郡，江左分濮阳所立也，领燕县、白马、平昌、考城凡四县。文帝元嘉十八年，省考城并燕。十九年，省东燕郡为东燕县，属南濮阳，后又省东燕县。南东平郡领范、蛇丘、历城凡三县。高密郡领淳于、黔陬、营陵、夷安凡四县。南齐郡领西安、临淄凡二县。南平原郡领平原、高唐、茌平凡三县。济岷郡领营城、晋宁凡二县。雁门郡领楼烦、阴馆、广武、崞、马邑凡五县。凡七郡，二十三县，并省属南徐州。诸侨郡县何志又有钟离、雁门、平原、东平、北沛五郡。钟离今属徐州。雁门领楼烦、阴馆、广武三县。平原领茌平、临淄、营城、平原四县。东平领范、朝阳、历城三县。北沛领符离、萧、相、沛四县。凡十四县。《起居注》，元嘉十一年，以南兖州东平之平陆并范，寿张并朝阳，平原之济岷、晋宁并营城，高唐并茌平。按此五县，元嘉十一年所省，则平陆、寿张疑在《永初郡国志》，而无此二县，未详。徐志有南东平郡，领范、朝阳、历城、楼烦、阴观、广武、茌平、营城、临淄、平原十县，则是雁门、平原并东平也。孝武大明五年，以东平并广陵。宋又侨立新平、北淮阳、北济阴、北下邳、东莞五郡。元嘉二十八年，南兖州徙治盱眙。三十年，省南兖州并南徐，其后复立，还治广陵	徐志领郡九，宋末领郡十一	徐志领县三十九，宋末领县四十四	三万一千一百一十五	十五万九千三百六十二	去京都水二百五十，陆一百八十
5	兖州	后汉治山阳昌邑，魏、晋治廪丘，武帝平河南，治滑台，文帝元嘉十三年，治邹山，又寄治彭城。二十年，省兖州，分郡属徐、冀州。三十年六月复立，治瑕丘。《永初郡国》有东郡、陈留、濮阳三郡，而无阳平。东郡领白马、凉城、东燕三县。陈留郡领酸枣、小黄、雍丘、白马、襄邑、尉氏六县。濮阳郡领濮阳、廪丘二县。宋末失淮北，侨立兖州，寄治淮阴	领郡六	领县三十一	二万九千三百四十	十四万五千五百八十一	

续表

序号	州名	建制沿革	郡数	县数	户数	人口	备注
6	南豫州	晋江左胡寇强盛，豫部歼覆，元帝永昌元年，刺史祖约自谯城退还寿春。成帝咸和四年，侨立豫州，庾亮为刺史，治芜湖。咸康四年，毛宝为刺史，治邾城。六年，荆州刺史庾翼镇武昌，领豫州。八年，庾怿为刺史，又镇芜湖。穆帝永和元年，刺史赵胤镇牛渚。二年，刺史谢尚镇芜湖；四年，进寿春；九年，尚又镇历阳；十一年，进马头。升平元年，刺史谢奕戍谯。哀帝隆和元年，刺史袁真自谯退守寿春。简文咸安元年，刺史桓熙戍历阳。孝武宁康元年，刺史桓冲戍姑孰。太元十年，刺史朱序戍马头。十二年，刺史桓石虔戍历阳。安帝义熙二年，刺史刘毅戍姑孰。宋武帝欲开拓河南，绥定豫土，九年，割扬州大江以西、大雷以北，悉属豫州，豫基址因此而立。十三年，刺史刘义庆镇寿阳。永初三年，分淮东为南豫州，治历阳；淮西为豫州。文帝元嘉七年合二豫州为一，十六年又分，二十二年又合，孝武大明三年又分。五年，割扬州之淮南、宣城又属焉。徙治姑孰。明帝泰始二年又合，而以淮南、宣城还扬州。九月又分，还治历阳。三年五月，又合。四年，以扬州之淮南、宣城为南豫州，治宣城，五年罢。时自淮以西，悉没寇矣。七年，复分历阳、淮阴、南谯、南兖州之临江立南豫州。泰豫元年，以南汝阴度属豫州，豫州之庐江度属南豫州。按淮东自永初至于大明，便为南豫，虽乍有离合，而分立居多。爰自泰始甫失淮西，复于淮东分立两豫。今南豫以淮东为境，不复于此更列二州，览者按此以淮东为境，推寻便自得泰始两豫分域也	徐志领郡十三，今领郡十九	徐志领县六十一，今领县九十一	三万七千六百二	二十一万九千五百	去京都水一百六十
7	豫州	后汉治谯，魏治汝南安成，晋平吴后治陈国，晋江左所治，已列于前。《永初郡国》、何、徐寄治睢阳，而郡县在淮西。徐又有边城，别见南豫州。何又有初安、绥城二郡，初安领新怀、怀德二县，绥城领安昌、招远二县，并云新立。徐无，则是徐志前省也	领郡十	领县四十三	二万二千九百一十九	十五万八百三十九	

续表

序号	州名	建制沿革	郡数	县数	户数	人口	备注
8	江州	晋惠帝元康元年，分扬州之豫章、鄱阳、庐陵、临川、南康、建安、晋安，荆州之武昌、桂阳、安成十郡为江州。初治豫章，成帝咸康六年，移治寻阳，庾翼又治豫章，寻还寻阳	领郡九	领县六十五	五万二千三十三	三十七万七千一百四十七	去京都水一千四百
9	青州	治临淄。江左侨立，治广陵。安帝义熙五年，平广固，北青州刺史治东阳城，而侨立南青州如故。后省南青州，而北青州直云青州。孝武孝建二年，移治历城。大明八年，还治东阳。明帝失淮北，于郁洲侨立青州，立齐、北海、西海郡	旧州领郡九	领县四十六	四万五百四	四十万二千七百二十九	去京都陆二千
10	冀州	江左立南冀州，后省。义熙中更立，治青州，又省。文帝元嘉九年，又分青州立，治历城，割土置郡县	领郡九	领县五十	三万八千七十六	十八万一千一	去京都陆二千四百
11	司州	晋江左以来，沦没戎寇，虽永和、太元王化暂及，太和、隆安还复湮陷。牧司之任，示举大纲而已。县邑户口，不可具知。武帝北平关、洛，河南底定，置司州刺史，治虎牢，领河南、荥阳、弘农实土三郡。河南领洛阳、河南、巩、猴氏、新城、梁、河阴、陆浑、东垣、新安、西东垣凡十一县。荥阳领京、密、荥阳、卷、阳武、苑陵、中牟、开封、成皋凡九县。弘农领弘农、陕、宜阳、黾池、卢氏、曲阳凡六县。三郡合二十七县，一万六千三百六户。又有河内、东京兆二侨郡。河内寄治河南，领温、野王、轵、河阳、沁水、山阳、怀、平皋、朝歌凡十县。东京兆寄治荥阳，领长安、万年、新丰、蓝田、蒲阪凡六县。合十六县，一千九百九十二户。少帝景平初，司州复没北虏。文帝元嘉末，侨立于汝南，寻亦省废。明帝复于南豫州之义阳郡立司州，渐成实土焉	领郡四	领县二十			去京都水二千七百，陆一千七百

续表

序号	州名	建制沿革	郡数	县数	户数	人口	备注
12	荆州	汉治武陵汉寿，魏、晋治江陵，王敦治武昌，陶侃前治沔阳，后治武昌，王廙治江陵，庾亮治武昌，庾翼进襄阳，复还夏口，桓温治江陵，桓冲治上明，王忱还江陵，此后遂治江陵。宋初领郡三十一，后分南阳、顺阳、襄阳、新野、竟陵为雍州，湘川十郡为湘州，江夏、武陵属郢州，随郡、义阳属司州，北义阳省，凡余十一郡。文帝世，又立宋安左郡，领拓边、绥慕、乐宁、慕化、仰泽、革音、归德七县，后省改。汶阳郡又度属	领郡十二	领县四十八	六万五千六百四		去京都水三千三百八十
13	郢州	魏文帝黄初三年，以荆州江北诸郡为郢州，其年罢并荆，非今地。吴又立郢州。孝武孝建元年，分荆州之江夏、竟陵、随、武陵、天门，湘州之巴陵，江州之武昌，豫州之西阳，又以南郡之州陵、监利二县度属巴陵，立郢州。天门后还荆	领郡六	领县三十九	二万九千四百六十九	十五万八千五百八十七	去京都水二千一百
14	湘州	晋怀帝永嘉元年，分荆州之长沙、衡阳、湘东、邵陵、零陵、营阳、建昌，江州之桂阳八郡立，治临湘。成帝咸和三年省。安帝义熙八年复立，十二年又省。宋武帝永初三年又立，文帝元嘉八年省。十六年又立，二十九年又省。孝武孝建元年又立。建昌郡，晋惠帝元康九年，分长沙东北下隽诸县立，成帝咸康元年省。元嘉十六年立巴陵郡属湘州，后度郢	领郡十	领县六十二	四万五千八十九	三十五万七千五百七十二	去京都水三千三百
15	雍州	晋江左立。胡亡氐乱，雍、秦流民多南出樊、沔，晋孝武始于襄阳侨立雍州，并立侨郡县。宋文帝元嘉二十六年，割荆州之襄阳、南阳、新野、顺阳、随五郡为雍州，而侨郡县犹寄寓在诸郡界。孝武大明中，又分实土郡县以为侨郡县境。徐志雍州有北上洛、北京兆、义阳三郡。北上洛，晋孝武立，领上洛、北商、丰阳、阳亭、北拒阳五县。北京兆领北蓝田、霸城、山北三县。并云景平中立。义阳，云晋安帝立，领平氏、襄乡二县。丰阳、阳亭、北拒阳，并云安帝立，余县不注置立。今并无此三郡	领郡十七	领县六十	三万八千九百七十五	十六万七千四百六十七	去京都水四千四百，陆二千一百

续表

序号	州名	建制沿革	郡数	县数	户数	人口	备注
16	梁州	《禹贡》旧州，周以梁并雍，汉以梁为益，治广汉雒县。魏元帝景元四年平蜀，复立梁州，治汉中南郑，而益州治成都。李氏据梁、益，江左于襄阳侨立梁州。李氏灭，复旧。谯纵时，又没汉中。刺史治魏兴。纵灭，刺史还治汉中之苞中县，所谓南城也。文帝元嘉十年，刺史甄法护于南城失守，刺史萧思话还治南郑。《永初郡国》又有宕渠郡、北宕渠郡。《宋起居注》，元嘉十六年，割梁州宕渠郡度益州。今益部宕渠郡曰南宕渠。何、徐并有北宕渠郡，唯领宕渠一县。何云，本巴西流民。今无					
17	秦州	晋武帝泰始五年，分陇右五郡及凉州金城、梁州阴平并七郡为秦州，治天水冀县；太康三年并雍州，惠帝元康七年复立。何志晋孝武复立，寄治襄阳。安帝世在汉中南郑	领郡十四	领县四十二	八千七百三十二	四万八百八十八	
18	益州	汉武帝分梁州立，所治别见梁州	领郡二十九	领县一百二十八	五万三千一百四十一	二十四万八千二百九十三	去京都水九千九百七十
19	宁州	晋武帝泰始七年分益州南中之建宁、兴古、云南、永昌四郡立。太康三年省，立南夷校尉。惠帝太安二年复立，增牂牁、越巂、朱提三郡。成帝咸康四年，分牂牁、夜郎、朱提、越巂四郡为安州，寻罢并宁州。越巂后还益州	领郡十五	领县八十一	一万二百五十三		去京都一万三千三百
20	广州	吴孙休永安七年，分交州立	领郡十七	领县一百三十六	四万九千七百二十六	二十万六千六百九十四	去京都水五千二百
21	交州	汉武帝元鼎六年开百越，交趾刺史治龙编。汉献帝建安八年，改曰交州，治苍梧广信县，十六年，徙治南海番禺县。及分为广州，治番禺。交州还治龙编	领郡八	领县五十三	一万四百五十三		去京都水一万
22	越州	明帝泰始七年立					

资料来源：沈约《宋书》卷三十五至卷三十八《州郡志》，中华书局，1974年，第1029—1208页。

表八　西汉盐铁工官表

郡	县	官职	郡	县	官职
京兆尹	郑	铁官	南阳郡	宛	工官、铁官
左冯翊	夏阳	铁官	南郡		发弩官
右扶风	雍	铁官	南郡	编	云梦官
右扶风	漆	铁官	南郡	巫	盐官
弘农郡	宜阳	铁官	江夏郡	西陵	云梦官
河东郡	安邑	铁官、盐官	桂阳郡		金官
河东郡	皮氏	铁官	汉中郡	沔阳	铁官
河东郡	绛	铁官	齐郡	临淄	服官、铁官
河东郡	平阳	铁官	广汉郡		工官
河内郡	怀	工官	广汉郡	雒	工官
河内郡	隆虑	铁官	蜀郡	成都	工官
河南郡		铁官、工官	蜀郡	临邛	铁官、盐官
陈留郡	襄邑	服官	蜀郡	严道	木官
山阳郡		铁官	益州郡	武阳	铁官
泰山郡		工官	犍为郡	南安	盐官、铁官
泰山郡	奉高	工官	益州郡	连然	盐官
泰山郡	嬴	铁官	巴郡	朐忍	橘官、盐官
城阳国	莒	铁官	巴郡	鱼复	橘官
东平国		铁官	南海郡		圃羞官
颖川	阳翟	工官	南海郡	番禺	盐官
汝南郡	西平	铁官	南海郡	中宿	洭浦官
沛郡	沛	铁官	苍梧郡	高要	盐官
鲁国	鲁	铁官	交趾郡	嬴陵	羞官
丹扬郡		铜官	陇西郡		铁官、盐官
琅邪郡		铁官	安定郡	三水	盐官
琅邪郡	海曲	盐官	太原郡		家马官
琅邪郡	计斤	盐官	太原郡	晋阳	盐官
琅邪郡	长广	盐官	太原郡	大陵	铁官
东海郡	下邳	铁官	北地郡	郁郅	牧师菀官
东海郡	朐	铁官、盐官	北地郡	弋居	盐官
临淮郡	盐渎	铁官	上郡	独乐	盐官

续表

郡	县	官职	郡	县	官职
临淮郡	堂邑	铁官	上郡	龟兹	盐官
会稽郡	海盐	盐官	西河郡	富昌	盐官
楚国	彭城	铁官	朔方郡	沃野	盐官
广陵国		铁官	五原郡	成宜	盐官
千乘郡		盐官、铁官、均输官	雁门郡	楼烦	盐官
千乘郡	千乘	铁官	魏郡	武安	铁官
济南郡	东平陵	工官、铁官	钜鹿郡	堂阳	盐官
济南郡	历城	铁官	常山郡	都乡	铁官
齐郡	临淄	服官、铁官	中山国	北平	铁官
北海郡	都昌	盐官	涿郡		铁官
北海郡	寿光	盐官	勃海郡	章武	盐官
东莱郡	曲成	盐官	渔阳郡	渔阳	铁官
东莱郡	东牟	铁官、盐官	渔阳郡	泉州	盐官
东莱郡	㟯	盐官	右北平郡	夕阳	铁官
东莱郡	当利	盐官	辽东郡	襄平	牧师官
胶东国	郁秩	铁官	辽东郡	平郭	铁官、盐官
庐江郡		楼船官			
庐江郡	皖	铁官			
九江郡		陂官、湖官			

资料来源：肖爱玲《西汉城市体系的空间演化》，商务印书馆，2012年，第190—191页。据《汉书·地理志》有修改。

参考文献

一、史籍

司马迁:《史记》,中华书局,1982年。
班固:《汉书》,中华书局,1962年。
范晔:《后汉书》,中华书局,1965年。
陈寿:《三国志》,中华书局,1982年。
司马光:《资治通鉴》,中华书局,1956年。
房玄龄等:《晋书》,中华书局,1974年。
李延寿:《南史》,中华书局,1975年。
李延寿:《北史》,中华书局,1974年。
魏收:《魏书》,中华书局,1974年。
李百药:《北齐书》,中华书局,1972年。
令狐德棻等:《周书》,中华书局,1971年。
沈约:《宋书》,中华书局,1974年。
姚思廉:《梁书》,中华书局,1973年。
萧子显:《南齐书》,中华书局,1972年。
姚思廉:《陈书》,中华书局,1972年。
魏徵等:《隋书》,中华书局,1973年。
刘珍等撰,吴树平校注:《东观汉记校注》,中华书局,2008年。
何建章注释:《战国策注释》,中华书局,1990年。
何清谷校释:《三辅黄图校释》,中华书局,2005年。
郦道元著,陈桥驿校证:《水经注校证》,中华书局,2007年。
曹操、曹丕、曹植著,宋效永校点:《三曹集》,岳麓书社,1992年。

二、专著/论集

陈刚:《六朝建康历史地理及信息化研究》,南京大学出版社,2012年。
陈苏镇:《恢宏与古朴:秦汉魏晋南北朝的物质文明》,北京大学出版社,2009年。

费孝通：《费孝通文集》，群言出版社，1999年。

何一民：《中国城市史》，武汉大学出版社，2012年。

干春松、孟彦弘：《王国维学术经典集》，江西人民出版社，1997年。

李凭：《北魏平城时代》，上海古籍出版社，2014年。

李祖桓：《仇池国志》，书目文献出版社，1986年。

厉以宁：《资本主义的起源——比较经济史研究》，商务印书馆，2003年。

刘淑芬：《中古的佛教与社会》，上海古籍出版社，2008年。

梁允麟：《三国地理志》，广东人民出版社，2004年。

逯耀东：《从平城到洛阳——拓跋魏文化转变的历程》，中华书局，2006年。

洛阳市文物局、洛阳白马寺汉魏故城文物保管所：《汉魏洛阳故城研究》，科学出版社，2000年。

钱穆：《国史大纲》，商务印书馆，1994年。

曲英杰：《古代城市》，文物出版社，2003年。

任重、陈仪：《魏晋南北朝城市管理研究》，中国社会科学出版社，2003年。

田昌五、安作璋：《秦汉史》，人民出版社，2008年。

田余庆：《东晋门阀政治》，北京大学出版社，1989年。

韦正：《魏晋南北朝考古》，北京大学出版社，2013年。

肖爱玲：《西汉城市体系的空间演化》，商务印书馆，2012年。

杨宽：《中国古代都城制度史》，上海人民出版社，2006年。

严耕望：《中国地方行政制度史·魏晋南北朝地方行政制度》，上海古籍出版社，2007年。

严耕望：《治史三书》，上海人民出版社，2011年。

余鹏飞：《三国经济史》，河南大学出版社，1992年。

张传玺：《秦汉问题研究》，北京大学出版社，1995年。

张继海：《汉代城市社会》，社会科学文献出版社，2006年。

张泽咸：《晋唐史论集》，中华书局，2008年。

郑也夫：《城市社会学》，中国城市出版社，2002年。

周长山：《汉代城市研究》，人民出版社，2001年。

周一良：《魏晋南北朝史札记》，中华书局，1985年。

周一良：《魏晋南北朝史论集续编》，北京大学出版社，1991年。

周振鹤：《中国地方行政制度史》，上海人民出版社，2005年。

中国社会科学院考古研究所：《中国考古学·秦汉卷》，中国社会科学出版社，2010年。

中国社会科学院考古研究所：《中国考古学·三国两晋南北朝卷》，中国社会科学出版社，2018年。

［德］阿尔弗雷德·申茨著，梅青译：《幻方——中国古代的城市》，中国建筑工业出版社，2009年。

［德］韦伯著，康乐等译：《经济与历史　支配的类型》，广西师范大学出版社，2004年。

［美］乔尔·科特金著，王旭等译：《全球城市史》，社会科学文献出版社，2006年。

［美］施坚雅主编，叶光庭等译：《中华帝国晚期的城市》，中华书局，2000年。

［英］崔瑞德、鲁惟一编，杨品泉等译：《剑桥中国秦汉史：公元前221—公元220年》，中国社会科学出版社，1992年。

［日］斯波义信著，布和译：《中国都市史》，北京大学出版社，2013年。

［日］谷川道雄主编，李凭等译：《魏晋南北朝隋唐史学的基本问题》，中华书局，2010年。

［日］前田正名著，李凭等译：《平城历史地理学研究》，书目文献出版社，1994年。

三、论文

蔡万进：《中国里耶古城·秦简与秦文化国际学术研讨会综述》，《中国史研究动态》，2008年第5期。

陈昌文：《〈后汉书·郡国志〉县邑数质疑》，《中国史研究》，1999年第1期。

陈喜波、韩光辉：《汉长安"斗城"规划探析》，《考古与文物》，2007年第1期。

陈晓鸣、陈涓：《秦汉江南城市问题述略》，《江西广播电视大学学报》，1999年第3期。

陈伟：《秦苍梧、洞庭二郡刍论》，《历史研究》，2003年第5期。

陈益民：《秦汉陵邑考》，《中国社会经济史研究》，1996年第1期。

陈奕玲：《2011年魏晋南北朝史研究综述》，《中国史研究动态》，2012年第5期。

陈晨捷：《西汉时期齐鲁地区社会风气的变迁》，《齐鲁学刊》，2011年第3期。

成一农：《中国古代城市城墙史研究综述》，《中国史研究动态》，2007年第1期。

成一农：《中国古代地方城市形态研究现状评述》，《中国史研究》，2010年第1期。

成爱萍：《秦汉时期的太原城》，《文物世界》，2005年第5期。

成乔明、李向民：《中国古代艺术市场考论》，《长江论坛》，2007年第4期。

初德维：《秦汉时期的商业活动与市场管理》，《价格与市场》，1999年第8期。

冯少龙、陈千万、付守平：《湖北襄阳邓城韩岗遗址发掘报告》，《江汉考古》，2002年第2期。

方行：《秦汉时期商品经济的发展》，《河北大学学报》（哲学社会科学版），2012年第6期。

丰州：《〈西汉礼制建筑遗址〉简介》，《考古》，2004年第4期。

傅奠基：《蜀郡的设置与昭通政区之肇始》，《昭通师范高等专科学校学报》，2012年第1期。

邓端本：《两晋南北朝时期广州外贸考略》，《广州研究》，1985年第2期。

杜晓宇：《20世纪80年代以来的秦汉边郡研究》，《中国史研究动态》，2011年第6期。

杜晓宇：《试论秦汉"边郡"的概念、范围与特征》，《中国边疆史地研究》，2012年第4期。

段渝：《秦汉时代的四川开发与城市体系》，《社会科学研究》，2000年第6期。

高敏：《东汉魏晋时期州郡兵制度的演变》，《历史研究》，1996年第3期。

高敏：《秦汉的户籍制度》，《求索》，1987年第1期。

高荣：《秦汉邮驿的管理系统》，《西北师大学报》（社会科学版），2004年第4期。

高荣：《论秦汉的置》，《鲁东大学学报》（哲学社会科学版），2012年第5、6期。

高荣：《论秦汉的都亭与乡亭——秦汉亭制研究之二》，《历史教学》（高校版），2008年第11期。

高荣：《张家山汉简所见的亭及其吏员——秦汉亭制研究之三》，《西北师大学报》（社会科学版），2008年第5期。

高维刚：《秦汉的市场的设置与管理》，《四川教育学院学报》，1996年第4期。

郭黎安：《六朝建都与军事重镇的分布》，《中国史研究》，1999年第4期。

郭俊然：《秦汉时期屠城现象研究》，《黑河学院学报》，2012年第2期。

［韩］崔在容：《西汉京畿制度的特征》，《历史研究》，1996年第4期。

韩维龙、刘瑞、莫慧旋：《广州市南越国宫署遗址西汉木简发掘简报》，《考古》，2006年第3期。

韩树峰：《秦汉徒刑散论》，《历史研究》，2005年第3期。

郝建平：《近二十年来秦汉商业经济研究述评》，《阴山学刊》，2012年第3期。

黄爱梅：《秦汉江南地区城市发展的阶段与特征》，《华东师范大学学报》（哲学社会科学版），2012年第5期。

黄立志、李学刚：《古郡县名称"渔阳"及区划考》，《中国地名》，2009年第5期。

黄红军：《关于东汉末年当阳、江陵两城的定位问题——与石泉先生商榷》，《江汉论坛》，1995年第1期。

黄志宏：《中国古代都城空间结构的演变》，《泉州师范学院学报》，2009年第4期。

惠翔宇：《汉代"少吏"论考》，《常熟理工学院学报》，2012年第3期。

胡嘉渝、杨雪松、许艳玲：《秦汉时期重庆城市空间营造研究》，《华中建筑》，2011年第4期。

胡开祥：《秦汉芦山郡县建置与文化发展之关系》，《四川文物》，2005年第1期。

后晓荣：《秦代燕地五郡置县考》，《古代文明》，2009年第2期。

后晓荣：《秦广阳郡置县考》，《首都师范大学学报》（社会科学版），2009年第4期。

李根蟠：《汉代的"大市"和"狱市"——对陈直〈汉书新证〉两则论述的商榷》，《中国社会经济史研究》，2002年第1期。

李光军：《秦汉"亭"考述》，《文博》，1989年第6期。

李小波、陈喜波：《汉长安城"斗城说"的再思考》，《考古与文物》，2001年第4期。

李兴：《西汉京兆尹置县研究》，《三门峡职业技术学院学报》，2012年第2期。

李克建：《秦汉时的"道"》，《西南民族学院学报》（哲学社会科学版），1997年第1期。

李军：《魏晋南北朝高等教育管理体制的演变》，《中国史研究》，1996年第2期。

李佳艳：《秦汉工商业者犯罪研究》，《首都师范大学学报》（社会科学版），2004年第S1期。

李书吉、崔彦华：《北齐陪都晋阳与欧亚大陆经济文化交流》，《中国经济史研究》，2009年第2期。

李昭君：《两汉县令、县长制度探微》，《中国史研究》，2004年第1期。

李珍、蓝日勇：《秦汉时期桂东北地区的交通开发与城市建设》，《广西民族研究》，2001年第4期。

李自智：《中国古代都城布局的中轴线问题》，《考古与文物》，2004年第4期。

黎小龙：《周秦两汉西南区域民族地理观的形成与嬗变》，《民族研究》，2004年第3期。

黎明钊：《汉代亭长与盗贼》，《中国史研究》，2007年第2期。

冷鹏飞：《汉代"市租"考》，《中国史研究》，1996年第3期。

雷戈：《两汉郡守的教化职能——秦汉意识形态建制研究之一》，《史学月刊》，2009年第2期。

雷震：《秦汉汉中郡变迁》，《陕西理工学院学报》（社会科学版），2006年第1期。

雷虹霁：《秦汉文化区域与区域文化研究综论》，《民族艺术》，2002年第2期。

连宏：《两汉魏晋弃市刑考辨》，《兰州学刊》，2012年第9期。

梁新民：《故浑邪地西城霍城》，《社会科学》，1986年第2期。

梁云：《秦汉都城和陵墓建制的继承与变异》，《陕西师范大学学报》（哲学社会科学版），1999年第3期。

凌文超：《2011年秦汉史研究综述》，《中国史研究动态》，2012年第3期。

刘瑞：《秦汉时期的将作大匠》，《中国史研究》，1998年第4期。

中国社会科学院考古研究所栎阳发掘队：《秦汉栎阳城遗址的勘探和试掘》，《考古学报》，1985年第3期。

刘庆柱：《秦汉考古学五十年》，《考古》，1999年第9期。

刘庆柱、李毓芳：《汉长安城考古的回顾与瞻望——纪念汉长安城考古半个世纪》，《考古》，2006年第10期。

刘庆柱：《中国古代都城遗址布局形制的考古发现所反映的社会形态变化研究》，《考古学报》，2006年第3期。

刘鹏九：《中国古代县官制度初探》，《史学月刊》，1992年第6期。

刘涛、钱国祥、肖淮雁、郭晓涛、王睿：《河南洛阳市北魏洛阳城津阳门内大道遗址发掘简报》，《考古》，2009年第10期。

刘志玲：《秦汉道制问题新探》，《求索》，2005年第12期。

刘太祥：《秦汉北部边防建设》，《南都学坛》，2012年第5期。

刘立欣、刘绘宇：《城市的足迹——非自然因素在中国古代都城选址中的重要作用》，《华中建筑》，2009年第8期。

刘临安：《中国古代城市中聚居制度的演变及特点》，《西安建筑科技大学学报》，1996年第1期。

刘晓满：《近百年来秦汉地方行政制度研究综述》，《中国史研究动态》，2012年第1期。

芦建华：《云纹瓦当与秦汉建筑思想》，《文博》，2001年第6期。

陆建伟：《秦汉时期市籍制度初探》，《中国经济史研究》，1999年第4期。

罗贤佑：《关于中国民族史研究的几点思考》，《烟台大学学报》（哲学社会科学版），2014年第5期。

罗新本：《郡国大中正考》，《历史研究》，1994年第5期。

吕京庆、代朋：《齐国故都临淄形制研究》，《四川建筑科学研究》，2012年第5期。

贾俊侠：《秦汉时期齐鲁贵族迁徙关中考述》，《陕西师范大学学报》（哲学社会科学版），2012年第1期。

焦南峰、马永赢：《西汉宗庙再议》，《考古与文物》，2000年第5期。

蒋福亚：《"闭门为市"释》，《首都师范大学学报》（社会科学版），2001年第1期。

［日］堀内明博著，于德源译：《北魏平城》，《大同高等专科学校学报》，1994年第4期。

马孟龙：《汉成帝元延三年侯国地理分布研究》，《历史研究》，2011年第5期。

马怡：《秦人傅籍标准试探》，《中国史研究》，1995年第4期。

牛润珍：《秦汉邺城钩沉》，《晋阳学刊》，2011年第6期。

钱国祥：《由阊阖门谈汉魏洛阳城宫城形制》，《考古》，2003年第7期。

乔振林：《秦汉时期九原郡与五原郡的设置变迁》，《内蒙古电大学刊》，2012年第6期。

潘策：《秦汉时期的月氏、乌孙和匈奴及河西四郡的设置》，《西北师大学报》（社会科学版），1981年第3期。

彭福华、任重：《魏晋南北朝的市场管理》，《江汉论坛》，2004年第12期。

卜安淳：《礼序·法序，解构·复构——秦汉大变局与社会秩序大变迁》，《南京大学学报》（哲学·人文科学·社会科学版），2010年第1期。

饶宗颐：《早期青州城与佛教的因缘》，《中国史研究》，2001年第3期。

任重、陈仪：《魏晋南北朝城市规划与建筑管理》，《临沂师范学院学报》，2004年第1期。

任重：《魏晋南北朝的城市与农业》，《上海交通大学学报》（哲学社会科学版），

2005年第3期。

任重：《魏晋南北朝城市的粮食供应》，《扬州大学学报》（人文社会科学版），2006年第4期。

沈长云、李秀亮：《西周时期"里"的性质》，《历史研究》，2011年第4期。

沈刚：《王莽营建东都问题探讨》，《中国历史地理论丛》，2005年第3期。

沈媛：《秦汉至唐中叶巨鹿郡行政区划的变迁》，《邢台学院学报》，2012年第1期。

宋杰：《敖仓在秦汉时代的兴衰》，《北京师范学院学报》（社会科学版），1989年第3期。

宋杰：《东汉的洛阳狱》，《历史研究》，2007年第6期。

宋仁桃：《战国秦汉城市人口结构初探——以农民问题为中心》，《史学月刊》，2006年第5期。

孙伟刚：《戏、丽邑与丽山园——兼论秦始皇帝陵丽邑的功能与作用》，《考古与文物》，2009年第4期。

陶新华：《北魏后期的中正制新论》，《历史教学》，2004年第1期。

谭其骧：《陈胜乡里阳城考》，《社会科学战线》，1981年第2期。

唐会霞：《两汉时期关中地区私学考察》，《教育学术月刊》，2012年第12期。

童恩正：《近年来中国西南民族地区战国秦汉时代的考古发现及其研究》，《考古学报》，1980年第4期。

王翠萍：《北魏洛阳城的空间形态结构及布局艺术》，《西北建筑工程学院学报》（自然科学版），1998年第3期。

王大建：《魏晋南北朝时期的豪族与游侠》，《山东大学学报》（哲学社会科学版），2003年第2期。

王毓铨：《汉代"亭"与"乡""里"不同性质不同行政系统说——"十里一亭……十亭一乡"辨正》，《历史研究》，1954年第2期。

王炬：《谷水与洛阳诸城址的关系初探》，《考古》，2011年第10期。

王连儒：《汉、晋琅琊地域郡制及户籍人口迁变考略》，《聊城大学学报》（社会科学版），2003年第5期。

王觅道：《古都西安的护城河》，《中国历史地理论丛》，1997年第3期。

王平：《秦汉京都的道路交通建设与管理》，《重庆科技学院学报》（社会科学版），2008年第11期。

王社教：《汉长安城斗城来由再探》，《考古与文物》，2001年第4期。

王晓琨：《内蒙古河套地区秦汉时期城址的分布及类型》，《草原文物》，2011年第2期。

王晓琨：《秦汉时期河套地区古代城市的历史观察》，《草原文物》，2012年第2期。

王银田：《北魏平城明堂遗址研究》，《中国史研究》，2000年第1期。

王子今、吕宗力：《秦汉时期中原的"群都"》，《史学月刊》，2011年第9期。

王子今：《秦汉长城与北边交通》，《历史研究》，1988年第6期。

王子今：《走马楼简牍所见"吏"在城乡联系中的特殊作用》，《浙江社会科学》，2005年第5期。

王子今：《秦汉农人流动对都市生存空间的压抑》，《学术月刊》，2010年第8期。

王钟翰、陈连开：《战国秦汉辽东辽西郡县考略》，《社会科学辑刊》，1979年第4期。

王永平：《汉魏六朝时期江东大族的形成及其地位的变迁》，《扬州大学学报》（人文社会科学版），2000年第4期。

王彦辉：《秦汉时期的乡里控制与邑、聚变迁》，《史学月刊》，2013年第5期。

王彦辉、薛洪波：《从户的相关立法谈秦汉政府对人口的控制》，《东北师大学报》（哲学社会科学版），2013年第1期。

魏爱棠：《郡县化统治和人口迁移对百越汉化的影响》，《龙岩师专学报》，2000年第2期。

魏坚：《河套地区战国秦汉塞防研究》，《边疆考古研究》（第6辑），科学出版社，2007年。

魏向东：《论魏晋南北朝时期的"市"》，《江苏社会科学》，2004年第5期。

温乐平：《试说秦汉社会消费观念由"尚俭"向"崇奢"的演变》，《中国社会经济史研究》，2005年第2期。

吴宏岐、郭用和：《濮阳城址的历史变迁》，《中国历史地理论丛》，1999年第1期。

吴承明：《秦以后的中国是有中国特色的封建社会》，《史学月刊》，2008年第3期。

吴朋飞：《商丘古城发展研究——兼析明代商丘城市的历史地理问题》，《商丘师范学院学报》，2010年第2期。

吴庆洲：《象天法地意匠与中国古都规划》，《华中建筑》，1996年第2期。

吴晓亮、曹宇：《北魏平城经济结构转型研究》，《云南民族大学学报》（哲学社会科学版），2012年第2期。

夏增民：《"方城隘口"与战国秦汉政局》，《南都学坛》，2011年第3期。

肖瑞玲：《秦汉对北部边郡的开发》，《中国边疆史地研究》，1996年第4期。

谢华：《秦汉私营工商业多层次考察》，《文史博览》（理论），2008年第5期。

谢绍鹢：《秦汉边郡概念小考》，《中国历史地理论丛》，2009年第3期。

辛德勇：《三论霸上的位置》，《中国历史地理论丛》，1989年第1期。

陕西省考古研究院等：《统万城遗址近几年考古工作收获》，《考古与文物》，2011年第5期。

熊铁基：《我的三十年秦汉史研究报告》，《史学月刊》，2011年第5期。

徐国栋：《北魏平城时代的丝绸之路》，《沧桑》，2009年第2期。

许德庆：《秦汉时期勃海郡郡治范围考》，《唐山师范学院学报》，2010年第6期。

许怀林：《论汉代豫章郡的历史地位》，《江西师范大学学报》，1994年第3期。

薛瑞泽：《西周至隋唐洛阳市场的变迁》，《洛阳师范学院学报》，2000年第6期。

杨勇、洪石：《"汉代城市和聚落考古与汉文化国际学术研讨会"纪要》，《考古》，

2011 年第 6 期。
杨国庆：《城墙的文化意义与当代城墙文化保护》，《中国文化遗产》，2011 年第 1 期。
杨东晨：《秦汉时期的汉中及陕南》，《汉中师范学院学报》（社会科学），1998 年第 1 期。
杨际平：《秦汉户籍管理制度研究》，《中华文史论丛》，2007 年第 1 期。
杨华：《秦汉帝国的神权统一———出土简帛与〈封禅书〉、〈郊祀志〉的对比考察》，《历史研究》，2011 年第 5 期。
姚声正、徐桂林、刘全：《魏晋南北朝城市文化的特色———以建康佛教文化为例》，《兰台世界》，2009 年第 7 期。
叶知秋：《〈汉魏洛阳故城南郊礼制建筑遗址 1962—1992 年考古发掘报告〉简介》，《考古》，2011 年 7 期。
叶知秋：《〈秦都咸阳考古报告〉简介》，《考古》，2004 年第 6 期。
余从荣：《秦汉边防兵的兵员构成和领导体制》，《社会科学》，1998 年第 5 期。
于凌：《论秦汉时期辽西郡的防务建置及其作用》，《东北史地》，2011 年第 3 期。
于云瀚：《魏晋南北朝时期城市风俗探论》，《社会科学辑刊》，1998 年第 5 期。
袁钟仁：《古代广州地区是东西方经济文化交流的重要枢纽》，《暨南学报》（哲学社会科学），1994 年第 2 期。
袁刚：《秦汉县政府机构设置与行政职能》，《南都学坛》，2000 年第 2 期。
臧知非：《徐卫民〈秦汉历史地理研究〉评介》，《中国史研究动态》，2006 年第 2 期。
臧知非：《说"市井"———兼谈东周秦汉的城市空间结构与社会秩序》，《河北学刊》，2013 年第 1 期。
曾晓丽、郭风平、赵常兴：《西汉陵邑设置刍议》，《西北农林科技大学学报》（社会科学版），2005 年第 3 期。
张泊：《上郡阳周县初考》，《文博》，2006 年第 1 期。
张定福：《秦汉建置乌江流域郡县考》，《贵州文史丛刊》，2006 年第 4 期。
张多勇：《汉代卤县古城遗址考察研究》，《宁夏师范学院学报》，2012 年第 5 期。
张鸿雁：《论中国封建城市经济发展的总体特点》，《中国史研究》，1997 年第 3 期。
张南、周伊：《秦汉城市发展论》，《安徽史学》，1989 年第 4 期。
张捷：《近二十年来魏晋南北朝城市研究综述》，《淮阴师范学院学报》（哲学社会科学版），2005 年第 4 期。
张建军：《西汉京畿的酷吏》，《历史教学》，2005 年第 4 期。
张金龙：《北魏洛阳里坊制度探微》，《历史研究》，1999 年第 6 期。
张荣强：《〈前秦建元籍〉与汉唐间籍帐制度的变化》，《历史研究》，2009 年第 3 期。
张旭华、王海燕：《魏晋南北朝时期北方商业都会的兴衰》，《许昌师专学报》，1998

年第 2 期。

张鸣华：《东汉南宫考》，《中国史研究》，2004 年第 2 期。

张欣：《秦汉长吏再考——与邹水杰先生商榷》，《中国史研究》，2010 年第 3 期。

张小稳：《北朝都督、行台与总管长官等级考辨》，《北华大学学报》（社会科学版），2009 年第 4 期。

张志忠：《秦汉代郡平邑城址初探》，《文物世界》，2009 年第 1 期。

张志忠：《大同古城的历史变迁》，《晋阳学刊》，2008 年第 2 期。

张泽洪：《两晋南朝的蛮府和左郡县》，《四川师范学院学报》（哲学社会科学版），1999 年第 1 期。

张焯：《西汉"太常郡"考述》，《历史教学》，1993 年第 4 期、1981 年第 1 期。

赵新春：《秦汉平城县城址考》，《文物世界》，2012 年第 5 期。

赵国印：《秦汉时期的蓟城》，《文博》，1985 年第 3 期。

赵一匡：《魏晋南北朝时期的金城郡》，《兰州学刊》，1980 年第 3 期、1981 年第 1 期。

郑炳林：《秦汉吴郡会稽郡建置考》，《兰州大学学报》，1988 年第 3 期。

郑力鹏、郭祥：《秦汉南越国御苑遗址的初步研究》，《中国园林》，2002 年第 1 期。

钟晓青：《魏晋南北朝建筑装饰研究》，《文物》，1999 年第 12 期。

钟铁：《中国古代市场的历史演变》，《固原师专学报》，1992 年第 3 期。

钟炜：《从高凉县郡沿革看俚区羁縻式分治》，《广东石油化工学院学报》，2011 年第 2 期。

周学鹰：《汉代高台建筑技术研究》，《考古与文物》，2006 年第 4 期。

周振鹤：《从汉代"部"的概念释县乡亭里制度》，《历史研究》，1995 年第 5 期。

朱士光：《西安地区周秦汉与隋唐时期古都文化之主要内涵与基本特点》，《长安大学学报》（社会科学版），2011 年第 4 期。

[日] 佐原康夫著，张宏彦译：《汉长安城再考》，《考古与文物》，2001 年第 4 期。

邹水杰：《秦汉"长吏"考》，《中国史研究》，2004 年第 3 期。

邹水杰：《简牍所见秦汉县属吏设置及演变》，《中国史研究》，2007 年第 3 期。

四、学位论文

安梅梅：《两汉魏晋属国制度研究》，中央民族大学博士学位论文，2012 年。

曹凤：《西汉云中郡与定襄郡》，内蒙古大学硕士学位论文，2010 年。

曹峻：《百越都城海洋性初探》，厦门大学硕士学位论文，2002 年。

陈玉亮：《秦汉郡县治安研究》，首都师范大学硕士学位论文，2006 年。

陈晨捷：《论儒家思想对西汉社会风尚的影响》，山东大学博士学位论文，2009 年。

狄晓霞：《试论汉代郡县的人事管理制度》，西北师范大学硕士学位论文，2008 年。

段清波：《秦始皇帝陵园相关问题研究》，西北大学博士学位论文，2007 年。

傅晶：《魏晋南北朝园林史研究》，天津大学博士学位论文，2004年。
范昌丽：《秦汉环境美学思想研究》，山东大学硕士学位论文，2011年。
高一萍：《秦汉马邑历史地理若干问题研究》，西北大学硕士学位论文，2007年。
巩宝平：《汉代民间力量与地方政治关系研究》，山东大学博士学位论文，2009年。
郭鹏：《北魏都督制论考》，山西大学硕士学位论文，2008年。
郭善兵：《汉唐皇帝宗庙制度研究》，华东师范大学博士学位论文，2005年。
黄清敏：《魏晋南北朝教育制度述论》，福建师范大学博士学位论文，2003年。
柯慰臣：《魏晋社会上层生活消费研究》，江西师范大学硕士学位论文，2012年。
雷富饶：《北朝宗庙祭祀制度研究》，兰州大学硕士学位论文，2011年。
李兴：《两汉京兆尹研究》，西北大学硕士学位论文，2012年。
李传军：《歌谣俗语与两汉魏晋南北朝社会》，北京师范大学博士学位论文，2005年。
黎燕：《战国秦汉军市研究》，湘潭大学硕士学位论文，2008年。
刘甫晟：《魏晋南北朝时期博戏及博戏赌博现象初探》，成都体育学院硕士学位论文，2012年。
罗晶：《关中城市群城镇体系时空演变及结构优化研究》，陕西师范大学硕士学位论文，2012年。
蒋树森：《秦汉时期的啬夫研究——以简牍资料为中心》，西北师范大学硕士学位论文，2011年。
孟凡慧：《汉代西北边地贸易研究》，东北师范大学硕士学位论文，2009年。
卜冬雪：《六朝节日研究》，兰州大学硕士学位论文，2010年。
曲凤东：《儒学与魏晋南北朝时期的家庭教育》，曲阜师范大学硕士学位论文，2007年。
王瑜：《两汉风水信仰研究》，西北大学硕士学位论文，2011年。
王永江：《秦汉时期官式建筑装饰符号象征意义的研究》，东北林业大学硕士学位论文，2011年。
王俊梅：《秦汉郡县属吏研究》，中国人民大学博士学位论文，2008年。
王佩环：《中国古代室内设计风格变迁——中国古代室内设计初探》，武汉理工大学硕士学位论文，2005年。
王爱清：《秦汉乡里控制研究》，山东大学博士学位论文，2008年。
王柳芳：《城市与文学——以两汉魏晋南北朝为考察对象》，苏州大学博士学位论文，2011年。
温乐平：《秦汉社会消费问题研究》，华中师范大学博士学位论文，2005年。
武冠芳：《魏晋南北朝北方地区生态环境研究》，山西大学硕士学位论文，2009年。
吴社伟：《秦汉时期河洛地区的生态环境》，河南科技大学硕士学位论文，2012年。
谢绍鹢：《秦汉西北边地治理研究》，西北大学博士学位论文，2010年。
肖爱玲：《西汉城市地理研究》，陕西师范大学博士学位论文，2006年。

闫功迅：《魏晋南朝县令长家世与任迁探析》，河北师范大学硕士学位论文，2010年。
尹建东：《两汉魏晋南北朝时期关东豪族研究》，四川大学博士学位论文，2002年。
由淑敏：《曹魏时期长安城人口变动与地方治理》，陕西师范大学硕士学位论文，2012年。
岳焕宽：《魏晋南朝民族地区校尉郎将制度考》，青海师范大学硕士学位论文，2011年。
翟睿：《中国秦汉时期室内空间营造研究》，中国艺术研究院博士学位论文，2009年。
翟媛：《从生态地理和经济地理学看战国时期城市的繁荣》，西北大学硕士学位论文，2009年。
张国斌：《〈洛阳伽蓝记〉中的城市设计文化研究》，华东师范大学硕士学位论文，2011年。
张丽君：《魏晋南北朝赌博研究》，江西师范大学硕士学位论文，2009年。
张玲：《秦汉关隘制度研究》，河南大学博士学位论文，2012年。
张捷：《南北朝"市"的研究》，华东师范大学硕士学位论文，2006年。
张炜：《略论北魏都城城市规划》，内蒙古大学硕士学位论文，2012年。
张腾辉：《从"帝都"到"天下"——秦汉都城空间形态与空间性质的嬗变》，复旦大学博士学位论文，2012年。
张信通：《秦汉乡里制度和管理研究》，河南大学硕士学位论文，2007年。
张玉林：《秦汉县尉考述》，西北师范大学硕士学位论文，2012年。
张一兵：《明堂制度研究——明堂制度的源流》，吉林大学博士学位论文，2004年。
赵凯：《秦汉时期的舆论及其社会影响》，中国社会科学院研究生院博士学位论文，2003年。
周伟明：《论北魏平凉户》，湖南师范大学硕士学位论文，2005年。
周能俊：《孙吴的荆州政策与社会控制》，上海师范大学硕士学位论文，2010年。